职业教育汽车类专业核心课程系列教材

汽车底盘构造与检修

总主编◎范冬梅

主　编◎彭德豹　张树峰

副主编◎徐红举　杨化莉　郑　磊　张　谦

参　编◎韩佳丽　焦守君　程亚梅
董其宾　毕杰烽　李方超

電子工業出版社
Publishing House of Electronics Industry
北京•BEIJING

内 容 简 介

本书是中等职业教育汽车运用与维修、新能源汽车运用与维修、汽车服务与营销、汽车制造与检测、新能源汽车制造与检修等专业的核心课程系列教材之一，是根据教育部制定的相关专业教学标准、参考《汽车维修工国家职业技能标准》编写而成。本书内容包括汽车底盘认知、汽车传动系统检修、汽车行驶系统检修、汽车转向系统检修和汽车制动系统检修，本书包含配套的实训手册。

本书既可作为职业院校汽车制造类、道路运输类相关专业教材，也可作为企业培训部门、职业技能鉴定培训机构、再就业培训机构的教材，还可供相关岗位工程技术人员参考。

图书在版编目（CIP）数据

汽车底盘构造与检修 / 范冬梅总主编；彭德豹，张树峰主编. —北京：电子工业出版社，2021.11 (2025. 8 重印)

ISBN 978-7-121-41731-3

Ⅰ. ①汽… Ⅱ. ①范… ②彭… ③张… Ⅲ. ①汽车—底盘—结构—职业教育—教材②汽车—底盘—车辆修理—职业教育—教材 Ⅳ. ①U472.41

中国版本图书馆 CIP 数据核字（2021）第 157158 号

责任编辑：蒲 玥
印　　刷：涿州市京南印刷厂
装　　订：涿州市京南印刷厂
出版发行：电子工业出版社
　　　　　北京市海淀区万寿路 173 信箱　　邮编：100036
开　　本：880×1 230　　1/16　　印张：15.5　字数：448.8 千字
版　　次：2021 年 11 月第 1 版
印　　次：2025 年 8 月第 8 次印刷
定　　价：42.00 元（含实训手册）

凡所购买电子工业出版社图书有缺损问题，请向购买书店调换。若书店售缺，请与本社发行部联系，联系及邮购电话：（010）88254888，88258888。

质量投诉请发邮件至 zlts@phei.com.cn，盗版侵权举报请发邮件至 dbqq@phei.com.cn。

本书咨询联系方式：（010）88254485，puyue@phei.com.cn。

前言

PREFACE

《国家职业教育改革实施方案》指出，要建设一大批校企“双元”合作开发的国家规划教材，倡导使用新型活页式、工作手册式教材并配套开发信息化资源;专业教材要随信息技术发展和产业升级情况及时动态更新。教育部印发的《关于职业院校专业人才培养方案制订与实施工作的指导意见》（教职成[2019]13 号）和《职业院校教材管理办法》（教材[2019]3 号）要求，要强化课程思政，实现思想政治教育与技术技能培养的有机统一；要加强课程资源建设，选用体现新技术、新工艺、新规范等的高质量教材，引入典型生产案例，普及项目教学、案例教学、情景教学、模块化教学等教学方式，推动课堂教学革命。为全面贯彻落实国家和教育部有关文件精神，我们组织行业企业专家和技术人员、教科研机构研究人员及中高职骨干教师开发了这套中等职业教育汽车制造类、道路运输类相关专业核心课程教材。教材结合国内职业院校课程改革实践经验，借鉴我国港台地区及国外同类课程教材编写经验，根据新时代汽车制造类、道路运输类相关专业人才培养目标要求，在校企联合进行基于工作过程导向课程开发的基础上编写而成，旨在遵循职业教育教学规律，强调综合职业能力培养，推动理实一体化教学，体现课程综合育人目标。

本教材由传统的“汽车底盘构造”“汽车底盘拆装”“汽车底盘检修”等课程内容整合而成，主要体现了如下编写特色：

一、基于立德树人根本任务，将课程思政内容精要有机融入教材

教材立足立德树人根本任务，精要提炼课程思政内容，如精益求精的工匠精神、遵守规范的职业准则、服务他人的责任意识、坚韧不拔的意志品质、无私奉献的职业情怀等，将其有机融入任务目标、任务准备、任务实施、任务测试等各环节，或者以“小贴士”的形式加以温馨提示，强化学生职业素养养成和专业技术积累，将专业精神、职业精神和工匠精神培育融入人才培养全过程。

二、基于理实一体化课程开发，以项目—任务构建教材内容

教材立足职业教育特色，强化产教融合、校企合作，以理实一体化课程开发为基础，突破传统以知识为主要内容的学科化教材编写模式，通过对汽车运用与维修专业岗位职业能力分析和典型工作分析，总结提炼出岗位工作项目，基于项目开发系列典型工作任务，借助典型工作任务驱动学生技能训练和知识学习，有利于推动基于“做中学、学中做”的教学方法改革，激

发学生学习兴趣，使学生真正获得和形成与实际工作岗位紧密联系的必备知识、关键能力和职业素养。

三、基于职业能力和工作任务分析，开发理论和实践知识

汽车底盘构造与检修是一门实践性很强的课程，也要求学生具备一定的基础理论知识。因此，我们将知识区分为理论知识和实践知识，即“是什么的知识”和“如何做的知识”，依据职业能力和工作任务分析，开发了适应岗位需求的理论和实践知识，并强调知识的必须、够用和实用，以适应中等职业教育的教学要求，并区别于高等职业教育的课程内容，体现中高职有序衔接，符合职业教育教学规律。

四、基于“1+X”职业技能等级证书，将职业标准内容融入教材

教材是实现“1+X”证书制度落实的基础依托，教材对照各个企业“1+X”职业技能等级证书标准，把标准所蕴含的学习内容最大化地转化为教材内容，并引入行业“新技术、新工艺、新规范、新要求”，从根本上改变职业教育教学内容与社会需求脱节现象，实现教学体系与社会需求体系的对接。

本教材由范冬梅担任总主编，彭德豹、张树峰担任主编，徐红举、杨化莉、郑磊、张谦担任副主编，韩佳丽、焦守君、程亚梅、董其宾、毕杰烽、李方超参与编写。其中，张树峰编写项目一，彭德豹编写项目二，郑磊编写项目三，杨化莉、张谦编写项目四，徐红举编写项目五，韩佳丽、焦守君、程亚梅、董其宾、毕杰烽、李方超参与了部分章节内容的编写，同时，作为企业人员，李方超还参与了教材项目和任务的提炼与设计。全书由范冬梅、彭德豹负责统稿、定稿。本教材的任务案例由山东润华集团、济南新大友集团的一线维修技术人员收集提供，在编写过程中参阅了一些国内外出版的同类书籍，在此特向有关维修技术人员和作者表示衷心的感谢！

本教材主要适用于汽车运用与维修、新能源汽车运用与维修、汽车服务与营销、汽车制造与检测、新能源汽车制造与检修、汽车电子技术应用等专业的教学，参考学时数为 100～120 学时。本教材也可作为其他相关专业的教材或参考书，还可供相关岗位工程技术人员参考。

由于编者水平有限，书中错误、疏漏之处在所难免，敬请使用本书的广大师生和读者批评指正。

编　者

2021 年春于北京

CONTENTS

目录

项目一

汽车底盘认知

项目描述

汽车一般由发动机、底盘、车身和电气设备组成。发动机是汽车的动力装置；底盘是车辆的骨架；车身是车辆的“皮肤”，安装在底盘的车架上，用于驾驶员、乘客乘坐或承载货物；电气设备主要由电源系统、用电设备和配电装置组成。本项目的内容为汽车底盘的总体结构认知。通过本项目的学习，进一步了解汽车底盘的基本组成、总体布置和汽车行驶的基本原理。

任务 汽车底盘结构认知

任务目标

素养目标：

1. 培养民族自豪感、荣誉感。
2. 具有良好团队合作精神。

能力目标：

1. 能够正确选择并使用汽车底盘拆装工具。
2. 熟知汽车底盘传动系各组成部分的结构。

知识目标：

1. 了解机械式传动系统的功用及组成。
2. 理解常见汽车底盘的布置形式与特点。

情境导入

一辆 2019 年生产的 2018 款手动挡科鲁兹轿车，已行驶 12000km，到 4S 店进行维护。驾驶员反映，该车底盘有异响，且从未进行过维护。维修技师初步判断车辆底盘需要进行相关检查。请你根据本任务所学知识对汽车底盘进行相关检查。

任务准备

一、汽车底盘的基本组成

汽车底盘由传动系统、行驶系统、转向系统和制动系统四大系统组成，其功用为接受发动机的动力，使汽车运动并保证汽车能够按照驾驶员的操纵正常行驶。

1．传动系统

汽车传动系统是指从发动机到驱动车轮之间所有动力传递装置的总称。功用是将发动机的动力传给驱动车轮。汽车传动系统一般由离合器、变速器、万向传动装置（万向节和传动轴）、驱动桥（主减速器、差速器、半轴、桥壳）等组成，如图 1-1 所示。不同的汽车，传动系统的组成稍有不同。

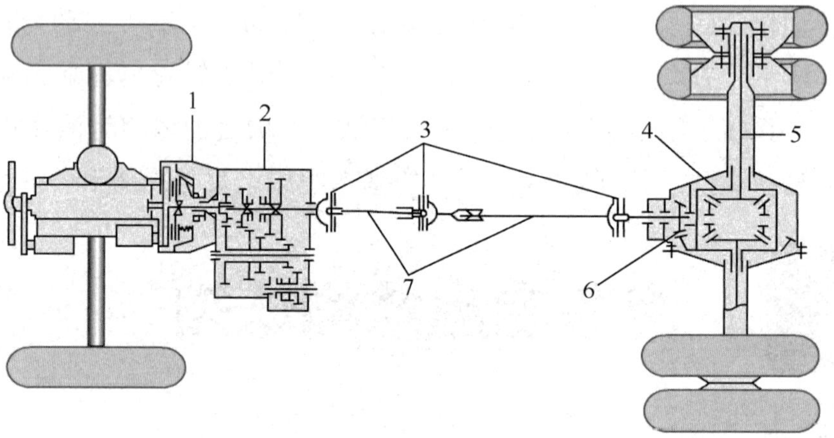

1—离合器；2—变速器；3—万向节；4—差速器；5—半轴；6—主减速器；7—传动轴

图 1-1　汽车传动系统的组成

2．行驶系统

汽车行驶系统一般由车架、悬架、车桥和车轮等组成，如图 1-2 所示。车轮通过轴承安装在车桥两边，车桥通过悬架与车架（或车身）连接，车架（或车身）是整车的装配基体。

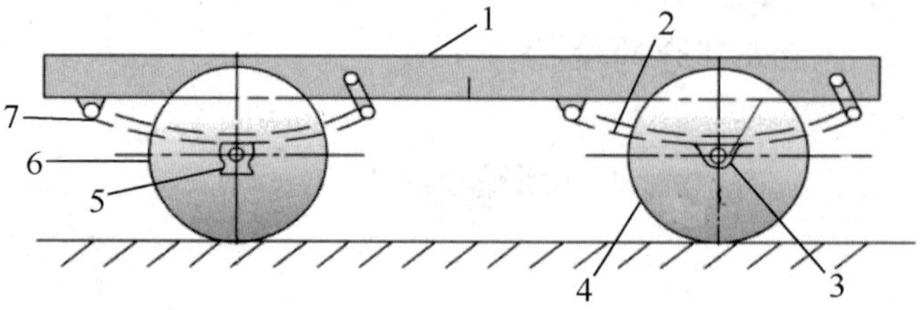

1—车架；2—后悬架；3—驱动桥；4—后轮；5—前桥；6—前轮；7—前悬架

图 1-2　汽车行驶系统的组成

3. 转向系统

汽车转向系统的功用是保证汽车能够按照驾驶员选定的方向行驶。主要由转向操纵机构、转向器、转向传动机构组成。

4. 制动系统

汽车制动系统的功用是使汽车减速、停车并能保证可靠地驻停，一般包括行车制动系统和驻车制动系统，每套制动系统都包括制动器和制动传动机构。现在汽车的行车制动系统一般都装配有制动防抱死系统（ABS）。

电子控制技术在现代汽车中应用越来越广泛，在底盘中普遍采用了电子控制自动变速器（EAT 或 ECT）、电子控制防滑差速器、电子控制制动防抱死系统（ABS）、电子制动力分配系统（EBD）、电子控制悬架系统、电子控制转向系统（EPS）等。

小贴士：从中华人民共和国成立开始，我国汽车工业经历了自力更生的创建阶段、艰苦奋斗的成长阶段和自主创新的高速发展阶段。现在我国生产的主要汽车产品在技术和性能上与国外的品牌几乎没有区别。汽车底盘零部件实现了 100%国产化。我国的汽车市场、生产企业和产品已经开始参与国际竞争。

二、汽车底盘的总体布置

汽车底盘的总体布置与发动机的位置及汽车的驱动方式有关，常见的有发动机前置后轮驱动、发动机前置前轮驱动、发动机后置后轮驱动、发动机前置全轮驱动等。

1. 发动机前置后轮驱动

发动机前置后轮驱动简称前置后驱动，英文简称为 FR。如图 1-3 所示，发动机布置在汽车前部，动力经过离合器、变速器、万向传动装置、后驱动桥，最后传到后驱动车轮，使汽车行驶。

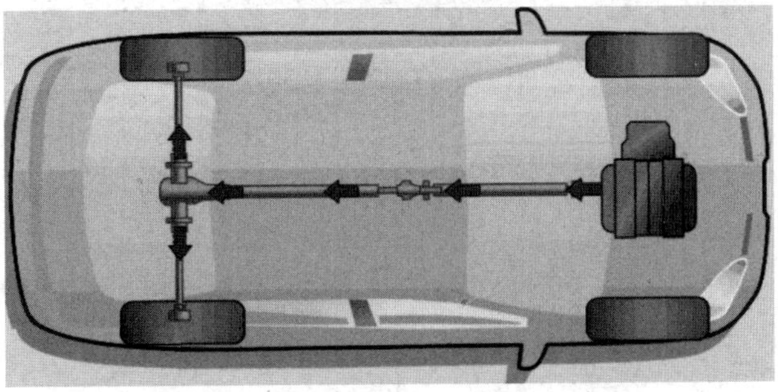

图 1-3 发动机前置后轮驱动

前置后驱动是一种传统的布置形式，应用广泛，大多数的货车、部分轿车和部分客车都采用这种形式。

2. 发动机前置前轮驱动

发动机前置前轮驱动简称前置前驱动，英文简称为 FF。如图 1-4 所示，发动机布置在汽车前部，动力经过离合器、变速器、前驱动桥，最后传到前驱动车轮。这种布置形式在变速器与驱动桥之间省去了万向传动装置，使结构简单、紧凑，整车质量小，高速时操纵稳定性好。大多数轿车采用这种布置形式，但这种布置形式的爬坡性能差，豪华轿车一般不采用，而是采用传统的发动机前置后轮驱动。根据发动机布置的方向，发动机前置前轮驱动又分为发动机前横置前轮驱动和发动机前纵置前轮驱动。

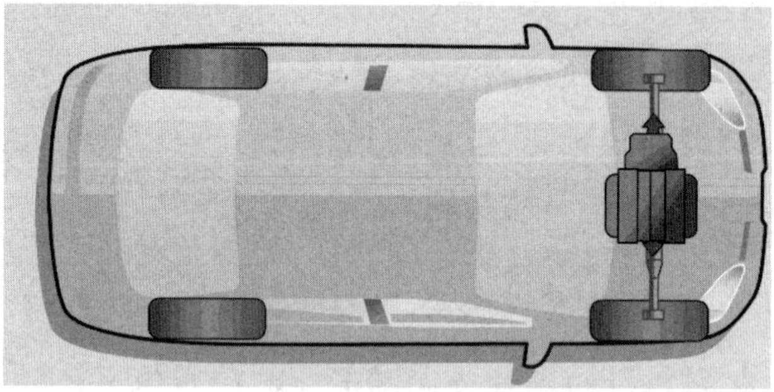

图 1–4 发动机前置前轮驱动

3. 发动机后置后轮驱动

发动机后置后轮驱动简称后置后驱动，英文简称为 RR。如图 1-5 所示，发动机布置在汽车后部，动力经过离合器、变速器、角传动装置、万向传动装置、后驱动桥，最后传到后驱动车轮，使汽车行驶。这种布置形式便于车身内部的布置，减小室内发动机的噪声，一般用于大型客车。

图 1–5 发动机后置后轮驱动

4. 发动机前置全轮驱动

发动机前置全轮驱动简称全轮驱动，英文简称为 XWD。如图 1-6 所示，发动机布置在汽车前部，动力经过离合器、变速器、分动器、万向传动装置分别到达前后驱动桥，最后传到前后驱动车轮，使汽车行驶。由于所有的车轮都是驱动车轮，提高了汽车的越野通过性能，是越野汽车采取的布置形式。

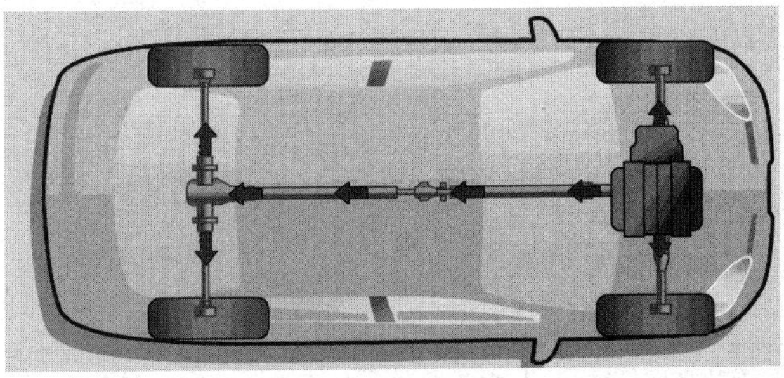

图 1-6　发动机前置全轮驱动

三、汽车行驶的基本原理

要使汽车行驶，必须对其施加一个驱动力以克服各种阻力，驱动力产生的原理如图 1-7 所示。发动机经由传动系统在驱动车轮上施加了一个驱动力矩，力图使驱动车轮旋转。在 T_t 的作用下，驱动车轮对地面施加一个与汽车行驶方向相反的圆周力 F_o。根据作用力与反作用力的原理，地面也会对驱动车轮施加一个与 F_o 大小相等、方向相反的反作用力 F_t，F_t 就是使汽车行驶的驱动力，或称牵引力。驱动力作用在驱动轮上，再通过车桥、悬架、车架等行驶系统传到车身上，使汽车行驶。

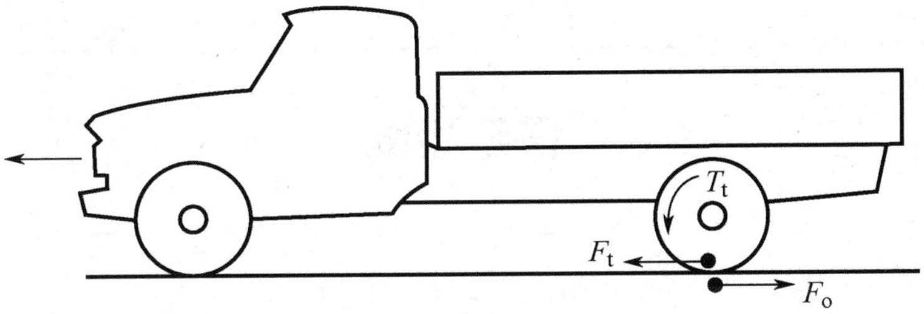

图 1-7　驱动力产生的原理

任务实施与评价

<table>
<tr><td colspan="2">任务名称</td><td colspan="2">汽车底盘结构认知</td><td>学时</td><td colspan="2">1 学时</td></tr>
<tr><td colspan="2">姓名</td><td></td><td>实训车型</td><td colspan="3">年　月　日</td></tr>
<tr><td colspan="2">标准时间</td><td></td><td>开始时间</td><td>完成时间</td><td colspan="2"></td></tr>
<tr><td>序号</td><td colspan="2">操作步骤</td><td>操作标准</td><td>操作记录</td><td>分值</td><td>自评得分</td></tr>
<tr><td rowspan="4">1</td><td rowspan="4">认知前的基本检查</td><td>检查作业现场环境</td><td rowspan="4">检查清洁彻底、记录清晰、准确</td><td rowspan="4"></td><td>2</td><td></td></tr>
<tr><td>记录整车基本信息</td><td>3</td><td></td></tr>
<tr><td>作业前仪表工具检查</td><td>2</td><td></td></tr>
<tr><td>作业前实施车辆防护</td><td>3</td><td></td></tr>
<tr><td rowspan="3">2</td><td rowspan="3">传动系统的认知</td><td>离合器、变速器的认知</td><td rowspan="3">工具选择、使用正确；正确指认各零部件位置，正确检查安装状况</td><td rowspan="3"></td><td>10</td><td></td></tr>
<tr><td>万向传动装置的认知</td><td>5</td><td></td></tr>
<tr><td>驱动桥的认知</td><td>10</td><td></td></tr>
</table>

续表

序号	操作步骤		操作标准	操作记录	分值	自评得分
3	行驶系统的认知	行驶系统的各零部件认知	工具选择、使用正确；正确指认各零部件位置，正确检查安装状况		10	
		悬架的安装位置认知			5	
		安装固定状况检查			5	
4	转向系统的认知	转向系统的各零部件认知	工具选择、使用正确；正确指认各零部件位置，正确检查安装状况		10	
		转向器的安装位置认知			5	
		安装固定状况检查			5	
5	制动系统的认知	制动系统的各零部件认知	工具选择、使用正确；正确指认各零部件位置，正确检查安装状况		10	
		制动器的安装位置认知			5	
		安装固定状况检查			5	
6	场地恢复及现场 5S 管理		正确使用工量具，清洁整理工作台、地面及工具、量具		5	
学生自评						
小组评价						
指导教师（师傅）评价						
综合评价	□优秀　□良好　□合格　□不合格					

任务测试

一、单项选择题

1．“FR”所代表的传动系统布置形式是（　　）。

A．发动机前置前轮驱动　　B．发动机前置后轮驱动

C．发动机后置后轮驱动　　D．发动机中置后轮驱动

2．下列选项中，属于底盘传动系统的是（　　）。

A．变速器　　B．曲轴

C．轮胎　　D．车架

3．“FF”所代表的传动系统布置形式是（　　）。

A．发动机前置前轮驱动　　B．发动机前置后轮驱动

C．发动机后置后轮驱动　　D．发动机中置后轮驱动

4．发动机前置后驱布置形式的缩写是（　　）。

A．FF　　B．FR　　C．RR　　D．MR

二、填空题

1．汽车一般由____________、____________、____________和____________组成。

2．汽车底盘由____________、____________、____________和____________四大系统

组成。

3．汽车传动系统的功用是将发动机的动力传给＿＿＿＿＿。

4．汽车行驶系统一般由＿＿＿＿＿、＿＿＿＿＿、＿＿＿＿＿和＿＿＿＿＿等组成。

5．汽车转向系统由＿＿＿＿＿、＿＿＿＿＿和＿＿＿＿＿组成。

6．汽车制动系统的功用是使汽车＿＿＿＿＿、＿＿＿＿＿并能保证可靠地＿＿＿＿＿。

7．汽车制动系统一般包括＿＿＿＿＿制动系统和＿＿＿＿＿制动系统两套相互独立的制动系统。

8．汽车底盘的总体布置常见的有＿＿＿＿＿＿＿、前置前轮驱动、＿＿＿＿＿＿＿、全轮驱动等。

三、判断题

1．发动机是汽车的动力装置。（　　）

2．车架用于驾驶员、乘客乘坐或承载货物。（　　）

3．车桥通过车身与车架连接，车架是整车的装配基体。（　　）

4．电子控制制动防抱死系统的英文缩写是 ABS。（　　）

5．发动机后置后轮驱动布置形式的英文简称为 RR。（　　）

项目小结

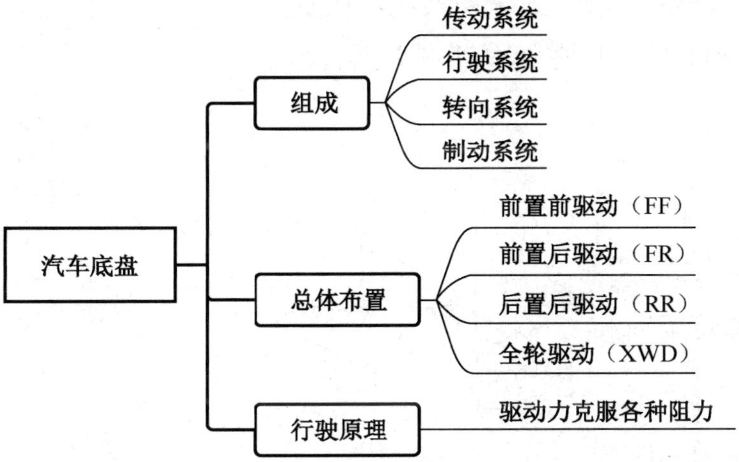

项目二

汽车传动系统检修

项目描述

汽车传动系统是指从发动机到驱动车轮之间所有动力传递装置的总称。其功用是将发动机的动力传给驱动车轮。根据动力来源和传动方式，传动系统分为机械式、液力式、静液式和电力式传动系统四类。机械式传动系统一般由离合器、手动变速器、万向传动装置（万向节）、驱动桥（主减速器、差速器、半轴、桥壳）等组成，如图 2-1 所示，机械式传动系统工作可靠、结构简单，在现代汽车上得到广泛应用；液力式传动系统主要由液力变矩器、自动变速器、万向传动装置、驱动桥等组成；静液式传动系统结构复杂，机械效率低，故目前只在某些军用车辆上采用；电力式传动系统多用在纯电动汽车上。

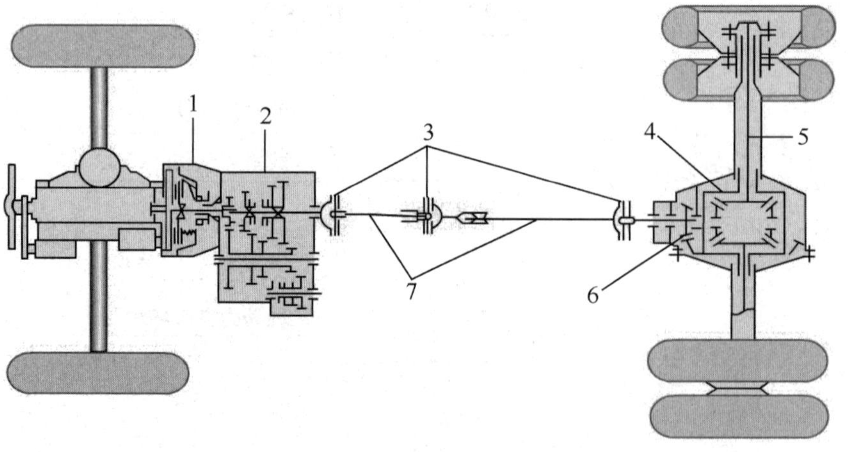

1—离合器；2—变速器；3—万向节；4—驱动桥；5—半轴；6—主减速器；7—传动轴

图 2-1　汽车传动系统的组成

本项目主要包括：离合器检修、手动变速器检修 、自动变速器检修、万向传动装置检修和驱动桥检修 5 个任务。通过 5 个任务的学习，进一步掌握汽车传动系统结构和工作原理，掌握汽车传动系统的检修方法，并学会使用常用检修工具。

任务1 离合器检修

任务目标

素养目标：

1. 树立正确“三观”，塑造良好人格。
2. 具有爱岗敬业精神。

能力目标：

1. 能够正确选择并使用汽车底盘拆装工具。
2. 能够进行离合器拆装及检修。
3. 正确判断离合器常见故障及可能的故障部位。

知识目标：

1. 了解离合器功用与组成。
2. 理解摩擦式离合器工作原理。
3. 掌握膜片式弹簧离合器构造、拆装及检修方法。

情境导入

一辆2014年生产的2013款手动挡科鲁兹轿车，离合器沉重，并且换挡时有异响，起步抖动，到修理厂进行修理。驾驶员反映，该车最初仅为离合器踏板沉重，并无异响，经过一个月后才出现换挡异响和起步抖动。维修技师初步判断需要对离合器进行检修。请你根据本任务所学离合器的构造、工作原理及检修等知识，完成离合器的拆检与总成的更换。

任务准备

理论知识

离合器用来切断和实现发动机对传动系统的动力传递。离合器总成位于发动机与变速器之间，是汽车传动系统中直接与发动机相连的总成。

一、离合器的功用

1. 实现平稳起步

使发动机与传动系统逐渐接合，保证汽车平稳起步。汽车起步时，驾驶员缓慢抬起离合器踏板，使离合器的主、从动部分逐渐接合，与此同时，逐渐踩下加速踏板，以增加发动机的输出转矩，这样发动机的转矩便可由小到大地传给传动系统。汽车便由静止开始缓慢逐渐加速，实现平稳起步。

2．暂时切断动力

暂时切断发动机的动力传递，保证变速器换挡平顺。汽车在行驶过程中，由于行驶条件的变换，需要不断变换挡位。对于普通齿轮变速器，换挡时不同的齿轮副要退出啮合或进入啮合，这就要求换挡前踩下离合器踏板，中断发动机的动力传递，便于退出原有齿轮副的啮合、进入新齿轮副的啮合。

3．防止系统过载

限制所传递的转矩，防止传动系统过载。汽车紧急制动时，如果发动机与传动系统刚性连接，发动机转速将急剧下降，其所有零件将产生很大的惯性力矩，这一力矩作用于传动系统，会造成传动系统过载而使其机件损坏。

二、离合器的分类

汽车上应用的离合器按照工作原理主要有以下 3 种形式。

1．摩擦式离合器

摩擦式离合器指利用主、从动部分的摩擦作用来传递转矩的离合器。摩擦式离合器按从动盘的数目分为单片式离合器和双片式离合器。轿车、客车和部分中、小型货车多采用单片式离合器，双片式离合器多用于重型车辆上。按压紧弹簧的布置形式分为周布弹簧式离合器、中央弹簧式离合器和膜片弹簧式离合器。目前应用最广泛的是膜片弹簧式离合器。近几年一种新型的摩擦式双离合器在轿车上广泛应用。

2．液力变矩器

液力变矩器指利用液体作为传动介质的离合器。多用于采用自动变速器的车辆，早期使用的液力耦合器，现已在汽车上逐步淘汰。

3．电磁式离合器

电磁式离合器指利用磁力传动的离合器。

三、摩擦式离合器（以膜片弹簧式离合器为例）

1．膜片弹簧式离合器的组成

膜片弹簧式离合器目前在各种类型的汽车上都广泛应用。膜片弹簧式离合器由主动部分、从动部分、压紧机构和操纵机构组成，如图 2-2 所示。

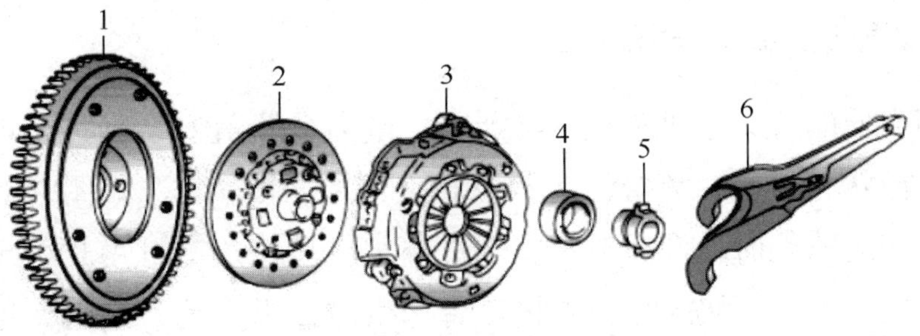

1—飞轮；2—从动盘；3—压盘；4—分离套筒；5—分离轴承；6—分离叉

图 2-2　膜片弹簧式离合器的组成

膜片弹簧式离合器的主动部分由飞轮、离合器盖和压盘组成。离合器盖通过螺栓固定在飞轮上，为了保持正确的安装位置，离合器盖通过定位销进行定位。压盘与离合器盖之间通过周向均布的 3 组或 4 组传动片来传递转矩。传动片用弹簧钢片制成，每组两片，一端用铆钉铆在离合器盖上，另一端用螺钉连接在压盘上。

膜片弹簧式离合器的从动部分包括从动盘和从动轴，从动盘一般都带有扭转减振器。发动机传到传动系统的转速和转矩是周期性变化的，使传动系产生扭转振动，这将使传动系统的零部件受到冲击性交变载荷，使寿命下降、零件损坏。采用扭转减振器可以有效地防止传动系统的扭转振动。带扭转减振器的从动盘的结构如图 2-3 所示。

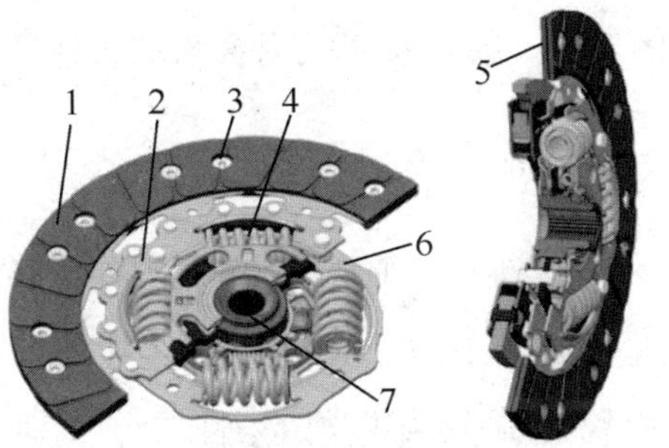

1、5—摩擦衬片；2—减振器盘；3—铆钉；4—减振弹簧；6—从动盘毂；7—花键毂

图 2-3　带扭转减振器的从动盘的结构

从动盘钢片外圆周铆接有波浪形弹簧钢片，摩擦衬片分别铆接在弹簧钢片上，从动盘钢片与减振器盘铆接在一起，这两者之间夹有摩擦垫圈和从动盘毂。从动盘毂、从动盘钢片和减振器盘上都有 6 个圆周均布的窗孔，减振弹簧装在窗孔中。当从动盘受到转矩时，转矩从摩擦衬片传到从动盘钢片，再经减振弹簧传给从动盘毂，此时弹簧将被压缩，吸收发动机传来的扭转振动。

压紧机构即膜片弹簧（又称分离杠杆），其径向开有若干切槽，形成弹性杠杆。切槽末端有圆孔，固定铆钉穿过圆孔，并固定在离合器盖上。膜片弹簧两侧装有钢丝支承环，这两个钢丝支承环是膜片弹簧工作时的支点。膜片弹簧的外缘通过分离钩与压盘联系起来。

2. 膜片弹簧式离合器的工作原理

膜片弹簧式离合器的工作原理如图 2-4 所示。当离合器盖安装到飞轮上未紧固时，膜片弹簧不受力而处于自由状态，此时离合器盖与飞轮之间有一距离 *S*，如图 2-4（a）所示。当离合器盖通过螺栓固定在飞轮上时，膜片弹簧在支承环处受压产生弹性变形，此时膜片弹簧的外圆周对压盘产生压紧力，压盘、从动盘、飞轮三者产生摩擦力，动力经由飞轮、压盘传递给从动盘，使离合器处于接合状态，如图 2-4（b）所示。当踩下离合器踏板时，分离轴承推动膜片弹簧内端，使膜片弹簧以支承环为支点外圆周向后翘起，通过分离钩拉动压盘后移，压盘、从动盘、飞轮三者正压力消失，摩擦力不再存在，离合器分离，如图 2-4（c）所示。

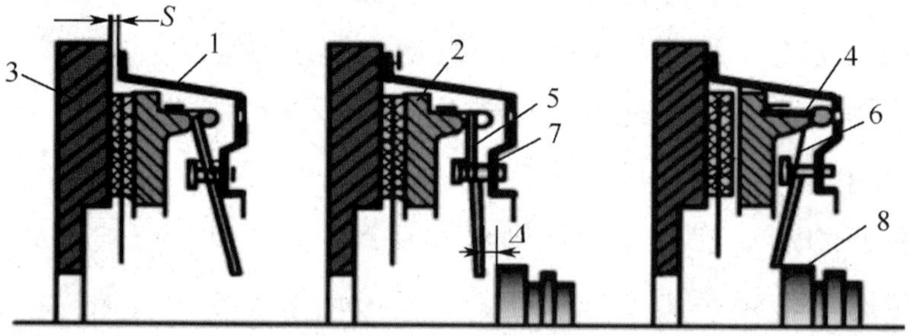

（a）安装前位置　（b）安装后（接合）位置　（c）分离位置

1—离合器盖；2—压盘；3—飞轮；4、5、6—膜片弹簧；7—铆钉；8—分离轴承

图 2-4　膜片弹簧式离合器的工作原理

3. 离合器自由间隙和离合器踏板自由行程

离合器在正常接合状态下，分离杠杆（膜片弹簧）内端与分离轴承之间应留有一个间隙 *Δ*，一般为几毫米，这个间隙称为离合器自由间隙，如图 2-4（b）所示。如果没有自由间隙，从动盘摩擦片磨损变薄后压盘将向前移动，分离杠杆内端与分离轴承压紧，从而造成从动盘无法压紧，这将导致离合器打滑，使离合器所能传动的转矩下降，车辆行驶无力，而且会加速从动盘的磨损。

由于离合器自由间隙的存在，为了消除离合器的自由间隙和操纵机构零件的弹性变形所需要的离合器踏板行程称为离合器踏板自由行程。机械操纵式离合器可以通过拧动调节叉来改变分离拉杆的长度从而对踏板自由行程进行调整。

四、离合器操纵机构

离合器的操纵机构是驾驶员借以使离合器分离、又使之柔和接合的一套机构，它起始于离合器踏板，终止于分离杠杆。

按照所需操纵能源的不同，离合器操纵机构分为人力式和助力式两种。人力式操纵机构是以驾驶员作用在踏板上的力作为唯一的操纵能源，又可以分为机械式和液压式；助力式操纵机构除驾驶员的力以外，主要以其他形式的能源作为操纵能源，又可以分为气压助力式和弹簧助力式。

1. 机械式操纵机构

机械式操纵机构有杆系传动和绳索传动两种形式。杆系传动机构的结构如图 2-5 所示，其结构简单，工作可靠，但操纵费力，近几年仅在低速农用车上应用。绳索传动机构的结构如图 2-6 所示，可消除杆系传动机构的一些缺点，但绳索寿命较短，拉伸刚度较小，现在也很少应用。

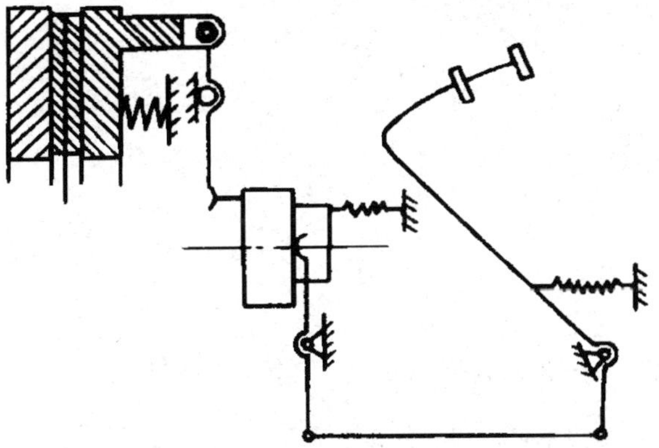

图 2-5　杆系传动机构的结构

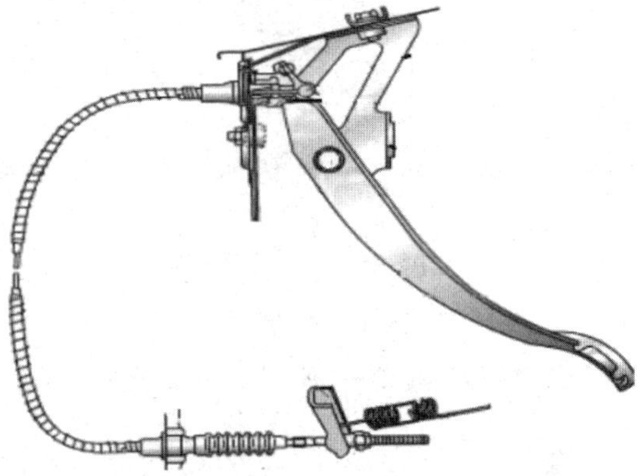

图 2-6　绳索传动机构的结构

2. 液压式操纵机构

液压式操纵机构主要由主缸、工作缸和管路系统等组成，如图 2-7 所示。目前液压式操纵机构在各类型车上应用广泛。这里以桑塔纳 2000GSi 型轿车的离合器为例介绍液压式操纵机构的构造。

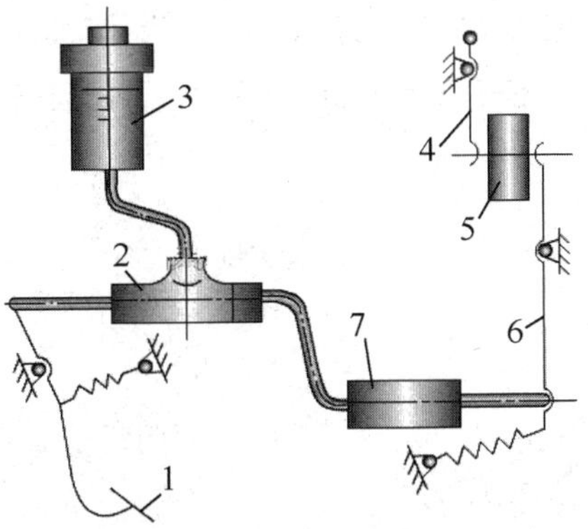

1—离合器踏板；2—主缸；3—储液罐；4—分离杠杆；5—分离轴承；6—分离叉；7—工作缸

图 2-7　液压式操纵机构示意图

桑塔纳 2000GSi 型轿车离合器液压式操纵机构由离合器踏板、储液罐、离合器主缸、离合器工作缸、分离叉、分离轴承等组成，如图 2-8 所示。

离合器主缸的结构如图 2-9 所示，主缸体借补偿孔 A、进油孔 B 通过进油软管与储液罐相通。主缸内装有活塞，活塞中部较细，且为“十”字形断面，使活塞右方的主缸内腔形成油室。

活塞两端装有皮碗。活塞左端中部装有单向阀，经小孔与活塞右方主缸内腔的油室相通。当离合器踏板处于初始位置时，活塞左端皮碗位于补偿孔 A 与进油孔 B 之间，两孔均开放。

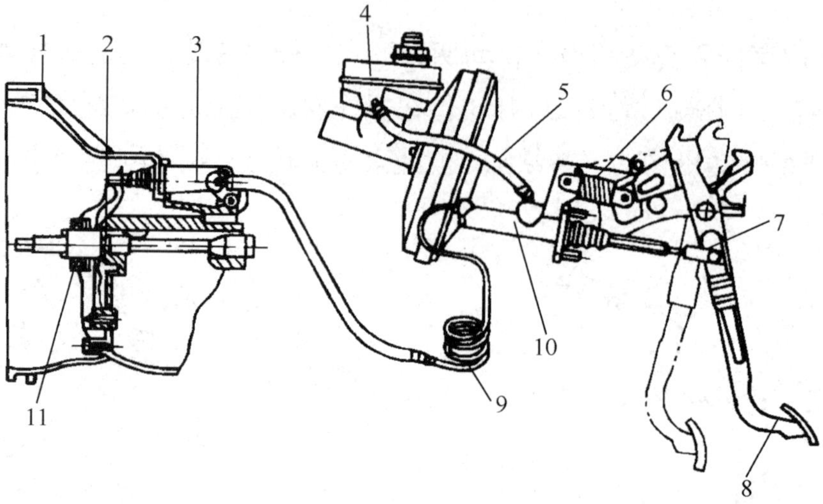

1—变速器壳体；2—分离叉；3—离合器工作缸；4—储液罐；5—进油软管；6—助力弹簧；7—推杆接头；8—离合器踏板；9—油管总成；10—离合器主缸；11—分离轴承

图 2-8　桑塔纳 2000GSi 型轿车离合器液压式操纵机构

离合器工作缸的结构如图 2-10 所示，工作缸内装有活塞、皮碗、推杆等，缸体上还设有放气螺塞。当管路内有空气而影响操纵时，可拧松放气螺塞进行放气。工作缸活塞直径略大于主缸活塞直径，故液压系统稍有增力作用，以补偿液流通道的压力损失。

3. 助力式操纵机构

为了尽可能减小作用于离合器踏板上的力，减轻驾驶员的劳动强度，有的离合器操纵机构中采用助力式操纵机构，由于该类操纵机构结构复杂，成本较高，现在应用较少。

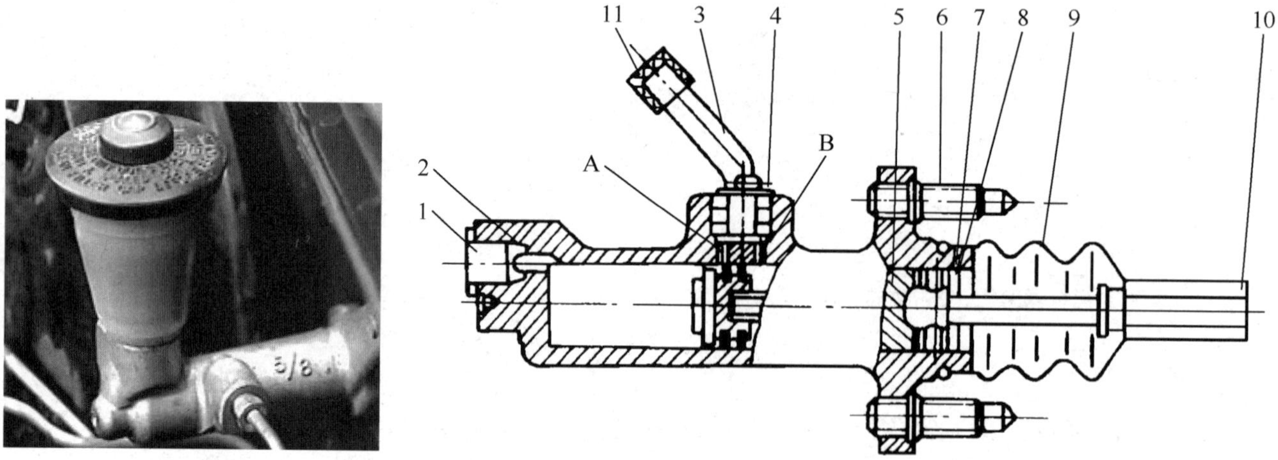

1—保护塞；2—壳体；3—管接头；4—皮碗；5—阀芯；6—固定螺栓；7—卡簧；8—挡圈；9—护套；10—推杆；11—保护套；A—补偿孔；B—进油孔

图 2-9　离合器主缸的结构

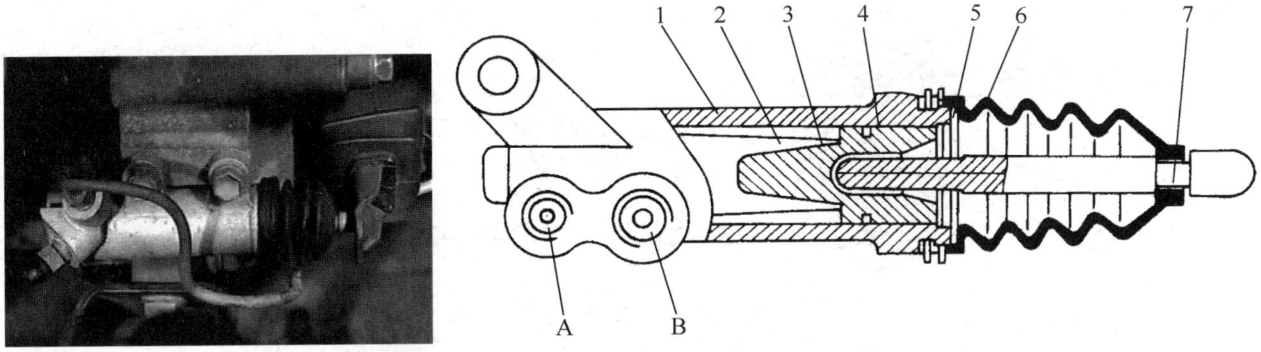

1—壳体；2—活塞；3—管接头；4—皮碗；5—挡圈；6—保护套；7—推杆；A—放气孔；B—进油孔

图 2-10 离合器工作缸的结构

实践知识

一、离合器的拆装与检修

由于现代汽车使用的离合器形式多样，每种型号汽车的离合器总成的拆装不尽相同，这里将以常见车型的膜片弹簧式离合器通用拆装步骤及检修程序进行讲解。

1. 离合器的拆卸

（1）断开电瓶线（负极），拆下起动机。

（2）将车辆举升；拆下半轴或传动轴部件。

（3）拆下发动机与变速箱体接合处螺栓并抬下变速箱（需要先将换挡机构等附属装置或部件拆除）。

（4）通过工具将离合器飞轮“固定”好，然后看离合器盖与飞轮装配是否有标记，若没有标记建议做好装配“标记”以方便回装。

（5）安装对中导管，用于定位离合器。使用工具对角逐步拧松并卸下离合器盖与飞轮的固定螺栓。

（6）依次拆下离合器压盘和离合器从动盘，将离合器压盘与离合器盖放于相应位置。

2. 离合器的检测

（1）从动盘的检测。

先目视检查，看从动盘摩擦片是否有裂纹、铆钉外露、减振器弹簧断裂等情况，如果有就更换从动盘。再检查从动盘的端面圆跳动，通常在距从动盘外边缘 2.5mm 处测量，离合器从动盘最大端面圆跳动一般为 0.4mm，测量方法如图 2-11 所示。

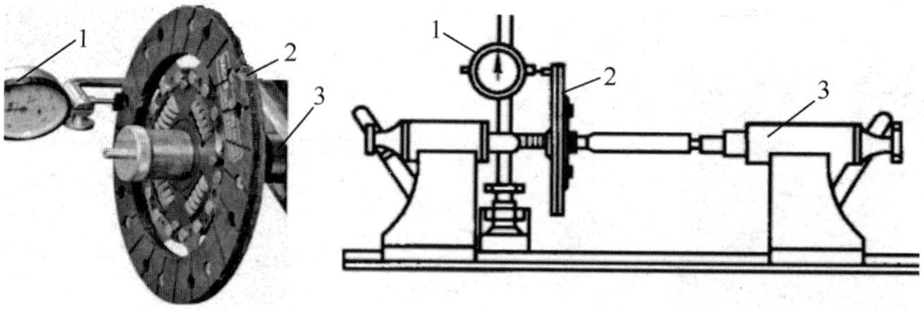

1—百分表；2—从动盘；3—测量仪

图 2-11　从动盘端面圆跳动的检查

从动盘摩擦片磨损程度的检查：铆钉头埋入深度一般要求不小于 0.2mm。铆钉埋入深度可用游标卡尺进行测量，如图 2-12 所示。若检查结果超过要求，则应更换从动盘。

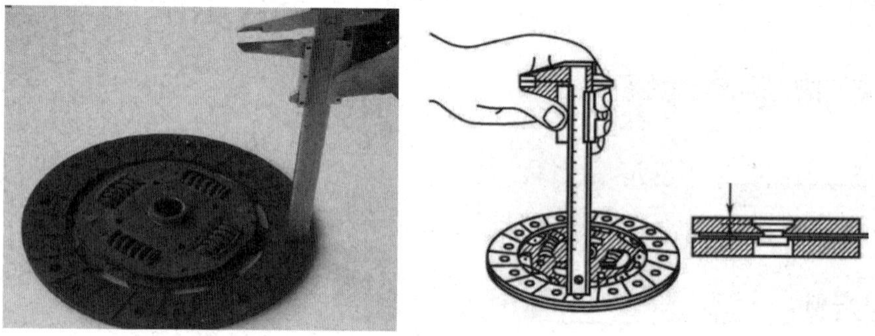

图 2-12　从动盘铆钉深度的检查

（2）压盘和离合器盖的检测。

压盘的损伤主要是翘曲、破裂或过度磨损等。压盘的外观检查：压盘表面不应有明显的沟槽。压盘平面度的检查方法如图 2-13 所示，用刀口尺或直钢尺压在压盘上，然后用塞尺测量。离合器压盘平面度一般不超过 0.2mm。

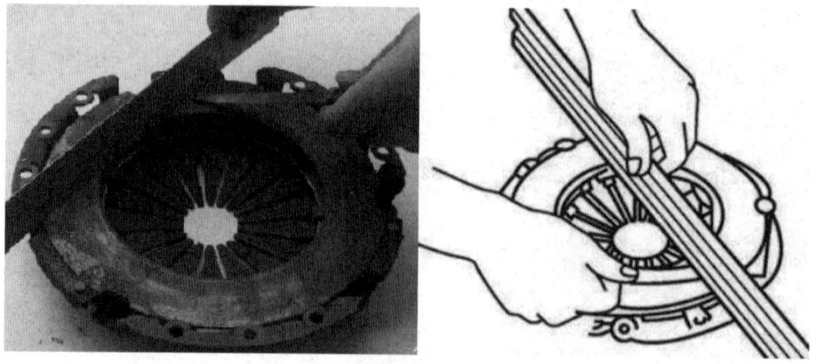

图 2-13　压盘平面度的检查

离合器盖外观检查主要是看有无翘曲、裂纹、螺纹磨损等，如有应更换离合器盖。

（3）膜片弹簧的检测。

膜片弹簧的目视检查：膜片弹簧是否有折断、严重的变形、烧蚀变色及松动等，如有应进行更换。膜片弹簧磨损程度的检测：如图 2-14 所示，用游标卡尺测量膜片弹簧与分离轴承接触部位磨损的深度和宽度。深度应小于 0.6mm，宽度应小于 5mm，否则应更换。

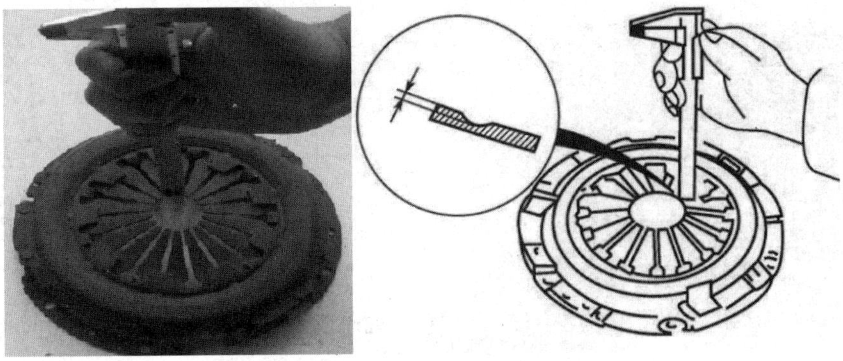

图 2-14　膜片弹簧磨损程度的检测

（4）分离轴承的检查。

如图 2-15 所示，用手固定分离轴承内圈，转动外圈，同时在轴向施加压力，若有阻滞或有明显间隙感时，则应更换分离轴承。分离轴承通常是一次性加注润滑脂。维护时切勿随意拆卸清洗，若有脏污，可用干净抹布擦净表面。

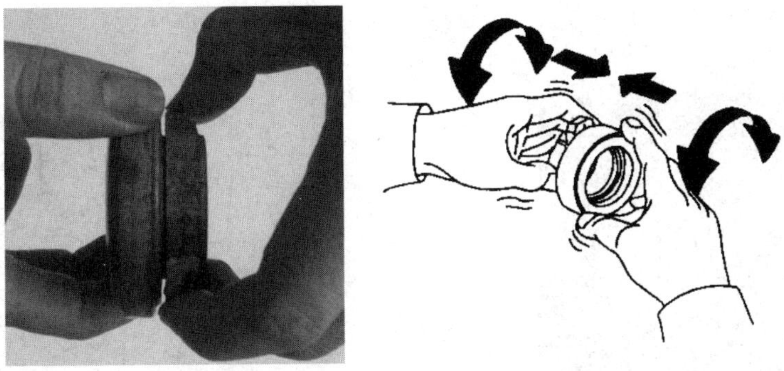

图 2-15　分离轴承的检查

（5）飞轮的检测。

首先进行目视检查，看齿圈轮齿是否磨损或打齿，飞轮端面是否有烧蚀、沟槽、翘曲和裂纹等，若有则应修理或更换飞轮。然后检查飞轮上的轴承，如图 2-16 所示，用手转动轴承，在轴向加力，若有阻滞或有明显间隙感，则应更换轴承。

最后检查飞轮端面的圆跳动，如图 2-17 所示，将百分表安装在发动机机体上，百分表表针抵在飞轮的最外圈，转动飞轮，测量飞轮的端面圆跳动，应小于 0.1mm。若端面圆跳动超过标准，则应修磨或更换飞轮。

3．离合器总成的安装

（1）安装离合器从动盘和离合器压盘。用专用工具或变速器一轴将离合器从动盘定位于飞轮和压盘的中心如图 2-18 所示。

小贴士： 细节决定成败。单片式离合器安装时，使从动盘上减振弹簧凸出的一面朝外。双片式离合器安装时，短毂相对安装。任务实施过程中一定要认真仔细，严格按维修手册要求进行操作。

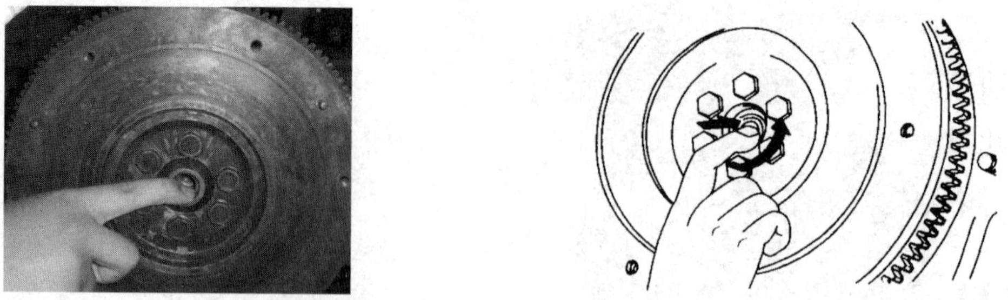

图 2–16　飞轮上轴承的检查

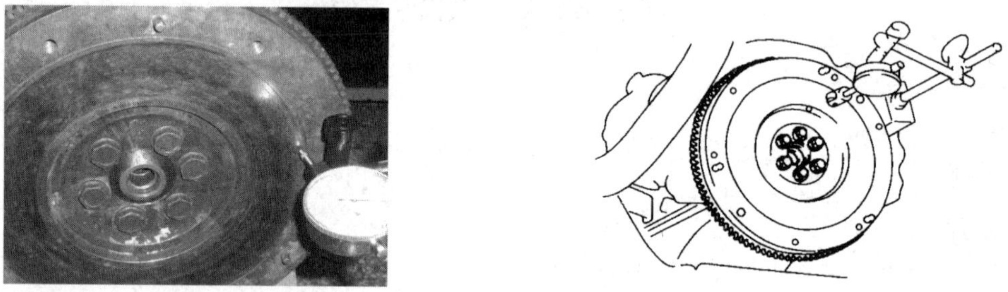

图 2–17　飞轮端面圆跳动的检查

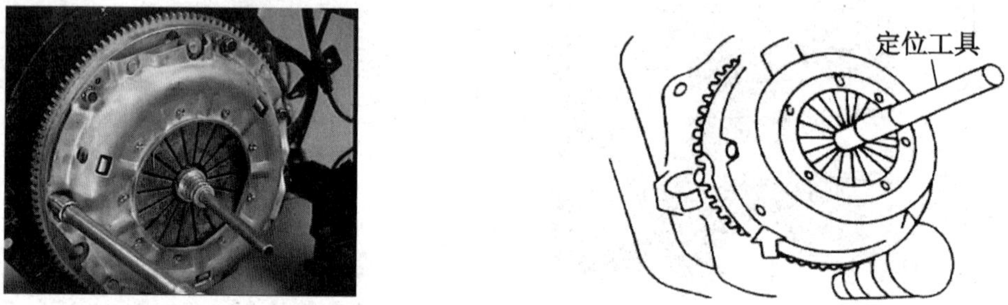

图 2–18　离合器定位工具安装

（2）用专用工具或自制工具将飞轮固定。

（3）安装离合器压盘螺栓。对角分多次拧紧到维修手册规定的力矩。

（4）从发动机缸体上拆下专用定位工具和固定工具。

（5）装上发动机与变速箱体接合处螺栓并装复变速箱；装上半轴或传动轴部件。

（6）将车辆落地，装复起动机，安装电瓶线（负极）。

二、离合器的维护

1．离合器液压式操纵机构的排气

在更换离合器液压式操纵机构部件后，需要排放机构中的空气。在离合器工作缸上均设有放气塞，液压式操纵机构空气的排放需两人配合操作。

（1）取下工作缸放气塞胶套，在放气塞上接一根长度适宜的胶管，把胶管的另一端放在盛有适量制动液的容器中的液面以下。

（2）检查储液罐内的液面并保持在规定位置。

（3）一人踏动离合器踏板数次，然后用力将踏板踏下至最大行程，并保持不动。另一人松开放气塞，油液及空气从胶管中流出，然后拧紧放气塞。

（4）如此重复操作数次，直到从胶管中流出的油液没有空气为止。

（5）拧紧放气塞，取下胶管，装回放气塞胶套。往储液罐内添加制动液至规定位置。

小贴士：在排气操作过程中，要时刻观察储液罐中油液面的位置，不足时及时添加，防止空气混入。在实际维修作业中，应养成严谨、细致的工作作风。

2．离合器踏板自由行程的调整

在使用过程中，离合器从动盘会出现磨损现象，从动盘磨损后离合器自由间隙变小，反映到制动踏板上就是离合器踏板自由行程减小，因此离合器踏板自由行程要定期进行调整，不同的离合器调整方法与调整位置不同。

液压操纵式离合器踏板自由行程的调整，一般是通过调整分离杠杆内端面分离轴承的间隙或主缸推杆与主缸活塞的间隙两种方法来实现。间隙增大，踏板自由行程变大；间隙减小，踏板自由行程变小。

机械操纵式离合器踏板自由行程的调整，是通过调整拉杆的有效长度来实现的。拉杆有效长度缩短，自由行程变小，拉杆有效长度增长，自由行程增大。

三、离合器的常见故障诊断

由于离合器是汽车上使用最为频繁的总成之一，因此其故障率较高。离合器的最常见故障有离合器打滑、分离不彻底等。

1．离合器打滑

故障现象：汽车用低速挡起步时，放松离合器踏板后，汽车不能起步或起步困难；汽车加速行驶时，车速不能随发动机转速的提高而提高，感到行驶无力，严重时产生焦煳味或冒烟等现象。

故障原因：

（1）离合器踏板没有自由行程，使分离轴承压在分离杠杆上。

（2）从动盘摩擦片、压盘或飞轮工作面磨损严重，离合器盖与飞轮的连接松动，使压紧力减弱。

（3）从动盘摩擦片油污、烧蚀、表面硬化、铆钉外露、表面不平，使摩擦系数下降。

（4）压紧弹簧疲劳或折断，膜片弹簧疲劳或开裂，使压紧力下降。

（5）离合器操纵杆系卡滞，分离轴承套筒与导管间油污、尘腻严重，甚至造成卡滞，使分离轴承不能回位。

（6）分离杠杆弯曲变形，出现运动干涉，不能回位。

2. 离合器分离不彻底

故障现象：发动机怠速运转时，踩下离合器踏板，挂挡有齿轮撞击声，且难以挂入；如果勉强挂上挡，就在离合器踏板尚未完全放松时，发动机熄火。

故障原因：

（1）离合器踏板自由行程过大。

（2）分离杠杆弯曲变形、支座松动、支座轴销脱出，使分离杠杆内端高度难以调整。分离杠杆调整不当，其内端不在同一平面内或内端高度太低。

（3）从动盘钢片翘曲、摩擦片破裂或铆钉松动。从动盘花键孔与变速器一轴花键轴卡滞。

（4）离合器液压式操纵机构漏油、有空气或油量不足。

（5）发动机支承磨损或损坏，发动机与变速器不同心。

任务实施与评价

<table>
<tr><td colspan="2">学习任务</td><td colspan="2">离合器检修</td><td colspan="2">学时</td><td>2 学时</td></tr>
<tr><td colspan="2">姓名</td><td></td><td>实训车型</td><td></td><td colspan="2">年　月　日</td></tr>
<tr><td colspan="2">标准时间</td><td></td><td>开始时间</td><td></td><td>完成时间</td><td></td></tr>
<tr><td>序号</td><td colspan="2">操作步骤</td><td>操作标准</td><td>操作记录</td><td>分值</td><td>自评得分</td></tr>
<tr><td rowspan="5">1</td><td rowspan="5">检修前的基本检查</td><td>检查作业现场环境</td><td rowspan="5">检查清洁彻底、记录清晰、准确</td><td rowspan="5"></td><td>2</td><td></td></tr>
<tr><td>记录整车基本信息</td><td>3</td><td></td></tr>
<tr><td>作业前工具检查</td><td>2</td><td></td></tr>
<tr><td>故障现象的确认</td><td>5</td><td></td></tr>
<tr><td>作业前实施车辆防护</td><td>3</td><td></td></tr>
<tr><td rowspan="3">2</td><td rowspan="3">离合器的拆卸</td><td>插入固定定位工具（或一轴）</td><td rowspan="3">工具选择、使用正确；正确使用固定工具，按维修工艺要求拆卸螺钉</td><td rowspan="3"></td><td>10</td><td></td></tr>
<tr><td>在飞轮压盘上做标记</td><td>5</td><td></td></tr>
<tr><td>按交叉对角顺序分层拧松拆下离合器盖与飞轮连接螺钉</td><td>5</td><td></td></tr>
<tr><td rowspan="2">3</td><td rowspan="2">从动盘的检测</td><td>外观目视检查</td><td rowspan="2">衬片磨损严重，破损铆钉松动等更换新衬片；钢片裂纹、花键毂键槽磨损严重，更换从动盘；从动盘平面度不大于0.20mm</td><td rowspan="2"></td><td>5</td><td></td></tr>
<tr><td>从动盘磨损程度的检查</td><td>10</td><td></td></tr>
<tr><td rowspan="2">4</td><td rowspan="2">压盘和离合器盖的检测</td><td>检修压盘工作面</td><td rowspan="2">压盘表面平面度误差不大于0.20mm；压盘深槽、深裂纹，磨削修复过薄等，更换压盘</td><td rowspan="2"></td><td>5</td><td></td></tr>
<tr><td>离合器盖的外观检查</td><td>10</td><td></td></tr>
</table>

续表

序号	操作步骤		操作标准	操作记录	分值	自评得分
5	膜片弹簧的检测	膜片弹簧外观检查	按维修手册工艺要求进行测量和检查		5	
		膜片弹簧磨损程度的检查			10	
6	离合器的装复	装上离合器从动盘，用一轴进行固定	工具选择、使用正确；正确指认各零部件位置，正确检查安装状况		5	
		压盘对准飞轮标记，安装压盘			5	
		分次紧固螺钉			5	
7	场地恢复及现场5S管理		正确使用及摆放工具、量具，清洁整理工作台、地面及工具、量具		5	
学生自评						
小组评价						
指导教师（师傅）评价						
综合评价	□优秀　□良好　□合格　□不合格					

任务测试

一、单项选择题

1. 摩擦式离合器的从动部分是指（　　）。
   A．分离杠杆　B．压盘　C．从动盘　D．传动片
2. 离合器最容易磨损的部件是（　　）。
   A．分离轴承　B．从动盘　C．压盘　D．分离杠杆
3. 摩擦式离合器的压紧机构为沿圆周均布的（　　）。
   A．螺栓　B．螺钉　C．压紧杠杆　D．膜片弹簧
4. 当离合器处于完全接合状态时，变速器的一轴（　　）。
   A．不转动　B．与发动机曲轴转速不相同
   C．与发动机曲轴转速相同　D．按相反的转速旋转
5. 当驾驶员踩下离合器踏板时，离合器处于（　　）。
   A．分离状态，恢复动力传递　B．接合状态，恢复动力传递
   C．分离状态，中断动力传递　D．接合状态，中断动力传递
6. 离合器从动盘与变速器输入轴之间的周向固定，常用的连接形式是（　　）。
   A．平键连接　B．花键连接　C．销钉连接　D．紧定螺钉连接

二、填空题

1. 离合器位于________与________之间，是传动系统中直接与发动机相连的总成。

2．离合器用来________和________发动机对传动系统的动力传递。

3．膜片弹簧式离合器由________、________、________和________组成。

4．离合器的主动部分由飞轮、________和________组成。

5．离合器在正常接合状态下，分离杠杆内端与分离轴承之间应留有一个间隙，这个间隙称为离合器________。

6．为了消除离合器的自由间隙和操纵机构的弹性变形所需要的离合器踏板行程称为离合器踏板________。

7．机械式操纵机构有________传动和________传动两种形式。

8．液压式操纵机构主要由________、________和管路系统等组成。

三、判断题

1．离合器是汽车行驶系统中直接与发动机相连的总成。（ ）

2．离合器可以限制所传递的转矩，防止传动系统过载。（ ）

3．离合器不能切断发动机的动力传递。（ ）

4．机械操纵式离合器通过改变分离杠杆的长度对踏板自由行程进行调整。（ ）

5．离合器的操纵机构起始于分离杠杆，终止于离合器踏板。（ ）

任务 2 手动变速器检修

任务目标

素养目标：

1．培养爱国主义情怀。

2．具有良好团队合作精神。

能力目标：

1．能够正确选择并使用汽车底盘拆装工具。

2．能够进行二轴式、三轴式手动变速器拆装及检修。

3．能够根据技术资料规范进行变速器拆装与检修。

知识目标：

1．了解手动变速器功用及组成。

2．掌握二轴式、三轴式手动变速器构造及工作原理。

情境导入

一辆 2014 年生产的 2013 款手动挡科鲁兹轿车，从 2 挡换到 3 挡时有异响，到修理厂进行修理。驾驶员反映，该车最初异响声音较小，经过一个月后才出现换挡异响声音加大。维修技术人员初步判断为变速器内部故障，需要对变速器进行拆检。请你根据本任务所学手动变速器的构造、工作原理及检修等知识，完成手动变速器的拆检与总成的更换。

任务准备

理论知识

一、手动变速器的功用

1. 实现变速、变矩

发动机具有转矩变化范围小、转速高的特点，这与汽车实际的行驶状况是不相适应的。所以必须改变发动机的转矩、转速特性，使发动机的转矩增大、转速下降以适应汽车实际行驶的要求。变速器是通过不同的挡位来实现这一功能的。

2. 实现倒车

发动机的旋转方向从前往后看为顺时针方向，且是不能改变的，为了实现汽车的倒向行驶，变速器中设置了倒挡。

3. 实现中断动力传动

在发动机启动和怠速运转、变速器换挡、汽车滑行和暂时停车等情况下，都需要中断发动机的动力传动，因此变速器中设有空挡。

二、手动变速器的类型

1. 按前进挡位数分

按照前进挡位数可以分为三挡、四挡、五挡、多挡变速器；目前汽车上采用的手动变速器多为五挡变速器。

2. 按变速器轴的数量分

按照变速器内部轴的数量可以分为二轴式、三轴式、四轴式等。最为常见的是二轴式和三轴式。

（1）二轴式变速器。

两轴式变速器从输入轴到输出轴只通过一对齿轮传动，倒挡传动路线中也只有一个中间齿轮，因而机械效率高，噪声小。但由于它不可能有直接挡，因而最高挡的机械效率比直接挡低。这种结构形式适合于发动机前置、前轮驱动或发动机后置、后轮驱动的轿车和微、轻型货车上。

（2）三轴式变速器。

三轴式变速器特点是具有第一轴（输入轴），第二轴（输出轴）和中间轴，输入轴与输出轴置于同一条水平线上，中间轴则与它们平行布置。发动机的动力经过离合器传入变速器第一轴，再经过中间轴，最后经变速后的动力从第二轴输出给驱动桥。这种结构形式适合于发动机前置、后轮驱动的汽车。

三、普通齿轮传动的基本原理

普通齿轮变速器利用不同齿数的齿轮啮合传动来实现转矩和转速的改变。齿轮传动的基本原理如图 2-19 所示，一对齿数不同的齿轮啮合传动时可以实现变速，而且两齿轮的转速比与其齿数成反比。设主动齿轮转速为 n_1，齿数为 z_1，从动齿轮转速为 n_2，齿数为 z_2。主动齿轮（输入轴）转速与从动齿轮（输出轴）转速之比称为传动比，用字母 i_{12} 表示。即由齿轮 1 传到齿轮 2 的传动比为：

$$i_{12}=n_1/n_2=z_2/z_1$$

当小齿轮为主动齿轮，带动大齿轮转动时，输出转速降低，即 $n_2<n_1$，称为减速传动，此时传动比 $i>1$，如图 2-19（a）所示；当大齿轮驱动小齿轮时，输出转速升高，即 $n_2>n_1$，称为增速传动，此时传动比 $i<1$，如图 2-19（b）所示。这就是齿轮传动的变速原理。汽车变速器就是根据这一原理利用若干大小不同的齿轮副传动而实现变速的。

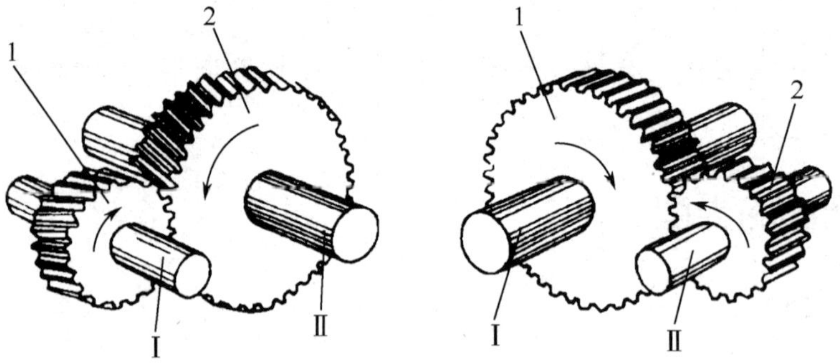

（a）减速传动　　（b）增速传动

Ⅰ—输入轴；Ⅱ—输出轴；1—主动齿轮；2—从动齿轮

图 2–19　齿轮传动的基本原理

四、变速器的结构与工作原理

1. 二轴式变速器

（1）二轴式变速器结构。

二轴式变速器传动机构的结构如图 2-20 所示，一般用于发动机前置前轮驱动的汽车，与驱动桥（前桥）合称为手动变速驱动桥，这里以大众 5 挡变速器为例进行讲解。

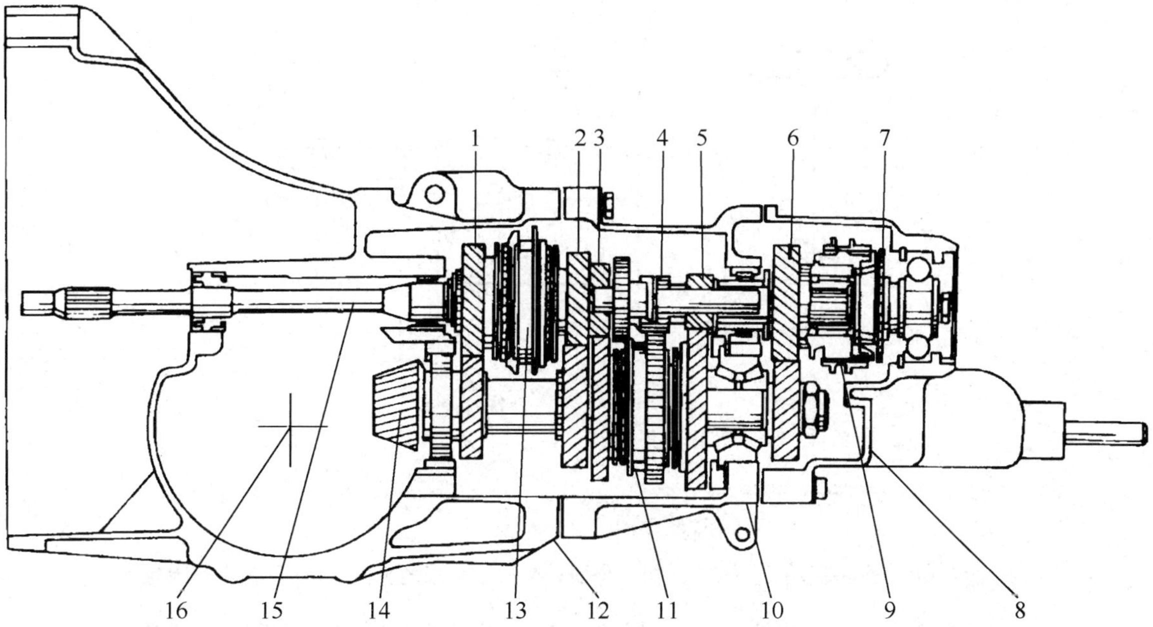

1—4 挡齿轮；2—3 挡齿轮；3—2 挡齿轮；4—倒挡齿轮；5—1 挡齿轮；6—5 挡齿轮；7—5 挡齿环；
8—换挡机构壳体；9—5 挡同步器；10—齿轮箱体；11—1、2 挡同步器；12—变速器壳体；
13—3、4 挡同步器；14—输出轴；15—输入轴；16—差速器

图 2-20　二轴式变速器传动机构的结构

二轴式变速器的变速传动机构有输入轴和输出轴，二轴平行布置，输入轴也是离合器的从动轴，输出轴也是主减速器的主动锥齿轮轴。该变速器具有 5 个前进挡和 1 个倒挡，全部采用锁环式惯性同步器换挡。输入轴上有 1～5 挡主动齿轮，其中 1、2 挡主动齿轮与轴制成一体，3、4、5 挡主动齿轮通过滚针轴承空套在轴上。输入轴上还有倒挡主动齿轮，它与轴制成一体。3、4 挡同步器和 5 挡同步器也装在输入轴上。输出轴上有 1～5 挡从动齿轮，其中 1、2 挡从动齿轮通过滚针轴承空套在轴上，3、4、5 挡齿轮通过花键套装在轴上。1、2 挡同步器也装在输出轴上。在变速器壳体的右端还装有倒挡轴，上面通过滚针轴承套装有倒挡中间齿轮。

（2）二轴式变速器工作原理。

二轴式变速器传动机构的示意图如图 2-21 所示。当变速器处于中间位置时，各轴上的接合套、传动齿轮均处于中间空转的位置，动力不传给输出轴，此时变速器处于空挡。

1 挡：当变速器操纵杆从空挡位置向左、向前移动时，1、2 挡同步器与输出轴 1 挡齿轮结合，此时处于 1 挡。动力经输入轴传给输入轴 1 挡齿轮，输入轴 1 挡齿轮通过齿轮啮合，动力传给输出轴 1 挡齿轮，输出轴 1 挡齿轮把动力传给 1、2 挡同步器，通过同步器上的花键把动力传给输出轴，由输出轴对外输出动力。

2 挡：变速器操纵杆从空挡向左、向后移动时，1、2 挡同步器与输出轴 2 挡齿轮结合，此时处于 2 挡。动力经输入轴传给输入轴 2 挡齿轮，通过齿轮啮合，动力传给输出轴 2 挡齿轮，输出轴 2 挡齿轮把动力传给 1、2 挡同步器，通过同步器上的花键把动力传给输出轴，由输出轴对外输出动力。

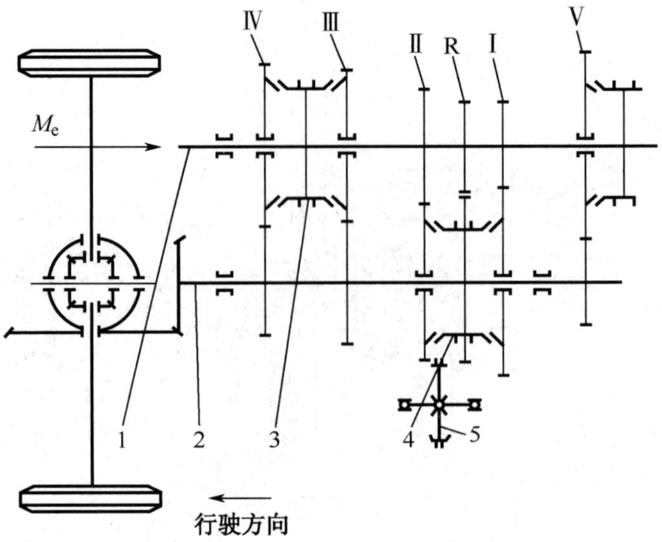

1—输入轴；2—输出轴；3—3、4 挡同步器；4—1、2 挡同步器；5—倒挡中间齿轮；

Ⅰ—1 挡齿轮；Ⅱ—2 挡齿轮；Ⅲ—3 挡齿轮；Ⅳ—4 挡齿轮；Ⅴ—5 挡齿轮；R—倒挡齿轮

图 2-21　二轴式变速器传动机构的示意图

3 挡：变速器操纵杆由空挡位置向前移动时，3、4 挡同步器与输入轴 3 挡齿轮结合，此时处于 3 挡。动力经输入轴传给 3、4 挡同步器，同步器把动力传给输入轴 3 挡齿轮，然后通过齿轮啮合，动力传给输出轴 3 挡齿轮，最终把动力传给输出轴，由输出轴对外输出动力。

4 挡：变速器操纵杆由空挡位置向后移动时，3、4 挡同步器与输入轴 4 挡齿轮结合，此时处于 4 挡。动力经输入轴传给 3、4 挡同步器，同步器把动力传给输入轴 4 挡齿轮，然后通过齿轮啮合，动力传给输出轴 4 挡齿轮，最终把动力传给输出轴，由输出轴对外输出动力。

5 挡：变速器操纵杆由空挡位置向右、向前移动时，5 挡同步器与输入轴 5 挡齿轮啮合，此时处于 5 挡。动力经输入轴传递到 5 挡同步器，通过同步器把动力传递到输入轴 5 挡齿轮，经输出轴 5 挡齿轮传递到输出轴，由输出轴对外输出动力。

倒挡：变速器操纵杆从空挡向右、向后移动，倒挡轴中间齿轮与倒挡齿轮啮合，此时处于倒挡。动力经输入轴传递到输入轴倒挡齿轮，通过齿轮啮合，动力经倒挡轴中间齿轮传递到输出轴倒挡齿轮，最终把动力传给输出轴，由输出轴对外输出动力。

2．三轴式变速器

三轴式变速器一般用于发动机前置后轮驱动的汽车。下面以东风五挡三轴式变速器为例进行介绍，其结构与二轴式变速器基本相同，唯一的区别是该变速器有 3 根主要的传动轴：一轴、二轴和中间轴，另外还有倒挡轴，如图 2-22 所示。

三轴式变速器的工作原理与二轴式变速器有较大不同，三轴式变速器的各挡传动情况如下。

空挡：二轴上的各同步器、传动齿轮均处于中间空转的位置，动力不传给二轴。

1 挡：前移 1、倒挡直齿滑动齿轮与中间轴 1 挡齿轮啮合。动力经一轴齿轮、中间轴常啮合齿轮、中间轴齿轮、二轴 1、倒挡齿轮，传到二轴使其顺时针旋转（与一轴同向）。

2 挡：后移同步器 16 与二轴 2 挡齿轮啮合。动力经齿轮 2、15、12、5、16，传到二轴使其顺时针旋转。

3 挡：前移同步器 16 与二轴 3 挡齿轮啮合。动力经齿轮 2、15、13、4、16，传到二轴使其顺时针旋转。

4 挡：后移同步器 17 与二轴 4 挡齿轮啮合。动力经齿轮 2、15、14、3、17，传到二轴使其顺时针旋转。

5 挡：前移同步器 17 与一轴常啮合齿轮啮合。动力直接由一轴、2、17，传到二轴，传动比为 1。因为二轴的转速与一轴相同，所以此挡称为直接挡。

倒挡：后移二轴 1、倒挡直齿滑动齿轮与倒挡齿轮啮合。动力经齿轮 2、15、11、10、6，传给二轴使其逆时针旋转，汽车倒向行驶。倒挡传动路线与其他挡位相比较，由于多了倒挡中间齿轮的传动，因此改变了二轴的旋转方向。

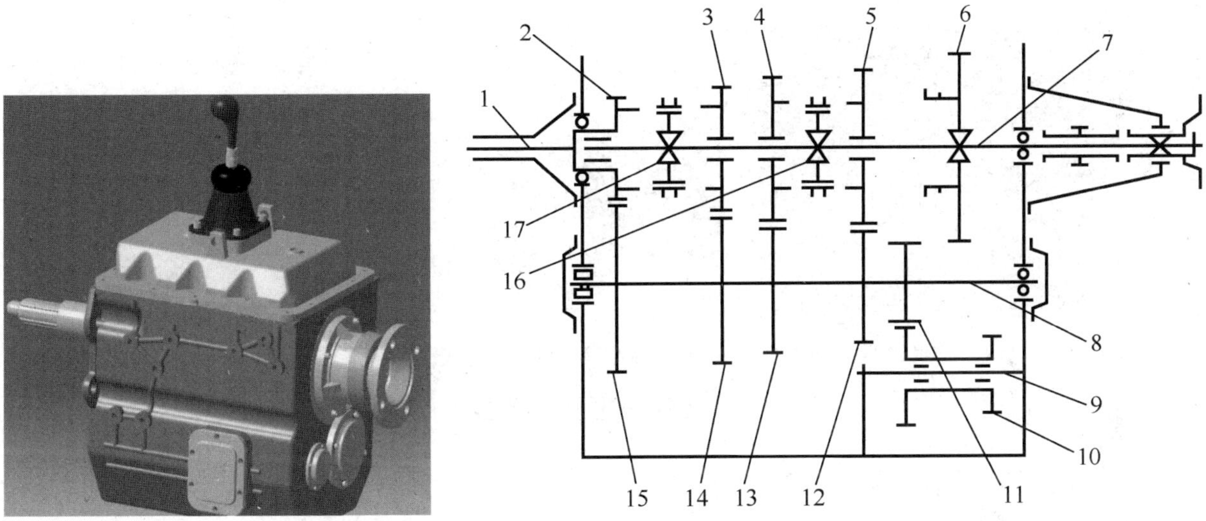

1—一轴；2—输入轴常啮合齿轮；3—二轴 4 挡齿轮；4—二轴 3 挡齿轮；5—二轴 2 挡齿轮；

6—二轴 1、倒挡直齿滑动齿轮；7—二轴；8—中间轴；9—倒挡轴；10—倒挡中间齿轮；

11—中间轴 1、倒挡齿轮；12—中间轴 2 挡齿轮；13—中间轴 3 挡齿轮；14—中间轴 4 挡齿轮；

15—中间轴常啮合齿轮；16—2、3 挡同步器；17—4、5 挡同步器

图 2-22 东风五挡三轴式变速器及其结构简图

五、同步器

汽车中手动变速器的换挡方式有两种：一是采用直齿滑动齿轮，二是采用同步器。几乎所有的变速器都采用同步器进行换挡。同步器的功用是使接合套与待啮合的齿圈迅速同步，缩短换挡时间，且防止在同步前啮合而产生换挡冲击。目前所采用的同步器几乎都是摩擦式惯性同步器，按锁止装置不同，可分为锁环式惯性同步器和锁销式惯性同步器。

1. 锁环式惯性同步器

（1）锁环式惯性同步器的结构。

锁环式惯性同步器的结构如图 2-23 所示，花键毂用内花键套装在二轴上，用垫圈、卡环轴向定位。花键毂两端与齿轮之间各有一个青铜制成的锁环（同步环）。两个齿轮和锁环上的花键齿在靠近接合套的一端都有倒角（锁止角），与接合套齿端的倒角相同。锁环有内锥面，与齿轮的外锥面锥角相同。在环锁内锥面上制有细密的螺纹（或直槽），当锥面接触后，它能及时破坏油膜，增加锥面间的摩擦力。锁环内锥面摩擦副称为摩擦件，外沿带倒角的齿圈是锁止件，锁环上还有 3 个均布的缺口。3 个滑块分别装在花键毂上 3 个均布的轴向槽内，沿槽可以轴向移动。滑块被两个弹簧圈的径向力压向接合套，滑块中部的凸起部位压嵌在接合套中部的环槽内。滑块和弹簧是推动件。滑块两端伸入锁环的缺口中，滑块窄缺口宽，两者之差等于锁环的花键齿宽。锁环相对滑块顺转和逆转都只能转动半个齿宽，且只有当滑块位于锁环缺口的中央时，接合套与锁环才能接合。

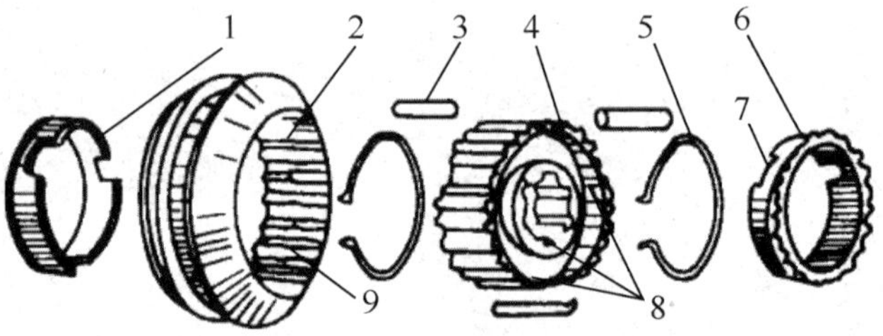

1、6—锁环；2—接合套；3—滑块；4—花键毂；5—弹簧圈；7—缺口；8—3 个轴向槽；9—环槽

图 2-23 锁环式惯性同步器的结构

（2）锁环式惯性同步器的工作原理。

① 空挡位置。接合套刚处于空挡时，如图 2-24（a）所示，挡位齿轮、接合套、锁环以及与其有关联的运动件，因惯性作用而沿原方向继续旋转（图示箭头方向）。

② 挂挡。欲换入高挡时，驾驶员通过变速杆使拨叉推动接合套连同滑块一起向左移动，如图 2-24（b）所示，滑块又推动锁环移向齿轮，使锥面接触。驾驶员作用在接合套上的轴向推力使两锥面有正压力，又因为两者有转速差，所以产生摩擦力矩。通过摩擦作用，齿轮带动锁环相对于接合套向前转动一个角度，使锁环缺口靠在滑块的另一侧（上侧）为止，此时接合套的内齿与锁环上错开了约半个齿宽，接合套的齿端倒角面与锁环的齿端倒角面互相抵住。

③ 锁止。驾驶员的轴向推力使接合套的齿端倒角面与锁环的齿端倒角面之间产生正压力形成一个企图拨动锁环相对于接合套反转的力矩，称为拨环力矩。这样在锁环上同时作用着方向相反的摩擦力矩和拨环力矩，同步器的结构参数可以保证在同步前（存在摩擦力矩）拨环力矩始终小于摩擦力矩，所以在同步之前无论驾驶员施加多大的操纵力，都不会挂上挡，即产生锁止作用。

④ 同步啮合。随着驾驶员施加于接合套上的推力加大，摩擦力矩不断增加，使齿轮的转速迅速降低。当齿轮、接合套和锁环达到同步时，作用在锁环上的摩擦力矩消失。此时在拨环力矩的作用下，锁环、齿轮以及与之相连的各零件都对于接合套反转一角度，滑块处于锁环缺口的中央，如图 2-24（c）所示，键齿不再抵触，锁环的锁止作用消除。接合套压下弹簧圈继续左移（滑块脱离接合套的内环槽而不能左移），与锁环的花键齿圈进入啮合。进而再与齿轮进入啮合，如图 2-24（d）所示，换入高挡。

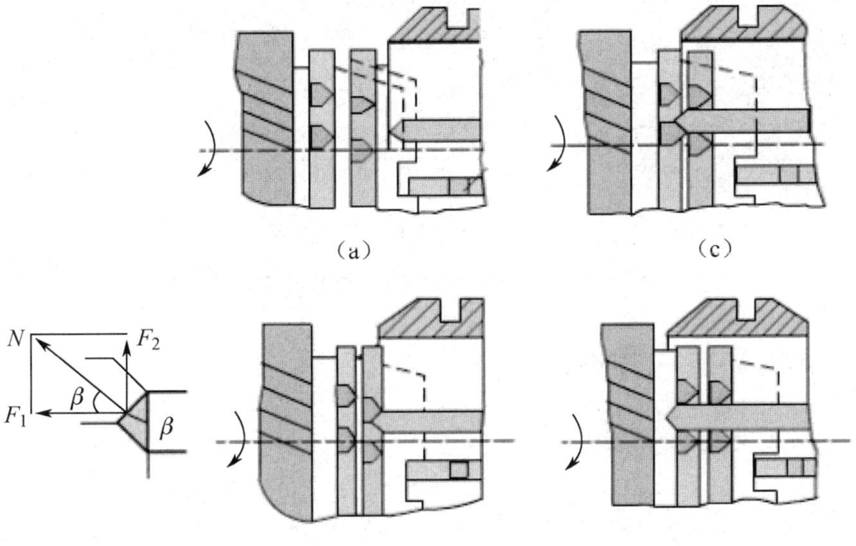

图 2-24　锁环式惯性同步器的工作原理

2．锁销式惯性同步器

大、中型货车普遍采用锁销式惯性同步器，锁销式惯性同步器及其结构如图 2-25 所示。两个带有内锥面的摩擦锥盘，以其内花键分别固装在带有接合齿圈的斜齿轮上，随齿轮一起转动。两个有外锥面的摩擦锥环，其上有圆周均布的 3 个锁销、3 个定位销与接合套装在一起。定位销与接合套的相应孔是滑动配合，定位销中部切有一小段环槽，接合套钻有斜孔，内装弹簧，把钢球顶向定位销中部的环槽，使接合套处于空挡位置，定位销随接合套能轴向移动。定位销两端伸入两锥环内侧面的弧线形浅坑中，定位销与浅坑有周向间隙，锥环相对接合套在一定范围内做周向摆动。锁销中部环槽的两端和接合套相应孔两端切有相同的倒角；锁销与孔对中时，接合套才能沿锁销轴向移动；锁销两端铆接在锥环相应的孔中。两个锥环、3 个锁销、3 个定位销和接合套构成一个部件，套在花键毂的齿圈上。锁销式惯性同步器的工作原理与锁环式惯性同步器类似。

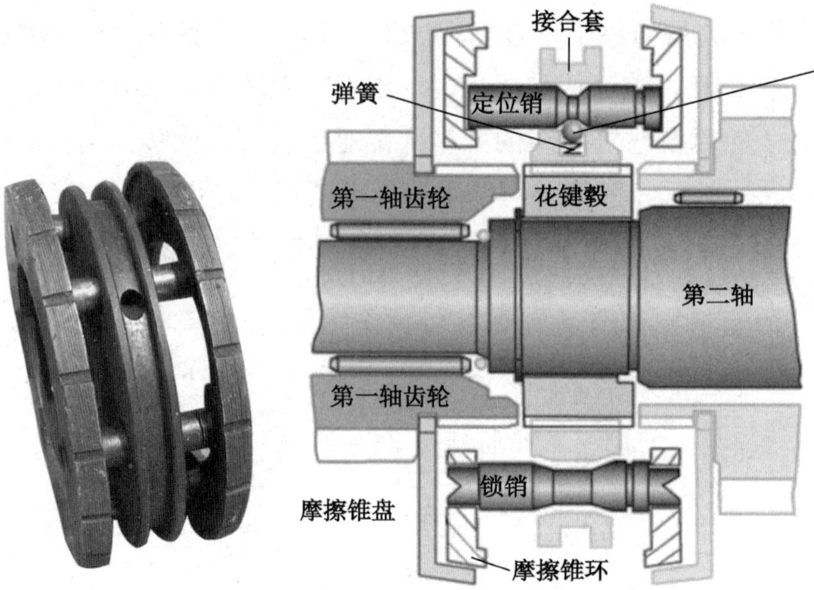

图 2–25　锁销式惯性同步器及其结构

六、手动变速器的操纵机构

1．手动变速器的操纵机构功用

手动变速器操纵机构的功用是保证驾驶员能准确可靠地将变速器挂入所需要的挡位，并可随时退至空挡。

2．手动变速器的操纵机构分类

变速器操纵机构按照变速操纵杆（变速杆）位置的不同，可分为直接操纵式和远距离操纵式两种类型。

（1）直接操纵式。

这种形式的变速器布置在驾驶员座椅附近，变速杆由驾驶室底板伸出，驾驶员可以直接操纵，如图 2-26 所示。直接操纵式主要由拨叉、拨块、拨叉轴等组成，多用于发动机前置后轮驱动的车辆。

拨叉轴的两端均支承于变速器盖的相应孔中，可以轴向滑动。所有的拨叉和拨块都以弹性销固定于相应的拨叉轴上。拨叉的上端具有拨块。拨叉和拨块的顶部制有凹槽。变速器处于空挡时，各凹槽在横向平面内对齐，叉形拨杆下端的球头即伸入这些凹槽中。选挡时可使变速杆绕其中部球形支点横向摆动，则其下端推动叉形拨杆绕换挡轴的轴线摆动，从而使叉形拨杆下端球头对准与所选挡位对应的拨块凹槽，然后使变速杆纵向摆动，带动拨叉轴及拨叉向前或向后移动，即可实现挂挡。

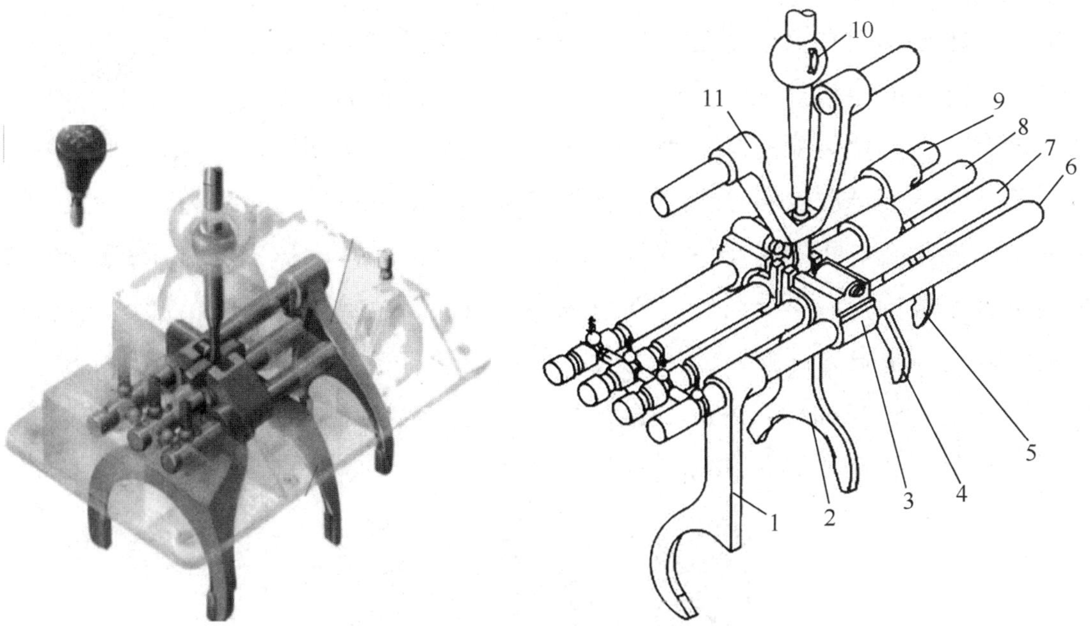

1、2、4、5—拨叉；3—拨块；6、7、8、9—拨叉轴；10—变速杆；11—叉形拨杆

图 2-26　直接操纵式操纵机构

（2）远距离操纵式。

在有些汽车上变速器离驾驶员座位较远，因此需要在变速杆与拨叉之间加装一些辅助杠杆或一套传动机构，构成远距离操纵机构。这种操纵机构多用于发动机前置前轮驱动的轿车，如图 2-27 所示。

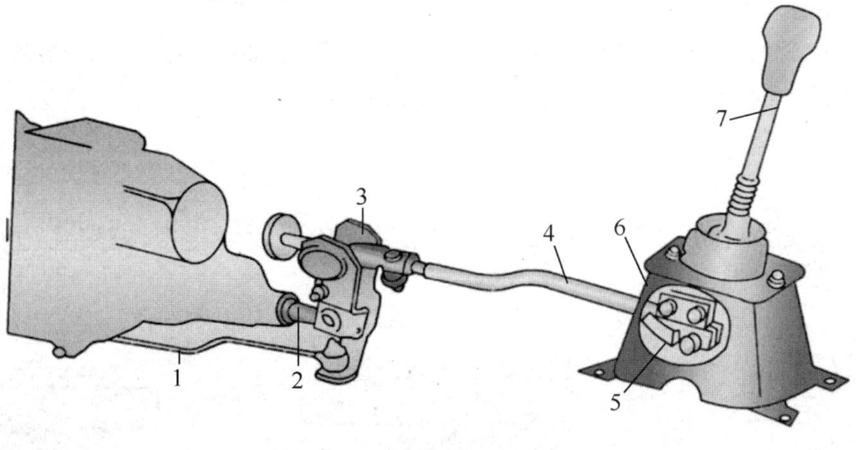

1—支承杆；2—内换挡杆；3—接合器；4—外换挡杆；5—倒挡保险挡块；6—手柄座；7—变速杆

图 2-27　远距离操纵式操纵机构

3. 手动变速器操纵机构的换挡锁装置

为了保证变速器在任何情况下都能准确、安全、可靠地工作，变速器操纵机构一般都具有换挡锁装置，包括自锁装置、互锁装置和倒挡锁装置。

（1）自锁装置。

自锁装置用于防止变速器自动脱挡或挂挡，并保证轮齿以全齿宽啮合。大多数变速器的自锁装置都采用自锁钢球对拨叉轴进行轴向定位锁止。如图 2-28 所示，在变速器盖中钻有 3 个深孔，孔中装入自锁钢球和自锁弹簧，其位置正处于拨叉轴的正上方，每根拨叉轴对着钢球的表面沿轴向设有 3 个凹槽，槽的深度小于钢球的半径。中间的凹槽对正钢球时为空挡位置，前边或后边的凹槽对正钢球时则处于某一工作挡位置，相邻凹槽之间的距离保证齿轮处于全齿长啮合或是完全退出啮合。凹槽对正钢球时，钢球便在自锁弹簧的压力作用下嵌入该凹槽内，拨叉轴的轴向位置便被固定，不能自行挂挡或脱挡。当需要换挡时，驾驶员通过变速杆对拨叉轴施加一定的轴向力，克服自锁弹簧的压力而将自锁钢球从拨叉轴凹槽中挤出并推回孔中，拨叉轴便可滑过钢球进行轴向移动，并带动拨叉及相应的接合套或滑动齿轮轴向移动，当拨叉轴移至其另一凹槽与钢球相对正时，钢球又被压入凹槽。

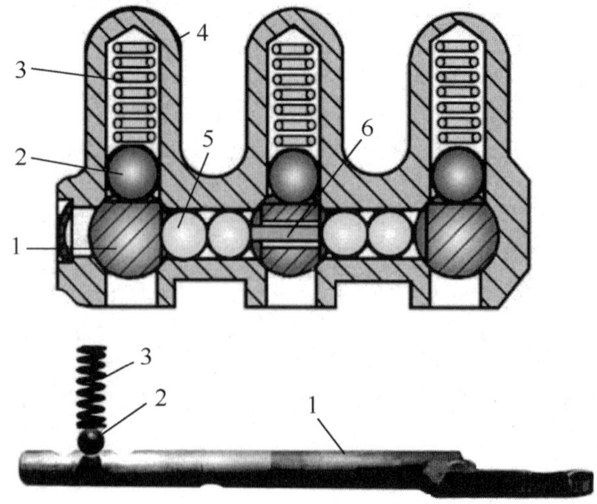

1—拨叉轴；2—自锁钢球；3—自锁弹簧；4—变速器盖；5—互锁钢球；6—互锁销

图 2-28　自锁装置

（2）互锁装置。

互锁装置用于防止同时挂上两个挡位。如图 2-29 所示，互锁装置由互锁钢球和互锁销组成。

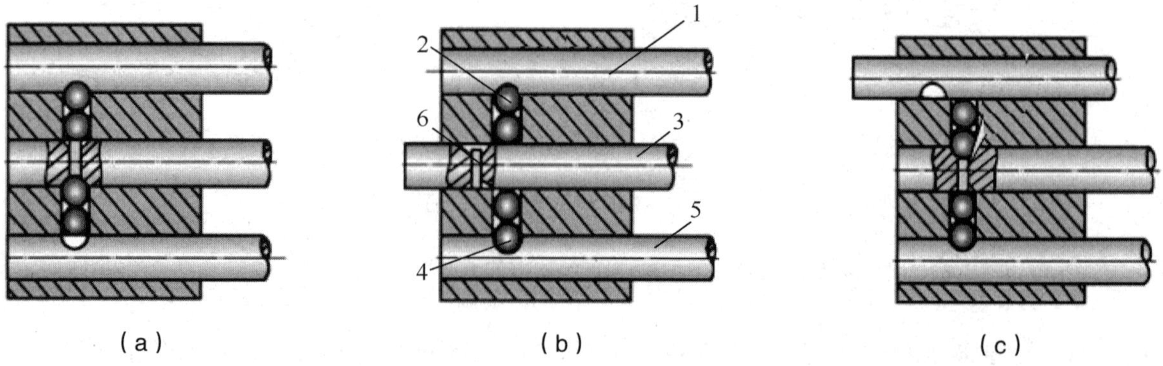

1、3、5—拨叉轴；2、4—互锁钢球；6—互锁销

图 2-29　互锁装置

当变速器处于空挡时，所有拨叉轴的侧面凹槽同互锁钢球、互锁销都在一条直线上。当移动中间拨叉轴 3 时，轴 3 两侧的内钢球从其侧凹槽中被挤出，而两外钢球 2 和 4 则分别嵌入拨叉轴 1 和轴 5 的侧面凹槽中，因而将轴 1 和轴 5 刚性地锁止在其空挡位置。若欲移动拨叉轴 1，则应先将拨叉轴 3 退回到空挡位置。于是在移动拨叉轴 1 时，钢球 2 便从轴 1 的凹槽中被挤出，同时通过互锁销 6 和其他钢球将轴 3 和轴 5 均锁止在空挡位置。由此可知，互锁装置的工作原理是当变速杆推动某一拨叉轴时，自动锁止其余拨叉轴，防止同时挂上两个挡位。

（3）倒挡锁装置。

倒挡锁装置用于防止误挂倒挡，常见的有锁销式倒挡锁装置。当驾驶员想挂倒挡时，必须用较大的力使变速杆下端的弹簧压缩，将锁销推入锁销孔内，才能使变速杆下端进入拨块的凹槽中进行换挡。由此可见，倒挡锁的作用是使驾驶员必须对变速杆施加更大的力，才能挂入倒挡，起到警示注意作用，以防误挂倒挡。

实践知识

一、二轴式变速器的拆装与检修

二轴式变速器有很多种，每一类变速器的拆装与检测方法也各不相同，这里以大众车系二轴式变速器的拆装与检修步骤进行讲解。

1．二轴式变速器的拆解

（1）变速器的解体。清洗变速器外表，将其固定在修理架上，放出齿轮油，拆下变速器后盖；拆卸 1、2 挡的锁销，转动拨叉挂入 2 挡，拉下拨叉轴。拆下 5 挡拨叉轴及 5 挡同步器和 5 挡齿轮组件。锁住输入轴，取下输出轴 5 挡齿轮紧固螺母，拆下 5 挡齿轮。取下 3、4 挡的锁销和拨叉轴。依次拆下倒挡自锁装置、倒挡拨叉轴、输入轴和输出轴组件。取出倒挡轴和齿轮、倒挡传动臂等。拆下从动齿轮的轴承盖螺栓，取下盖子，取出差速器总成。

（2）输入轴的拆卸。拆下 4 挡齿轮的锁环。依次取下 4 挡齿轮、同步环、滚针轴承、同步器锁环、3 挡和 4 挡同步器、滚针轴承。

（3）输出轴的拆卸。拆下输出轴内后轴承和 1 挡齿轮，依次取下滚针轴承、1 挡同步环、同步器、2 挡齿轮、3 挡齿轮、4 挡齿轮。拆下输出轴的前轴承。

2．二轴式变速器的检修

（1）检查所有齿轮和轴承的损坏情况。

齿面有轻微斑点，在不影响使用的情况下可以用油石修磨。当齿厚磨损超过 0.20mm，齿长磨损超过原齿长的 15%，或斑点面积超过齿面 15%以上，则应更换齿轮。装好滚针轴承和内座圈后，用百分表检查齿轮与内座圈之间的间隙，如图 2-30 所示。标准间隙为 0.009～0.060mm，极限间隙为 0.15mm，超过极限应更换轴承。注意，齿轮应成对更换。

图 2-30　检查齿轮与内座圈之间的间隙

（2）检查输入轴和输出轴。

输入轴和输出轴不应有裂纹，轴径及花键不应有严重磨损，轴上的齿轮不应有断齿和严重磨损，否则应更换。检查轴的径向圆跳动，如图 2-31 所示，不应超过 0.05mm，否则应更换或校正。

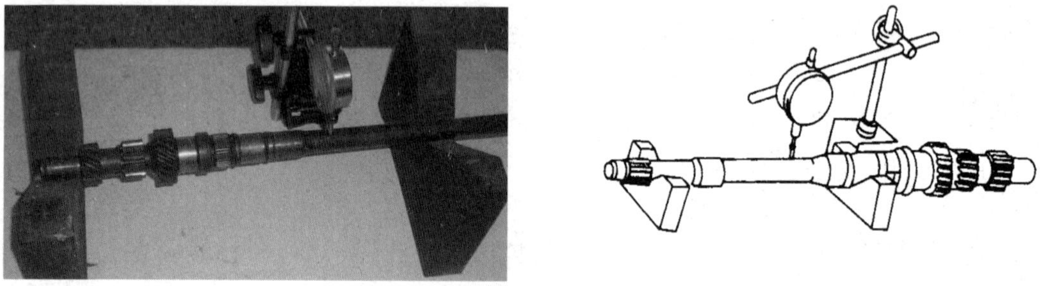

图 2-31　检查轴的径向圆跳动

（3）检查主减速器。

检查主减速器主动锥齿轮的情况。如果已经损坏，同主减速器从动锥齿轮一起更换，并计算从动锥齿轮和主动锥齿轮调整垫片厚度。

（4）检查变速器操纵部分。

变速器操纵部分的零件，其主要损坏现象是磨损和弯曲变形。检查变速外横杆有无弯曲变形，拨动外横杆时有无发卡；检查外横杆轴与衬套及花键的磨损情况，若磨损严重，则更换；检查变速叉有无弯曲和扭曲，检查变速叉轴的锁销、定位球机凹槽的磨损和定位弹簧的弹力。视情况进行更换或校正。

（5）同步环间隙的检查。

将同步环压在各自齿轮的锥面上，检查间隙 *A* 值，如图 2-32 所示。将同步环贴在极其平滑的表面上（平板、玻璃等）对其扭曲进行分析。用轻度的压力将同步环装在各自齿轮的锥面上，移动齿轮的锥环，对过度的侧面间隙（呈椭圆形）进行分析，如图 2-33 所示。如果出现上述任何一种不正常现象，就应更换同步环。

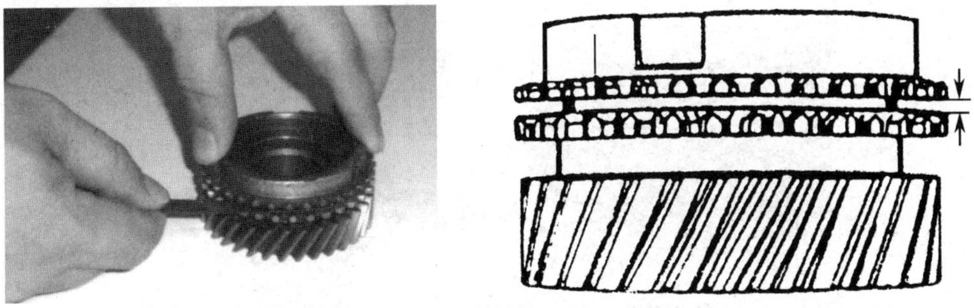

图 2-32　检查同步环间隙

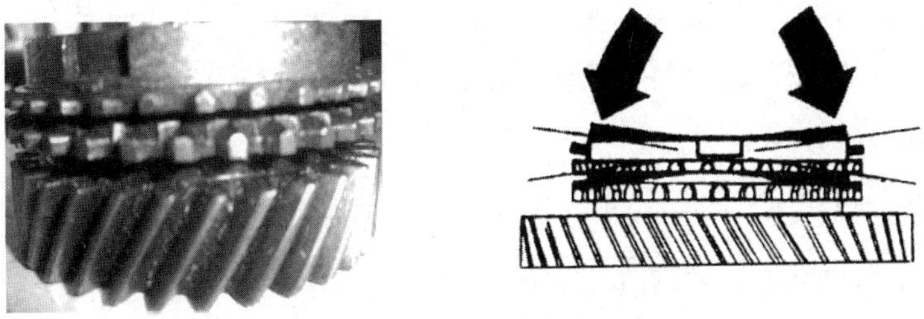

图 2-33　同步环的检查

3．二轴式变速器的装复

装上中间轴承的内圈，将预先润滑过的 3 挡齿轮滚针轴承装上，把油槽转向 2 挡齿轮。组装 3 挡和 4 挡同步器，装上 3 挡齿轮及 3 挡和 4 挡同步器，装上锁环。依次装上同步器环、滚针轴承和 4 挡齿轮，再装上有齿的锁环。将 3 挡齿轮、同步器和 4 挡齿轮紧紧压在有齿的锁环上，把总成固定好。将前轴承装在输出轴上。装上 4 挡齿轮。用手扶住前轴承，齿轮有凸缘的一边应朝向轴承。利用可供使用锁环中的一个将 4 挡齿轮固定好。安装 3 挡齿轮。凸缘应朝向 4 挡齿轮。安装滚针轴承、齿轮和 2 挡同步环。装配 1 挡和 2 挡同步器。同步器凹槽中的细槽应转向装拨叉槽的对面一边，装上 1 挡和 2 挡同步器。同步器壳体的槽应朝 1 挡齿轮。装上 1 挡齿轮滚针轴承的内圈。装上 1 挡同步环、1 挡齿轮、1 挡齿轮滚针轴承。装上内后轴承。将输入轴和输出轴装在轴承支座上，将轴承支座装在变速器壳体上。将其他构件按拆卸相反的顺序装复，将变速器后盖装在变速器轴承支座上。最后将离合器分离拉杆与分离叉拉臂连上。

二、三轴式变速器的拆装与检修

1．三轴式变速器的拆解

本书以东风五挡变速器为例，进行三轴式变速器拆装与检修的讲解。该变速器的组成如图 2-34 所示。

（1）变速器的分解。从变速器一轴轴承盖上取下离合器分离轴承。拆下驻车制动鼓上的两个固定螺栓，取下驻车制动鼓，拧掉螺母，取下碟形弹簧，拉出凸缘，然后拆去驻车制动机构的各连接件。拆下变速器上盖总成。拆掉变速器二轴后轴承盖。从变速器前端拆下紧固轴承盖螺栓上的钢丝锁线和螺栓，然后拿下轴承盖。

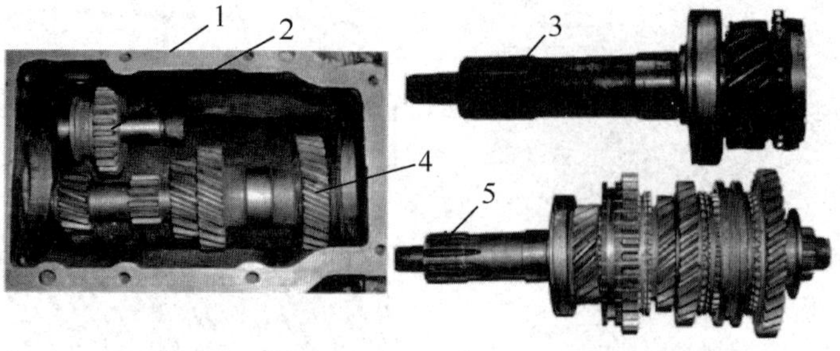

1—壳体；2—倒挡轴总成；3——轴总成；4—中间轴总成；5—二轴总成

图 2-34　东风五挡变速器的组成

（2）一轴的拆卸。用铜棒左右轻轻敲击一轴，可将一轴连同轴承一起从前端拔出，然后从一轴中取出二轴前轴承。

（3）二轴的拆卸。用手托起二轴前端上下晃动，并用铜棒左右敲击二轴的后端，可将二轴向后退出，用拉力器从二轴上取下二轴后轴承，二轴总成可以从变速器壳体内部拿出。从二轴取出 4、5 挡同步器总成，拆下 4、5 挡花键毂锁环，取下止推环，则二轴上 2、3 挡同步器总成和它前面的所有零件可以依次从轴上取下。从二轴后端取下 1 挡、倒挡齿轮，用“一”字旋具把止推环锁销紧紧压住，转动止推环，取下止推环。退出止推环时，防止止推环锁销被弹簧弹出。

（4）中间轴的拆卸。从壳体上拆掉中间轴前后轴承盖，撬开后轴承锁片，拧下圆螺母，拆掉倒挡检查孔盖，取下倒挡齿轮轴锁片，利用倒挡轴后端的螺纹孔，用专用工具将轴拔出。

将铜棒顶在中间轴前端，用锤敲击铜棒，于是中间轴总成连带后轴承可从壳体向后脱出。用拉力器从轴上拉下后轴承，这样中间轴总成可以从壳体内部取出。

2. 三轴式变速器的检修

（1）壳体和盖的检测与修理。变速器壳体和盖应无裂纹，否则应修复或更换。变速器盖的接合平面的平面度在全长上应小于 0.15mm，最大不超过 0.30mm，超过限度应进行修磨。

（2）齿轮的检查与修理。齿轮啮合间隙超过 0.50mm，应更换齿轮。

（3）轴与轴承的检查与修理。轴弯曲、轴颈严重磨损或损坏，应修理或更换。轴承内、外圈滚道、滚动体上不得有疲劳点蚀或疲劳剥落，否则应更换。一轴、二轴、中间轴后轴承严重磨损，轴向间隙超过 0.30mm，应更换。

（4）同步器的检查与修理。锁销磨损松旷，应更换同步器总成。锥环端面已与锥盘接触，有磨痕，同步啮合过程失效，应更换。更换新同步器总成后，原锥盘可用，但要检查锥环端面和锥盘端面不得接触（新锥盘、新同步器锥环端面的间隙单面为 3mm 左右）。

3. 三轴式变速器的装复

（1）装复的零件必须仔细清洗，除去泥污、毛刺、铁屑等，特别注意二轴上的 2、3、4 挡齿轮及一轴上的齿轮轮齿间的润滑油孔，必须疏通，切勿堵塞。

（2）从倒挡齿轮窗口放入倒挡齿轮，齿轮内孔中放入新轴承和隔套，从变速器后端插入倒挡齿轮轴。

（3）用铜棒把中间轴前后轴承敲入轴承座孔，把倒挡轴敲到安装位置。用铜棒敲击时，应沿轴承外圈四周均匀敲击，中间轴后端轴承贴紧轴颈台阶后，套上锁片，并用螺母拧紧，然后用锁片把螺母锁止。

（4）将装好的二轴总成放到壳体里。将 4、5 挡同步器总成套在二轴上，注意，装 2、3 挡同步器要将接合套凸出的一面朝向前端（一轴的方向）。

（5）从二轴后端套上后轴承，并用铜棒轻轻敲击，使轴承靠到二轴花键部分的台阶上，套入里程表主动齿轮和隔套，然后在轴承外圈上装上挡圈。

（6）在变速器一轴上压入轴承，装上挡圈，在内孔装入轴承，然后把一轴装到壳体前端轴承孔中，使二轴前端轴颈对准一轴轴承孔。用铜棒一边轻轻敲击，一边用手转动一轴，使轴承平顺地装入壳体座孔中。

（7）在壳体上装上二轴后轴承盖，并加上新密封垫，用螺栓对称紧固。

（8）装复变速器盖。

小贴士： 各挡同步器的大小和锥面程度不同，因此在安装过程中不能互换，否则会造成变速器换挡异响。在工作中一定要养成严谨、细心的工作态度。

三、手动变速器常见故障诊断

手动变速器是汽车上使用频率较高的总成之一，其故障率也较高，最为常见的故障主要有跳挡、乱挡、挂挡困难等。

1．跳挡

故障现象：汽车在加速、减速、爬坡或剧烈振动时，变速杆自动跳回空挡位置。

故障原因：自锁装置的钢球未进入凹槽内或挂挡后齿轮未达到全齿长啮合；自锁装置的钢球或凹槽磨损严重，自锁弹簧疲劳过软或折断；齿轮沿齿长方向磨损成锥形；一、二轴轴承过于松旷，使一、二轴和曲轴三者轴线不同心或变速器壳与离合器壳接合平面相对曲轴轴线的垂直变动；二轴上的常啮合齿轮轴向或径向间隙过大；各轴轴向或径向间隙过大。

故障诊断：热车后，采用连续加、减速的方法逐挡进行路试确定跳挡挡位。分解变速器检查跳挡挡位的齿轮啮合状况、啮合部位磨损情况以及各轴的轴向间隙和径向间隙。

检查自锁装置，若自锁装置的止动阻力很小，甚至手感钢球未插入凹槽，则故障为自锁效能不良；否则，故障由离合器壳及变速器接合平面与曲轴轴线垂直变动等引起。

2．乱挡

故障现象：在离合器技术状况正常的情况下，变速器同时挂上两个挡或挂所要挡位时，结果挂入别的挡位。

故障原因：互锁装置失效引起乱挡；变速杆下端弧形工作面磨损过大或拨叉轴上拨块的凹槽磨损过大；变速杆球头定位销折断或球孔、球头磨损过于松旷。

故障诊断：摇动变速杆，检查其摆转角度，若超出正常范围，则故障由变速杆下端球头定位销与定位槽配合松旷或球头、球孔磨损过大引起。变速杆摆转 360°，则为定位销折断。若摆转角度正常，仍挂不上挡或摘不下挡，则故障由变速杆下端从凹槽中脱出引起（脱出的原因是下端弧形工作面磨损或导槽磨损）。若同时挂入两个挡，则故障由互锁装置失效引起。

3．挂挡困难

故障现象：离合器技术状况良好，但挂挡时不能顺利挂入挡位，常发生齿轮撞击声。

故障原因：同步器故障；拨叉轴弯曲、锁紧弹簧过硬、钢球损伤等；一轴花键损伤或一轴弯曲；齿轮油不足或过量、齿轮油不符合规格。

故障诊断：检查同步器是否散架、锥环内锥面螺旋槽是否磨损、滑块是否磨损、弹簧弹力是否过软等；如果同步器正常，检查一轴是否弯曲、花键是否磨损严重；检查拨叉轴是否移动正常。

任务实施与评价

<table>
<tr><td colspan="2">学习任务</td><td colspan="2">手动变速器检修</td><td>学时</td><td colspan="2">4 学时</td></tr>
<tr><td colspan="2">姓名</td><td></td><td>实训车型</td><td colspan="3">年　月　日</td></tr>
<tr><td colspan="2">标准时间</td><td></td><td>开始时间</td><td></td><td>完成时间</td><td></td></tr>
<tr><td>序号</td><td colspan="2">操作步骤</td><td>操作标准</td><td>操作记录</td><td>分值</td><td>自评得分</td></tr>
<tr><td rowspan="4">1</td><td rowspan="4">检修前的基本检查</td><td>检查作业现场环境</td><td rowspan="4">检查清洁彻底、记录清晰、准确</td><td rowspan="4"></td><td>2</td><td></td></tr>
<tr><td>记录整车基本信息</td><td>3</td><td></td></tr>
<tr><td>作业前工具检查</td><td>2</td><td></td></tr>
<tr><td>作业前实施车辆防护</td><td>3</td><td></td></tr>
<tr><td rowspan="5">2</td><td rowspan="5">变速器端盖的拆卸</td><td>从一轴轴承盖上取下离合器分离轴承</td><td rowspan="5">工具选择、使用正确；按维修工艺要求拆卸螺栓</td><td rowspan="5"></td><td>2</td><td></td></tr>
<tr><td>拆去驻车制动机构的各连接件</td><td>5</td><td></td></tr>
<tr><td>拆下变速器上盖总成</td><td>5</td><td></td></tr>
<tr><td>拆掉二轴后轴承盖</td><td>5</td><td></td></tr>
<tr><td>从前端拆下紧固轴承盖螺栓，然后拿下轴承盖</td><td>5</td><td></td></tr>
</table>

续表

序号	操作步骤		操作标准	操作记录	分值	自评得分
3	一轴的拆卸	用铜棒左右轻轻敲击一轴，可将一轴连同轴承一起从前端拔出	在拆卸时，应注意用铜棒轻轻敲击，防止一轴变形		5	
		取出二轴前轴承			3	
4	二轴的拆卸	用铜棒左右敲击二轴的后端，可将二轴向后退出，用拉力器从二轴上取下二轴后轴承	工具选择、使用正确；按维修工艺要求拆卸		5	
		取出二轴总成			2	
		取出 4、5 挡同步器总成			3	
		依次从轴上取下 2、3 挡同步器总成和它前面的所有零件			10	
		从二轴后端取下 1 挡、倒挡齿轮			3	
		取下止推环			2	
5	中间轴的拆卸	从壳体上拆掉中间轴前后轴承盖	工具选择、使用正确；按维修工艺要求拆卸		2	
		拆掉倒挡检查孔盖，用专用工具将轴拔出			3	
		用拉力器从轴上拉下后轴承			2	
		从壳体内取出中间轴总成			3	
6	变速器的装复	装复零件的清洗	工具选择、使用正确；按维修手册的工艺要求完成装复工作		2	
		从后端插入倒挡齿轮轴			3	
		安装中间轴前后轴承			2	
		装入二轴总成			2	
		安装二轴后轴承			2	
		安装一轴及前轴承及端盖			2	
		安装二轴后轴承盖			2	
		装复变速器盖			5	
7	场地恢复及现场 5S 管理		正确使用及摆放工具、量具，清洁整理工作台、地面及工具、量具		5	
学生自评						
小组评价						
指导教师（师傅）评价						
综合评价	□优秀　□良好　□合格　□不合格					

任务测试

一、单项选择题

1. 传动系统中能实现汽车的牵引力和车速在相当大的范围内变化的是（　　）。
   A．离合器　B．差速器　C．主减速器　D．变速器
2. 手动变速器为保证传动平稳、噪声低，多采用（　　）。
   A．直齿圆柱齿轮　B．斜齿圆柱齿轮
   C．直齿锥齿轮　D．曲齿锥齿轮
3. 汽车变速器中，能改变转矩、转速和旋转方向的机构是（　　）。
   A．自锁机构　B．变速操纵机构
   C．互锁机构　D．变速传动机构
4. 与手动变速器配合使用的是（　　）。
   A．液力耦合器　B．液力变矩器
   C．摩擦式离合器　D．电磁式离合器
5. 手动变速器广泛采用锁环式同步器，其中起到锁止作用的是（　　）。
   A．同步环　B．花键毂　C．滑块　D．弹簧圈
6. 当自锁装置失效时，容易造成手动变速器（　　）。
   A．脱挡　B．乱挡　C．异响　D．误挂倒挡

二、填空题

1. 变速器按传动比的级数可分为________、________和________3 种。
2. 有级式变速器采用________传动，具有若干个定值传动比。
3. 无级式变速器的传动比的变化是________的。
4. 目前，无级变速器一般都采用________传递动力，通过主、从动带轮直径的变化实现无级变速。
5. 按变速器操纵方式可分为________变速器、________变速器和________变速器 3 种。
6. 自动变速器的英文缩写为________。
7. 普通齿轮变速器利用不同齿数的齿轮啮合传动来实现________和________的改变。
8. 二轴式变速器一般用于______________________________的汽车。

三、判断题

1. 变速器通过不同的挡位变换实现变速变矩。（　　）
2. 三轴式变速器一般用于发动机前置后轮驱动的汽车。（　　）
3. 同步器可以减轻换挡产生的冲击。（　　）

4. 直接操纵式变速器多用于发动机前置后轮驱动的车辆。 （ ）

5. 互锁装置用于防止变速器自动脱挡或挂挡，保证轮齿以全齿宽啮合。 （ ）

任务3 自动变速器检修

任务目标

素养目标：

1. 具有正确价值观。
2. 具有良好安全意识。

能力目标：

1. 能够正确选择并使用汽车底盘拆装工具。
2. 能够对自动变速器进行基本检查。
3. 能够对自动变速器常见故障进行分析判断。

知识目标：

1. 了解自动变速器的功用、组成、类型及应用。
2. 了解液力变矩器结构与原理。
3. 掌握电液控自动变速器执行元件类型、结构及功用。

情境导入

一辆2017年生产的2017款自动挡科鲁兹轿车，在行驶中有明显闯动，到修理厂进行修理。驾驶员反映，该车一直正常，一周前出现加速行驶时有明显闯动，其他均正常。维修技术人员初步判断为自动变速器内部故障，需要对变速器进行拆检。请你根据本任务所学自动变速器的构造、工作原理及检修等知识，完成自动变速器的检查与总成的更换。

任务准备

理论知识

一、自动变速器的分类

自动变速器的分类方法较多，一般情况下可以按结构和控制方式、挡位数的不同来进行分类，最为常见的分类是按结构和控制方式进行分类。

1. 按结构和控制方式分

自动变速器按结构、控制方式的不同，可以分为机械式自动变速器、无级自动变速器、液力式自动变速器和双离合器式自动变速器。

（1）机械式自动变速器。简称 AMT，它是在原有手动、有级、普通齿轮变速器的基础上增加了电子控制系统，来自动控制离合器的接合、分离和变速器挡位的变换。

（2）无级自动变速器。简称 CVT，它采用传动带和工作直径可变的主、从动轮相配合来传递动力，可以实现传动比的连续改变。

（3）液力式自动变速器。简称 AT，是由液力变扭器和行星齿轮变速器组合而成的变速器。是目前应用最广泛、技术最成熟的自动变速器。按照控制方式的不同，液力式自动变速器可以分为液控液力式自动变速器和电控液力式自动变速器，目前轿车上都采用电控液力式自动变速器。现在常见的有辛普森式、拉维那式和串联式。

（4）双离合器式自动变速器。不采用液力式变矩器，而是用两个离合器交替转换，使后面的常啮齿轮式的变速器进行挡位转换，它将替代行星齿轮式自动变速器。

2．按前进挡的挡位数分

按照自动变速器选挡杆置于前进挡时的挡位数，可以分为四挡、五挡、六挡变速器等，目前比较常见的是四挡和五挡自动变速器。

二、自动变速器的使用

自动变速器的结构各不相同，挡位名称也差异较大，一般的自动变速器挡位有 P、R、N、D、2、1 等。

P 位：驻车挡。选挡杆置于此位置时，驻车锁止机构将自动变速器输出轴锁止。在此挡位，发动机可启动运转。

R 位：倒挡。选挡杆置于此位置时，液压系统倒挡油路被接通，驱动轮反转，实现倒向行驶。

N 位：空挡。选挡杆置于此位置时，所有机械变速器的齿轮机构空转，不能输出动力。在此挡位，发动机可启动运转。

D 位：前进挡。选挡杆置于此位置时，随着行驶条件的变化，在前进挡中自动升降挡，实现自动变速功能。

2 位：选挡杆置于此位置时，液压控制系统只能接通前进挡中的 1 挡或 2 挡油路，从而在下长坡时，使汽车获得发动机反拖制动效果。

1 位（也称 L 位）：选挡杆置于此位置时，汽车被锁定在前进挡的 1 挡，只能在该挡位行驶而无法升入高挡，多在最坏的路面或长距离下坡时使用，下长坡时发动机反拖制动效果更强。

小贴士： 为了保证安全，自动挡的车辆只有在选挡杆置于 N 位或 P 位时，汽车才能启动，此功能靠空挡启动开关来实现。安全重于泰山，没有安全就没有效益。

三、自动变速器的组成和工作原理

由于自动变速器的种类较多，控制原理和组成也各不相同，本任务所说的自动变速器都是特指电控液力式自动变速器。

1. 自动变速器的组成

电控液力式自动变速器主要由液力变矩器、齿轮系统、液压控制系统、电子控制系统、冷却滤油装置等组成，如图 2-35 所示。

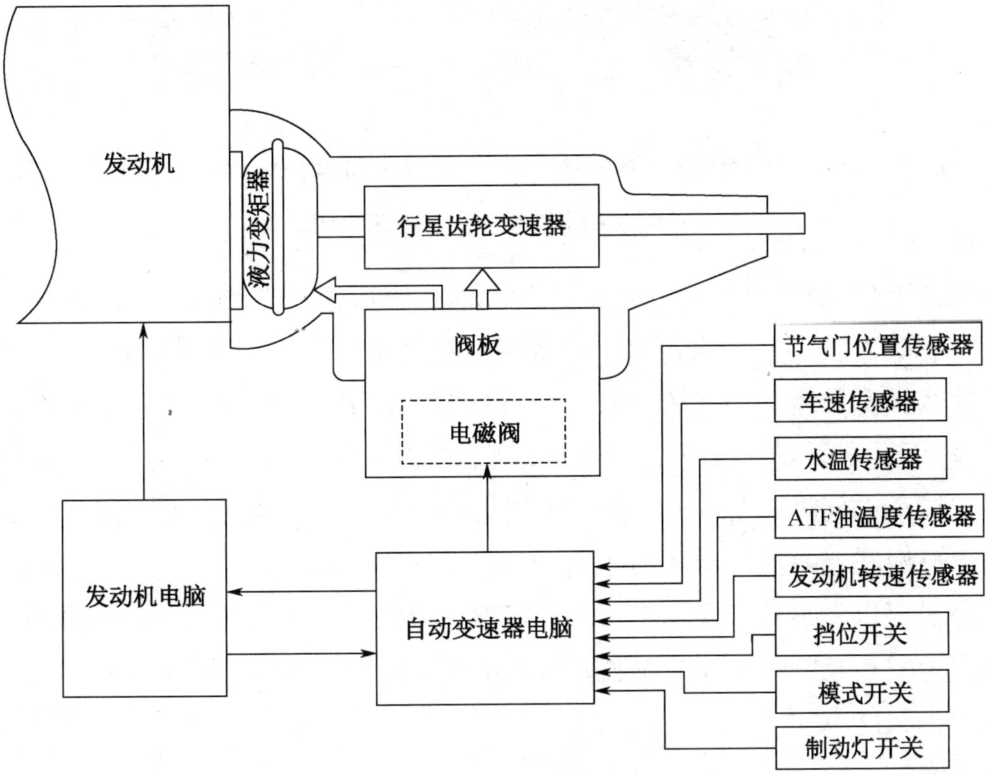

图 2-35 电控液力式自动变速器的组成

（1）液力变矩器。

液力变矩器位于发动机和机械变速器之间，是一个通过自动变速器油（ATF）传递动力的装置，其主要功用是在一定范围内自动、连续地改变转矩比，以适应不同行驶阻力的要求，具有自动离合器的功用。在发动机不熄火、自动变速器位于动力挡（D 位或 R 位）的情况下，汽车可以处于停车状态。驾驶员可通过控制节气门开度，控制液力变矩器的输出转矩，逐步加大输出转矩，实现动力的柔和传递。

液力变矩器的结构如图 2-36 所示，主要由泵轮、涡轮和导轮 3 个元件组成，称为三元件液力变矩器。大部分液力变矩器还装有锁止离合器。

液力变矩器工作时，壳体内充满 ATF，发动机带动壳体旋转，壳体带动泵轮旋转，泵轮的叶片将 ATF 带动起来，并冲击到涡轮的叶片；如果作用在涡轮叶片上的冲击力大于作用在涡轮上的阻力，涡轮将开始转动，并使机械变速器的输入轴一起转动。由涡轮叶片流出的 ATF 经过导轮后再流回到泵轮。

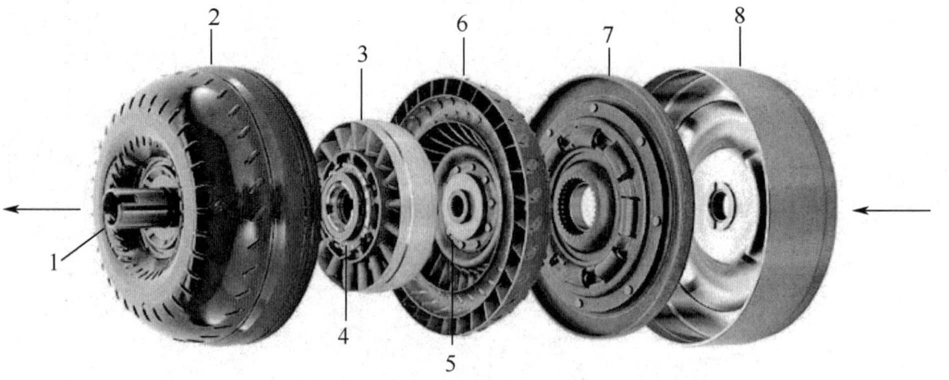

1—油泵驱动毂；2—泵轮；3—带单向离合器的导轮；4—轴承；5—花键毂；6—涡轮；7—锁止离合器盘；8—壳体

图 2-36　液力变矩器的结构

具体来说，上述 ATF 的循环流动是两种运动的合成运动。当液力变矩器工作，泵轮旋转时，泵轮叶片带动 ATF 旋转起来，ATF 绕着泵轮轴线做圆周运动；同样随着涡轮的旋转，ATF 也绕着涡轮轴线做圆周运动。旋转起来的 ATF 在离心力的作用下，沿着泵轮和涡轮的叶片从内缘流向外缘。当泵轮转速大于涡轮转速时，泵轮叶片外缘的液压大于涡轮外缘的液压。因此，ATF 在做圆周运动的同时，在上述压差的作用下由泵轮流向涡轮，再流向导轮，最后返回泵轮的叶片背面，形成在液力变矩器环形腔内的循环运动。

锁止离合器可以将泵轮和涡轮直接连接起来，即将发动机与齿轮系统直接连接起来，这样减少了液力变矩器在高速时的能量损耗，提高了传动效率，提高了汽车在正常行驶时的燃油经济性，并能防止 ATF 过热。

（2）齿轮系统。

自动变速器的齿轮系统一般为行星齿轮机构。单排行星齿轮机构主要由一个太阳轮（或称为中心轮）、一个齿圈、一个带有若干个行星齿轮的行星架和行星轮组成，如图 2-37 所示。

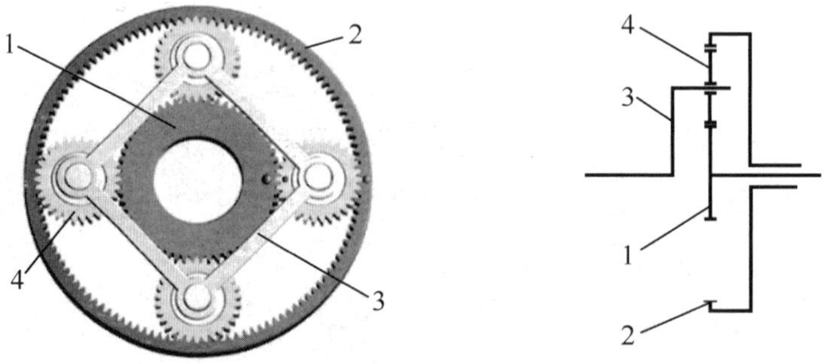

1—太阳轮；2—齿圈；3—行星架；4—行星轮

图 2-37　单排行星齿轮机构的组成

齿圈制有内齿，其余齿轮均为外齿轮。太阳轮位于机构的中心，行星轮与之外啮合，行星轮与齿圈内啮合。通常行星轮有 3～6 个，通过滚针轴承安装在行星齿轮轴上，行星齿轮轴对称、均匀地安装在行星架上。行星齿轮机构工作时，行星轮除了绕自身轴线的自转，同时绕着太阳轮公转，行星轮绕太阳轮公转，行星架也绕太阳轮旋转。由于太阳轮与行星轮是外啮合，因此二者的旋转方向是相反的；而行星轮与齿圈是内啮合，因此这二者的旋转方向是相同的。

行星齿轮为轴转式齿轮系统，与定轴式齿轮系统一样，也是降速增扭和升速降扭的原理，只不过由于自转和公转的存在，传动比的计算方法不同。行星齿轮系统的传动比取决于齿圈齿数和太阳轮齿数，与行星齿轮的齿数无关（它是惰轮）。行星齿轮机构固定不同的元件，会产生不同的传动比，单排行星齿轮机构的6种工作状态，如表2-1所示，但是由于有的传动比过大不适合车辆变速使用。

表2-1 单排行星齿轮机构的6种工作状态

工作状态	太阳轮	行星架	齿圈	速度状态	旋转方向
1	主动	被动	固定	减速	同向
2	固定	被动	主动	减速	同向
3	主动	固定	被动	减速	反向
4	被动	固定	主动	增速	反向
5	固定	主动	被动	增速	同向
6	被动	主动	固定	增速	同向

行星齿轮系统的结构复杂而紧凑，判定挡位的关键是行星架的状态，其挡位的判定规律如下。

① 当行星架被动时，必为降速挡。

② 当行星架主动时，必为升速挡。

③ 当行星架制动时，必为倒挡R。

④ 连接任何两个元件时，必为直接挡，i=1（包括两个元件都驱动，称为闭锁状态）。

⑤ 一个元件主动、两个元件自由，必为空挡N或驻车挡P。

常见的自动变速器一般由2～3排行星齿轮机构组成，不同的运动状态组合可得到2～5种速比，其功用主要是在液力式变矩器的基础上再将转矩增大2～4倍，以提高汽车的行驶适应能力，实现倒挡传动。

（3）液压控制系统。

液压控制系统由油泵、各种控制阀及与之相连通的液压换挡执行元件，如离合器、制动器、油泵、单向离合器、液压阀等组成。本书仅对主要部件进行讲述。

① 离合器。自动变速器中常见的离合器为多片湿式离合器。其功用是连接轴和行星齿轮机构中的元件或是连接行星齿轮机构中的不同元件。离合器主要由离合器鼓、花键毂、活塞、主动摩擦片、从动钢片、回位弹簧等组成，如图2-38所示。

离合器鼓是一个液压缸，鼓内有内花键齿圈，内圆轴颈上有进油孔与控制油路相通。离合器活塞为环状，内外圆上有密封圈，安装在离合器鼓内。从动钢片和主动摩擦片交错排列，二者统称为离合器片，均使用钢料制成，但摩擦片的两面烧结有铜基粉末冶金的摩擦材料。为保证离合器接合柔和及散热，离合器片浸在油液中工作，因而称为湿式离合器。钢片带有外花键齿，与离合器鼓的内花键齿圈连接，并可轴向移动，摩擦片则以内花键齿与花键毂的外花键槽配合，也可做轴向移动。花键毂和离合器鼓分别以一定的方式与变速器输入轴或行星齿轮机构的元件相连接。碟形弹簧的作用是使离合器接合柔和，防止换挡冲击。可以通过调整卡环或压盘的厚度调整离合器的间隙。

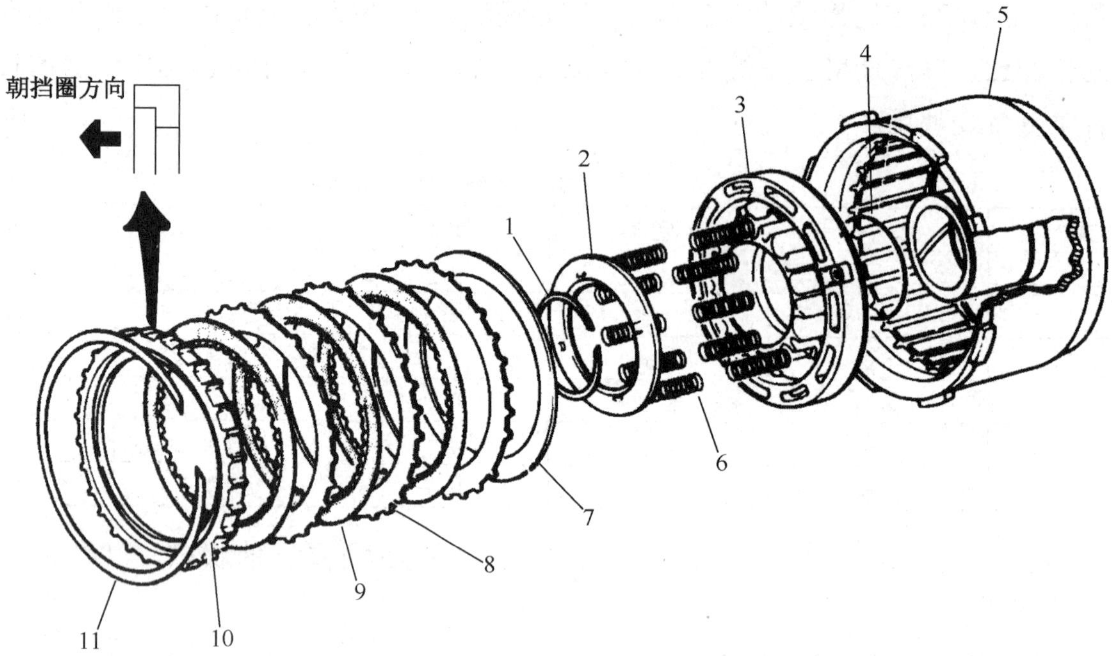

L—卡环；2—弹簧座；3—活塞；4—“O”形圈；5—离合器鼓；6—回位弹簧；7—碟形弹簧；

8—从动钢片；9—主动摩擦片；10—压盘；11—卡环

图 2-38　离合器零件分解图

离合器的工作原理如图 2-39 所示。当一定压力的 ATF 经油道进入活塞左边的液压缸时，液压作用力便克服弹簧力使活塞右移，将所有离合器片压紧，即离合器接合，离合器主、从动部分相连的元件被连接在一起，以相同的速度旋转。

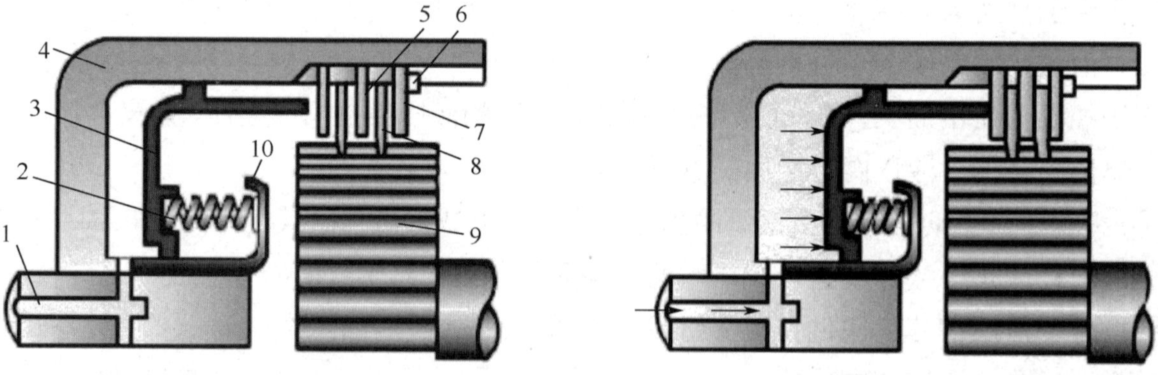

（a）分离状态　　（b）接合状态

1—控制油道；2—回位弹簧；3—活塞；4—离合器鼓；5—主动片；6—卡环；7—压盘；

8—从动片；9—花键毂；10—弹簧座

图 2-39　离合器的工作原理

当控制阀将作用在离合器液压缸的油压撤除后，离合器活塞在回位弹簧的作用下回复原位，并将缸内的变速器油从进油孔排出，使离合器分离，离合器主、从动部分可以不同转速旋转。

② 制动器。制动器的功用是固定行星齿轮机构中的元件，防止其转动。制动器有片式和带式两种形式。片式制动器与离合器的结构和原理相同，不同之处是离合器起连接作用而传递动力，而片式制动器通过连接使某一元件起制动作用。

③ 油泵。油泵由泵壳、隔墙、内外齿轮、端盖组成。其工作原理为：偏心的内齿轮被泵轮外壳的凸缘驱动，带动外齿圈转动，油泵进油口的油液分两路被泵走，产生吸油力；而出油口因两路油液的堆积，产生压力不断输出。

油泵不断地向液压控制系统、变矩器、齿轮系统、冷油器提供油压，以便完成变矩、控制、润滑、降温等任务。它是油压的动力源，多为同轴驱动的齿轮式内转子泵或叶片式泵，由变矩器的泵轮外壳凸缘驱动。

（4）电子控制系统。

电子控制系统将自动变速器的各种控制信号输入电子控制单元，经电子控制单元处理后发出控制指令，控制液压系统中的各种电磁阀实现自动换挡，并改善换挡性能。主要的输入信号有节气门位置传感信号、车速传感信号、水温传感信号及各类开关信号。由于各类传感器的已在发动机电控系统中学习，本书仅对各类开关信号进行讲述。主要的执行机构为各挡位换挡电磁阀、变矩器锁止电磁阀和油压调节电磁阀等。不同的自动变速器使用的电磁阀数量不同，一般为 3～8 个。

① 模式选择开关。供驾驶员选择所需要的行驶或换挡模式的开关。大部分车型都具有常规模式（N）和动力模式（P），有些车型还有经济模式（E）。自动变速器 ECU 根据所选择的行驶模式执行不同的换挡程序，控制换挡和锁止正时。坏路上行驶时，选择动力模式，自动变速器会推迟升挡，以提高动力性，好路上行驶时，选择经济模式，自动变速器会提前升挡，以提高经济性，常规模式介于二者之间。

② 空挡启动开关。其具有两个功用：一是给自动变速器 ECU 提供挡位信息，二是保证只有选挡杆置于 P 位或 N 位时才能启动发动机。

③ OD 开关（超速挡开关）。一般安装在选挡杆上，由驾驶员操作控制，可以使自动变速器有或没有超速挡。

④ 开关式电磁阀。功用是开启或关闭液压油路，绝大多数换挡电磁阀采用开关式电磁阀，部分车型锁止离合器也使用该类电磁阀。

（5）冷却滤油装置。

自动变速器油（ATF）在自动变速器工作过程中会因冲击、摩擦产生热量，并要吸收齿轮传动过程中所产生的热量，油温将会升高。因此必须对 ATF 进行冷却，使油温保持在 80～90℃。ATF 是通过油冷却器与冷却水或空气进行热量交换而实现降温的。油中的机械杂质由滤油器从油中过滤分离出去，以减小机械的磨损。

2．自动变速器的工作原理

电控自动变速器通过各种传感器，将发动机的转速、节气门开度、车速、发动机水温、ATF油温等参数信号输入电控单元（ECU），ECU根据这些信号，按照设定的换挡规律，向换挡电磁阀、油压电磁阀等发出动作控制信号，换挡电磁阀和油压电磁阀再将ECU的动作控制信号转变为液压控制信号，阀板中的各控制阀根据这些液压控制信号，控制换挡执行元件的动作，从而实现自动换挡过程。

实践知识

一、自动变速器的基本检查

自动变速器的油位不当、油质不佳、联动机构调节不当以及发动机怠速不正常，是引起自动变速器产生故障的最常见原因。通常把对这些部件的检查与调整，称为自动变速器的基本检查。无论具体故障是什么，这种基本检查总是要进行，而且是首先进行的。基本检查和调整项目包括油面检查、油质检查、液压控制系统漏油检查、油门拉索检查和调整、换挡杆位置检查和调整、空挡启动开关和怠速检查。本文仅对最为常用的油面和油质检查进行讲述。

1．油面检查

在对自动变速器进行检查前或故障诊断前，首先要对变速器油面高度进行检查，一般在车辆每行驶10000km后检查油液面。自动变速器油面检查的具体方法如下。

（1）将汽车停在水平地面上，并拉紧手制动。

（2）把选挡手柄放在P位或N位（空挡），将发动机在怠速时至少运转1min，让油液处于正常工作温度50～90℃。

（3）踩住制动踏板，将操纵手柄拨至倒挡（R）、前进挡（D）、前进低挡（S、L或2、1）等位置，并在每个挡位上停留几秒钟，使液力变矩器和所有换挡执行元件中都充满液压油。最后将操纵手柄拨至驻车挡（P）位置。

（4）从加油管内拔出自动变速器油尺，将擦干净的油尺全部插入加油管后再拔出，检查油尺上的油面高度。

如果自动变速器处于冷态，ATF油面高度应在油尺刻线的下限附近；如果自动变速器处于热态，油面高度应在油尺刻线的上限附近。这是因为低温时液压油的黏度大，运转时有较多的液压油附着在行星齿轮等零件上，所以油面高度较低；高温时液压油黏度小，容易流回油底壳，因此油面较高。

2. 油质检查

油液的气味和状态可以表明自动变速器的工作状态。检查油液时，从油尺上嗅一嗅油液的气味，在手指上点少许油液，用手指互相摩擦看是否有渣粒，或将油尺上的液压油滴在干净的白纸上，检查液压油的颜色及气味。正常液压油的颜色一般为粉红色，且无气味。如果液压油呈棕色或有焦味，说明已变质，应立即换油。

二、自动变速器常见故障诊断

1. 自动变速器打滑

故障现象：起步时踩下加速踏板，发动机转速很快升高但车速升高缓慢；行驶中踩下加速踏板加速时，发动机转速升高但车速没有很快提高；平路行驶基本正常，但上坡无力，且发动机转速很高。

故障原因：液压油油面太低；液压油油面太高，运转中被行星排剧烈搅动后产生大量气泡；离合器或制动器摩擦片、制动带磨损过甚或烧焦；油泵磨损过甚或主油路泄漏，造成油路油压过低；液力变矩器单向自由轮打滑。

故障诊断：应先检查其液压油的油面高度和品质。若油面过低或过高，应先调整至正常后再做检查。若油面调整正常后自动变速器不再打滑，可不必拆修自动变速器。若液压油呈棕黑色或有烧焦味，说明离合器或制动器的摩擦片或制动带有烧焦，应拆修自动变速器，再做路试，以确定自动变速器是否打滑，并检查出现打滑的挡位和打滑的程度。将操纵手柄拨入不同的位置，让汽车行驶，若自动变速器升至某一挡位时发动机转速突然升高，车速没有相应地提高，则说明该挡位有打滑。打滑时发动机的转速越容易升高，说明打滑越严重。根据出现打滑的规律，还可以判断产生打滑的是哪一个换挡执行元件。

2. 自动变速器换挡冲击过大

故障现象：在起步时，由驻车挡或空挡挂入倒挡或前进挡时，汽车振动较严重；行驶中，在自动变速器升挡的瞬间汽车有较明显地闯动。

故障原因：发动机怠速过高；升挡过迟；主油路调压阀有故障，使主油路油压过高；蓄压器活塞卡住，不能起减振作用；换挡执行元件打滑；油压调节电磁阀不工作等。

故障诊断：检查发动机怠速，配备自动变速器的汽车的发动机怠速一般为750r/min左右，若怠速过高，应按标准予以调整。做道路试验，若有升挡过迟的现象，则说明换挡冲击大的故障是升挡过迟所致，若在升挡之前发动机转速异常升高，导致在升挡的瞬间有较大的换挡冲击，则说明离合器或制动器打滑，应分解自动变速器，予以修理。检测主油路油压，若怠速时的主油路油压高，则说明主油路调压阀有故障；若怠速时主油路油压正常，但起步进挡时有较大的冲击，则说明前进挡离合器或倒挡及高挡离合器的进油单向阀阀球损坏或漏装，对此，应拆卸阀板，予以修理。

3．自动变速器不能升挡

故障现象：汽车行驶中自动变速器始终保持在 1 挡，不能升入 2 挡和高速挡；行驶中自动变速器可以升入 2 挡，但不能升入 3 挡和超速挡。

故障原因：车速传感器有故障；2 挡制动器或高挡离合器有故障；换挡阀卡滞；挡位开关有故障。

故障诊断：对于电子控制自动变速器，应先进行故障自诊断。影响换挡控制的传感器有节气门位置传感器、车速传感器等，按所显示的故障代码查找故障原因。检查挡位开关的信号，如有异常，应予以调整或更换。若控制系统无故障，应分解自动变速器，检查各个换挡执行元件有无打滑现象，用压缩空气检查各个离合器、制动器油路或活塞有无泄漏。

小贴士： 自动变速器的故障较多，并且故障原因较为复杂，有时发动机故障和 CAN 系统故障均会引起自动变速器故障。在今后的学习和工作中，应开放思维，理性分析，抽丝剥茧，积极探索。

任务实施与评价

学习任务	自动变速器检修			学时	4 学时	
姓名		实训车型		年　月　日		
标准时间		开始时间		完成时间		
序号	操作步骤		操作标准	操作记录	分值	自评得分
1	检修前的基本检查	检查作业现场环境	检查清洁彻底、记录清晰、准确		2	
		记录整车基本信息			3	
		作业前工具检查			2	
		作业前实施车辆防护			3	
2	油面检查	将汽车停在水平地面上，并拉紧手制动	工具选择、使用正确；按维修工艺要求进行检查		2	
		把选挡手柄放在 P 位或 N 位，怠速时至少运转 1min，让油液处于正常工作温度			5	
		踩住制动踏板，将操纵手柄拨至倒挡、前进挡、前进低挡等位置，在每个挡位上停留几秒钟，将操纵手柄拨至驻车挡位置			5	
		检查油尺上的油面高度			3	
3	油质检查	检查油液时，从油尺上嗅一嗅油液的气味	按维修工艺要求进行检查		2	
		在手指上点少许油液，用手指互相摩擦看是否有渣粒			3	
		将油尺上的液压油滴在干净的白纸上，检查液压油的颜色及气味			5	

续表

序号	操作步骤		操作标准	操作记录	分值	自评得分
4	拆卸自动变速器前后壳体、油底壳及阀板	拆除所有安装在自动变速器壳体上的零部件	工具选择、使用正确；按维修工艺要求拆卸		5	
		从前方取下液力变矩器			2	
		拆除输出轴凸缘和自动变速器后端壳			3	
		拆下油底壳			2	
		拆下电磁阀，拆下进油滤清器			3	
		取下阀板总成			2	
		拆下油泵固定螺栓；用专用拉具拉出油泵总成			3	
5	分解行星齿轮变速器	从自动变速器前方取出超速行星架、离合器组件及齿圈	工具选择、使用正确；按维修工艺要求拆卸		5	
		拆卸超速制动器			5	
		拆下高挡、倒挡离合器和前进离合器组件			5	
		拆出前行星排			2	
		取出前后太阳轮组件和低挡单向离合器			3	
6	装复	行星齿轮变速器的装复，按拆装的相反顺序进行装复	工具选择、使用正确；按维修手册的工艺要求完成装复工作		10	
		装复油泵			3	
		装复滤清器、阀板及油底壳			2	
		装上液力变矩器及其他零部件			5	
7	场地恢复及现场5S管理		正确使用及摆放工具、量具，清洁整理工作台、地面及工具、量具		5	
学生自评						
小组评价						
指导教师（师傅）评价						
综合评价	□优秀　□良好　□合格　□不合格					

任务测试

一、单项选择题

1．单排行星齿轮机构中，太阳轮和齿圈与输入轴连接，行星架与输出轴连接，则该挡位是（　　）。

A．空挡　　B．直接挡　　C．低速挡　　D．超速挡

2．单排行星齿轮机构，中心轮固定，齿圈主动，行星架输出时，该挡位是（　　）。

A．减速挡　　B．直接挡　　C．增速挡　　D．倒挡

3．装有自动变速器的车辆，发动机在启动时，换挡手柄应处于（　　）。

A. P位　　B. R位　　C. D位　　D. S位

二、填空题

1. 电控液力式自动变速器主要由＿＿＿＿＿、＿＿＿＿＿、＿＿＿＿＿、＿＿＿＿＿和电子控制系统五大部分组成。

2. 典型的液力变矩器由＿＿＿＿、＿＿＿＿＿、＿＿＿＿组成。＿＿＿＿是液力变矩器的输入元件；＿＿＿＿＿是液力变矩器的输出元件。

3. 单排行星齿轮机构主要由＿＿＿＿＿、＿＿＿＿＿和＿＿＿＿＿组成。

4. 自动变速器中换挡执行机构主要由＿＿＿＿＿、＿＿＿＿＿和＿＿＿＿＿3种执行元件组成。

5. 在自动变速器中常用的制动器有＿＿＿＿＿和＿＿＿＿＿两种。

三、判断题

1. 油面过高会影响执行元件的平顺分离和换挡稳定性。（　　）
2. 若离合器自由间隙不符合标准，可采用更换不同厚度挡圈的方法来调整。（　　）
3. 节气门开度不变时，汽车升挡和降挡时刻完全取决于车速。（　　）
4. 液力变矩器可以在一定范围内无级的改变转矩和传动比。（　　）
5. 当齿圈制动，太阳轮输入，行星架输出时为减速传动。（　　）
6. 行星齿轮变速器中的所有齿轮都处于常啮合状态。（　　）
7. 主油路油压必须定期检验，通常在自动变速器壳体上都有测压孔。（　　）
8. 节气门开度越大，汽车升、降挡的车速越高。（　　）

任务4　万向传动装置检修

任务目标

素养目标：

1. 具有良好工匠精神。
2. 具有良好团队合作精神。

能力目标：

1. 能够正确选择并使用汽车底盘拆装工具。
2. 能够对万向传动装置各组成部分进行检查。

知识目标：

1. 了解万向传动装置功用及组成。
2. 掌握万向节类型与构造。

情境导入

一辆 2014 年生产的 2013 款手动挡科鲁兹轿车，行驶时有异响，到修理厂进行修理。驾驶员反映，该车低速行驶时异响较小，随着车速变化，异响声变化。维修技术人员初步判断为万向传动装置故障，需要对万向传动装置进行拆检。请你根据本任务所学万向传动装置的构造、工作原理及检修等知识，完成万向传动装置的检查与总成的更换。

任务准备

理论知识

一、万向传动装置的功用

万向传动装置在汽车上有很多应用，虽然结构有所不同，但其功用都是一样的，即能在轴间夹角及相互位置经常发生变化的两转轴之间传递动力。

图 2-40 所示为万向传动装置在汽车中最常见的应用，位于变速器与驱动桥之间。由于汽车布置、设计等原因，变速器输出轴和驱动桥输入轴不可能在同一轴线上，并且变速器虽然是安装在车架（车身）上，可以认为位置是不动的，但是驱动桥因悬架的变形，其位置相对于车架经常发生变化，因此在变速器和驱动桥之间装有万向传动装置正好可以满足这些使用、设计的要求。

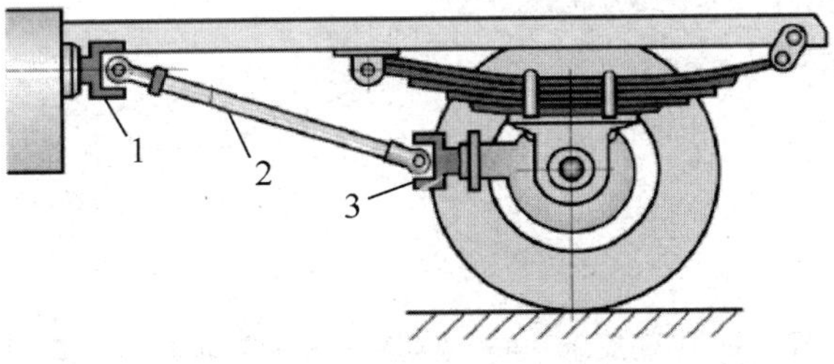

1、3—万向节；2—传动轴

图 2-40 变速器与驱动桥之间的万向传动装置

二、万向传动装置的应用

1. 变速器（或分动器）与驱动桥之间

一般汽车的变速器、离合器与发动机三者合为一体装在车架上，驱动桥通过悬架与车架相连。在负荷变化及汽车在不平路面行驶时引起的跳动，会使驱动桥输入轴与变速器输出轴之间的夹角和距离发生变化，故在它们之间必须安装万向传动装置。

2．离合器与变速器、变速器与分动器之间

当离合器与变速器或变速器与分动器之间分开布置时，为消除车架变形及制造、装配误差等引起的轴线同轴度误差对动力传递的影响，在其间也需装有万向传动装置。

3．转向驱动桥的内、外半轴之间

由于转向时两段半轴轴线相交且交角变化，因此要用万向传动装置。

4．断开式驱动桥的半轴之间

主减速器壳在车架上是固定的，而驱动轮可以相对于主减速器上下摆动，因此在靠近主减速器处，半轴是分段的，需用万向传动装置。

5．转向机构的转向轴和转向器之间

有些汽车的转向操纵机构受整体布置的限制，转向盘轴线与转向器轴线不能重合，因此转向操纵机构中也常用万向传动装置。

三、万向传动装置的组成

万向传动装置主要包括万向节、传动轴和中间支承等，对于传动距离较远的分段式传动轴，为了提高传动轴的刚度，还设置有中间支承，如图 2-41 所示。

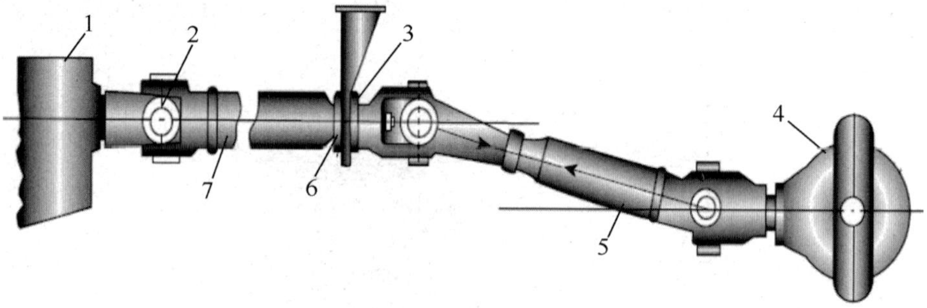

1—变速器；2—万向节；3—中间支承；4—驱动桥；5—传动轴；6—球轴承；7—中间传动轴

图 2–41　万向传动装置的组成

1．传动轴

传动轴是万向传动装置中的主要传力部件，通常用来连接变速器（或分动器）和驱动桥，在转向驱动桥和断开式驱动桥中，则用来连接差速器和驱动车轮。

传动轴有实心轴和空心轴之分。为了减轻传动轴的质量，节省材料，提高轴的强度、刚度，传动轴多为空心轴，一般用厚度为 1.5～3.0mm 的薄钢板卷焊而成，超重型货车则直接采用无缝钢管。转向驱动桥、断开式驱动桥或微型汽车的传动轴通常制成实心轴。

2. 中间支承

（1）中间支承的功用。

传动轴分段时需要加中间支承，中间支承通常装在车架横梁上，能补偿传动轴轴向和角度方向的安装误差，以及汽车行驶过程中因发动机窜动或车架变形等引起的位移。

（2）中间支承的结构。

中间支承常用弹性元件来满足上述功用，一般由支架和轴承等组成，双列锥轴承固定在中间传动轴后部的轴颈上。带油封的支承盖之间装有弹性元件橡胶垫环，用 3 个螺栓紧固。紧固时，橡胶垫环会径向扩张，其外圆被挤紧于支架的内孔。

3. 万向节

在汽车上使用的万向节可以从不同的角度分类。按其刚度大小，可分为刚性万向节和柔性万向节。刚性万向节按其速度特性分为不等速万向节（常用的为十字轴式）、准等速万向节（双联式和三销轴式）和等速万向节（包括球叉式和球笼式）。目前在汽车上应用较多的是十字轴式刚性万向节和等速万向节。十字轴式刚性万向节主要用于发动机前置后轮驱动的变速器与驱动桥之间，等速万向节主要用于发动机前置前轮驱动的内、外半轴之间。

（1）不等速万向节（以十字轴式刚性万向节为例）。

十字轴式刚性万向节又称为普通万向节，如图 2-42 所示，它允许相邻两轴的最大交角为 15°～20°。

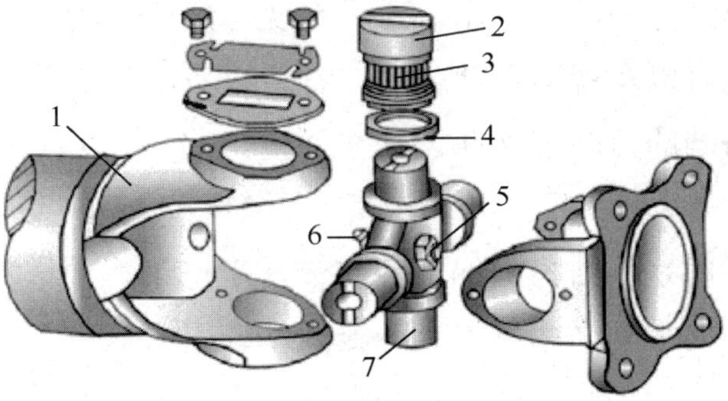

1—万向节叉；2—套筒；3—滚针；4—油封；5—安全阀；6—油嘴；7—十字轴

图 2-42 十字轴式刚性万向节

①不等速万向节的构造。

十字轴式刚性万向节主要由十字轴、万向节叉等组成。万向节叉上的孔分别套在十字轴的 4 个轴颈上。当主动轴转动时，从动轴既可随之转动，又可绕十字轴中心在任意方向摆动。为了减小摩擦，在十字轴轴颈与万向节叉孔之间装有滚针和套筒，用带有锁片的螺钉和轴承盖来使之轴向定位。为了润滑轴承，十字轴内钻有油道通向各轴颈，且与油嘴、安全阀相通，如图 2-43 所示。为避免润滑油流出及尘垢进入轴承，十字轴轴颈的内端套装着油封。

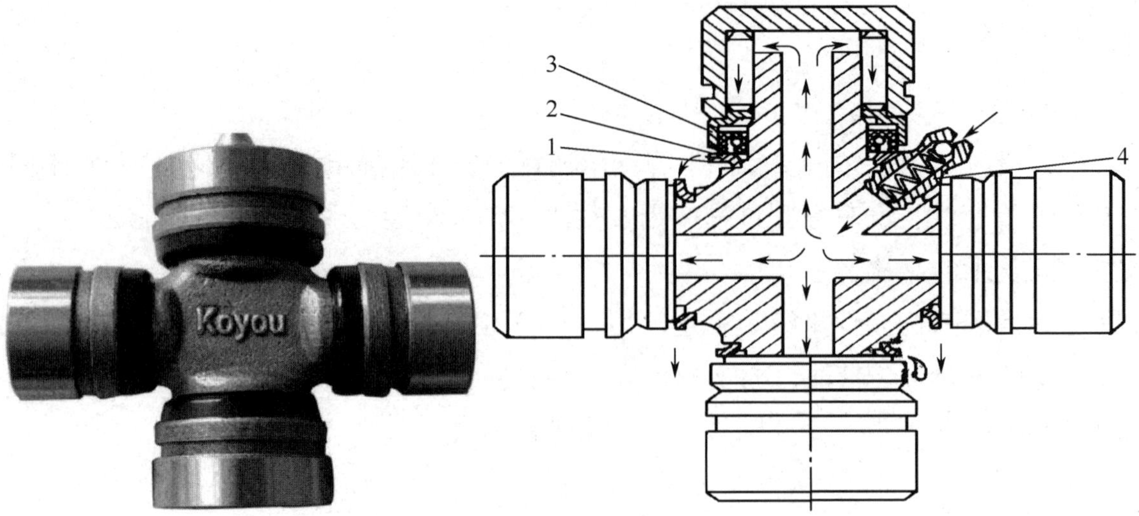

1—油封挡盘；2—油封；3—油封座；4—油嘴

图 2-43　润滑油道及密封装置

②不等速万向节的速度特性。

十字轴式万向节的传动是不等速的，当主动叉是等角速转动时，从动叉是不等角速的，但两轴的平均转速是相等的，主动轴转 1 圈，从动轴也转 1 圈。不等速是指在转动 1 圈内两轴的瞬时角速度是不同的。

等角速传动的条件和排列方式。由于单十字轴式刚性万向节在有夹角的情况下不能传递等角速运动，从而使得与其相连的零件除传递转矩之外，还要承受因加、减速所产生的惯性转矩，这对传动系统零件将引起强烈的破坏作用。为了实现等角速传动，以消除不等速的影响，用两个万向节加一根传动轴就可以实现等角速传动，但必须满足两个条件：输出轴和输入轴与传动轴的夹角相等；传动轴两端的万向节叉在同一平面内。

（2）等速万向节。

等速万向节的基本原理是从结构上保证万向节在工作过程中，其传力点永远位于两轴交点的平分面上。等速万向节的常见结构形式有球笼式和球叉式。

①球笼式等速万向节。

如图 2-44 所示，球笼式万向节由 6 个钢球、星形套、球形壳和保持架等组成。星形套以内花键与主动轴相连，其外表面有 6 条弧形凹槽滚道，球形壳的内表面有相应的 6 条凹槽，形成外滚道。6 个钢球分别装在各条凹槽中，并由保持架使其保持在同一平面内。动力由主动轴经钢球、球形壳输出。

球笼式万向节可在两轴最大交角为 42° 的情况下传递扭矩，其工作时 6 个钢球都参与传力，故承载能力强、磨损小、寿命长。它被广泛应用于各种型号的转向驱动桥和独立悬架的驱动桥。

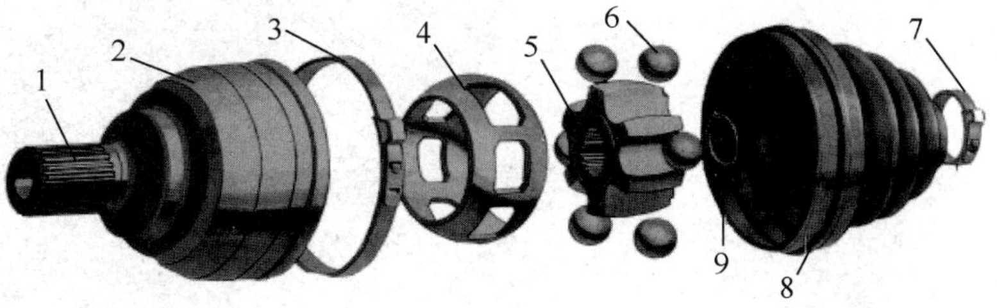

1—主动轴；2—球形壳；3—钢带箍；4—保持架；5—星形套；6—钢球；7—钢带箍；8—防尘罩；9—卡环

图 2-44 球笼式万向节

②球叉式等速万向节。

球叉式万向节如图 2-45 所示，它由主动叉、从动叉、4 个传动钢球、中心钢球、定位销、锁止销组成。主动叉与从动叉分别与内、外半轴制成一体。在主、从动叉上，分别有 4 个曲面凹槽，装配后，则形成两个相交的环形槽，作为钢球滚道。4 个传动钢球放在槽中，中心钢球放在两叉中心的凹槽内，以定中心。球叉式万向节在工作时，只有两个钢球传力，磨损快，影响使用寿命，现在应用越来越少。

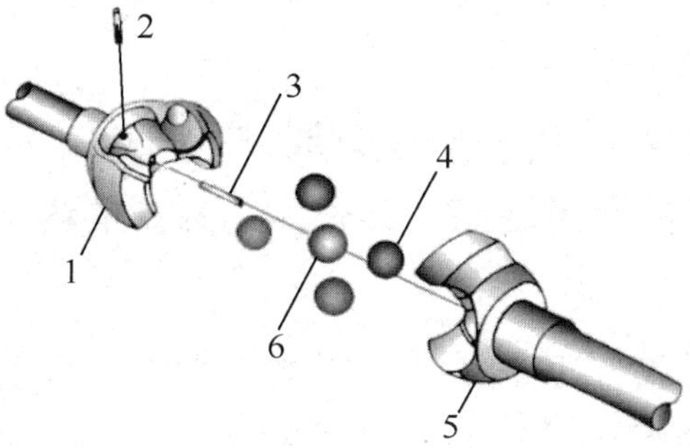

1—从动叉；2—锁止销；3—定位销；4—传动钢球；5—主动叉；6—中心钢球

图 2-45 球叉式万向节

实践知识

一、万向节的拆装

1. 等速万向节的拆卸

（1）拆下左侧或右侧车轮驱动轴。

（2）如图 2-46 所示，使用斜口钳将密封罩大固定卡箍从等速万向节上拆下。报废密封件卡箍。戴好防护镜，以防受到伤害。

（3）从轮毂中压出驱动半轴。在大直径端将半轴外侧密封罩从等速万向节外球座上分离。

（4）沿半轴杆将密封罩滑离万向节，擦除万向节星形套表面的润滑脂。使用专用夹钳，分开座圈卡环的环耳。

（5）将等速万向节总成从半轴杆上拆下；将半轴外侧密封罩从半轴杆上拆下。报废旧的外侧密封罩。

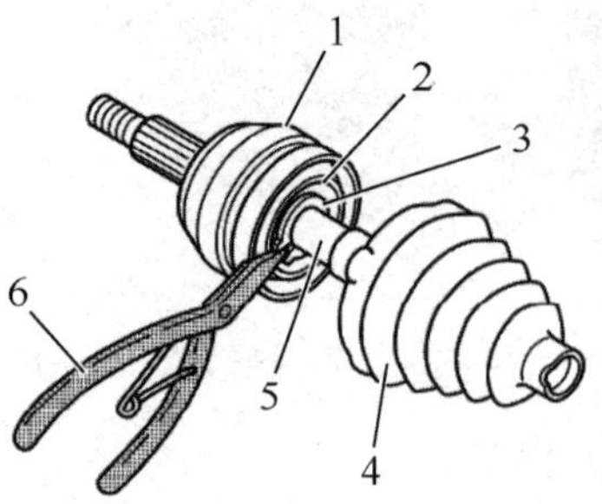

1—万向节外球座；2—星形套；3—座圈卡簧；4—密封罩；5—半轴

图 2-46　密封罩的拆卸

2. 等速万向节的安装

（1）将半轴用抹布保护后，用虎钳夹紧。

（2）将新的小的带凸耳的卡箍安装到外侧密封罩的颈部上；先不要压接。

（3）将外侧密封罩套到半轴杆上且把外侧密封罩的颈部固定在半轴杆密封槽内。半轴杆上位于可见凹槽下面的最大凹槽是密封槽。

（4）使用专用涨紧器和扭矩扳手，压接带凸耳的卡箍。

（5）将维修组件中约一半的润滑脂涂抹到外侧密封罩的内部，用剩余的润滑脂涂抹等速万向节。

（6）将等速万向节推到半轴杆上，直至卡环就位于半轴杆的凹槽。将大直径的外侧密封罩连同就位的密封罩大固定卡箍滑到等速万向节外球座的外侧，并将凹槽内的密封罩唇部置于等速万向节外球座上的凹槽内。

（7）安装左侧或右侧车轮驱动轴。

二、万向传动装置常见故障诊断

1. 万向节松旷

故障现象：在汽车起步或突然改变车速时，传动轴发出“框”的响声；在汽车缓行时，发出“咣当、咣当”的响声。

故障原因：凸缘盘连接螺栓松动；万向节主、从动部分游动角度太大；万向节十字轴磨损严重。

故障诊断：用榔头轻轻敲击各万向节凸缘盘连接处，检查其松紧度，若太松旷，则故障由连接螺栓松动引起，否则继续检查；用双手分别握住万向节主、从动部分转动，检查游动角度，若游动角度太大，则故障由此引起。

2. 传动轴动不平衡

故障现象：在万向节和伸缩叉技术状况良好时，汽车行驶中发出周期性的响声；速度越快响声越大，甚至伴随有车身振动，握转向盘的手感觉麻木。

故障原因：传动轴上的平衡块脱落；传动轴弯曲或传动轴管凹陷；传动轴管与万向节叉焊接不正或传动轴未进行过动平衡试验和校准；伸缩叉安装错位，造成传动轴两端的万向节叉不在同一平面内，不满足等速传动条件。

故障诊断与排除：检查传动轴管是否凹陷，若有凹陷，则故障由此引起，若无凹陷，则继续检查；检查传动轴管上的平衡片是否脱落，若脱落，则故障由此引起，否则继续检查；检查伸缩叉安装是否正确，若不正确，则故障由此引起，否则继续检查；拆下传动轴进行动平衡试验，若动不平衡，则应校准以消除故障。弯曲应校直。

小贴士： 传动轴两端均有安装标志，如果安装不正确，就会造成传动轴动不平衡，产生人为故障，在维修过程中应遵守维修维修工艺，精益求精，追求卓越。

3．传动轴异响

故障现象：汽车行驶中传动装置发出周期性的响声；车速越快响声越大，严重时伴随有车身振抖。

故障原因：主要原因是传动轴动不平衡，传动轴变形或平衡块脱落等；其次是中间支承吊架固定螺栓松动或万向节凸缘盘连接螺栓松动，使传动轴偏斜。

故障诊断：除“传动轴动不平衡”诊断方法外，再检查中间支承吊架固定螺栓和万向节凸缘盘连接螺栓是否松动，若有松动，则异响由此引起。

任务实施与评价

<table>
<tr><td colspan="2">学习任务</td><td colspan="2">万向传动装置检修</td><td>学时</td><td colspan="2">4 学时</td></tr>
<tr><td colspan="2">姓名</td><td></td><td>实训车型</td><td></td><td colspan="2">年　月　日</td></tr>
<tr><td colspan="2">标准时间</td><td></td><td>开始时间</td><td></td><td>完成时间</td><td></td></tr>
<tr><td>序号</td><td colspan="2">操作步骤</td><td>操作标准</td><td>操作记录</td><td>分值</td><td>自评得分</td></tr>
<tr><td rowspan="4">1</td><td rowspan="4">检修前的基本检查</td><td>检查作业现场环境</td><td rowspan="4">检查清洁彻底、记录清晰、准确</td><td rowspan="4"></td><td>2</td><td></td></tr>
<tr><td>记录整车基本信息</td><td>3</td><td></td></tr>
<tr><td>作业前工具检查</td><td>2</td><td></td></tr>
<tr><td>作业前实施车辆防护</td><td>3</td><td></td></tr>
<tr><td rowspan="5">2</td><td rowspan="5">万向节的拆卸</td><td>拆下左侧或右侧车轮驱动轴</td><td rowspan="5">工具选择、使用正确；按维修工艺要求进行拆卸</td><td rowspan="5"></td><td>5</td><td></td></tr>
<tr><td>使用斜口钳将密封罩大固定卡箍从等速万向节上拆下</td><td>5</td><td></td></tr>
<tr><td>从轮毂中压出驱动半轴</td><td>10</td><td></td></tr>
<tr><td>使用专用夹钳，分开座圈卡环的环耳</td><td>5</td><td></td></tr>
<tr><td>将等速万向节总成从半轴杆上拆下；将半轴外侧密封罩从半轴杆上拆下</td><td>10</td><td></td></tr>
</table>

续表

<table>
<tr><th>序号</th><th colspan="2">操作步骤</th><th>操作标准</th><th>操作记录</th><th>分值</th><th>自评得分</th></tr>
<tr><td rowspan="7">3</td><td rowspan="7">万向节的安装</td><td>将半轴用抹布保护，用虎钳夹紧</td><td rowspan="7">工具选择、使用正确；按维修手册的工艺要求完成装复工作</td><td rowspan="7"></td><td>5</td><td></td></tr>
<tr><td>将新的小的带凸耳的卡箍安装到外侧密封罩的颈部上；先不要压接</td><td>10</td><td></td></tr>
<tr><td>将外侧密封罩套到半轴杆上，且把外侧密封罩的颈部固定在半轴杆密封槽内</td><td>10</td><td></td></tr>
<tr><td>使用专用涨紧器和扭矩扳手，压接带凸耳的卡箍</td><td>5</td><td></td></tr>
<tr><td>涂抹润滑脂</td><td>5</td><td></td></tr>
<tr><td>将等速万向节推到半轴杆上，直至卡环就位于半轴杆的凹槽</td><td>10</td><td></td></tr>
<tr><td>安装左侧或右侧车轮驱动轴</td><td>5</td><td></td></tr>
<tr><td>4</td><td colspan="2">场地恢复及现场 5S 管理</td><td>正确使用及摆放工具、量具，清洁整理工作台、地面及工具、量具</td><td></td><td>5</td><td></td></tr>
<tr><td colspan="2">学生自评</td><td colspan="4"></td><td></td></tr>
<tr><td colspan="2">小组评价</td><td colspan="4"></td><td></td></tr>
<tr><td colspan="2">指导教师（师傅）评价</td><td colspan="4"></td><td></td></tr>
<tr><td colspan="2">综合评价</td><td colspan="5">□优秀　□良好　□合格　□不合格</td></tr>
</table>

任务测试

一、单项选择题

1．汽车万向传动装置中的十字轴式万向节，采用的润滑方式是（　　）。

A．油环润滑　　B．定期润滑

C．飞溅润滑　　D．压力润滑

2．发动机前置后驱汽车将变速器输出的动力传递给主减速器的是（　　）。

A．行星齿轮机构　　B．万向传动装置

C．差速器　　D．半轴

3．前置后驱汽车的变速器与驱动桥之间相距较远，故采用（　　）连接，实现转矩的传递。

A．齿轮装置　B．连杆装置　C．皮带传动　D．万向传动装置

4．安装十字轴式万向节时，为保证等速传动，传动轴两端万向节叉应（　　）。

A．在同一条线上　　B．在同一个平面上

C．互相垂直　　D．成一定角度

5．汽车传动轴在装配时，其伸缩节要对正记号，其目的是（　　）。

A．保持传动轴原有的动平衡　　B．缩小传动轴的长度

C．传动轴长度可变　　D．传动轴便于安装

二、填空题

1．万向传动装置主要包括_________和 __________，对于传动距离较远的分段式传动轴，为了提高传动轴的刚度，还设置有_________。

2．目前在汽车上应用较多的是____________式刚性万向节和_________万向节。

3．十字轴式刚性万向节主要用于发动机前置后轮驱动的_________之间，等速万向节主要用于发动机前置前轮驱动的__________之间。

4．十字轴式刚性万向节主要由_________、__________等组成。

5．等速万向节的常见结构形式有_________和 _________。

6．传动轴有实心轴和空心轴之分，为减轻传动轴的质量，节省材料，提高轴的强度、刚度，传动轴多为______，转向驱动桥、断开式驱动桥或微型汽车的传动轴通常制成_______。

7．传动轴平衡片脱落后，会破坏传动轴的__________。

三、判断题

1．万向节轴承装配过紧，转动不灵活，将会产生异响。（　　）

2．传动轴一般为无缝钢管，两端焊接花键轴和万向节叉。（　　）

3．传动轴装复时，一定要按标记装复花键轴。（　　）

4．十字轴上的润滑脂嘴可朝向任意方向。（　　）

5．中间支承通常装在车架横梁上，能补偿传动轴轴向和角度方向的安装误差，以及汽车行驶过程中因发动机窜动或车架变形等引起的位移。（　　）

6．等速万向节的基本原理是从结构上保证万向节在工作过程中，其传力点永远位于两轴交点的平分面上。（　　）

任务 5　驱动桥检修

任务目标

素养目标：

1．具有爱岗敬业精神。

2．具有良好团队合作精神。

能力目标：

1．能够正确选择并使用汽车底盘拆装工具。

2．能够进行主减速器拆装及检修。

知识目标：

1. 了解驱动桥功用及组成。
2. 掌握主减速器、差速器、半轴构造。
3. 理解主减速器、差速器工作原理。
4. 了解主减速器调整方法。

情境导入

一辆 2014 年生产的 2013 款手动挡科鲁兹轿车，行驶时有异响，到修理厂进行修理。驾驶员反映，该车低速行驶时异响较小，随着车速升高，异响声加大。维修技术人员初步判断为驱动桥故障，需要对驱动桥进行拆检。请你根据本任务所学驱动桥的构造、工作原理及检修等知识。完成驱动桥的检查与相关总成的更换。

任务准备

理论知识

一、驱动桥的功用

驱动桥的功用是将由万向传动装置传来的发动机转矩传给驱动车轮，并经降速增矩、改变动力传动方向，使汽车行驶，而且允许左右驱动车轮以不同的转速旋转。具体来说，主减速器的功用为降速增矩，改变动力传动方向；差速器的功用是允许左右驱动车轮以不同的转速旋转；半轴的功用是将动力由差速器传给驱动车轮。

二、驱动桥的分类

按照悬架结构的不同，驱动桥可以分为整体式驱动桥和断开式驱动桥。整体式驱动桥又称为非断开式驱动桥。

1. 整体式驱动桥

整体式驱动桥如图 2-47 所示，与非独立悬架配用。其驱动桥壳为一刚性的整体，驱动桥两端通过悬架与车架或车身连接，左右半轴始终在一条直线上，即左右驱动轮不能相互独立地跳动。当某一侧车轮通过地面的凸出物或凹坑升高或下降时，整个驱动桥及车身都要随之发生倾斜，车身波动大。

2. 断开式驱动桥

断开式驱动桥如图 2-48 所示，与独立悬架配用。其主减速器固定在车架或车身上，驱动桥壳分段制成并用铰链连接，半轴也分段并用万向节连接。驱动桥两端分别用悬架与车架或车身连接。这样，两侧驱动车轮及桥壳可以彼此独立地相对于车架或车身上下跳动。

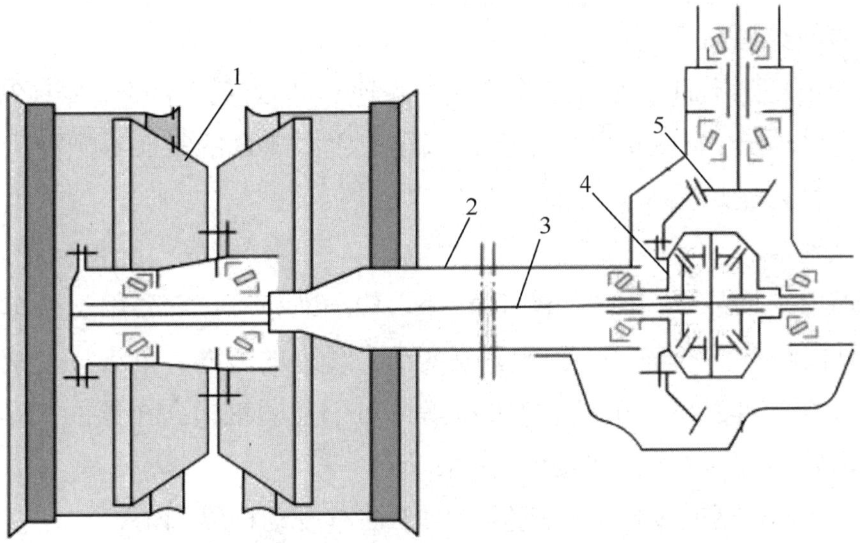

1—轮毂；2—桥壳；3—半轴；4—差速器；5—主减速器

图 2-47 驱动桥的组成

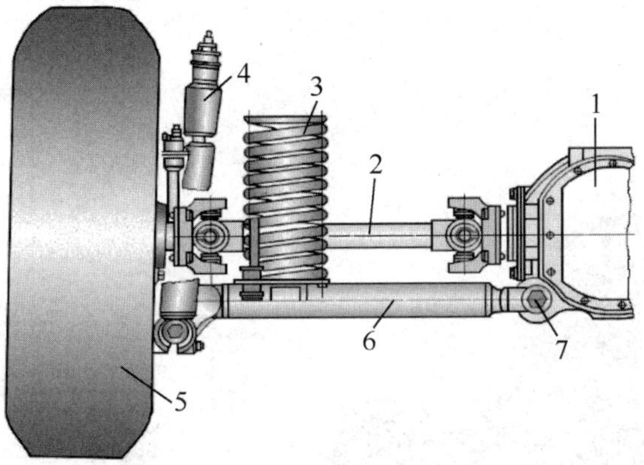

1—主减速器；2—半轴；3—弹性元件；4—减振器；5—驱动车轮；6—摆臂；7—摆臂轴

图 2-48 断开式驱动桥

三、驱动桥的组成

驱动桥一般由主减速器、差速器、半轴、桥壳等组成，如图 2-47 所示。驱动桥是传动系统的最后一个总成，发动机的动力传到驱动桥后，首先传到主减速器，在这里将转矩放大并降低转速后，经差速器分配给左右半轴，最后通过半轴外端的凸缘传到驱动车轮的轮毂。驱动桥的主要零部件都装在驱动桥的桥壳中。桥壳由主减速器壳和半轴套管组成。

1. 主减速器

（1）主减速器的功用。

①将万向传动装置传来的发动机转矩传给差速器。

②在动力的传动过程中要将转矩增大并相应降低转速。

③对于纵置发动机，还要将转矩的旋转方向改变 90°。

（2）主减速器的类型。

按参加传动的齿轮副数目，可分为单级式主减速器和双级式主减速器。目前，在轿车中主要是应用单级式主减速器。有些重型汽车又将双级式主减速器的第二级圆柱齿轮传动设置在两侧驱动车轮附近，称为轮边减速器。

①单级式主减速器。

单级式主减速器结构简单，质量小，体积小，传动效率高，主要用于轿车及中型以下客货车。对于发动机纵向布置的汽车，由于需要改变动力传递的方向，单级式主减速器都采用一对圆锥齿轮传动，如桑塔纳 2000、东风 EQ1090 等；对于发动机横向布置的汽车，单级式主减速器采用一对圆柱齿轮即可，如夏利 7130、宝来 1.8T 等。

图 2-49 所示为某车辆单级式主减速器。由于该车发动机纵向前置前轮驱动，整个传动系统都集中布置在汽车前部，因此其主减速器装于变速器壳体内，没有专门的主减速器壳体。由于省去了变速器到主减速器之间的万向传动装置，因此变速器输出轴即主减速器主动轴。

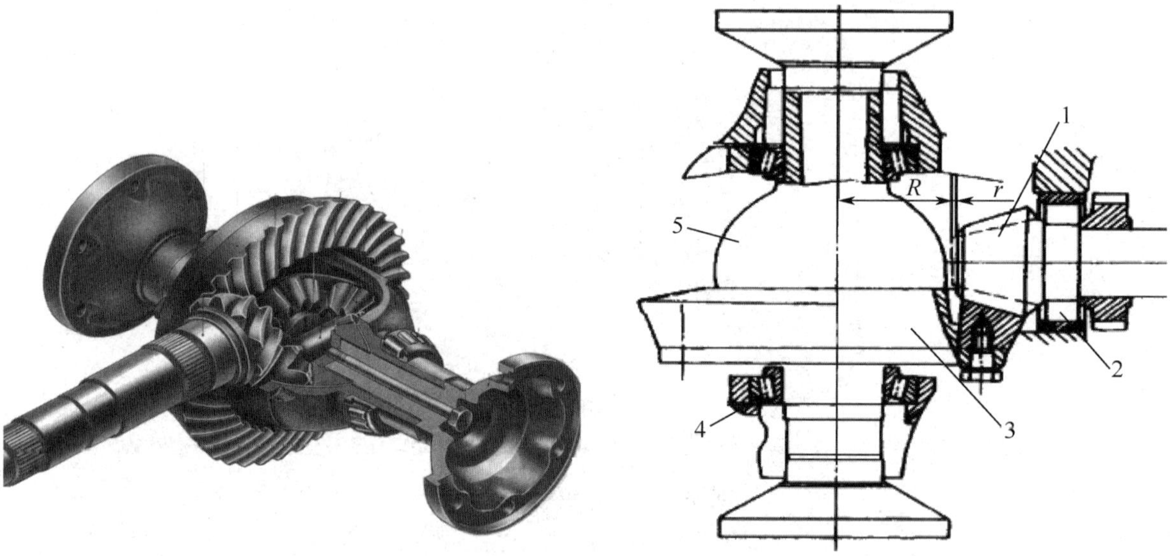

1—主动锥齿轮；2—圆柱滚子轴承；3—从动锥齿轮；4—圆锥滚子轴承；5—差速器

图 2-49　单级式主减速器

单级式主减速器由一对准双曲面锥齿轮组成，主动锥齿轮的齿数为 9，从动锥齿轮的齿数为 40，其传动比为 4.444。主动锥齿轮与变速器输出轴制为一体，用双列圆锥滚子轴承和圆柱滚子轴承支承在变速器壳体内，属于悬臂式支承。环状的从动锥齿轮靠凸缘定位，并用螺栓与差速器壳连接。差速器壳由一对圆锥滚子轴承支承在变速器壳体上。

②双级式主减速器。

有些汽车需要较大的主减速器传动比，单级式主减速器已不能满足足够的离地间隙，这就需要采用由两对齿轮降速的双级式主减速器。如图 2-50 所示为某车辆双级式主减速器。

第一级传动为第一级主动锥齿轮和第一级从动锥齿轮，是一对螺旋锥齿轮；第二级传动为第二级主动齿轮和第二级从动齿轮，是一对斜齿圆柱齿轮。

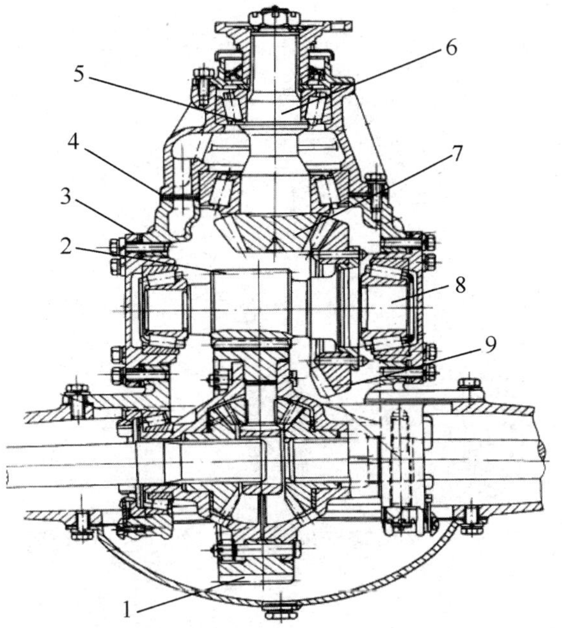

1—第二级从动齿轮；2—第二级主动齿轮；3、4、5—调整垫片；6—第一级主动锥齿轮轴；

7—第一级主动锥齿轮；8—中间轴；9—第一级从动锥齿轮

图 2–50 双级式主减速器

第一级主动锥齿轮和第一级主动锥齿轮轴制成一体，用两个圆锥滚子轴承（相距较远）支承在轴承座的座孔中，因主动锥齿轮悬伸在两轴承之后，故称为悬臂式支承。第一级从动锥齿轮用铆钉铆接在中间轴的凸缘上。第二级主动齿轮与中间轴制成一体，用两个圆锥滚子轴承支承在两端轴承盖的座孔中，轴承盖用螺栓与主减速器壳固定连接。第二级从动齿轮夹在左右两半差速器壳之间，并用螺栓将它们紧固在一起。

2．差速器

（1）差速器的功用。

差速器的功用是将主减速器传来的动力传给左、右两半轴，并在必要时允许左、右半轴以不同转速旋转，使左、右驱动车轮相对地面纯滚动而不是滑动。汽车行驶过程中，车轮相对路面有两种运动状态：滚动和滑动。滑动又有滑转和滑移两种。

当汽车转弯行驶时，内外两侧车轮中心在同一时间内移过的曲线距离显然不同，即外侧车轮移过的距离大于内侧车轮，如图 2-51 所示。若两侧车轮都固定在同一刚性转轴上，两轮角速度相等，则此时外轮必然是边滚动边滑移，内轮必然是边滚动边滑转。同样，汽车在不平路面上直线行驶时，两侧车轮实际移过的曲线距离也不相等。因此在角速度相同的条件下，在波形较显著的路面上运动的一侧车轮边滚动边滑移，另一侧车轮则是边滚动边滑转。即使路面非常平直，由于轮胎制造尺寸误差，磨损程度不同，承受的载荷不同或充气压力不等，各个轮胎的滚动半径实际上不可能相等，因此，只要各轮角速度相等，车轮对路面的滑动就必然存在。车轮对路面的滑动不仅会加速轮胎磨损，增加汽车的动力消耗，而且可能导致转向和制动性能的恶化。所以，在正常行驶条件下，应使车轮尽可能不发生滑动，差速器的作用就在于此。

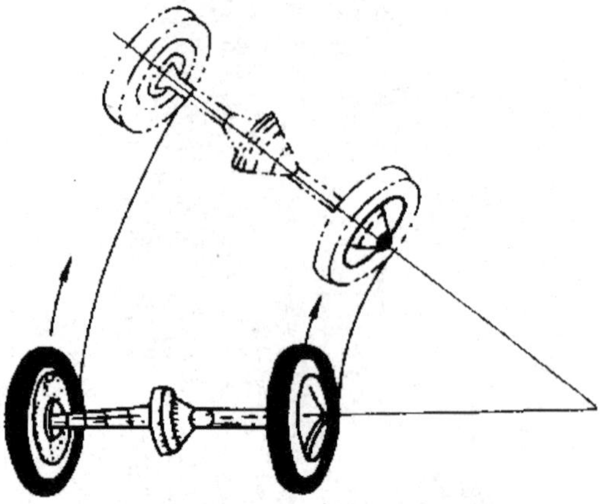

图 2-51 汽车转向时驱动车轮的运动示意图

（2）差速器的分类。

差速器按其工作特性可分为普通齿轮差速器和防滑差速器两大类。应用最广泛的普通齿轮差速器为锥齿轮差速器，本文仅对普通式差速器进行讲解。

（3）普通齿轮差速器的结构。

普通齿轮差速器的基本结构如图 2-52 所示，主要由差速器壳、行星齿轮轴、2 个行星齿轮、2 个半轴齿轮、复合式推力垫片等组成。行星齿轮轴装入差速器壳体后用止动销定位。行星齿轮和半轴齿轮的背面制成球面，与复合式的推力垫片相配合，以减摩、耐磨。螺纹套用于紧固半轴齿轮。差速器通过一对圆锥滚子轴承支承在变速器壳体中。

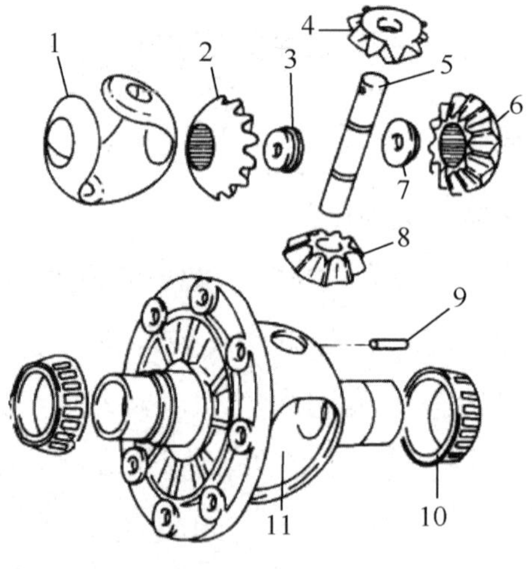

1—复合式推力垫片；2、6—半轴齿轮；3、7—螺纹套；4、8—行星齿轮；5—行星齿轮轴；

9—止动销；10—圆锥滚子轴承；11—差速器壳

图 2-52 普通齿轮差速器的结构

（4）普通齿轮差速器的工作原理。

普通齿轮差速器的工作原理如图 2-53、图 2-54 所示。主减速器传来的动力带动差速器壳（转速为 n_0）转动，经过行星齿轮轴、行星齿轮、半轴齿轮、半轴（转速分别为 n_1 和 n_2），最后传给两侧驱动车轮。

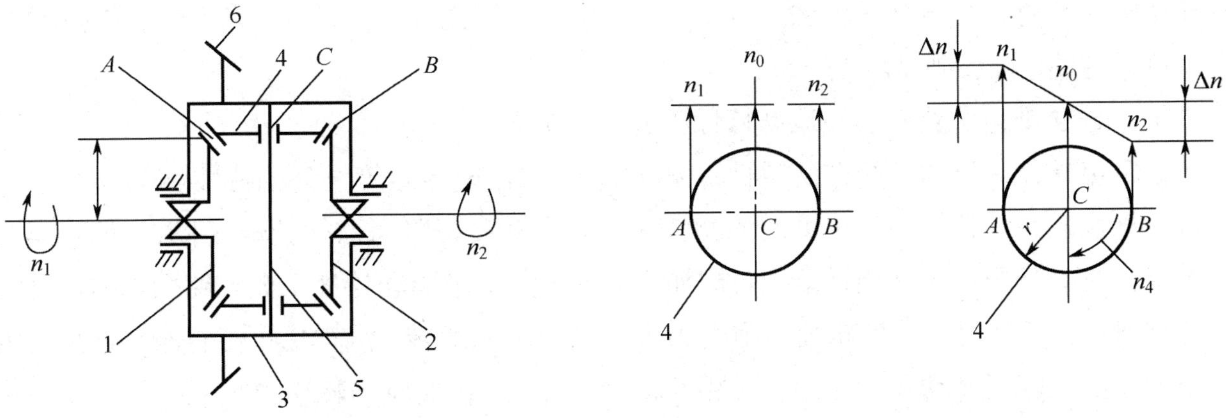

1、2—半轴齿轮；3—差速器壳；4—行星齿轮；5—行星齿轮轴；6—主减速器从动齿轮

图 2-53　普通齿轮差速器的工作原理

汽车直线行驶时。此时两侧驱动车轮所受到的地面阻力相同，并经半轴、半轴齿轮反作用于行星齿轮两啮合点 A 和 B（图 2-53)，这时行星齿轮相当于等臂杠杆，即行星齿轮不自转，只随差速器壳和行星齿轮轴一起公转，两半轴无转速差，即 $n_1=n_2=n_0$，$n_1+n_2=2n_0$。

同样，由于行星齿轮相当于等臂杠杆，主减速器传至差速器壳体上的转矩 M_0 等分给两半轴齿轮（半轴)，即 $M_1=M_2=M_0/2$。

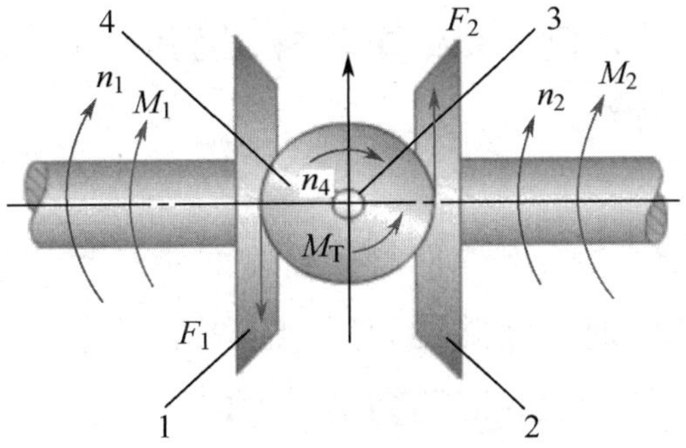

1、2—半轴齿轮；3—行星齿轮轴；4—行星齿轮

图 2-54　差速器转矩分配原理

汽车转向行驶时。此时两侧驱动车轮所受到的地面阻力不同，如果车辆右转，右侧（内侧）驱动车轮所受的阻力大，左侧（外侧）驱动车轮所受的阻力小，这两个阻力经半轴、半轴齿轮反作用于行星齿轮两啮合点 A 和 B（图 2-53)，使行星齿轮除了随差速器壳公转还顺时针自转，设自转转速为 n_4，则左半轴齿轮的转速增加，右半轴齿轮的转速降低，且左半轴齿轮增加的转速等于右半轴齿轮降低的转速。设半轴齿轮的转速变化为 Δn，则 $n_1=n_0+\Delta n$，$n_2=n_0-\Delta n$，即汽车右转时，左侧（外侧）车轮转得快，右侧（内侧）车轮转得慢，实现纯滚动。此时依然有 $n_1+n_2=2n_0$。

由于行星齿轮的自转，行星齿轮孔与行星齿轮轴轴径间以及齿轮背部与差速器壳体之间都产生摩擦。如图 2-54 所示，行星齿轮所受的摩擦力矩 M_T 方向与其自转方向相反，并传到左、右半轴齿轮，使转得快的左半轴的转矩减小，转得慢的右半轴的转矩增加。所以当左、右驱动车轮存在转速差时，$M_1=(M_0-M_T)/2$，$M_2=(M_0+M_T)/2$。但由于有推力垫片的存在，实际中的 M_T 很小，可以忽略不计，则 $M_1=M_2=M_0/2$。

总结：普通锥齿轮差速器的运动特性：$n_1+n_2=2n_0$。

普通锥齿轮差速器的转矩分配特性：$M_1=M_2=M_0/2$，即转矩等量分配特性。

普通锥齿轮差速器转矩等量分配的特性对于汽车在良好路面上行驶是有利的。但汽车在坏路面上行驶时会严重影响其通过能力。例如，当汽车的一个驱动轮处于泥泞路面，因附着力小而原地打滑时，即使另一驱动轮处于附着力大的路面上未滑转，汽车仍不能行驶。这是因为附着力小的路面只能对驱动车轮作用一个很小的反作用力矩，而驱动转矩也只能等于这一很小的反作用力矩。由于差速器等量分配转矩的特性，附着力好的驱动轮也只能分配到同样小的转矩，以至于总的牵引力不足以克服行驶阻力，汽车便不能前进。

为了提高汽车通过坏路面的能力，可采用防滑差速器。当汽车某一侧驱动轮发生滑转时，差速器的差速作用即被锁止，并将大部分或全部转矩分配给未滑转的驱动轮，充分利用未滑转车轮与地面之间的附着力，以产生足够的牵引力使汽车继续行驶。

3．半轴

（1）半轴的功用。

半轴的功用是将差速器传来的动力传给驱动轮。因其传递的转矩较大，常制成实心轴。若半轴断裂，则汽车无法起步、行驶。

（2）半轴的结构。

半轴的结构因驱动桥结构形式的不同而异。整体式驱动桥中的半轴为一刚性整轴，而转向驱动桥和断开式驱动桥中的半轴则分段并用万向节连接。半轴内端一般制有外花键与半轴齿轮连接。半轴外端有的直接在轴端锻造出凸缘盘；也有的制成花键与单独制成的凸缘盘滑动配合；还有的制成锥形并通过键和螺母与轮毂固定连接。

（3）半轴的支承形式。

现代汽车常采用全浮式和半浮式两种半轴支承形式。

①全浮式半轴支承。

全浮式半轴支承的结构如图 2-55 所示，它广泛应用于各型货车上。半轴外端锻造有半轴凸缘，用螺栓紧固在轮毂上，轮毂用一对圆锥滚子轴承支承在半轴套管上，半轴套管与空心梁压配成一体，组成驱动桥壳。这种支承形式，半轴与桥壳没有直接联系。半轴内端用花键与半轴齿轮套合，并通过差速器壳支承在主减速器壳的座孔中。这种半轴支承形式，半轴只在两端承受转矩，不承受其他任何反力和弯矩，所以称为全浮式半轴支承。所谓“浮”是对卸除半轴的弯曲载荷而言。

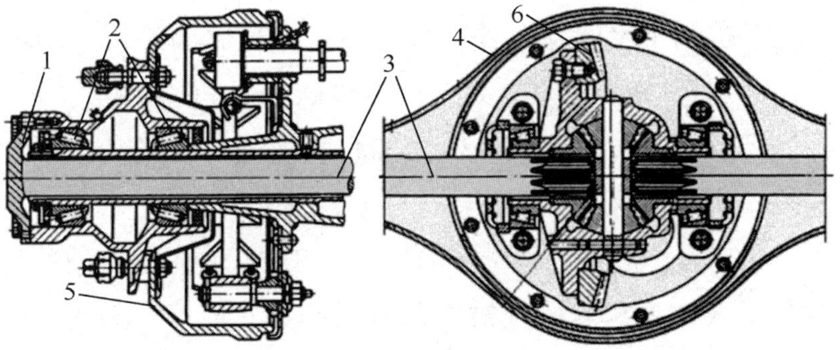

1—半轴凸缘；2—轮毂轴承；3—半轴；4—桥壳；5—轮毂；6—主减速器从动锥齿轮

图 2-55　全浮式半轴支承的结构

全浮式半轴支承便于拆装，只需拧下半轴凸缘上的轮毂螺栓，即可将半轴抽出，而车轮和桥壳照样能支持住汽车。

②半浮式半轴支承。

图 2-56 所示为半浮式半轴支承的结构。半轴外端制成锥形，锥面上铣有键槽，最外端制有螺纹。轮毂以其相应的锥孔与半轴上锥面配合，并用键连接，用锁紧螺母紧固。半轴用一个圆锥滚子轴承直接支承在桥壳凸缘的座孔内。车轮与桥壳之间无直接联系，而支承于悬伸出的半轴外端。因此，地面作用于车轮的各种反力都需经半轴外端的悬伸部分传给桥壳，使半轴外端不仅要承受转矩，还要承受各种反力及其形成的弯矩。半轴内端通过花键与半轴齿轮连接，不承受弯矩，故称这种支承形式为半浮式半轴支承。

半浮式半轴支承结构简单，但半轴受力情况复杂且拆装不便，多用于反力、弯矩较小的各类轿车上。

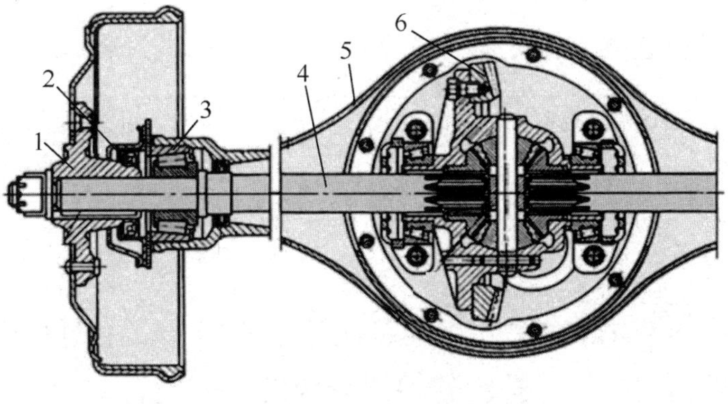

1—轮毂；2—油封；3—圆锥滚子轴承；4—半轴；5—桥壳；6—主减速器从动锥齿轮

图 2-56　半浮式半轴支承的结构

4．桥壳

（1）桥壳的功用。

驱动桥壳既是传动系统的组成部分，也是行驶系统的组成部分。作为传动系统的组成部分，其功用是安装并保护主减速器、差速器和半轴。作为行驶系统的组成部分，其功用是安装悬架或轮毂，和驱动桥一起支承汽车悬架以上各部分重量，承受驱动轮传来的反力和力矩，并在驱动轮与悬架之间传力。

由于桥壳承受较复杂的载荷，因此要求桥壳应具有足够的强度和刚度，质量小，还要便于主减速器的拆装和调整。

（2）桥壳的分类。

驱动桥壳可分为整体式桥壳和分段式桥壳两种类型。

整体式桥壳一般是铸造，具有较大的强度和刚度，且便于主减速器的拆装和调整。缺点是质量大，铸造质量不易保证。因此，适用于中型以上货车。

分段式桥壳一般分为两段，由螺栓将两段连成一体。分段式桥壳最大的缺点是拆装、维修主减速器、差速器十分不便，必须把整个驱动桥从车上拆下来，现已很少应用。

实践知识

一、主减速器的拆装与调整

1. 主减速器的拆装

由于现在使用的主减速器形式各不相同，拆解与安装方式也不相同，这里以大众汽车的主减速器拆装为例进行讲解。

（1）拆解。

① 拆下主减速器盖。

② 从变速器壳体中取下差速器。

③ 用铝制的夹具将差速器壳固定在台虎钳上，拆下主减速器从动锥齿轮的紧固螺栓。

小贴士： 从动锥齿轮的紧固螺栓是自动锁紧的，一经拆卸就必须更换。

④ 取下从动锥齿轮。对于损坏和磨损严重的，应进行更换。

（2）安装。

① 将从动锥齿轮加热至 120℃，并将其装在差速器壳上，用两个螺纹销作导向。

② 装上新的从动锥齿轮螺栓，按维修手册规定的力矩交替旋紧。

③ 计算从动锥齿轮的调整垫片的厚度，并将计算好的调整垫片装在适当的位置上。

④ 将差速器装在变速器壳体中，将主减速器盖装在变速器壳体上，用维修手册规定的力矩拧紧螺栓。

2. 主减速器的调整

主动锥齿轮和从动锥齿轮的调整正确与否，对于主减速器的使用寿命和运转平稳性起着决定性作用，主减速器和差速器总成拆装后，特别是更换某些零部件后，必须通过精确的测量、计算，选出合适的调整垫片；通过改变垫片的厚度来轴向移动变速器输出轴上的主动齿轮，使啮合印痕在最佳位置；通过改变垫片的厚度来轴向移动从动齿轮，使啮合间隙在规定的公差范围。

从动锥齿轮和主动锥齿轮总成的调整部位在从动锥齿轮的外侧。主动锥齿轮和从动锥齿轮只能一起更换。

（1）主动锥齿轮的调整。

只要轴承座、主动锥齿轮的后轴承、1 挡齿轮的滚针轴承外座圈、输出轴的后轴承外座圈被更换，就必须通过调整垫片的厚度来调整主动锥齿轮，使主、从动锥齿轮的啮合印痕在最佳位置。

（2）从动锥齿轮的调整。

当主动锥齿轮、从动锥齿轮总成、变速器壳体、主减速器盖、差速器罩壳或轴承更换时，必须对从动锥齿轮进行调整，从动锥齿轮的调整包括从动锥齿轮（差速器）轴承预紧度的调整和主、从动锥齿轮之间的啮合间隙的调整。

① 从动锥齿轮轴承预紧度的调整：也称为从动锥齿轮调整垫片总厚度的调整，通过垫片的调整使从动锥齿轮（差速器）转动自如，且轴向推动无间隙。

② 从动锥齿轮和主动锥齿轮啮合间隙的调整：通过移动从动锥齿轮实现的。

（3）调整方法。

啮合印痕和啮合间隙是同时进行调整的，调整原则是：“大进从、小出从、顶进主、根出主”，如图 2-57 所示。啮合印痕合适后若间隙不符，则通过轴向移动另一锥齿轮进行调整。

当啮合印痕位于从动锥齿轮轮齿大端时，如图 2-57（a）所示，应将从动锥齿轮向主动锥齿轮靠拢，假如因此而使啮合间隙变小，可将主动锥齿轮向外移动。

当啮合印痕位于从动锥齿轮轮齿小端时，如图 2-57（b）所示，应将从动锥齿轮移离主动锥齿轮，假如因此而使啮合间隙变大，可将主动锥齿轮向内移动。

当啮合印痕位于从动锥齿轮轮齿顶部时，如图 2-57（c）所示，应将主动锥齿轮向从动锥齿轮靠拢，假如因此而使啮合间隙变小，可将从动锥齿轮向外移动。

当啮合印痕位于从动锥齿轮轮齿根部时，如图 2-57（d）所示，应将从动锥齿轮移离主动锥齿轮，假如因此而使啮合间隙变大，可将从动锥齿轮向内移动。

主减速器调整注意事项：

① 要先进行轴承预紧度的调整，再进行锥齿轮啮合的调整。

② 锥齿轮啮合调整时，啮合印痕首要，啮合间隙次要，否则将加剧齿轮磨损。但当啮合间隙超过规定值时，应成对更换。

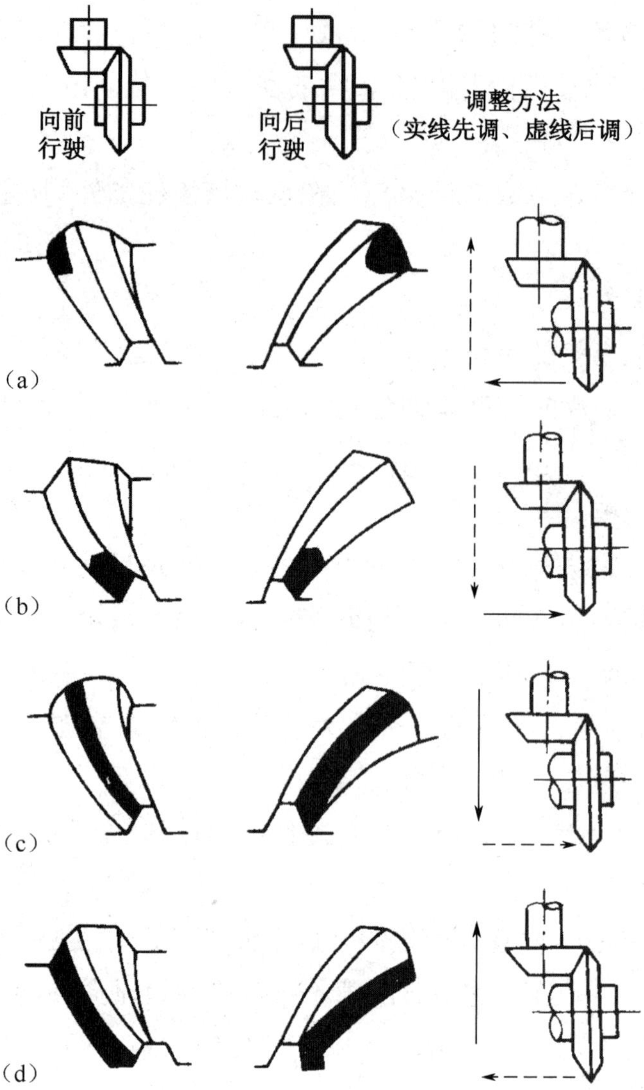

图 2-57　主减速器啮合印痕和啮合间隙的调整

小贴士： 主减速器的调整较为复杂，进行本项目作业时应仔细认真，按维修手册要求多次调整，逐渐摸索，靠理论支持、实践探索，总结出符合车辆特点的调整方法。生产生活中，应追求卓越，精益求精。

二、差速器的拆装

1. 差速器的拆卸

（1）将差速器总成摆到工作台上。

（2）拆下连接螺栓。

（3）拆开差速器壳，若较紧，可用铜棒在壳体孔处轻轻敲击，使之分开。

（4）从差速器壳内依次取出支承垫、半轴齿轮、十字轴、行星齿轮。若差速器轴承完好，则不必拆下。

2. 差速器的装复

（1）将半轴齿轮及支承垫、十字轴、行星齿轮及支承垫的工作表面涂以润滑油，再依次装入差速器左壳中，然后盖上差速器右壳。

（2）装上差速器壳的连接螺栓、螺母。按维修手册中规定的力矩交叉拧紧螺栓、螺母，然后用开口销将螺母锁住。

（3）装上差速器左、右轴承。

三、半轴的检修

（1）半轴应进行隐伤检查，不得有任何形式的裂纹存在。

（2）半轴花键应无明显的扭转变形。

（3）以半轴轴线为基准，半轴中段未加工圆柱体径向圆跳动误差不得大于 1.3mm；花键外圆柱面的径向圆跳动误差不得大于 0.25mm；半轴凸缘内侧端面圆跳动误差不得大于 0.15mm。径向圆跳动超限，应进行冷压校正；端面圆跳动超限，可车削端面进行修正。

（4）半轴花键的侧隙增大量较原厂规定不得大于 0.15mm。

（5）对前轮驱动汽车的半轴总成（带两侧等角速万向节）还应进行以下作业内容。

① 外端球笼万向节用手感检查应无径向间隙，否则应予更换。

② 内侧三叉式万向节可沿轴向滑动，但应无明显的径向间隙感，否则应予更换。

③ 防尘套是否有老化破裂，卡箍是否有效可靠。如失效，则应予更换。

四、桥壳的检修

（1）桥壳和半轴套管不允许有裂纹存在，半轴套管应进行探伤处理。各部螺纹损伤不得超过 2 牙。

（2）钢板弹簧座定位孔的磨损不得大于 1.5mm，超限时先进行补焊，然后按原位置重新钻孔。

（3）整体式桥壳以半轴套管的两内端轴颈的公共轴线为基准，两外轴颈的径向圆跳动误差超过 0.30mm 时应进行校正，校正后的径向圆跳动误差不得大于 0.08mm。

（4）分段式桥壳以桥壳的结合圆柱面、结合平面及另一端内锥面为基准，轮毂的内外轴颈的径向圆跳动误差超过 0.25mm 时应进行校正，校正后的径向圆跳动误差不得大于 0.08mm。

（5）桥壳承孔与半轴套管的配合及伸出长度应符合原厂规定，如果半轴套管承孔的磨损严重，可将座孔镗至修理尺寸，更换相应修理尺寸的半轴套管。

（6）滚动轴承与桥壳的配合应符合原厂规定。

五、驱动桥常见故障

驱动桥的主减速器、差速器、半轴、轴承和油封等长期承受冲击载荷，使其各配合副磨损严重、各零部件损坏，导致驱动桥过热、异响和漏油等故障发生。

1．驱动桥过热

故障现象：汽车行驶一段里程后，用手探试驱动桥壳中部或主减速器壳，有无法忍受的烫手感觉。

故障原因：齿轮油变质、油量不足或规格不符合要求；轴承调整过紧；齿轮啮合间隙和行星齿轮与半轴齿轮啮合间隙调整太小；推力垫片与主减速器从动齿轮背隙过小；油封过紧和各运动副、轴承润滑不良而产生干（或半干）摩擦。

故障诊断：

（1）局部过热。

① 若油封处过热，则故障由油封过紧引起。

② 若轴承处过热，则故障由轴承损坏或调整不当引起。

③ 若油封和轴承处均不过热，则故障由推力垫片与主减速器从动齿轮背隙过小引起。

（2）普遍过热。

① 检查齿轮油油面高度。若油面太低，则故障由齿轮油油量不足引起；否则检查齿轮油规格、黏度或润滑性能。

② 若检查结果不符合要求，则故障由齿轮油变质或规格不符引起；否则检查主减速器齿轮啮合间隙的大小。

③ 松开驻车制动器，变速器置于空挡，轻轻转动主减速器的凸缘盘；若转动角度太小，则故障由主减速器齿轮啮合间隙太小引起；若转动角度正常，则故障由差速器行星齿轮与半轴齿轮啮合间隙太小引起。

2．驱动桥漏油

故障现象：从驱动桥加油口、放油口螺塞处或油封、各接合面处可见到明显漏油痕迹。

故障原因：加油口、放油口螺塞松动或损坏；油封磨损、硬化，油封装反，油封与轴颈不同轴，油封轴颈磨成沟槽；接合平面变形、加工粗糙，密封衬垫太薄、硬化或损坏，紧固螺钉松动或损坏；通气孔堵塞；桥壳有铸造缺陷或裂纹；齿轮油加注过多，运转中壳体内压增高，使齿轮油渗出。

故障诊断：根据漏油痕迹部位判断漏油的具体原因。

3．驱动桥异响

故障现象：汽车行驶时驱动桥有异响，空挡滑行时异响减弱或消失；汽车行驶时驱动桥有异响，空挡滑行时也有异响；汽车直线行驶时无异响，当汽车转弯时驱动桥处有异响；汽车上坡或下坡时后桥有异响，或上、下坡时驱动桥都有异响；车轮有运转噪声或沉重的异响。

故障原因：

（1）圆锥和圆柱主、从动齿轮、行星齿轮、半轴齿轮啮合间隙过大；半轴齿轮花键槽与半轴的配合松旷；主、从动锥齿轮啮合不良；圆锥和圆柱主、从动齿轮啮合间隙不均；齿轮齿面损伤或轮齿折断。

（2）主动锥齿轮轴承松旷；主动圆柱齿轮轴承松旷；差速器圆锥滚子轴承松旷；后桥中某个轴承由于预紧力过大，导致间隙过小；主、从动锥齿轮调整不当，间隙过小。

（3）差速器行星齿轮、半轴齿轮不匹配，使其啮合不良；行星齿轮、半轴齿轮磨损或折断；差速器十字轴轴颈磨损；行星齿轮支承垫圈磨薄；行星齿轮与差速器十字轴卡滞或装配不当（如行星齿轮支承垫圈过厚），使行星齿轮转动困难；减速器从动齿轮与差速器壳的紧固铆钉松动。

（4）驱动桥某一部位的齿轮啮合间隙过小，导致汽车上坡时发响；后桥某一部位的齿轮啮合间隙过大，导致汽车下坡时发响；后桥某一部位的齿轮啮合印痕不当或齿轮轴支承轴承松旷，导致汽车上、下坡时都发响。

（5）车轮轮毂轴承损坏，轴承外圈松动；制动鼓内有异物；车轮轮辋破碎；车轮轮辋轮胎螺栓孔磨损过大，使轮辋固定不牢。

故障诊断：根据异响部位的不同判断异响的具体原因。

任务实施与评价

学习任务		驱动桥检修		学时	4 学时	
姓名		实训车型		年　月　日		
标准时间		开始时间		完成时间		
序号	操作步骤		操作标准	操作记录	分值	自评得分
1	检修前的基本检查	检查作业现场环境	检查清洁彻底、记录清晰、准确		2	
		记录整车基本信息			3	
		作业前工具检查			2	
		作业前实施车辆防护			3	
2	主减速器拆卸	拆下主减速器盖	工具选择、使用正确；按维修工艺要求拆卸		5	
		从变速器壳体中取下差速器			5	
		拆下主减速器从动锥齿轮的紧固螺栓			5	
		取下从动锥齿轮			5	
3	主减速器装复	将从动锥齿轮加热至120℃，并将其装在差速器壳上	工具选择、使用正确；按维修手册的工艺要求完成装复工作		5	
		装上新的从动锥齿轮螺栓，按维修手册规定的力矩交替旋紧			5	
		计算从动锥齿轮的调整垫片的厚度，并将计算好的调整垫片装在适当的位置			5	
		将差速器装在变速器壳体中，将主减速器盖装在变速器壳体上			5	

续表

<table>
<tr><th>序号</th><th colspan="2">操作步骤</th><th>操作标准</th><th>操作记录</th><th>分值</th><th>自评得分</th></tr>
<tr><td rowspan="4">4</td><td rowspan="4">差速器的拆卸</td><td>将差速器总成摆到工作台上</td><td rowspan="4">工具选择、使用正确；按维修工艺要求拆卸</td><td rowspan="4"></td><td>5</td><td></td></tr>
<tr><td>拆下连接螺栓</td><td>5</td><td></td></tr>
<tr><td>拆开差速器壳</td><td>5</td><td></td></tr>
<tr><td>从差速器壳内依次取出支承垫、半轴齿轮、十字轴、行星齿轮</td><td>10</td><td></td></tr>
<tr><td rowspan="3">5</td><td rowspan="3">差速器的装复</td><td>将半轴齿轮及支承垫、十字轴、行星齿轮及支承垫的工作表面涂以润滑油，再依次装入差速器左壳中</td><td rowspan="3">工具选择、使用正确；按维修手册的工艺要求完成装复工作</td><td rowspan="3"></td><td>10</td><td></td></tr>
<tr><td>装上差速器壳的连接螺栓、螺母</td><td>5</td><td></td></tr>
<tr><td>装上差速器左、右轴承</td><td>5</td><td></td></tr>
<tr><td>6</td><td colspan="2">场地恢复及现场 5S 管理</td><td>正确使用及摆放工具、量具，清洁整理工作台、地面及工具、量具</td><td></td><td>5</td><td></td></tr>
<tr><td colspan="2">学生自评</td><td colspan="4"></td><td></td></tr>
<tr><td colspan="2">小组评价</td><td colspan="4"></td><td></td></tr>
<tr><td colspan="2">指导教师（师傅）评价</td><td colspan="4"></td><td></td></tr>
<tr><td colspan="2">综合评价</td><td colspan="5">□优秀　□良好　□合格　□不合格</td></tr>
</table>

任务测试

一、单项选择题

1. 主减速器的作用是（　　）。
   A. 降低转速，增大转矩
   B. 允许左右驱动轮以不同转速旋转
   C. 根据需要，改变传动比
   D. 中断动力传递
2. 汽车转弯行驶时，差速器中的行星齿轮（　　）。
   A. 只自转　　B. 只公转
   C. 静止不动　　D. 既公转又自转
3. 使汽车转弯时左右车轮以不同转速旋转的是（　　）。
   A. 万向传动装置　　B. 主减速器
   C. 差速器　　D. 半轴

4. 当任何一侧半轴齿轮的转速为零时，另一侧半轴齿轮的转速为差速器壳转速的（　　）。

A．1 倍　　B．2 倍

C．3 倍　　D．4 倍

5. 单级式主减速器由（　　）圆锥齿轮组成。

A．2 对　　B．1 对

C．3 对　　D．4 对

6. 汽车直线行驶时，由于轮胎的磨损程度不同，差速器使两侧驱动轮（　　）。

A．以相同转速旋转　　B．以不同转速旋转

C．滑移　　D．滑转

7. 主减速器调整第一步，先调整（　　）。

A．轴承预紧度　　B．啮合印痕

C．啮合间隙　　D．以上答案都不对

二、填空题

1. 驱动桥一般由__________、__________、__________、_________等组成。

2. 按照悬架结构的不同，驱动桥可以分为_________驱动桥和__________驱动桥。

3. 主减速器按参加传动的齿轮副数目，可分为_________主减速器和________主减速器。

4. 普通差速器由____________、___________、_______、_________及复合式推力垫片等组成，为了提高汽车通过坏路面的能力，可采用__________差速器。

5. 驱动桥的常见故障有驱动桥__________、_________和___________等。

三、判断题

1. 润滑油变稀、变质可导致驱动桥过热。（　　）

2. 驱动桥产生异响并伴有过热，应检查润滑油是否充足。（　　）

3. 减速器齿轮啮合不良，将导致后桥异响。（　　）

4. 啮合间隙与啮合印痕发生矛盾时，以啮合间隙为主。（　　）

5. 装有普通锥齿轮差速器的汽车，当一侧驱动轮完全打滑，另一侧驱动轮在好路面上时，汽车不能起步行驶。（　　）

6. 全浮式半轴支撑，即便抽出半轴，车轮与桥壳照样能支撑汽车。（　　）

7. 半浮式半轴除受扭矩外，两端不承受任何弯矩。（　　）

项目测试

1. 如图 2-58 所示为离合器液压式操纵机构示意图，请完成下列问题。

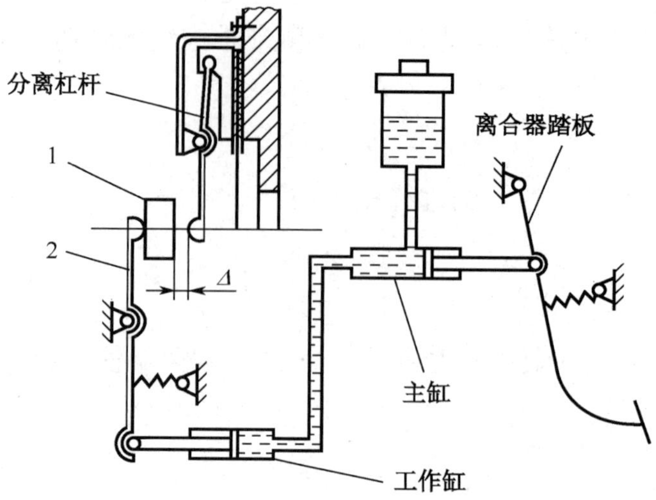

图 2–58　离合器液压式操纵机构示意图

（1）写出图中元件 1、2 的名称。

（2）图中“Δ”反映在离合器踏板上属于什么行程？

（3）图中主缸与工作缸之间传递动力的介质是什么？

（4）踩下离合器踏板，飞轮与变速器之间的动力传递是否切断？

（5）离合器处于接合状态，汽车匀速行驶，飞轮转速与变速器输入轴的转速比值为多少？

2．如图 2-59 所示为汽车传动系统的结构示意图，请完成下列问题。

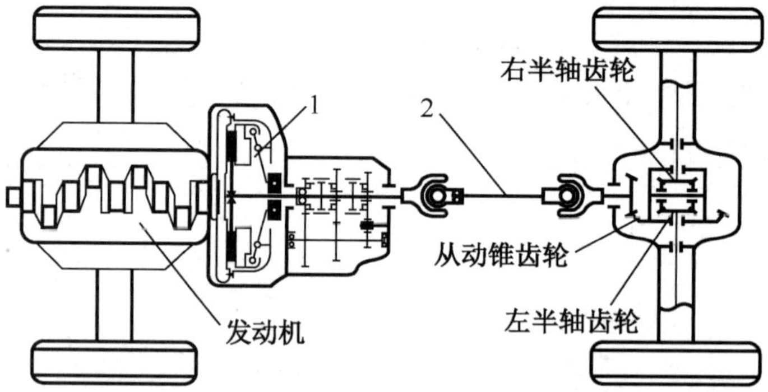

图 2–59　汽车传动系统的结构示意图

（1）写出图中 1、2 所示总成的名称。

（2）写出在传动系统中起降速增扭作用的两个总成的名称。

（3）若图中轮胎型号为 195/60R14，其中数字 60 的含义是什么？轮辋尺寸是多少？

（4）从图中分析，该主减速器是单级还是双级？主减速器从动锥齿轮转速为 n_0，左右半轴齿轮转速分别为 n_1 和 n_2，用公式表达三者间的关系。

（5）若行星齿轮仅公转不自转，汽车处于转弯行驶还是直线行驶状态？

3．如图 2-60 所示为离合器和变速器总成的结构示意图，请完成下列问题。

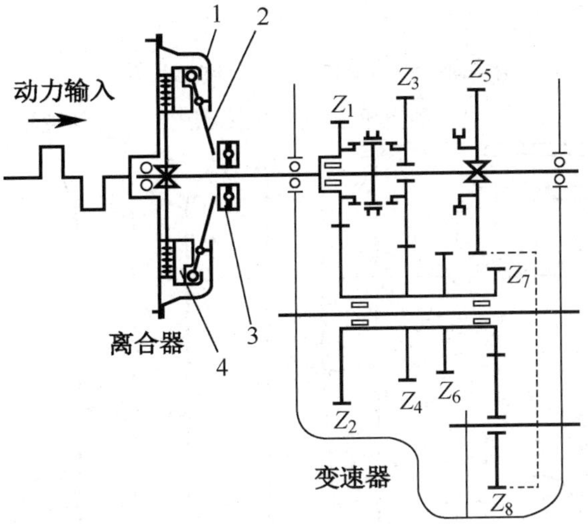

图 2-60 离合器和变速器总成的结构示意图

（1）写出图中元件 1、2、3、4 的名称。

（2）图中变速器属于二轴式还是三轴式？有几个前进挡？

（3）图中 Z_1～Z_8 为变速器各挡齿轮代号。当汽车原地不动，发动机怠速运转，不踩离合器踏板，且变速器位于空挡时，写出图中不转动齿轮的代号。

（4）用图中所示的齿轮代号，写出倒挡动力传递路线。

4．如图 2-61 所示为某汽车离合器工作原理示意图，请完成下列问题。

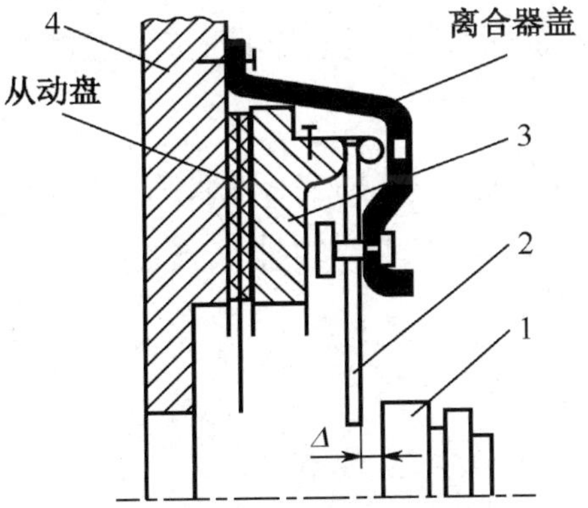

图 2-61 离合器工作原理示意图

（1）图中所示离合器总成处于什么工作状态？

（2）图中所示离合器总成中元件 1、2、3、4 的名称分别是什么？

5．如图 2-62 所示为某轿车传动系统简图，变速器为二轴五挡手动变速器，请完成下列问题。

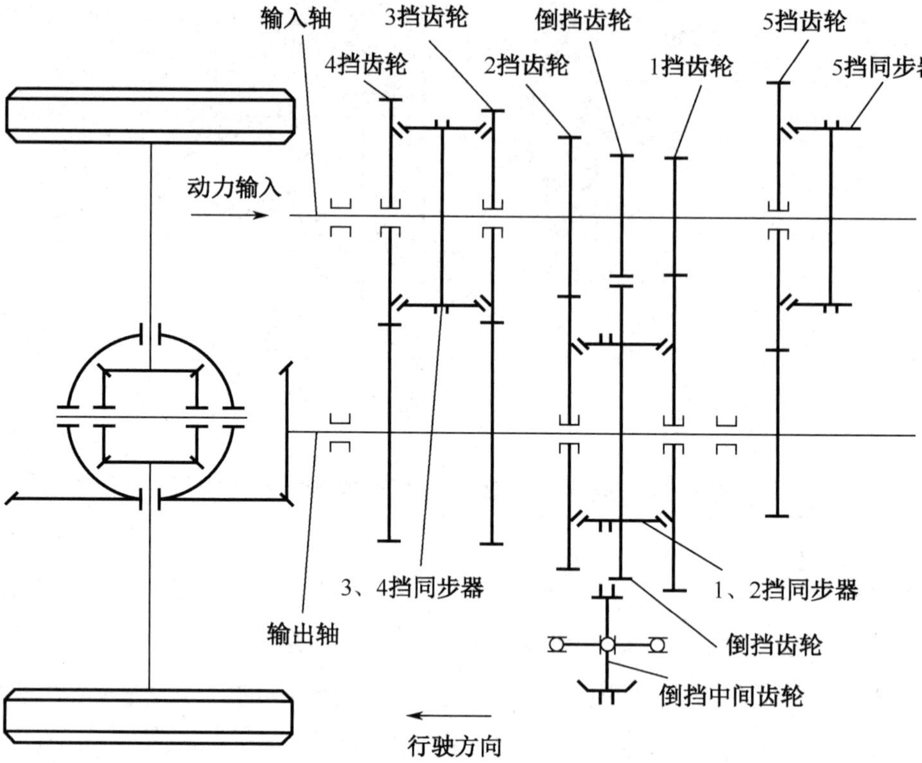

图 2-62　传动系统简图

（1）变速器挂入倒挡时，输出轴与输入轴转向相同还是相反？

（2）已知输入轴 1 挡齿轮齿数 Z_1=11，输出轴 1 挡齿轮齿数 Z_2=38，计算该变速器 1 挡传动比 i_{12}（保留一位小数）。

（3）已知该变速器 5 挡的传动比 i_{15}=0.8，主减速器传动比 i=4，该车车轮滚动一圈所移动距离 L=2m。当发动机转速 n=2400r/min 时，如挂入 5 挡，该车时速为多少？

项目小结

- 传动系统
  - 定义：指从发动机到驱动车轮之间所有动力传递装置的总称
  - 功用：将发动机的动力传给驱动车轮
  - 类型：机械式、液力式、静液式和电力式传动系统
  - 离合器
    - 功用：切断和实现发动机对传动系统的动力传递
    - 分类：摩擦式离合器、液力变矩器、电磁式离合器
    - 组成：主动部分、从动部分、压紧机构和操纵机构
    - 原理：压盘、从动盘、飞轮产生摩擦力，离合器处于接合；踩下离合器踏板，正压力消失，摩擦力消失，离合器分离
    - 操纵机构：机械式、助力式、液压式
    - 常见故障：离合器打滑、离合器分离不彻底
  - 手动变速器
    - 功用：变速、变矩、倒车、动力传动
    - 分类：有级式、无级式和综合式
    - 组成：输入轴、输出轴、换挡齿轮、同步器等
    - 原理：各挡动力传递路线
    - 操纵机构：直接操纵式和远距离操纵式
    - 换挡锁：自锁、互锁和倒挡锁装置
  - 自动变速器
    - 分类：机械式、无级式、液力式和双离合器式
    - 使用：P位-驻车挡，R位-倒挡，N位-空挡，D位-前进挡
    - 组成：变矩器、齿轮系统、液压控制系统、电子控制系统等
    - 原理：各种传感器将信号输入电控单元，ECU控制电磁阀，从而控制液压阀，实现自动换挡过程
  - 万向传动装置
    - 功用：在轴间夹角、位置发生变化的两转轴之间传递动力
    - 组成：万向节和传动轴
    - 万向节：刚性万向节和柔性万向节。刚性万向节有不等速、准等速和等速万向节
  - 驱动桥
    - 组成：主减速器、差速器、半轴、桥壳
    - 功用：传递转矩、降速增矩、改变动力、左右驱动车轮差速
    - 分类：整体式、断开式
    - 主减速器
      - 功用：传递转矩、减速增矩、改变方向
      - 类型：单级式、双级式主减速器
    - 差速器
      - 功用：传递转矩、实现差速
      - 类型：普通齿轮式、防滑差速器
    - 半轴
      - 功用：传递转矩
      - 支承形式：全浮式、半浮式

项目三

汽车行驶系统检修

项目描述

汽车行驶系统一般由车架、车桥、车轮和悬架等组成，如图 3-1 所示。车架是全车装配与支承的基础，它将汽车的各相关总成连接成一个整体，并与行驶系统共同支撑汽车的重量。车轮安装在驱动桥和从动桥上，支撑着车桥和汽车。为了减少汽车在行驶中受到的各种冲击和振动，车桥和车架之间通过弹性元件（悬架）进行连接。汽车行驶系统的功用是将汽车连成一个整体并支撑汽车的总重量，将传动系统传来的转矩转化为使汽车平顺行驶的驱动力；承受并传递路面作用于车轮上的各种反力和力矩；缓冲振动，保证汽车平顺行驶。此外，还与转向系统配合，正确控制汽车的行驶方向。

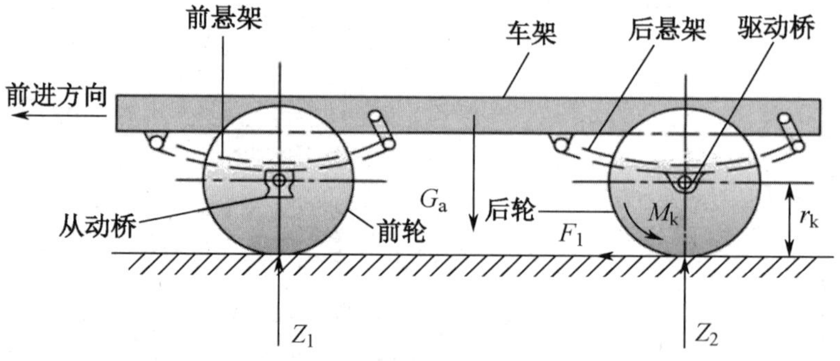

图 3-1　汽车行驶系统的组成

本项目主要包括：车架与车桥检修、悬架检修 、车轮检修和车轮定位 4 个任务。要求通过 4 个任务的学习，进一步掌握汽车行驶系统结构和工作原理，掌握汽车行驶系统的检修方法，并学会使用行驶系统常用检修工具。

任务1 车架与车桥检修

任务目标

素养目标：

1. 具有爱岗敬业精神。
2. 具有良好团队合作精神。

能力目标：

1. 能够对车架与车桥进行检修。
2. 能够根据技术资料规范进行底盘行驶系拆装与检修。

知识目标：

1. 了解汽车行驶系功用及组成。
2. 了解车架与车桥功用、组成和类型。

情境导入

一辆2014年生产的2013款手动挡科鲁兹轿车，曾发生过重大交通事故，驾驶员反映，该车修复后，在颠簸的路面上行驶时有明显异响，并且有明显的行驶跑偏，所以再次到修理厂进行修理。维修技术人员初步判断为车架故障，需要对车架进行检修。请你根据本任务所学车架与车桥的构造、工作原理及检修等知识，完成车架的检查与维修。

任务准备

理论知识

一、车架

1. 车架的功用

车架俗称“大梁”，它是汽车的装配基体，汽车绝大多数的零部件、总成都要安装在车架上。另外，车架不仅承受各零部件、总成的载荷，还要承受汽车行驶时来自路面的各种复杂载荷，如汽车加速、制动时的纵向力，汽车转弯、侧坡行驶时的侧向力，不良路面传来的冲击等。车架的功用可以概括为两点：一是支撑、连接汽车各零部件、总成，二是承受车内、外各种载荷。

2. 车架的类型和构造

汽车上采用的车架有4种类型：边梁式车架、无梁式车架、中梁式车架和综合式车架。目前汽车上多采用边梁式车架和无梁式车架。

（1）边梁式车架。

边梁式车架由两根纵梁和若干根横梁构成，如图 3-2 所示。纵梁和横梁之间通过铆接或焊接的方法连接起来。这种车架结构简单，便于整车的布置，所以在各种类型的汽车上都广泛应用。

图 3–2　边梁式车架的结构

纵梁的结构具有以下特点：

①从宽度上看有前窄后宽、前宽后窄和前后等宽 3 种形式，前窄使前轮具有足够的偏转角度，提高了车辆的机动性能，后窄用于重型车辆，便于布置双胎。

②从平面度上看，有水平的和弯曲的两种形式，水平的纵梁便于零部件和总成的安装和布置，弯曲的纵梁可以降低车辆重心。

③从断面形状上看，有槽形、“Z”字形、“工”字形和箱形等形状，这些形状主要是为了满足质量小的前提下，车架具有足够的强度和刚度，以承受各种载荷。

（2）无梁式车架。

无梁式车架是用车身兼做车架，如图 3-3 所示。汽车的所有零部件、总成都安装在车身上，车身要承受各种载荷，因而这种车身又称为承载式车身，广泛用于轿车和客车。

图 3–3　无梁式车架的结构

（3）中梁式车架和综合式车架。

中梁式车架和综合式车架由于结构复杂，加工制造及维修困难，因此目前很少应用。

二、车桥

1. 车桥的功用

车桥位于悬架与车轮之间，其两端安装车轮，通过悬架与车架（或车身）相连，其功用是传递车架（或车身）与车轮之间的各种载荷。

2. 车桥的类型

（1）按悬架结构不同，车桥分为整体式和断开式两种，如图 3-4 所示。整体式车桥的中部是刚性实心或空心梁，与非独立悬架配用；断开式车桥为活动关节式结构，与独立悬架配用。

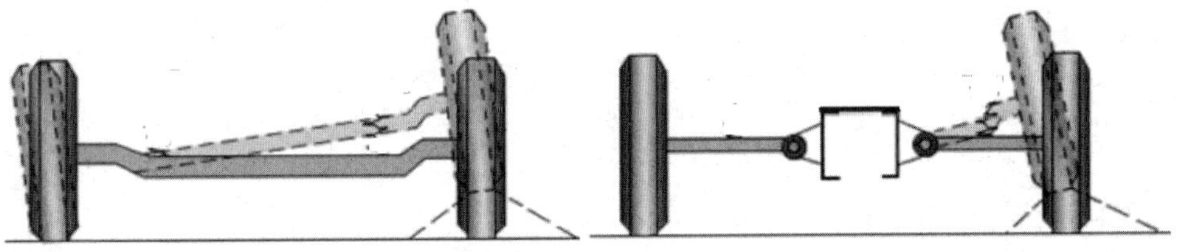

（a）整体式车桥　　（b）断开式车桥

图 3-4　整体式和断开式车桥

（2）按车桥上车轮的作用不同，车桥分为转向桥、驱动桥、转向驱动桥和支持桥 4 种类型。其中转向桥和支持桥都属于从动桥。在后轮驱动的汽车中，前桥不仅用于承载，而且兼起转向作用，称为转向桥；后桥不仅用于承载，而且兼起驱动的作用，称为驱动桥。越野汽车和前轮驱动汽车的前桥，除了起承载和转向的作用，还兼起驱动作用，所以称为转向驱动桥。只起支撑作用的车桥称为支持桥。挂车的车桥就是支持桥。支持桥除不能转向外，其他功能和结构与转向桥相同。

①转向桥。

转向桥通常位于汽车前部，能使装在其两端的车轮偏转一定的角度，以实现汽车转向。同时要承受车架与车轮之间的作用力及其产生的弯矩和转矩。

各种车型的转向桥结构基本相同，主要由前轴、转向节和主销等组成，如图 3-5 所示。

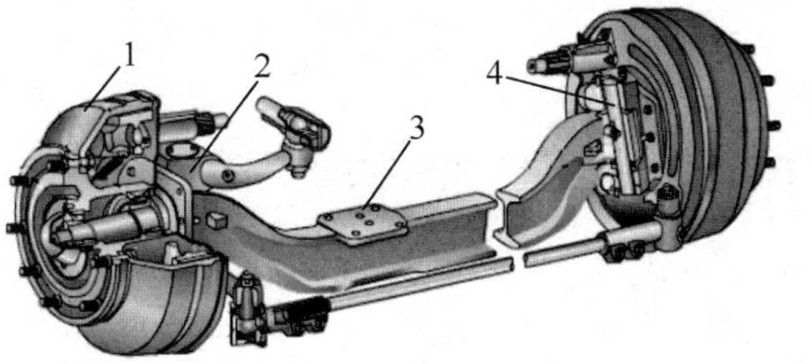

1—车轮轮毂；2—转向节；3—前轴；4—主销

图 3-5　转向桥的结构

前轴是转向桥的主体，一般由中碳钢经模锻而成。其端面采用“工”字形断面以提高抗弯强度；接近两端逐渐过渡为方形，以提高抗扭刚度。中部向下弯曲，使发动机位置得以降低，从而降低汽车质心，扩展驾驶员视野，并减小传动轴与变速器输出轴之间的夹角。前轴两端各有一个通孔，主销即装入此孔内。

转向节是一个叉形部件。上下两叉制有同轴销孔，通过主销与前轴的拳部相连，使前轮可以绕主销偏转一定角度而使汽车转向。为了减少磨损，转向节销孔内压入青铜衬套，衬套上的润滑油槽在上面端部是切通的，利用装在转向节上的油嘴注入润滑脂润滑。转向节通过带有锥形套的双头螺栓与转向节臂及梯形臂相连。

车轮轮毂通过两个圆锥滚子轴承支承在转向节轴颈上。轴承的松紧度可用调整螺母加以调整。轮毂外端用冲压的金属罩盖住。转向节上还装有限位螺栓，与前轴上的限位凸台相配合，可以限制并调整转向轮的最大偏转角。

②转向驱动桥。

越野汽车、前轮驱动汽车和全轮驱动（4WD）汽车的前桥，既起转向桥的作用，又起驱动桥的作用，故称为转向驱动桥。

转向驱动桥的结构如图 3-6 所示，它同一般驱动桥一样，由主减速器、差速器、半轴和桥壳组成。但由于转向时转向车轮需要绕主销偏转一个角度，因此与转向轮相连的半轴必须分成内外两段（内半轴和外半轴），其间用万向节（一般多用等角速万向节）连接，同时主销也因此而分制成两段（或用球头销代替）。转向节轴颈部分做成中空的，以便外半轴穿过其中。

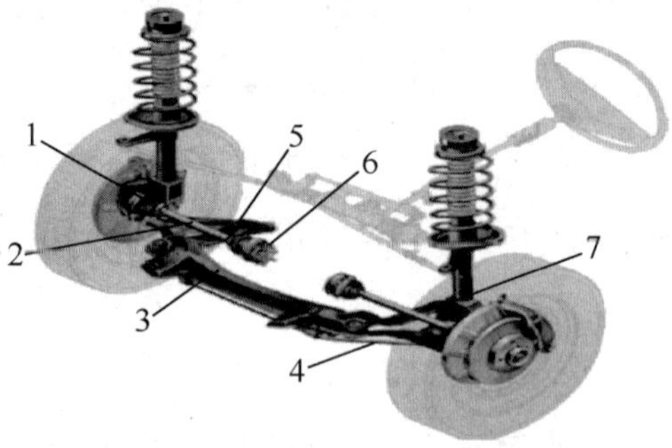

1—外等速万向节；2—半轴；3—副车架；4—横向稳定杆；5—发动机支架；6—内等速万向节；7—悬架摆臂

图 3-6　转向驱动桥的结构

实践知识

一、车架的检修

1. 车架的失效形式

车架在使用过程中往往会出现变形（包括弯曲变形、扭转变形）、裂纹、锈蚀、螺栓和铆钉松动等失效形式。

由于车架是汽车的装配基体，并承受各种载荷，在某些情况下有可能出现车架的弯曲和扭转变形。车架的变形会导致汽车各总成之间的装配、连接位置发生变化，使得各系统出现故障。

为了汽车整体布局、安装的需要，车架常要制成各种形状，在形状急剧变化的地方往往会由于应力集中而导致裂纹、断裂，所以早期发现车架的裂纹对于汽车的安全非常重要。

恶劣的工作环境往往会使汽车车架锈蚀，路面不平产生的冲击振动会使螺栓、铆钉等松动。

2. 车架的检修

（1）外观检查。

从外观上检查车架是否有严重的变形、裂纹、锈蚀、螺栓或铆钉松动等现象。

（2）车架变形的检修。

车架弯曲的检查可以通过拉线、直尺等来测量、检查。一般要检查车架上平面和侧平面的直线度误差。车架纵梁直线度允许误差为每 1000mm，长度上不大于 3mm。

车架扭转通常采用对角线法进行测量。如图 3-7 所示，分段测量车架各段对角线 1—1、2—2、3—3、4—4 长度差，不应超过 5mm。若车架的各项形位误差超过标准值，则应进行校正。

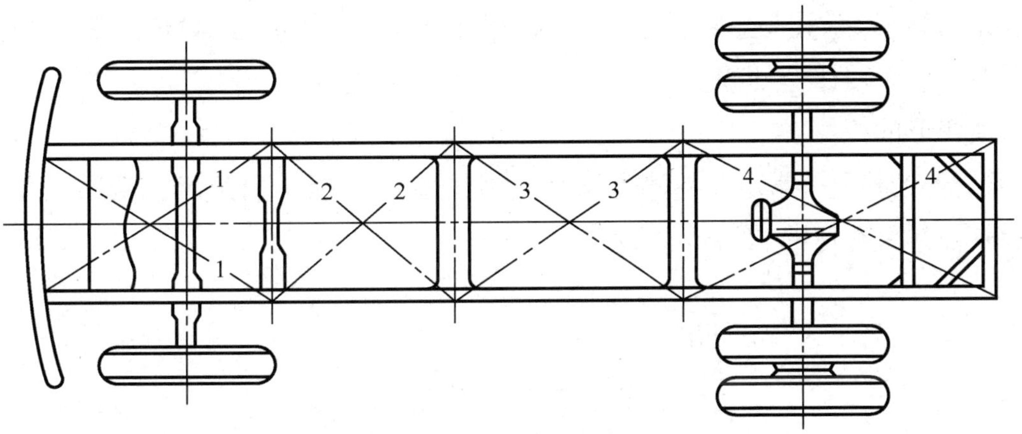

图 3-7 车架扭转的检查

（3）裂纹的检修。

车架出现裂纹，应根据裂纹的长短及所在部位的不同，采取不同的修复方法。微小的裂纹可以采用焊修的方法。裂纹较长但未扩展至整个断面，且受力不大的部位，应先进行焊修，再用三角形腹板进行加强，如图 3-8 所示。

如果裂纹已扩展到整个断面，或虽未扩展到整个断面但在受力较大的部位时，应先对裂纹进行焊修，然后用三角形或槽形腹板进行加强，如图 3-9 所示。加强腹板在车架上的固定可以铆接、焊接或铆焊结合。采用铆接方法时，铆钉孔应上下交错排列。采用铆焊结合的方法时，应先铆后焊，以免降低铆接质量。采用焊接方法时，应尽量减少焊接部位的应力集中。

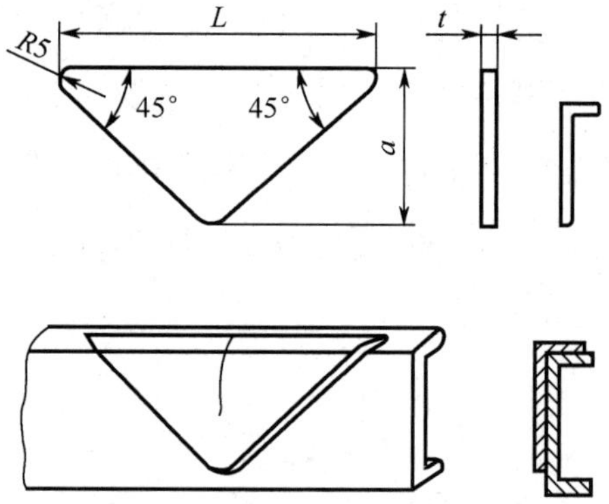

图 3-8　用三角形腹板加强

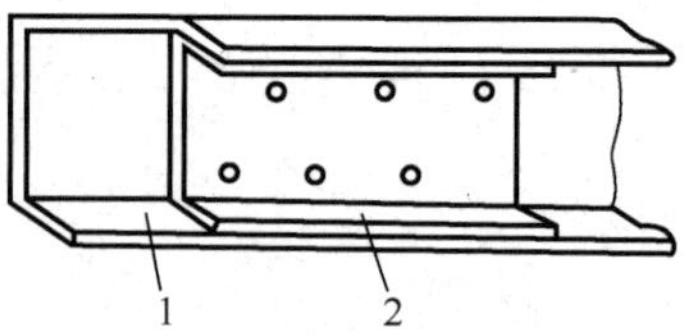

1—纵梁；2—槽形腹板

图 3-9　用槽形腹板加强

二、转向桥的检修

1. 前轴的检修

（1）前轴的磨损。

钢板弹簧座平面磨损大于 2mm，定位孔磨损大于 1mm，堆焊后加工修复或更换新件。

主销承孔的磨损。承孔与主销的配合间隙：轿车不大于 0.10mm，载货汽车不大于 0.20mm。磨损超过极限，可采用镶套法修复。

（2）前轴变形的检修。

① 前轴变形的检验。常用的检测方法是采用如图 3-10 所示的角尺检验法，通过测量 a、b 值可以判断前轴是否有弯曲和扭转变形。

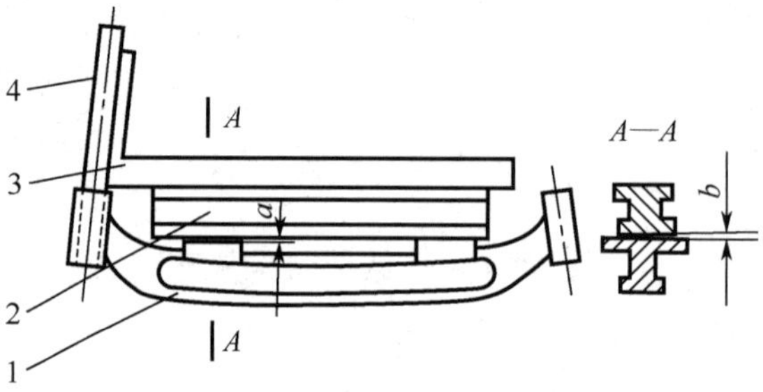

1—前轴；2—"工"字形平尺；3—专用角尺；4—芯轴

图 3-10　角尺检验法

② 前轴校正方法。前轴变形校正必须在钢板弹簧座和定位孔、主销孔磨损修复后进行，以便减少检验、校正的积累误差，提高生产率。一般采用冷压校正法。

2. 转向节的检修

（1）隐伤的检验。

转向节的油封轴颈处，因其断面的急剧变化，应力集中，是一个典型的危险断面，容易产生疲劳裂纹。因此，二级维护和修理时必须对转向节轴进行隐伤检验，一旦发现疲劳裂纹，只能更换，不许焊修。

小贴士： 应力集中易造成疲劳损坏，导致转向节轴断裂酿成重大交通事故。在工作中应按维修工艺要求细致检查，确保行车安全。

（2）磨损的检修。

① 转向节轴磨损的检修。轴颈与轴承的配合间隙：轴颈直径不大于 40mm 时，配合间隙为 0.040mm；轴颈直径大于 40mm 时，配合间隙为 0.055mm。转向节轴轴颈磨损超标后应更换新件。

② 转向节轴锁止螺纹的检修。损伤不多于 2 牙。锁止螺母只能用扳手拧入，若能用手拧入，说明螺纹中径磨损松旷，应予以修复或更换转向节。

③ 转向节上面的锥孔的检修。与转向节臂等杆件配合的锥孔的磨损，应使用塞规进行检验，其接触面积不得小于 70%，与锥孔配合的锥颈的推力端面沉入锥孔的沉入量不得小于 2mm，否则，更换转向节。

任务实施与评价

<table>
<tr><td colspan="2">学习任务</td><td colspan="2">车架与车桥检修</td><td>学时</td><td colspan="2">4 学时</td></tr>
<tr><td colspan="2">姓名</td><td></td><td>实训车型</td><td></td><td colspan="2">年 月 日</td></tr>
<tr><td colspan="2">标准时间</td><td></td><td>开始时间</td><td></td><td>完成时间</td><td></td></tr>
<tr><td>序号</td><td colspan="2">操作步骤</td><td>操作标准</td><td>操作记录</td><td>分值</td><td>自评得分</td></tr>
<tr><td rowspan="4">1</td><td rowspan="4">检修前的基本检查</td><td>检查作业现场环境</td><td rowspan="4">检查清洁彻底、记录清晰、准确</td><td rowspan="4"></td><td>2</td><td></td></tr>
<tr><td>记录整车基本信息</td><td>3</td><td></td></tr>
<tr><td>作业前工具检查</td><td>2</td><td></td></tr>
<tr><td>作业前实施车辆防护</td><td>3</td><td></td></tr>
<tr><td rowspan="4">2</td><td rowspan="4">车架的检修</td><td>外观检查：从外观上检查车架是否有严重的变形、裂纹、锈蚀、螺栓或铆钉松动等现象</td><td rowspan="4">工具选择、使用正确；按维修工艺要求进行修复</td><td rowspan="4"></td><td>5</td><td></td></tr>
<tr><td>车架弯曲的检查通过拉线、直尺等来测量、检查；检查车架上平面和侧平面的直线度误差</td><td>10</td><td></td></tr>
<tr><td>车架扭转通常采用对角线法进行测量</td><td>10</td><td></td></tr>
<tr><td>裂纹的检修：车架出现裂纹，微小的裂纹可以采用焊修的方法</td><td>10</td><td></td></tr>
<tr><td rowspan="2">3</td><td rowspan="2">前轴的检修</td><td>前轴的磨损：钢板弹簧座平面磨损大于 2mm，定位孔磨损大于 1mm，堆焊后加工修复或更换新件；主销承孔的磨损可采用镶套法修复</td><td rowspan="2">工具选择、使用正确；按维修手册的工艺要求完成修复工作</td><td rowspan="2"></td><td>10</td><td></td></tr>
<tr><td>前轴变形的检测方法是采用角尺检验法；前轴校正一般是采用冷压校正法</td><td>10</td><td></td></tr>
</table>

续表

序号	操作步骤		操作标准	操作记录	分值	自评得分
4	转向节的检修	外观检查：疲劳裂纹只能更换，不许焊修	工具选择、使用正确；按维修工艺要求检修		5	
		转向节轴磨损的检修。轴颈与轴承的配合间隙：轴颈直径不大于 40mm 时，配合间隙为 0.040mm；轴颈直径大于 40mm 时，配合间隙为 0.055mm。转向节轴轴颈磨损超标后应更换新件			10	
		转向节轴锁止螺纹的损伤不多于 2 牙			5	
		转向节臂等杆件配合的锥孔的接触面积不得小于 70%，与锥孔配合的锥颈的推力端面沉入锥孔的沉入量不得小于 2mm			10	
5	场地恢复及现场 5S 管理		正确使用及摆放工具、量具，清洁整理工作台、地面及工具、量具		5	
学生自评						
小组评价						
指导教师（师傅）评价						
综合评价	□优秀　□良好　□合格　□不合格					

任务测试

一、单项选择题

1．下列选项中属于行驶系统的是（　　）。

A．传动轴　B．悬架　C．半轴　D．转向器

2．载货汽车的前桥广泛采用的类型是（　　）。

A．转向桥　B．驱动桥　C．转向驱动桥　D．支持桥

3．前置前驱轿车的后桥一般采用（　　）。

A．支持桥　B．驱动桥　C．转向桥　D．转向驱动桥

二、填空题

1．车桥位于________与_______之间，其两端安装车轮，通过_______与________相连，其功用是传递车架与车轮之间的_________。

2．整体式车桥的中部是刚性实心或空心梁，与________配用；断开式车桥与________

配用。

3．按车桥上车轮的作用不同，车桥分为________、________、________和________4种类型。

4．转向桥主要由________、________和________组成。

5．汽车上采用的车架有________、________、________和________4种类型。

三、判断题

1．转向驱动桥结构中与转向轮相连的半轴分成内半轴和外半轴，其间用等角速万向节连接，同时主销制成两段（或用球头销代替）。（　　）

2．车架是汽车的装配基体，并承受各种载荷。（　　）

3．对转向节轴进行隐伤检验时，发现疲劳裂纹，只能更换，不能焊修。（　　）

任务 2 悬架的检修

任务目标

素养目标：

1. 具有爱岗敬业精神。
2. 树立德行第一意识。
3. 具有良好安全意识。

能力目标：

1. 能够对悬架常见故障进行诊断。
2. 能够进行减振器、下摆臂拆装及检修。

知识目标：

1. 了解悬架功用、组成、类型及特点。
2. 掌握麦弗逊式独立悬架构造。

情境导入

一辆 2014 年生产的 2013 款手动挡科鲁兹轿车，在颠簸的路面上行驶时有明显异响，并且倾斜较为严重，到修理厂进行修理。驾驶员反映，该车最初仅在颠簸时有异响，经过几个月后，出现严重的倾斜现象。维修技术人员初步判断为悬架故障，需要对悬架进行检修。请你根据本任务所学悬架的构造、工作原理及检修等知识，完成悬架的检查与维修。

任务准备

理论知识

一、悬架的功用

悬架是车架（或车身）与车桥（或车轮）之间一切传力连接装置的总称。其功用是传递作用在车轮和车架之间的力和力矩，并且缓冲由不平路面传给车架或车身的冲击力，减少由此引起的振动，以保证汽车能平顺地行驶。

二、悬架的组成

悬架一般由弹性元件、减振器、导向机构等组成，如图 3-11 所示。轿车的悬架一般还有横向稳定器。

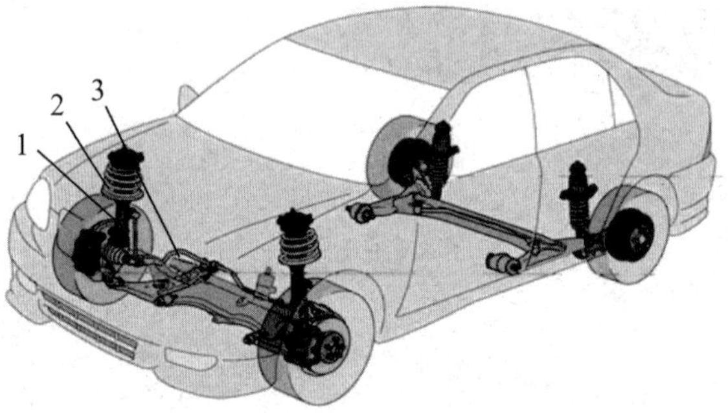

1—减振器；2—弹性元件；3—横向稳定杆

图 3-11　悬架的组成

弹性元件使车架（或车身）与车桥（或车轮）之间做弹性连接，可以缓和由于不平路面带来的冲击，并承受和传递垂直载荷。减振器可以衰减由于路面冲击产生的振动，使振动的振幅迅速减小。

导向机构包括纵向推力杆和横向推力杆，用于传递纵向载荷和横向载荷，并保证车轮相对于车架（或车身）的运动关系。横向稳定器可以防止车身在转向等情况下发生过大的横向倾斜。

1．弹性元件

汽车上常用的弹性元件包括钢板弹簧、螺旋弹簧、扭杆弹簧和气体弹簧等。

钢板弹簧广泛应用于汽车的非独立悬架中，其构造如图 3-12 所示。钢板弹簧由若干片长度不等的合金弹簧钢片叠加而成，构成一根近似等强度的弹性梁。最长的一片称为主片，其两端卷成卷耳，内装衬套，以便用弹簧销与固定在车架上的支架或吊耳做铰链连接。各弹簧片用中心螺栓连接，保证各片的相对位置。

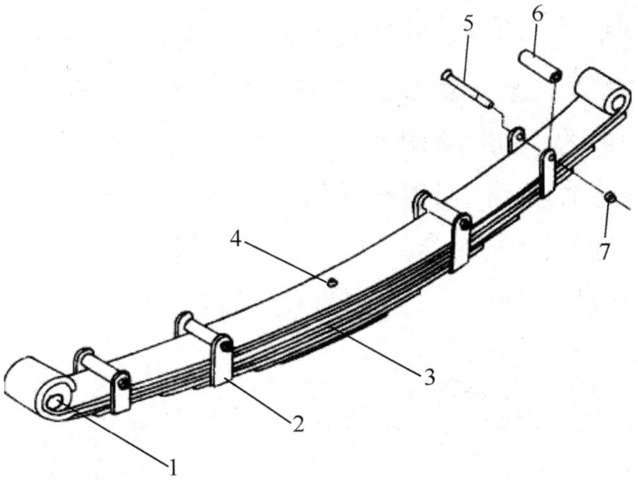

1—卷耳；2—弹簧夹；3—钢板弹簧；4—中心螺栓；5—螺栓；6—套管；7—螺母

图 3-12 钢板弹簧的构造

螺旋弹簧广泛应用于独立悬架，有些轿车的后轮非独立悬架也采用螺旋弹簧做弹性元件。由于螺旋弹簧只能承受垂直载荷，且变形时不产生摩擦力，因此悬架中必须装有减振器和导向机构，其结构如图 3-13 所示。

扭杆弹簧是由弹簧钢制成的杆件。一端固定在车架上，另一端固定在悬架的摆臂上。摆臂与车轮相连，当车轮跳动时，摆臂绕扭杆轴线摆动，使扭杆产生扭转弹性变形，以保证车轮与车架的弹性联系。

气体弹簧分为空气弹簧和油气弹簧两种。空气弹簧又有囊式和膜式（图 3-14）两种形式。气体弹簧用空气做弹性介质，利用气体的可压缩性实现弹簧的作用。由于只能承受垂直载荷，因此采用该种弹簧的悬架必须加装导向装置。

图 3-13 螺旋弹簧

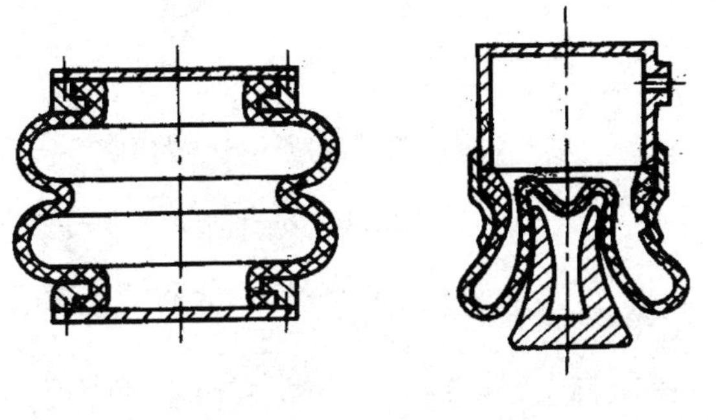

（a）囊式空气弹簧 （b）膜式空气弹簧

图 3-14 空气弹簧

2. 减振器

目前汽车上应用最广泛的是双向作用筒式减振器，近年来，在高级轿车上有的采用充气式减振器。

双向作用筒式减振器的基本组成如图 3-15 所示，它有 3 个同心钢筒，外面的钢筒是防尘罩，其上部的吊耳与车架相连。中间是储油缸筒，其内装有一定量的油液，其下端的吊耳与车桥相连。里面是工作缸筒，其内装满油液。它还有 4 个阀，即压缩阀、伸张阀、流通阀和补偿阀。流通阀和补偿阀是一般的单向阀，其弹簧很弱，当阀上的油压作用力与弹簧弹力同向时，阀处于关闭状态，完全不通油液；而当油压作用力与弹簧弹力反向时，只要很小的油压，阀便能开启。压缩阀和伸张阀是卸载阀，其弹簧刚度较大，预紧力较大，只有当油压升高到一定程度时，阀才能开启；而当油压降低到一定程度时，阀自行关闭。

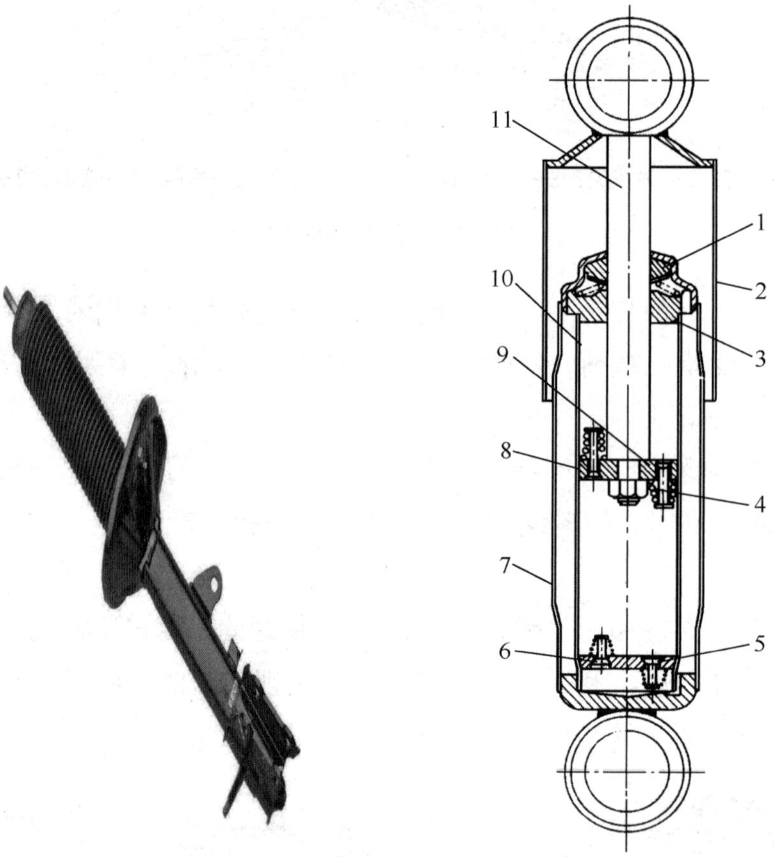

1—油封；2—防尘罩；3—导向座；4—流通阀；5—补偿阀；6—压缩阀；

7—储油缸；8—伸张阀；9—活塞；10—工作缸；11—活塞杆

图 3–15　双向作用筒式减振器的基本组成

充气式减振器如图 3-16 所示，其结构特点是在缸筒的下部装有一个浮动活塞，高压的氮气充在浮动活塞与缸筒一端形成的密闭气室里。在浮动活塞的上面是减振器油液。

“O”形密封圈把油和气完全分开，因此活塞也称为封气活塞。在工作活塞上装有压缩阀和伸张阀。这两个阀都由一组厚度相同、直径不等、由大到小而排列的弹簧钢片组成。

当车轮上下跳动时，工作活塞在油液中作往复运动，使工作活塞的上、下腔之间产生油压差，压力油便推开压缩阀或伸张阀而来回流动。由于阀孔对压力油产生较大的阻尼力，使振动衰减。

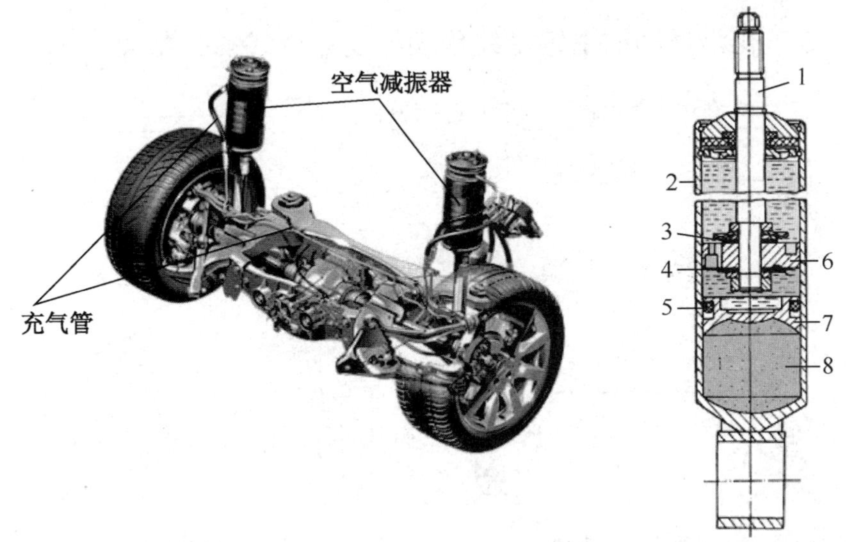

1—活塞杆；2—工作缸；3—压缩阀；4—伸张阀；5—“O”形密封圈；6—工作活塞；7—浮动活塞；8—密封气室

图 3-16　充气式减振器

三、悬架的分类

汽车悬架有非独立悬架和独立悬架两种类型，如图 3-17 所示。非独立悬架的结构特点是两侧车轮安装在一根整体式车桥上，车轮和车桥一起通过弹性悬架悬挂在车架（或车身）下面，所以一侧车轮的位置发生变化后会导致另一侧车轮的位置也发生变化。独立悬架的结构特点是两侧车轮分别独立地与车架（或车身）弹性相连，与其配用的车桥为断开式车桥，所以两侧车轮的运动是相对独立、互不影响的。

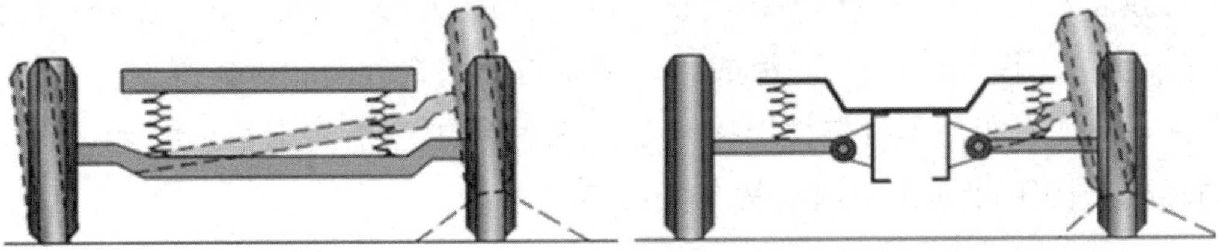

（a）非独立悬架　　（b）独立悬架

图 3-17　非独立悬架与独立悬架的示意图

1. 独立悬架

轿车上广泛采用独立悬架。独立悬架能使两侧车轮各自独立地与车架或车身弹性连接。由于左右车轮的运动相对独立、互不影响，可以减少行驶时车架或车身的振动，可以减小来自路面的冲击和振动，提高了行驶的平顺性。独立悬架的结构类型很多，按车轮的运动方式分为横臂式独立悬架、纵臂式独立悬架、车轮沿主销移动的独立悬架和多连杆式独立悬架等，如图 3-18 所示。

（1）车轮沿主销移动的独立悬架。

车轮沿主销移动的独立悬架可以分为两种形式：一种是车轮沿固定不动的主销移动的烛式

独立悬架，另一种是车轮沿摆动的主销轴线移动的麦弗逊式独立悬架。

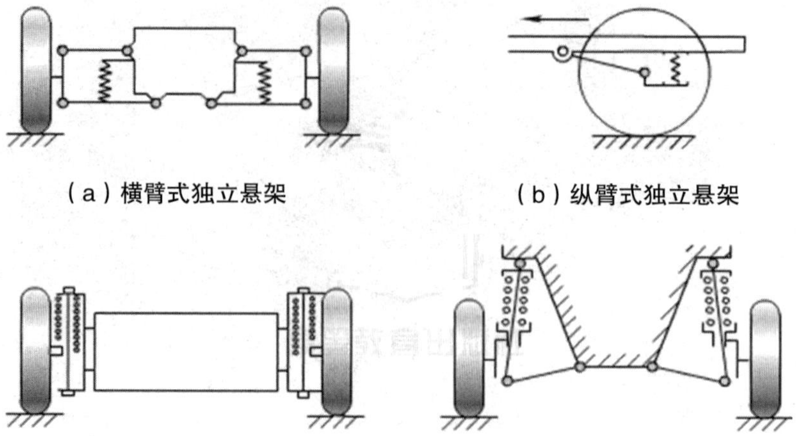

（a）横臂式独立悬架　（b）纵臂式独立悬架

（c）烛式独立悬架　（d）麦弗逊式独立悬架

图 3-18　独立悬架的类型示意图

①烛式独立悬架。

烛式独立悬架的主销上下两端刚性地固定在车架上。套在主销上的套管固定在转向节上。套管的中部固定装着螺旋弹簧的下支座。筒式减振器的下端与转向节相连，上端与车架相连。汽车在不平路面上行驶时，车轮、转向节一起沿主销的轴线移动。螺旋弹簧只承受垂直载荷，而车轮上所受的纵向力、侧向力及其力矩则由转向节、套筒经主销传给车架，使得套筒与主销之间的磨损严重，该悬架应用较少。

②麦弗逊式独立悬架。

麦弗逊式独立悬架目前在轿车中应用很广泛，如图 3-19 所示。由减振器、螺旋弹簧、横摆臂、横向稳定杆（图中未画出）等组成。减振器与套在它外面的螺旋弹簧合为一体，构成悬架的弹性支柱，支柱上端与车身挠性连接，支柱的下端与转向节刚性连接。横摆臂的外端通过球头销 B 与转向节的下部连接，内端与车身铰接。

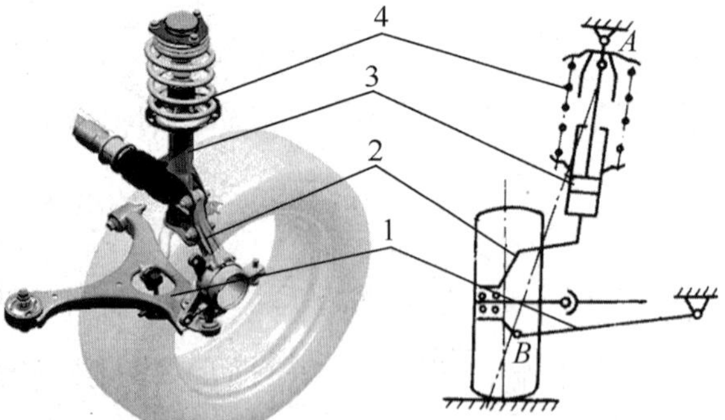

1—横摆臂；2—转向节；3—减振器；4—螺旋弹簧

图 3-19　麦弗逊式独立悬架

麦弗逊式独立悬架没有传统的主销实体，转向轴线为上下铰接中心的连线 AB。当车轮上下跳动时，B 点随横摆臂摆动，因而主销轴线 AB 随之摆动。这说明车轮沿着摆动的主销轴线而运动。

麦弗逊式独立悬架结构简单，布置紧凑，用于前悬架时能增大两前轮内侧的空间，故多用于发动机前置前轮驱动的轿车上。

（2）横臂式独立悬架。

横臂式独立悬架分为单横臂式和双横臂式两种。目前单横臂式独立悬架应用较少，下面仅介绍双横臂式独立悬架。

双横臂式独立悬架如图 3-20 所示，其两个横摆臂有等长的［图 3-20（a）］和不等长的［图 3-20（b）］。摆臂等长的独立悬架当车轮上下跳动时，虽然车轮平面不倾斜、主销轴线的方向也不发生变化，但是轮距发生较大的变化，这将引起车轮的侧滑和轮胎的磨损。而摆臂不等长的独立悬架当车轮上下跳动时，虽然车轮平面、主销轴线、轮距都发生变化，但是都可以控制在允许范围内，所以这种形式的双横臂式独立悬架应用较多，红旗 CA7560、凌志 LS400 等轿车的前桥都采用这种不等长双横臂式独立悬架。

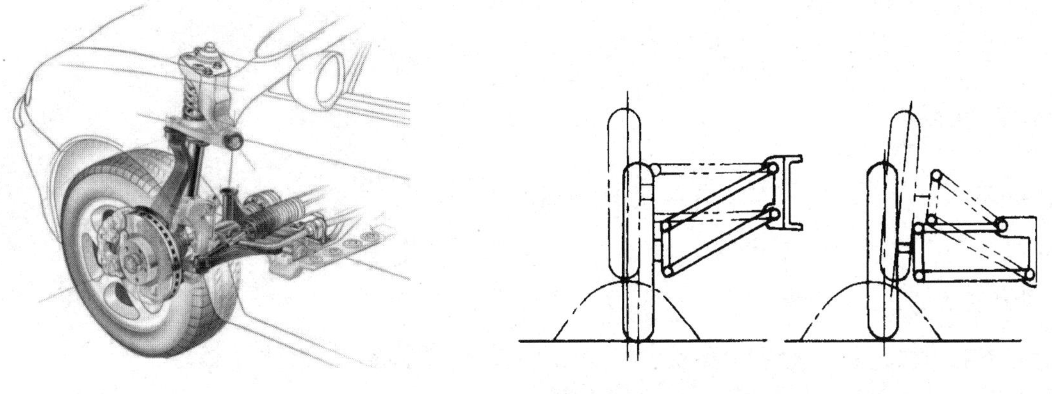

（a）摆臂等长的独立悬架　（b）摆臂不等长的独立悬架

图 3–20　双横臂式独立悬架

（3）多连杆式独立悬架。

多连杆式独立悬架是指由 3 根或 3 根以上连接拉杆构成，并且能提供多个方向的控制力，使轮胎具有更加可靠的行驶轨迹的悬架结构。现在一般认为只有结构更为精确、定位更加准确的四连杆式和五连杆式悬架才能称得上是真正的多连杆式，其中前悬架一般为三连杆或四连杆式独立悬架；后悬架则一般为四连杆或五连杆式独立悬架系统，其中五连杆式后独立悬架应用较为广泛。

五连杆式后独立悬架的结构如图 3-21 所示，其 5 根连杆分别为主控制臂、前置定位臂、后置定位臂、上臂和下臂。它们分别对各个方向产生作用力。当车辆进行左转弯时，后车轮的位移方向正好与前转向轮相反，若位移过大则会使车身失去稳定性，摇摆不定。此时，前、后置定位臂的作用就开始显现，它们主要对后轮的前束角进行约束，使其在可控范围内；相反，由于后轮的前束角被约束在可控范围内，若后轮外倾角过大则会使车辆的横向稳定性降低，因此在多连杆悬架中增加了对车轮上下进行约束的控制臂，一方面是更好地使车轮定位，另一方面则使悬架的可靠性和韧性进一步提高。

1—悬架连杆；2—转向横拉杆

图 3-21　五连杆式后独立悬架的结构

多连杆式独立悬架的结构相对复杂，材料成本、研发实验成本及制造成本远高于其他类型的悬架，但多连杆式独立悬架的舒适性是所有悬架中最好的，高档轿车由于空间充裕，因此大多使用多连杆式独立悬架，科鲁兹轿车使用多连杆式独立悬架。

2．非独立悬架

非独立悬架广泛应用于货车的前、后悬架和轿车的后悬架。按照采用弹性元件的不同，非独立悬架可以分为钢板弹簧式非独立悬架和螺旋弹簧式非独立悬架。

（1）钢板弹簧式非独立悬架。

这种悬架的钢板弹簧一般纵向布置，所以也称为纵置板簧式非独立悬架，如图 3-22 所示。钢板弹簧中部通过“U”形螺栓（骑马螺栓）固定在车桥上。钢板弹簧的前端卷耳用弹簧销与前支架相连，形成固定式铰链支点，起传力和导向作用；而后端卷耳则用吊耳销与可在车架上摆动的吊耳相连，形成摆动式铰链支点，从而保证了弹簧变形时两卷耳中心线间的距离有改变的可能。

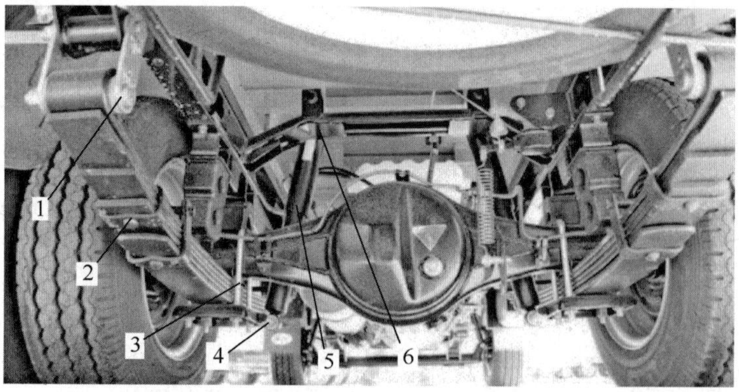

1—钢板弹簧后支架；2—钢板弹簧；3—“U”形螺栓；4—减振器下支架；5—减振器；6—减振器上支架

图 3-22　钢板弹簧式非独立悬架

减振器的上、下两个吊环通过橡胶衬套和连接销分别与车架上的上支架和车桥上的下支架相连接。盖板上装有橡胶缓冲块，以限制弹簧的最大变形，并防止弹簧直接碰撞车架。

（2）螺旋弹簧式非独立悬架。

螺旋弹簧式非独立悬架一般只用于轿车的后悬架，如图 3-23 所示。两根纵向推力杆的中部与后桥焊接为一体，前端通过带橡胶的支承座与车身做铰链连接，后端与轮毂相连接。纵向推力杆用以传递纵向力及其力矩。整个后桥、纵向推力杆及车轮均可以绕支承座的铰支点连线相对于车身作上、下纵向摆动。螺旋弹簧的上端装在弹簧上座中，下端则支承在减振器外壳上的弹簧下座上，它只承受垂直力。减振器的上端与弹簧上座一起装在车身底部的悬架支座中，下端则与纵向推力杆相连。

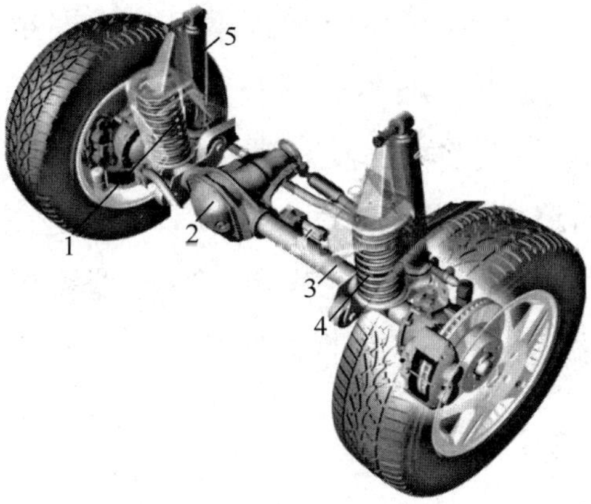

1、4—螺旋弹簧；2—后桥；3—半轴套管；5—减振器

图 3-23　螺旋弹簧式非独立悬架

实践知识

一、悬架的拆装

1．悬架的拆卸

（1）举升并妥善支撑车辆；拆下轮胎和车轮总成。

（2）在靠近减振器的位置，用高千斤顶支撑车桥。

（3）拆下上减振器螺栓；拆下下减振器螺栓。取下减振器。

（4）使用高千斤顶，缓缓地降下车桥以便卸去弹簧张力。

（5）拆下弹簧；拆下下、上后弹簧隔振垫。

2．悬架的安装

（1）安装下、上弹簧隔振垫。

（2）安装弹簧，且弹簧标签朝向车辆的后部，确保下弹簧固定在下弹簧座上。

（3）使用千斤顶，举升车桥以压缩弹簧。

（4）将减振器置于车辆上。安装上减振器螺栓，并按维修手册规定力矩紧固。安装下减振器螺栓，并按维修手册规定力矩紧固。

（5）拆下千斤顶；安装轮胎和车轮总成；降下车辆。

小贴士： 在使用千斤顶时，应实时注意车辆平衡度，如车辆不平衡，极易出现千斤顶自行倾斜，造成安全事故。

二、悬架的检修

1．减振器

（1）检查减振器有无漏油，有轻微漏油属于正常，漏油严重时，主要是由于油封磨损或损坏，衬垫破裂压碎或螺塞松动，应更换油封、衬垫。

（2）检查判断减振器工作是否正常。在没有减振器性能试验台的情况下，一般凭感觉和经验来判断好坏。当汽车在较坏的路面上行驶一段时间后，用手触摸一下减振器有温热感为正常。若不热，则表明没有阻力，已不起减振作用；若两个减振器温度一高一低，且相差较大，则低者阻力小或没有阻力，一般是缺油或阀门零件损坏等。

2．弹性元件

检查钢板弹簧或螺旋弹簧、扭杆弹簧等是否损坏。

3．其他零部件

检查悬架的其他部位，如摆臂、稳定杆、推力杆等是否损坏。用手晃动悬架的主要元件，检查是否磨损或松动。最后用扭力扳手将螺母或螺栓按规定力矩紧固。

三、悬架的常见故障诊断

1．悬架导致的车身侧倾过大

故障现象：悬架导致车身侧倾过大。

故障原因：减震器损坏，横向稳定杆弹力减弱或连接杆损坏，横向控制杆或下悬架控制臂磨损严重。

故障诊断：检查并更换减震器，更换稳定杆或连接杆，更换横向控制杆或下悬架控制臂，进行四轮定位或轮胎充气到正常气压。

2．前轮摆动或跑偏

故障现象：悬架引起的前轮摆动或跑偏。

故障原因：轴承损坏，车轮轮毂产生偏距，车轮不平衡，前轮定位角不正确，下摆臂或转向横拉杆的球头销磨损或松动，左右前减震器损坏或变形，转向节、减震器及下摆臂的紧固螺栓松动，两前轮的气压不一致。

故障诊断：更换轴承，更换轮毂，进行车轮动平衡测试和调整，校正前轮的前束和外倾角，更换球头销，更换前减震器，按规定力矩紧固螺栓，充气到正常气压。

3．悬架异响

故障现象：车辆行驶时，悬架产生异响，并且响声随着车速的增加而增加。

故障原因：下摆臂的前后橡胶衬套磨损、老化或损坏，螺旋弹簧失效或弯折，减震器活塞杆与缸筒磨损严重，减震器、转向节、下摆臂的连接螺栓松动。

故障诊断：更换衬套，更换螺旋弹簧，更换减震器，紧固松动的螺栓。

任务实施与评价

<table>
<tr><td colspan="2">学习任务</td><td colspan="2">悬架的检修</td><td>学时</td><td colspan="2">4 学时</td></tr>
<tr><td colspan="2">姓名</td><td></td><td>实训车型</td><td></td><td colspan="3">年 月 日</td></tr>
<tr><td colspan="2">标准时间</td><td></td><td>开始时间</td><td></td><td>完成时间</td><td colspan="2"></td></tr>
<tr><td>序号</td><td colspan="3">操作步骤</td><td>操作标准</td><td>操作记录</td><td>分值</td><td>自评得分</td></tr>
<tr><td rowspan="4">1</td><td rowspan="4">检修前的基本检查</td><td colspan="2">检查作业现场环境</td><td rowspan="4">检查清洁彻底、记录清晰、准确</td><td rowspan="4"></td><td>2</td><td></td></tr>
<tr><td colspan="2">记录整车基本信息</td><td>3</td><td></td></tr>
<tr><td colspan="2">作业前工具检查</td><td>2</td><td></td></tr>
<tr><td colspan="2">作业前实施车辆防护</td><td>3</td><td></td></tr>
<tr><td rowspan="5">2</td><td rowspan="5">减振器和螺旋弹簧的拆卸</td><td colspan="2">举升并妥善支撑车辆；拆下轮胎和车轮总成</td><td rowspan="5">工具选择、使用正确；按维修手册的工艺要求完成拆卸工作</td><td rowspan="5"></td><td>5</td><td></td></tr>
<tr><td colspan="2">在靠近减振器的位置，用高千斤顶支撑车桥</td><td>5</td><td></td></tr>
<tr><td colspan="2">拆下上减振器螺栓；拆下下减振器螺栓。取下减振器</td><td>10</td><td></td></tr>
<tr><td colspan="2">使用高千斤顶，缓缓地降下车桥以便卸去弹簧张力</td><td>5</td><td></td></tr>
<tr><td colspan="2">拆下弹簧；拆下下、上后弹簧隔振垫</td><td>5</td><td></td></tr>
<tr><td rowspan="5">3</td><td rowspan="5">减振器和螺旋弹簧的安装</td><td colspan="2">安装下、上弹簧隔振垫</td><td rowspan="5">工具选择、使用正确；按维修手册的工艺要求完成装复工作</td><td rowspan="5"></td><td>5</td><td></td></tr>
<tr><td colspan="2">安装弹簧，且弹簧标签朝向车辆的后部，确保下弹簧固定在下弹簧座上</td><td>10</td><td></td></tr>
<tr><td colspan="2">使用千斤顶，举升车桥以压缩弹簧</td><td>5</td><td></td></tr>
<tr><td colspan="2">将减振器置于车辆上。安装上减振器螺栓，并按维修手册规定力矩紧固。安装下减振器螺栓，并按维修手册规定力矩紧固</td><td>10</td><td></td></tr>
<tr><td colspan="2">拆下千斤顶；安装轮胎和车轮总成；降下车辆</td><td>5</td><td></td></tr>
</table>

续表

序号	操作步骤		操作标准	操作记录	分值	自评得分
4	悬架的检修	漏油检查：减振器不进行修理，漏油的减振器不能继续使用	工具选择、使用正确；按维修工艺要求检修		5	
		检查钢板弹簧或螺旋弹簧、扭杆弹簧等是否损坏			5	
		用手晃动悬架的主要元件，检查是否磨损或松动。最后用扭力扳手将螺母或螺栓按规定力矩紧固			10	
5	场地恢复及现场 5S 管理		正确使用及摆放工具、量具，清洁整理工作台、地面及工具、量具		5	
学生自评						
小组评价						
指导教师（师傅）评价						
综合评价	□优秀　□良好　□合格　□不合格					

任务测试

一、单项选择题

1．关于汽车麦弗逊式悬架，下列说法错误的是（　　）。

A．是独立悬架　　B．是非独立悬架

C．采用断开式车桥　　D．是车轮沿主销轴线移动的悬架

2．下列选项中，结构简单，制造成本低，在轿车前桥上广泛应用的悬架是（　　）。

A．多连杆式悬架　　B．麦弗逊式悬架

C．双叉臂式悬架　　D．拖曳臂式悬架

3．双向作用筒式减振器（　　）。

A．减振器伸张行程阻力大，压缩行程阻力小

B．减振器伸张行程阻力小，压缩行程阻力大

C．减振器伸张行程和压缩行程阻力相等

D．以上均不对

4．只能承受垂直载荷，需要装设导向机构传递垂直力和力矩的是（　　）。

A．减振器　　B．钢板弹簧　　C．空气弹簧　　D．螺旋弹簧

二、填空题

1．悬架一般由__________、__________和__________等组成。

2．汽车悬架可分为__________和 __________两大类。

3．钢板弹簧的第一片称为____________，两端弯成卷耳，包在第一片卷耳的外面，称为____________。

4．目前，常用的弹性元件有__________、__________、__________和__________等。

5．独立悬架按车轮的运动形式分成____________、____________和____________等三类。

6．横向稳定器的作用是___________。

7．减振器装在____________与____________之间。

8．麦弗逊式独立悬架目前在轿车中应用很广泛，其结构由_______、_______、_______等组成。

三、判断题

1．一般载货汽车的悬架未设导向装置。 （ ）

2．当悬架刚度一定时，簧载质量越大，则悬架的垂直变形越大，固定频率越高。 （ ）

3．扭杆弹簧本身的扭转刚度是可变的，所以采用扭杆弹簧的悬架的刚度也是可变的。 （ ）

4．减振器与弹性元件是串联安装的。 （ ）

5．减振器在汽车行驶中发热是不正常的。 （ ）

6．减振器在伸张行程时，阻力应尽可能小，以充分发挥弹性元件的缓冲作用。 （ ）

任务3 车轮总成的检修

任务目标

素养目标：

1．树立正确价值取向。

2．具有良好团队合作精神。

3．具有良好安全意识。

能力目标：

1．能够进行车轮动平衡。

2．能够进行车轮与轮胎拆装及检修。

知识目标：

1．了解车轮与轮胎功用、种类、规格及构造。

2．掌握车轮与轮胎检查、换位和动平衡方法。

情境导入

一辆 2014 年生产的 2013 款手动挡科鲁兹轿车，车辆在任何路面上行驶时，都有明显异响，到修理厂进行修理。维修技术人员初步判断为车轮故障，需要对车轮进行检修。请你根据本任务所学车轮的构造及检修等知识，完成车轮的检查与维修。

任务准备

理论知识

车轮总成如图 3-24 所示，由车轮和轮胎两大部分组成，是汽车行驶系统的重要部件。其主要功用有：支撑整车重量；缓和由路面传递来的冲击载荷；通过轮胎和路面之间的附着作用为汽车提供驱动力和制动力；产生平衡汽车转向离心力的侧向力，以便顺利转向，并通过轮胎产生的自动回正力矩，使车轮具有保持直线行驶的能力。

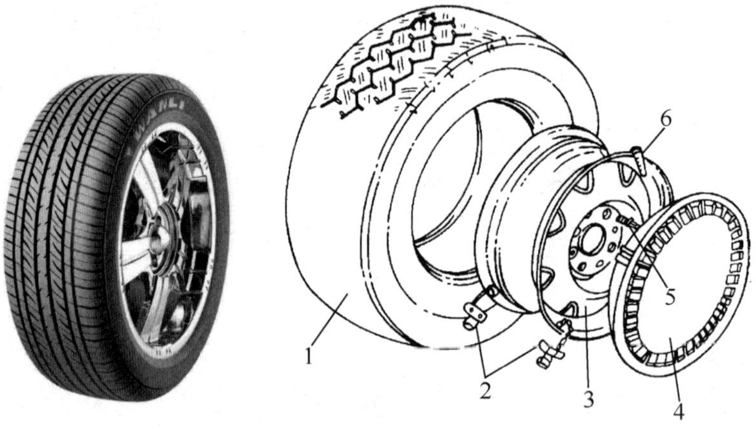

1—轮胎；2—平衡块；3—车轮；4—装饰罩；5—螺栓；6—气门嘴

图 3-24 车轮总成

此外，车轮和轮胎（特别是轿车轮胎）还是汽车重要的安全件。几乎所有的汽车行驶性能都与轮胎有关。

一、车轮

1. 车轮的功用

车轮是介于轮胎和车桥之间承受负荷的旋转组件，其功用是安装轮胎，承受轮胎与车桥之间的各种载荷。

2．车轮的构造

车轮一般由轮辐、轮辋和轮毂组成，如图 3-25 所示。轮毂通过圆锥滚子轴承装在车桥或转向节轴径上，用于连接车轮与车桥。轮辋用于安装和固定轮胎。轮辐用于将轮毂和轮辋连接起来，并通过螺栓与轮毂连接起来。

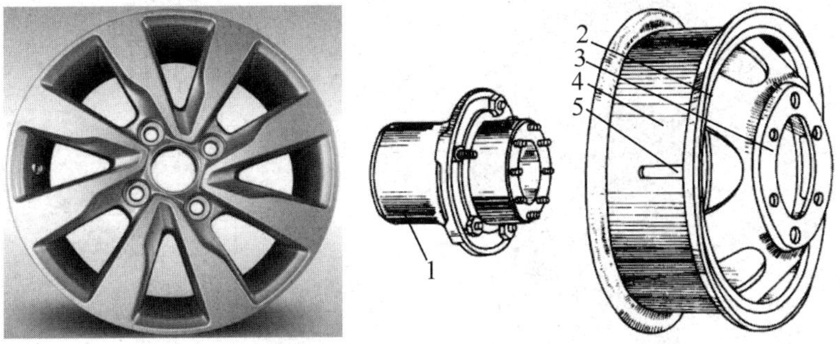

1—轮毂；2—挡圈；3—轮辐；4—轮辋；5—气门嘴出口

图 3–25　车轮的组成

（1）轮辐。

不同车轮的轮辐结构也不同，常见的轮辐形式有辐板式和辐条式两种。目前，普通轿车和轻、中型货车普遍采用辐板式。

辐板式车轮如图 3-26（a）所示，由挡圈、轮辋、辐板和气门嘴伸出口等组成。车轮中用以连接轮毂和轮辋的钢质圆盘称为辐板，大多是冲压制成的，少数是和轮毂铸成一体，后者主要用于重型汽车。

货车辐板式车轮如图 3-26（b）所示。辐板与轮辋通过焊接或铆接的方式固定成一个整体，辐板通过螺栓安装在轮毂上，辐板上的孔可以减轻重量，有利于制动鼓的散热，方便于接近气门嘴，同时可作为安装时的把手处。6 个孔加工成锥形，以便在用螺栓把辐板固定在轮毂上时对正中心。

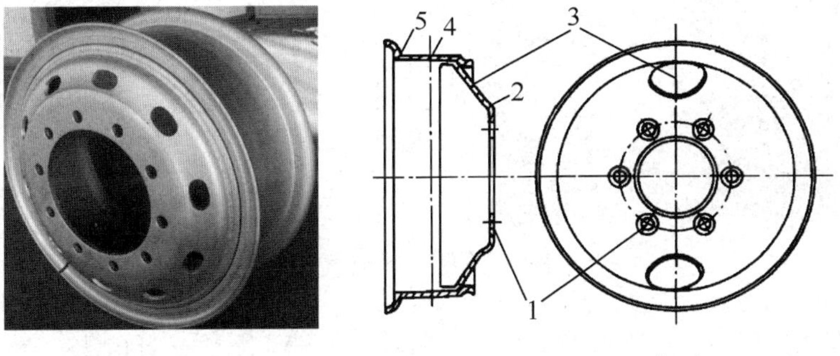

（a）　　　　　　　　　（b）

1—螺栓孔；2—辐板；3—辐板孔；4—气门嘴伸出口；5—轮辋

图 3–26　辐板式轮辐

按辐条结构的不同，辐条式又分为钢丝辐条式和铸造辐条式两种，如图 3-27 所示。钢丝辐条式车轮的结构与自行车车轮完全一样，由于其价格昂贵、维修与安装不便，因此仅用于赛车和某些高级轿车上。另外，辐条式车轮还不能与无内胎轮胎组合使用。铸造辐条式车轮常用于重型货车上，辐条与轮毂铸成一体，轮辋用螺栓和特殊形状的衬块固定在辐条上，为了使轮辋和辐条很好地对中，在轮辋和辐条上都加工出配合锥面。

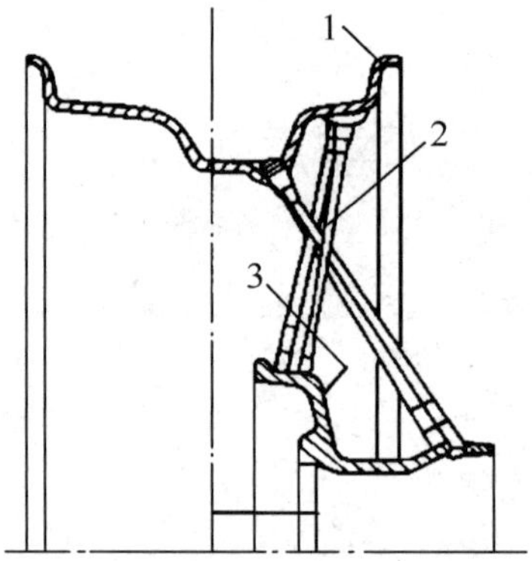

1—轮辋；2—辐条；3—轮毂

图 3–27　辐条式轮辐

（2）轮辋。

① 轮辋的类型和结构。轮辋用于安装和固定轮胎。其结构有所不同，轮辋的常见结构形式有深槽轮辋、平底轮辋和对开式轮辋。此外，还有半深槽轮辋、深槽宽轮辋、平底宽轮辋、全斜底轮辋等。

深槽轮辋如图 3-28 所示，这种轮辋主要用于轿车及轻型越野车，适宜安装尺寸小、弹性较大的轮胎。因为尺寸较大、较硬的轮胎很难装进这样的整体轮辋内。深槽轮辋有带肩的凸缘，用以安放外胎的胎圈，其肩部通常略向中间倾斜，倾斜部分的最大直径称为轮胎胎圈与轮辋的着合直径。为便于外胎的拆装，断面的中部制成深凹槽。深槽轮辋的结构简单，刚度大，质量较轻。

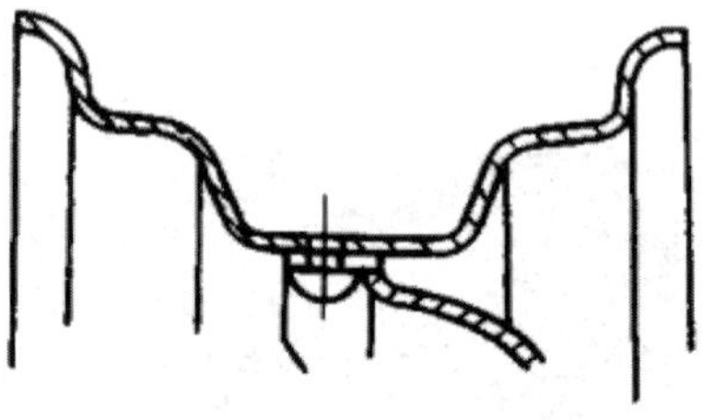

图 3–28　深槽轮辋

平底轮辋如图 3-29 所示，多用于货车。其挡圈是整体的，且用一个开口锁圈来防止挡圈脱出。在安装轮胎时，先将轮胎套在轮辋上，而后套上挡圈，并将它向内推，直至越过轮辋上的环形槽，再将开口的弹性锁圈嵌入环形槽中。东风 EQ1090E 型和解放 CA1091 型汽车均采用这种形式的轮辋。

对开式轮辋如图 3-30 所示。这种轮辋由内外两部分组成，其内外轮辋的宽度可以相等，也可以不相等，二者用螺栓连成一体。拆装轮胎时拆卸螺栓上的螺母即可。

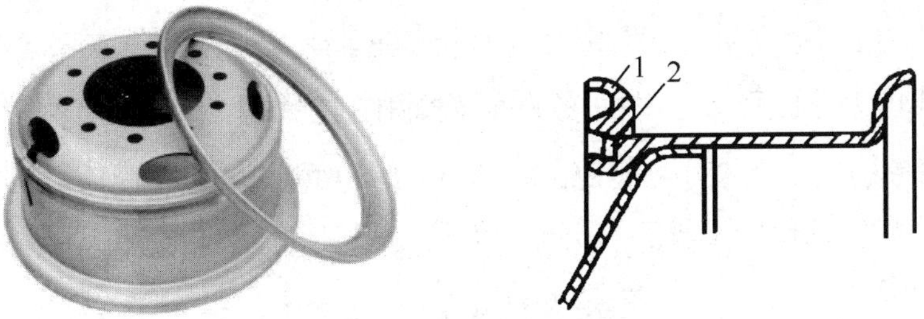

1—挡圈；2—锁圈

图 3-29　平底轮辋

图 3-30　对开式轮辋

近几年来，为了适应提高轮胎负荷能力的需要，国内外均朝宽轮辋的方向发展，如美国的货车已全部采用宽轮辋，欧洲各国也在积极普及宽轮辋，我国也在进行由窄轮辋向宽轮辋的过渡。实验表明，采用宽轮辋可以提高轮胎的使用寿命，并可改善汽车的通过性和行驶稳定性。

② 国产轮辋规格的表示方法。国产轮辋规格用一组数字、字母和符号组合表示，各部分的含义及具体内容如下。

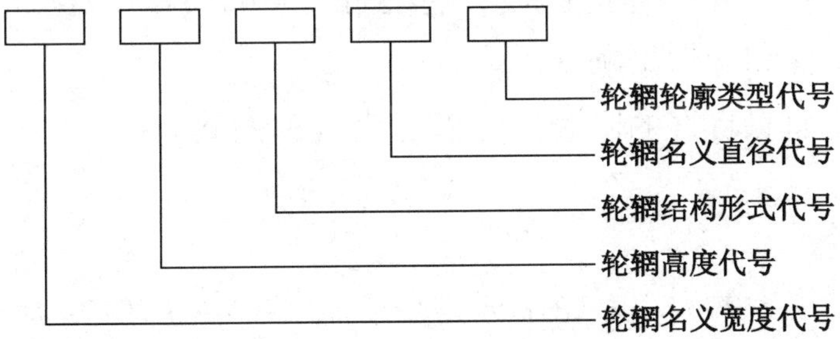

轮辋名义宽度代号：以数字表示，一般取小数点后两位，单位为英寸（当以 mm 表示时，要求轮胎与轮辋的单位一致）。

轮辋高度代号：用一个或几个拉丁字母表示，如 C、D、E、F、J、K、L、V 等。常用代号及相应高度值（mm）如表 3-1 所示。

表 3-1　轮辋高度代号及高度值　　单位：mm

轮辋高度代号	高度值	轮辋高度代号	高度值	轮辋高度代号	高度值	轮辋高度代号	高度值
C	15.88	G	27.94	L	21.59	T	38.10
D	17.45	H	33.73	P	25.40	V	44.45
E	19.81	J	17.27	R	28.58	W	50.80
F	22.23	K	19.26	S	33.33		

轮辋结构形式代号：用符号“×”表示一件式轮辋，用“—”表示多件式轮辋。一件式轮辋是指轮辋为整体式的，只有一件，而多件式轮辋由轮辋体、挡圈、锁圈等多个部件组成。

轮辋名义直径代号：以数字表示，单位为英寸（当以 mm 表示时，要求轮胎与轮辋的单位一致）。

轮辋轮廓类型代号：用几个字母表示，每个代号所表示的轮辋轮廓类型如表 3-2 所示。

表 3-2　轮辋轮廓类型代号

轮辋类型名称	代号	轮辋类型名称	代号
深槽轮辋	DC	深槽宽轮辋	WDC
半深槽轮辋	SDC	平底轮辋	FB
平底宽轮辋	WFB	全斜底轮辋	TB
对开式轮辋	DT		

对于不同形式的轮辋，以上代号不一定同时出现。例如，上海桑塔纳轿车轮辋的规格为 5.5J×13，表明其轮辋名义宽度为 5.5 英寸，轮辋高度为 17.27mm，轮辋名义直径为 13 英寸，属于一件式轮辋；上海桑塔纳 2000GSi 轿车轮辋的规格为 6J×14，表明其轮辋名义宽度为 6 英寸，轮辋高度为 17.27mm，轮辋名义直径为 14 英寸，属于一件式轮辋。

二、轮胎

1．轮胎的功用

现代汽车都采用充气式轮胎，轮胎安装在轮辋上，直接与路面接触，它的功用如下。

（1）支撑汽车的重量，承受路面传来的各种载荷。

（2）和汽车悬架共同来缓和汽车行驶中所受到的冲击，并衰减由此而产生的振动，以保证汽车有良好的乘坐舒适性和行驶平顺性。

（3）保证车轮和路面有良好的附着性，以提高汽车的动力性、制动性和通过性。

2．轮胎的类型

（1）按轮胎内空气压力的大小，轮胎分为高压胎（0.5～0.7MPa）、低压胎（0.2～0.5MPa）和超低压胎（0.2MPa 以下）3 种。低压胎弹性好、减振性能强、壁薄散热性好、与地面接触面积大、附着性好，因而广泛地用于轿车。超低压胎在松软路面上具有良好的通过能力，多用于越野汽车及部分高级轿车。

（2）按轮胎有无内胎，轮胎分为有内胎轮胎和无内胎轮胎（俗称真空胎）两种。目前轿车上普遍采用无内胎轮胎。

（3）按胎体帘布层结构的不同，轮胎分为斜交轮胎和子午线轮胎。目前，子午线轮胎在汽车上广泛应用。

小贴士：高压胎由于内部压强较高，极易发生爆炸，在轮胎充气时严禁超规定值充气，防止轮胎爆炸，对人体和车辆造成损害。

3．轮胎的结构

（1）有内胎轮胎结构。

有内胎轮胎由内胎、垫带和外胎等组成，使用时安装在汽车车轮的轮辋上，如图 3-31 所示。

①内胎。内胎是一个环形的橡胶管，上面装有气门嘴，以便充入或排出空气，为使内胎在充气状态下不产生褶皱，其尺寸应稍小于外胎的内壁尺寸。

②垫带。垫带是一个环形的橡胶带，它垫在内胎与轮辋之间，以保护内胎不被轮辋和胎圈磨伤。

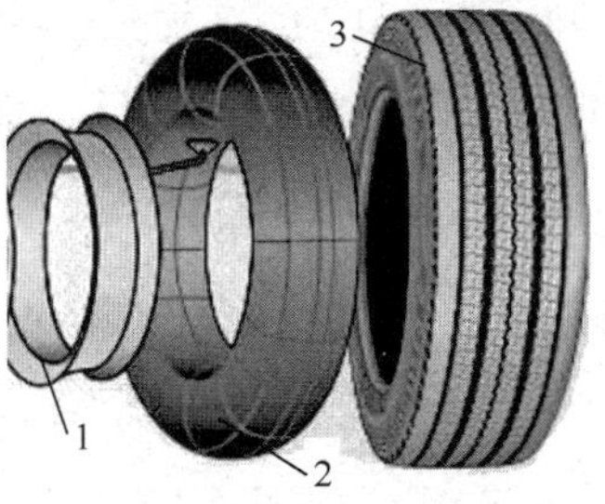

1—垫带；2—内胎；3—外胎

图 3-31　有内胎轮胎

③外胎。外胎由胎面、帘布层、缓冲层和胎圈组成，如图 3-32 所示。

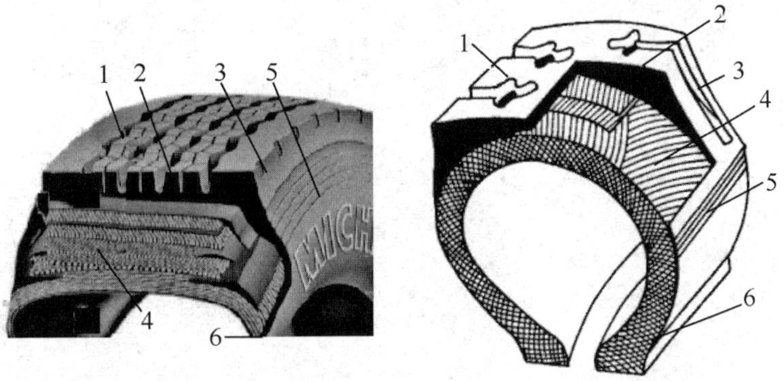

1—胎冠；2—缓冲层；3—胎肩；4—帘布层；5—胎侧；6—胎圈

图 3-32　外胎的结构

胎面是轮胎的外表面，可分为胎冠、胎肩和胎侧三部分。胎冠与路面直接接触，并产生附着力，使车辆行驶和制动。为使轮胎与地面有良好的附着性能，防止纵、横向滑移，在胎面上制有各种形状的花纹，如图 3-33 所示，主要有普通花纹、组合花纹、越野花纹等。普通花纹中的纵向折线花纹最适合于在较好的硬路面上高速行驶，广泛用于轿车、客车及货车等各种车辆；横向花纹仅用于货车。组合花纹由纵向折线花纹和横向花纹组合而成，在好路面和不良路面上都可提供稳定的驾驶性能，广泛用于客车和货车。越野花纹的凹部深而粗，在软路面上与地面附着性好，越野能力强，适用于矿山、建筑工地及其他一些在松软路面上使用的越野汽车轮胎。胎肩是较厚的胎冠和较薄的胎侧间的过渡部分，一般也制有各种花纹，以提高该部位的散热性能。胎侧又称为胎壁，它由数层橡胶构成，覆盖轮胎两侧，保护内胎免受外部损坏。胎侧在行驶过程中，不断地在载荷作用下挠曲变形。胎侧上标有厂家名称、轮胎尺寸及其他信息。

帘布层是外胎的骨架，主要用于承受载荷，保持外胎的形状和尺寸，并使其具有足够的强度。帘布层通常由成双数的多层帘布用橡胶贴合而成，相邻层的帘线交叉排列。帘布层数越多，轮胎的强度越大，但弹性下降。帘线可以是棉线、人造丝、尼龙和钢丝。按照帘布层帘线排列方式的不同，外胎可以分为斜交轮胎（图 3-34）和子午线轮胎（图 3-35）。斜交轮胎帘布层的帘线按一定角度交叉排列，帘线与轮胎横断面的交角通常为50°。子午线轮胎帘布层帘线排列的方向与轮胎横断面一致，即垂直于轮胎胎面中心线，类似于地球仪上的子午线。子午线轮胎胎侧比斜交轮胎软，在径向上容易变形，可以增加轮胎的接地面积，即使在充足气后，两侧壁上也有一个特殊的凸起部，如图3-36（b）所示。子午线轮胎与斜交轮胎相比较，具有行驶里程长、滚动阻力小、节约燃料、承载能力大、减振性能好、附着性能好、不易爆胎等优势，目前在汽车上应用广泛。

图3–33　胎面花纹

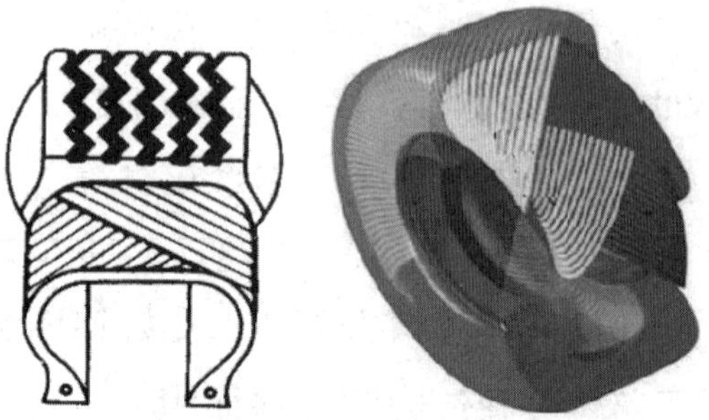
图3–34　斜交轮胎的结构

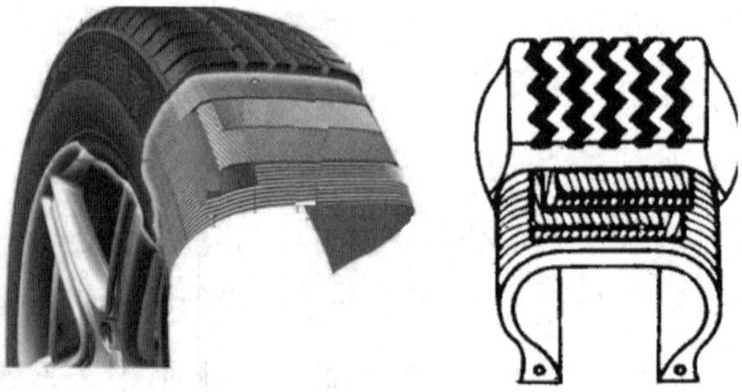
图3–35　子午线轮胎的结构

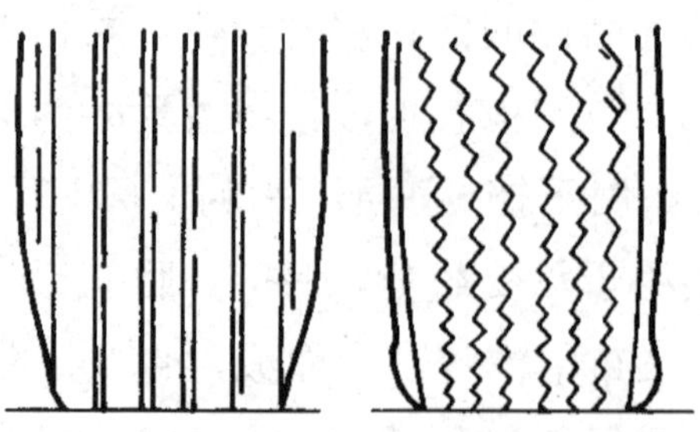
（a）斜交轮胎　（b）子午线轮胎

图3–36　子午线轮胎与斜交轮胎胎侧比较

缓冲层夹在胎面和帘布层之间，由两层或数层较稀疏的帘布和橡胶制成，弹性较大。其作用是加强胎面与帘布层之间的结合，防止汽车紧急制动时胎面与帘布层脱离，并缓和汽车行驶时所受到的路面冲击。

胎圈由钢丝圈、帘布层包边和胎圈包布组成，有很大的刚度和强度，可以使外胎牢固地安装在轮辋上。

（2）无内胎轮胎的结构。

无内胎轮胎俗称真空胎，在外观上与普通轮胎相似，但是没有内胎及垫带。它的气门嘴用橡胶垫圈和螺母直接固定在轮辋上，空气直接充入外胎中，其密封性由外胎和轮辋来保证，如图 3-37 所示。

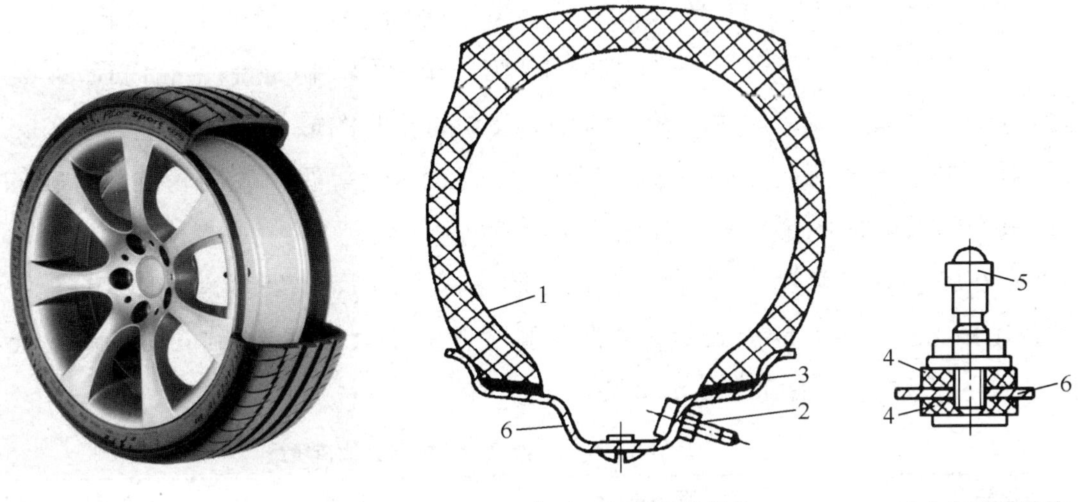

（a）无内胎轮胎结构　　（b）气门嘴结构

1—橡胶密封层；2—气门嘴；3—胎圈橡胶密封层；4—橡胶垫圈；5—气门螺母；6—轮辋

图 3–37　无内胎轮胎

无内胎轮胎的内壁有一层橡胶密封层，有的在该层下面还有一层自粘层，能自行将刺穿的孔黏合。在胎圈外侧也有一层橡胶密封层，用以加强胎圈与轮辋之间的气密性。无内胎轮胎一旦被刺破，穿孔不会扩大，故漏气缓慢，胎压不会急剧下降，仍能继续行驶一定距离，可消除爆胎的危险。因无内胎，摩擦生热少、散热快，适用于高速行驶。此外，结构简单，质量较轻，维修也方便。但密封层和自粘层易漏气，途中修理也较困难。无内胎轮胎必须配用深槽轮辋，故目前在轿车上应用较多。

4. 轮胎规格的表示方法

轮胎规格常用的尺寸有断面宽度、扁平率和轮辋直径。轮胎的常用尺寸标注如图 3-38 所示。

（1）斜交轮胎的规格。

我国和大多数国家一样，斜交轮胎的规格用 B-d 表示，载货汽车斜交轮胎和轿车斜交轮胎

1—轮胎宽度；2—轮胎高度；3—轮胎内径或轮辋直径

图 3–38 轮胎的尺寸标注

的尺寸 B 和 d 均以英寸（in）为单位，如 9.00－20 表示轮胎宽度为 9.00 英寸，轮胎内径为 20 英寸的斜交轮胎。

（2）子午线轮胎的规格。

以上海桑塔纳 2000GSi 轿车轮胎的规格 195/60 R 14 85 H 为例。195 表示轮胎宽度 195mm，货车子午线轮胎的宽度一般以英寸（in）为单位。60 表示扁平比为 60%，扁平比为轮胎高度 H 与宽度 B 之比，有 60、65、70、75、80 五个级别。R 表示子午线轮胎，即“Radial”的第一个字母。14 表示轮胎内径 14 英寸（in）。85 表示荷重等级，即最大载荷质量。荷重等级为 85 的轮胎的最大载荷质量为 515kg。常见的荷重等级及对应的最大载荷质量如表 3-3 所示。H 表示速度等级，表明轮胎能行驶的最高车速。常见的速度等级及对应的最高车速如表 3-4 所示。

另外，在轮胎规格前加“P”表示轿车轮胎；在胎侧标有“REINFORCED”表示经强化处理，“TUBELESS”（或 TL）表示无内胎（真空胎），“M+S”（Mud and Snow）表示适用于泥地和雪地，“→”表示轮胎旋向，不可装反。

表 3-3 荷重等级及对应的最大载荷质量

荷重等级	最大载荷质量/kg	荷重等级	最大载荷质量/kg
71	345	99	775
72	355	100	800
73	365	101	825
74	375	102	250
75	387	103	875
76	400	104	900
77	412	105	925
78	425	106	950
79	437	107	975
80	450	108	1000
81	462	109	1030
82	475	110	1060
83	487	111	1095
84	500	112	1129
85	515	113	1164
86	530	114	1200
87	545	115	1237
88	560	116	1275
89	580	117	1315

续表

荷重等级	最大载荷质量/kg	荷重等级	最大载荷质量/kg
90	600	118	1355
91	615	119	1397
92	630	120	1440
93	650	121	1485
94	670	122	1531
95	690	126	1578
96	710	124	1627
97	730	125	1677
98	750		

表 3-4 速度等级及对应的最高车速

速度等级	最高车速/（km/h）	速度等级	最高车速/（km/h）
L	120	T	190
M	130	U	200
N	140	H	210
P	150	V	240
Q	160	Z	240 以上
R	170	W	270 以下
S	180	Y	300 以下

实践知识

一、车轮总成的拆装

1. 车轮总成的拆卸

（1）停稳车辆，用三角木掩住各车轮。

（2）取下车轮上的装饰罩，弄清汽车左、右侧车轮与轮毂连接螺栓的螺旋方向，使用车轮螺母拆装机或用套筒扳手初步拧松各连接螺母，如图 3-39 所示。

（3）用千斤顶顶在指定的位置，使被拆车轮稍离地面。也可将车辆停在举升架上，升起车辆，使车轮稍离开地面。

（4）拧下车轮与轮毂连接的全部螺母，取下垫圈，并摆放整齐。

（5）边向外拉边左、右晃动车轮，从车轴上取下车轮总成。

2. 车轮总成的安装

（1）顶起车桥，套上车轮，将螺母初步拧在螺柱上。

（2）放下车轮并在车轮前后用三角木掩住，用扭力扳手或车轮螺母拆装机，按对角线顺序分 2～3 次拧紧车轮螺母，最后一次要按规定力矩拧紧，如图 3-40 所示。

图 3-39　拆卸车轮

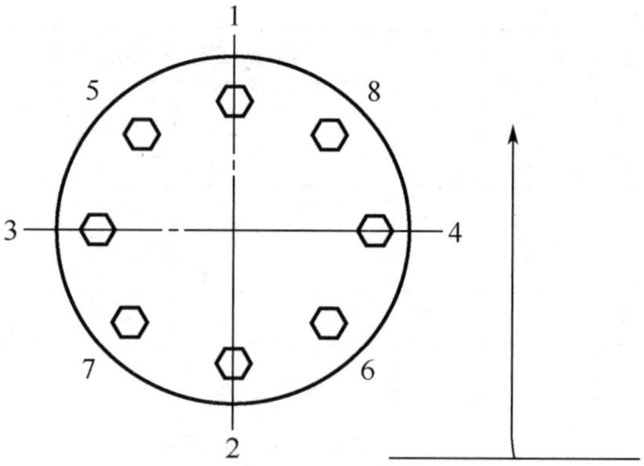

图 3-40　车轮螺母紧固顺序

（3）安装后轮双胎时，要先拧紧内侧车轮的内螺母，再装外侧轮胎。在安装过程中，应用千斤顶分两次顶起车桥，分别安装内、外两个车轮。双轮胎高低搭配要合适，一般较低的胎装于里侧，较高的胎装于外侧。应注意内侧轮胎和外侧轮胎的气门嘴应互成 180° 位置。

二、轮胎的检查

轮胎的检查主要是检查轮胎的磨损程度和轮胎气压，轮胎磨损程度的检查包括胎面花纹深度的检查和轮胎异常磨损的检查。

轮胎磨损过甚，花纹过浅，是行车中重要的不安全因素。过度磨损的轮胎，除容易爆破外，还会使汽车操纵稳定性变差。汽车在雨中高速行驶时，由于不能把水全部从胎下排出，轮胎将会出现水滑现象，致使汽车失控。花纹越浅，水滑的倾向越严重。

轮胎（包括备胎）气压的检查对于安全行车也是非常重要的。轮胎气压不足，会导致轮胎过热，并因轮胎的接地面积不均匀，而产生不均匀磨损或胎肩和胎侧快速磨损，缩短轮胎的使用寿命。同时会增加滚动阻力、加大耗油，而且影响车辆的操控，严重时甚至引发交通事故；轮胎气压过高则使车身重量集中在胎面中心上，导致胎面中心快速磨损，不但缩短轮胎的使用寿命，而且降低车辆的舒适性。所以日常维护和各级维护时，对于轮胎的检查是非常必要的。

1．胎面花纹深度的检查

《机动车运行安全技术条件》（GB 7258—2017）规定，轿车轮胎胎冠上花纹磨损至花纹深度小于 1.6mm（磨损标志），载货汽车转向轮胎冠上的花纹深度小于 3.2mm，其余轮胎胎冠花纹深度小于 1.6mm 时，应停止使用。

轮胎花纹深度可用深度尺进行测量，也可通过观察磨损标记进行判断。胎面磨耗标志位于胎面花纹沟底部，当胎面磨损到此处时，花纹沟断开，表明轮胎必须停止使用并送去翻新。为便于用户找到磨耗标志所在的位置，通常在磨耗标志对应的胎肩处标出“TWI”或“△”等符号。这种磨耗标志按国家标准 GB9743—2015 和 GB9744—2015 的规定，每条轮胎应沿周向等距离地设置不少于 4 个。

2. 轮胎气压的检查

轮胎气压可用气压表进行检查。不同的车辆，轮胎的气压值也不同，检查时应查看相应车辆的维修手册。一般轿车前轮的胎压为 0.18MPa 左右，后轮的胎压为 0.22MPa 左右。

三、轮胎动平衡

汽车轮胎动平衡操作步骤如下。

（1）将轮胎充到合适的气压，去除轮辋上的平衡块，将轮胎花纹沟里的石子剔除干净，将轮辋处理干净。

（2）将轮胎安装面朝内装在平衡轴上，选择合适的锥体，用锁紧装置将轮胎锁紧（锥体一定要对准中心孔，否则可能数据不准）。

（3）打开平衡机电源，拉出尺子测量轮辋离平衡机的距离，把测得的数值输入平衡机；用卡尺测量轮辋宽度，并把测得的轮辋宽度数值输入平衡机；检查轮胎上的轮胎规格，把标准轮辋直径输入平衡机。

（4）按下开始按钮，平衡机开始带动轮胎旋转，测量开始，注意不要站在轮胎附近，以免发生危险。平衡机测出数据会自动停止。

（5）用手转动轮胎，当机器内侧显示满格时，就可在内侧相应位置加装对应的平衡块，如果数值过大，可以用几个平衡块相加得到显示的数值。

（6）内侧装好后，继续用手转动轮胎，待外侧满格时，把外侧的平衡块安装到位。

（7）再次按机器上的“Start”按钮，轮胎转动，停止后，机器上显示 00 两个数值，说明动平衡做好了。

（8）动平衡结束，取下轮胎。

任务实施与评价

<table>
<tr><td colspan="2">学习任务</td><td colspan="2">车轮的检修</td><td>学时</td><td colspan="2">4 学时</td></tr>
<tr><td colspan="2">姓名</td><td></td><td>实训车型</td><td colspan="3">年　月　日</td></tr>
<tr><td colspan="2">标准时间</td><td></td><td>开始时间</td><td>完成时间</td><td colspan="2"></td></tr>
<tr><td>序号</td><td colspan="2">操作步骤</td><td>操作标准</td><td>操作记录</td><td>分值</td><td>自评得分</td></tr>
<tr><td rowspan="4">1</td><td rowspan="4">检修前的基本检查</td><td>检查作业现场环境</td><td rowspan="4">检查清洁彻底、记录清晰、准确</td><td rowspan="4"></td><td>2</td><td></td></tr>
<tr><td>记录整车基本信息</td><td>3</td><td></td></tr>
<tr><td>作业前工具检查</td><td>2</td><td></td></tr>
<tr><td>作业前实施车辆防护</td><td>3</td><td></td></tr>
<tr><td rowspan="3">2</td><td rowspan="3">车轮总成的拆卸</td><td>停稳车辆，用三角木掩住各车轮</td><td rowspan="3">工具选择、使用正确；按维修手册的工艺要求完成拆卸工作</td><td rowspan="3"></td><td>5</td><td></td></tr>
<tr><td>使用车轮螺母拆装机或用套筒扳手初步拧松各连接螺母</td><td>5</td><td></td></tr>
<tr><td>用千斤顶顶在指定的位置，使被拆车轮稍离地面</td><td>5</td><td></td></tr>
</table>

续表

序号	操作步骤		操作标准	操作记录	分值	自评得分
2	车轮总成的拆卸	拧下车轮与轮毂连接的全部螺母，取下垫圈，并摆放整齐			5	
		边向外拉边左、右晃动车轮，从车轴上取下车轮总成			5	
3	车轮总成的安装	顶起车桥，套上车轮，将螺母初步拧在螺柱上	工具选择、使用正确；按维修手册的工艺要求完成装复工作		5	
		放下车轮并在车轮前后用三角木掩住，用扭力扳手或车轮螺母拆装机，按对角线顺序分 2～3 次拧紧车轮螺母，最后一次要按规定力矩拧紧			10	
		装上装饰罩			5	
4	轮胎的检查	用轮胎花纹深度尺测量胎面花纹深度；每个轮胎沿周向等距离地测量不少于 4 个点。轿车轮胎花纹深度不小于 1.6mm，载货汽车转向轮花纹深度不小于 3.2mm，其余轮胎花纹深度不小于 1.6mm	工具选择、使用正确；按维修工艺要求检查		5	
		用气压表检查轮胎气压			5	
5	轮胎动平衡	将轮胎充到合适的气压，去除轮辋上的平衡块，清洁轮胎杂物	工具选择、使用正确；按维修工艺要求进行平衡		2	
		将轮胎安装面朝内装在平衡轴上，选择合适的锥体，用锁紧装置将轮胎锁紧			3	
		打开平衡机电源，依次输入轮辋距离、轮辋宽度、轮辋直径			5	
		按下开始按钮，自动检测			5	
		根据平衡机提示，选用、安装平衡块			5	
		再次按机器上的“Start”按钮，再次测量，直至动平衡为止			5	
		取下轮胎			5	
6	场地恢复及现场 5S 管理		正确使用及摆放工具、量具，清洁整理工作台、地面及工具、量具		5	
学生自评						
小组评价						
指导教师（师傅）评价						
综合评价	□优秀　□良好　□合格　□不合格					

任务测试

一、单项选择题

1．某轿车的轮胎规格为 195/65R15，以下理解正确的是（　　）。

A．车轮半径为 15cm　　B．轮胎高度为 65mm

C．轮胎断面宽度为 195mm　　D．轮胎断面宽度为 65mm

2．为方便车主和维修人员查看轮胎充气压力，轿车将标准胎压数值标注在（　　）。

A．车辆铭牌或车轮上　　B．油箱盖或车门上

C．后备厢或风窗玻璃上　　D．轮辋或机舱盖上

3．胎面的羽状磨损，主要是由于（　　）。

A．前束调节不当所致　　B．外倾角不符合要求

C．充气不足　　D．轴承磨损

4．如果轮胎面某一侧的磨损快于另一侧的磨损，其主要原因可能是（　　）。

A．外倾角不正确　　B．前束不正确

C．轮胎气压不足　　D．充气压力过高

5．载货汽车转向轮胎冠上的花纹深度小于（　　）mm 时，应停止使用。

A．1.6　　B．3.2　　C．4.0　　D．5.0

6．安装后轮双胎时，下列叙述正确的是（　　）。

A．先拧紧内侧车轮的内螺母，再装外侧轮胎

B．双轮胎高低搭配要合适，一般较低的胎装于里侧，较高的胎装于外侧

C．应注意内侧轮胎和外侧轮胎的气门嘴互成 180°

D．以上都正确

二、填空题

1．车轮一般由____________、____________和____________组成。

2．轮辋的常见结构形式有____________、____________和____________。

3．深槽轮辋主要用于____________，平底轮辋多用于____________。

4．高压胎胎压在_________ MPa，低压胎在_________ MPa，超低压胎在 0.2MPa 以下。

5．无内胎轮胎的内壁有一层____________层，有的在该层下面还有一层自粘层，能自行将刺穿的孔黏合。

6．超低压胎在________路面上具有良好的通过能力，多用于越野汽车及部分高级轿车。

三、判断题

1．采用宽轮辋可以提高轮胎的使用寿命，并可改善汽车的通过性和行驶稳定性。（　　）

2．斜交轮胎的规格用 B-d 表示，载货汽车斜交轮胎和轿车斜交轮胎的尺寸 B 和 d 均以英寸为单位。（　　）

3．轮胎装配完毕后，轮辋上有平衡块的，应用动平衡机进行平衡调整。（　　）

4．车轮是介于轮胎和车桥之间承受负荷的旋转组件。（　　）

5．轮胎规格 195/60 R 14 85 H 中 R 表示子午线轮胎。（　　）

6．子午线轮胎帘布层帘线排列的方向与轮胎横断面一致。（　　）

7．子午线胎与斜交轮胎相比较，具有行驶里程长、滚动阻力小、节约燃料、承载能力大、减振性能好、附着性能好、不易爆胎等优势。（　　）

任务 4　车轮定位

任务目标

素养目标：

1. 具有精益求精的工作态度。
2. 具有良好团队合作精神。

能力目标：

1. 能够测量车轮定位参数。
2. 能够正确选择并使用汽车行驶系统拆装工具和四轮定位仪。

知识目标：

1. 了解车轮定位定义。
2. 掌握车轮定位功用及内容。

情境导入

一辆 2014 年生产的 2013 款手动挡科鲁兹轿车，在水平良好路面上高速行驶时，明显跑偏，有异响，并且轮胎磨损严重，到修理厂进行修理。维修技术人员初步判断为车轮定位故障，需要对车轮进行重新定位。请你根据本任务所学车轮定位的相关知识，完成车轮定位。

任务准备

理论知识

为了保证汽车直线行驶的稳定性和操纵的轻便性，减少轮胎和其他机件的磨损，转向轮、转向节和前轴三者与车架的安装应保持一定的相对位置关系，这种安装位置关系称为转向车轮定位，也称前轮定位。近年来，很多车辆的后轮也需要进行定位，因此产生了车轮定位。所谓车轮定位，就是汽车的每个车轮、转向节和车桥与车架的安装应保持一定的相对位置。车轮定位包括主销后倾、主销内倾、车轮外倾及前束。

对于两端装有主销的转向桥，汽车转向时，转向车轮会围绕主销轴线偏转，如图 3-41（a）所示。但在大多数断开式转向桥中没有主销，采用上、下球头销代替主销，上、下球头销球头中心的连心线相当于主销轴线，如图 3-41（b）所示。

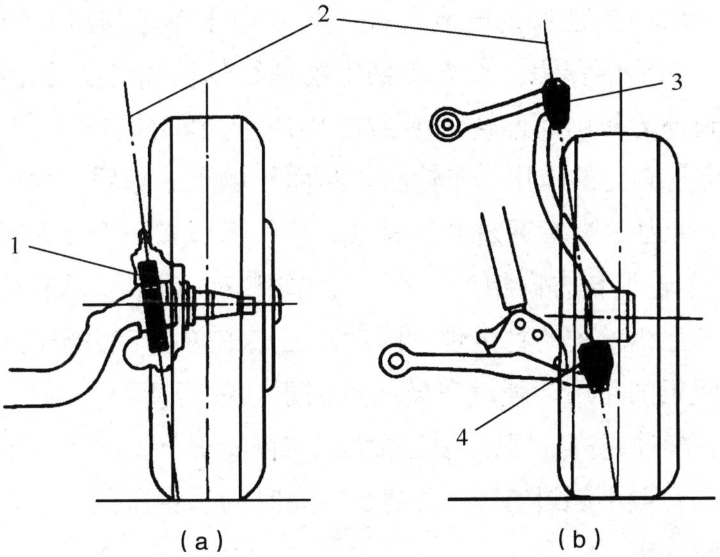

1—转向主销；2—转向轴线；3—上球头销；4—下球头销

图 3-41　主销的不同形式

一、主销后倾

1. 主销后倾的定义

主销安装在前轴上，其上端略向后倾斜，这种现象称为主销后倾。在垂直于汽车支承平面的纵向平面内，主销轴线与汽车支承平面垂线之间的夹角 γ 称为主销后倾角，如图 3-42 所示。

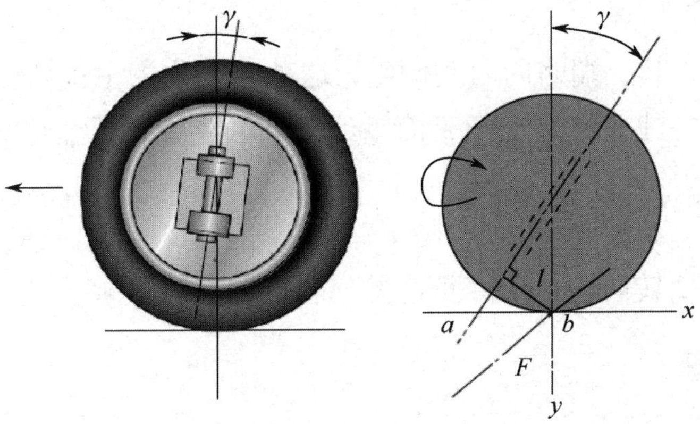

图 3-42　主销后倾

2．主销后倾的功用

主销后倾的功用是形成回正力矩，保证汽车直线行驶的稳定性，并使汽车转向后回正操纵轻便。

3．主销后倾的原理

主销后倾，使主销轴线的延长线与地面的交点 a 位于车轮与路面的接触点 b 之前，a、b 两点之间的距离称为主销后倾移距。设 b 点到主销轴线延长线之间的距离为 l，汽车直线行驶时，若转向轮偶然受到外力作用而偏转（图 3-42 中所示为向右偏转），汽车将偏离行驶方向而右转弯。由于汽车本身离心力的作用，在轮胎与路面接触点 b 处将产生一个路面对车轮的侧向反作用力 F，由于反作用力 F 没有通过主销轴线，因此形成了一个使车轮绕主销轴线旋转的力矩 Fl，其方向正好与车轮偏转方向相反。在力矩作用下，使车轮具有回复到原来中间位置的作用，从而保证了汽车直线行驶的稳定性。同理，在汽车转向后的回正过程中，此力矩具有帮助驾驶员使转向车轮回正的作用，使汽车转向后回正操纵轻便。

主销后倾角越大，车速越高，回正力矩越大，转向轮偏转后自动回正的能力也越强。但主销后倾角也不宜过大，一般不超过 3°，否则在转向时为了克服此力矩，驾驶员需在转向盘上施加较大的力，使转向沉重。

此外，有些汽车由于采用超低压轮胎，弹性增加，转向时因轮胎弹性变形而使轮胎与路面的接触点后移，使回正力矩增加，因此主销后倾角可以减小，甚至为负值，即主销前倾。

4．主销后倾的形成

主销后倾角一般是将前轴连同悬架安装在车架上时，使前轴向后倾斜而形成的。

二、主销内倾

1．主销内倾的定义

主销安装在前轴上，其上端略向内侧倾斜，这种现象称为主销内倾。在垂直于汽车支承平面的横向平面内，主销轴线与汽车支承平面垂线之间的夹角称为主销内倾角 β。

2．主销内倾的功用

主销内倾的功用是使转向轮自动回正，并使转向操纵轻便。

3．主销内倾的原理

主销内倾具有使转向轮转向操纵轻便的作用，如图 3-43 所示。由于主销内倾，使主销轴线的延长线与地面的交点至车轮中心平面与地面交点之间的距离缩短，转向时，路面作用在转向轮上的阻力对主销轴线产生的力矩减小，从而可减少转向时驾驶员施加在转向盘上的力，使转向操纵轻便。同时可以减小因路面不平而从转向轮传到转向盘上的冲击力。

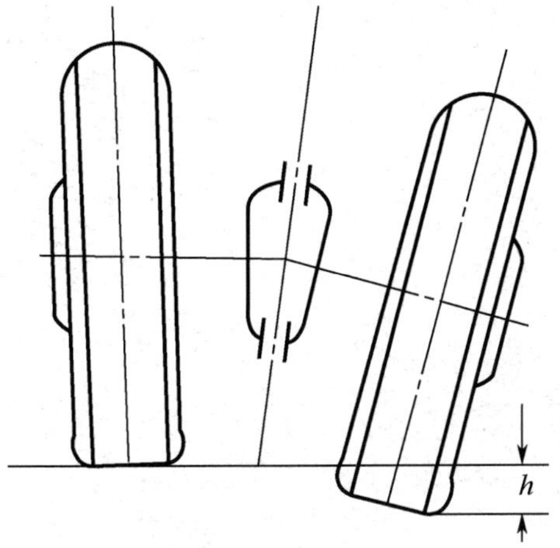

图 3-43　主销内倾

主销内倾具有使转向轮自动回正的作用，如图 3-43 所示。当转向轮在外力作用下绕主销旋转（为了解释方便，假设旋转 180°，即由图中左边位置转到右边位置）而偏离中间位置时，由于主销内倾，车轮的最低点将陷入路面以下 h 处，即车轮必须将路面压低 h 后才能旋转过来，但实际上路面不可能被压低，车轮下边缘不可能陷入路面之下，而是车轮连同整个汽车前部被向上抬起相应高度。一旦外力消失，转向轮就会在汽车前部重力作用下力图自动回正到旋转前的中间位置。主销内倾角越大，转向轮偏转角越大，汽车前部就抬起得越高，转向轮自动回正的作用就越大。

主销内倾角既不宜过大，也不宜太小。主销内倾角过大，转向时，车轮在滚动的同时将与路面产生较大的滑动，增加轮胎与路面的摩擦阻力，这不仅会使转向沉重，而且加速了轮胎的磨损，故主销内倾角一般不大于 8°，偏置一般为 40～60mm；如果主销内倾角过小，汽车行驶的稳定性和制动稳定性将会变差。

4．主销内倾的形成

整体式转向桥的主销内倾角是在制造前轴时将销孔轴线上端向内倾斜而获得的。

三、车轮外倾

1．车轮外倾的定义

转向轮安装在转向节上时，其旋转平面上端向外倾斜，这种现象称为转向车轮外倾。车轮旋转平面与垂直于车辆支承面的纵向平面之间的夹角 α 称为车轮外倾角，如图 3-44 所示。

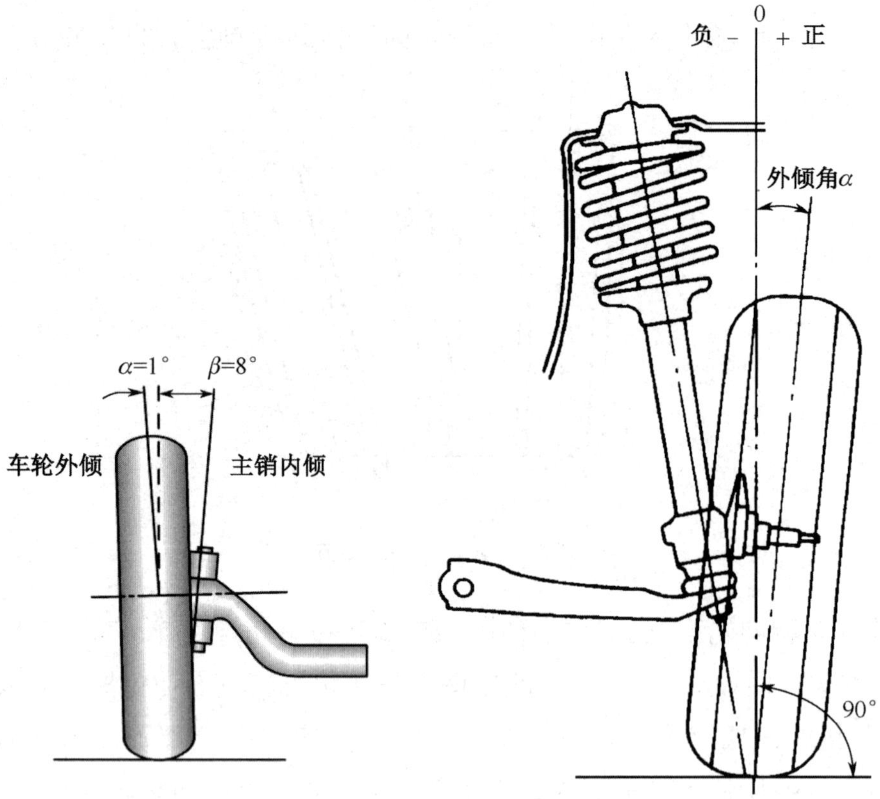

图 3–44　车轮外倾

2．车轮外倾的功用

车轮外倾角的功用是提高车轮工作的安全性和转向操纵的轻便性。

3．车轮外倾的原理

由于主销与衬套之间、轮毂与轴承等处都存在着装配间隙，空车时车轮的安装正好垂直于路面，满载时上述间隙将发生变化，车桥也因承载而变形，从而引起车轮向内倾斜。车轮内倾将使路面对车轮的垂直反作用力的轴向分力压向轮毂外端的小轴承，使该轴承及其锁紧螺母等件承受的载荷增大，降低了它们的使用寿命，严重时会损坏锁紧螺母而使车轮脱落。为此，安装车轮时预先留有一定的外倾角，以防止上述不良影响。车轮外倾与主销内倾相配合可进一步缩短距离，使汽车转向轻便。此外，车轮有一定的外倾角也可以与拱形路面相适应。但车轮外倾角不宜过大，否则会使轮胎产生偏磨损。一般前轮外倾角为 1° 左右。

四、前束

1．前束的定义

车轮安装在车桥上，同轴上两车轮的中心平面不平行，其前端略向内侧收束，这种现象称为前束。两前轮后端距离 A 大于前端距离 B，其差值 $A-B$ 称为前束值，如图 3-45 所示。

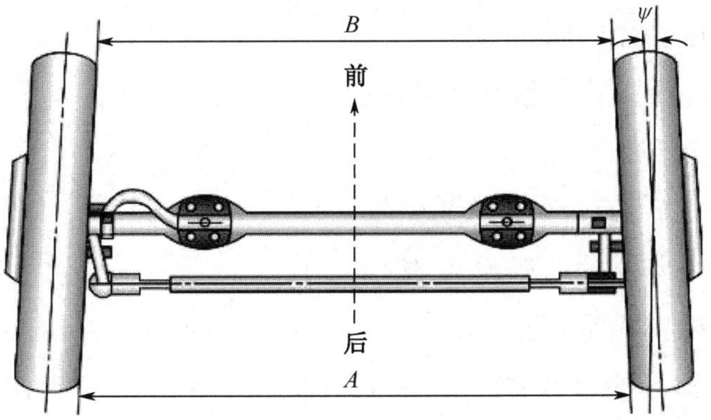

图 3-45　前束

2. 前束的功用

前束的功用是消除因车轮外倾所造成的不良后果，保证车轮不向外滚动，防止车轮侧滑和减轻轮胎的磨损。

3. 前束的原理

由于车轮外倾，汽车行驶时，两个车轮的滚动类似于两个锥体的滚动，其轨迹不再是直线而是逐渐向各自的外侧滚开，如图 3-46 所示。但因受车桥和转向横拉杆的约束，两侧车轮不可能向外滚开，这样，车轮在路面上滚动行驶的同时被强制地拉向内侧，产生向内的侧滑，从而加剧轮胎的磨损。有了前束，车轮滚动的轨迹是向内侧偏斜，只要前束值与车轮外倾角配合适当，车轮向内、外侧滚动的偏斜量就会相互抵消，使车轮每一瞬间的滚动方向都朝着正前方，从而消除了侧滑，减轻了轮胎的磨损。前轮前束值可以通过改变转向横拉杆的长度来调整，一般前束值为 0～12mm。

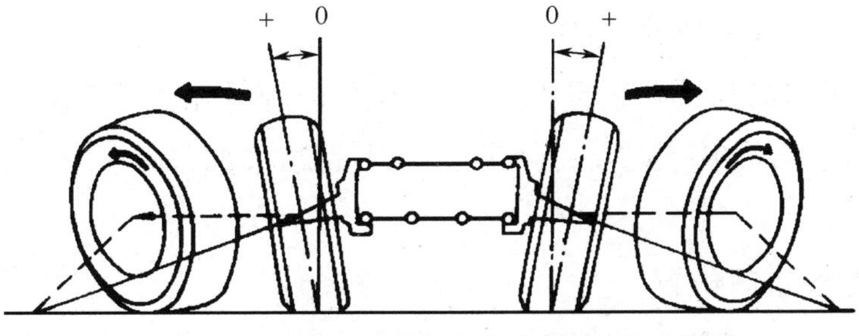

图 3-46　车轮外倾产生的车轮运动示意图

实践知识

一、车轮定位的检查与调整

1. 检查准备

检查车轮定位前，车辆应先满足以下条件，否则检查结果无效。

（1）检查轮胎充气是否正确以及有无不规则磨损。

（2）检查车轮和轮胎的径向跳动量。

（3）检查车轮轴承是否存在游隙或间隙过大。

（4）检查球节是否松动或磨损。

（5）检查转向横拉杆接头有无松动或磨损。

（6）检查控制臂和稳定杆是否松动或磨损。

（7）检查车架上的转向器是否松动。

（8）检查滑柱/减振器是否有磨损、泄漏或任何可听到的噪声。

（9）检查是否因连杆机构或悬架部件僵硬或锈蚀而导致转向盘拖滞过大或回正性差。

（10）检查燃油油位。燃油箱应加满，否则应向车辆增加相应的补偿载荷。

小贴士： 车轮定位前期检查中如果出现细小的误差，会直接导致车轮定位参数不正确，从而造成车轮定位调整失败。所以在车轮定位前期检查时一定要认真仔细，养成精益求精的工作态度。

2．车轮定位

按相关定位仪的程序指引完成车轮定位工作。

3．车轮定位的调整

（1）车轮外倾角调整。

车轮外倾角不可调整。如果车轮外倾角不在规定范围内，检查悬架支承是否错位或前悬架是否损坏。如有必要，更换所有损坏的悬架部件。

（2）车轮主销后倾角和内倾角调整。

车轮主销后倾角和内倾角不可调整。如果车轮主销外倾角不在规定范围内，检查悬架支承是否错位或悬架是否损坏。如有必要，更换所有损坏的悬架部件。

（3）前束的调整。

① 确保转向盘置于正前位置。

② 如图 3-47 所示，松开转向横拉杆防松螺母。

③ 通过转动内横拉杆，将前束值调整至规定范围。

④ 将横拉杆防松螺母紧固至维修手册规定力矩。由于主销后倾角和车轮外倾角的改变会引起前束的改变，而前束的变化不会影响主销后倾角和车轮外倾角，因此车轮定位的检查和调整顺序是：首先检查主销后倾角和左右轮的差值，如果不在规定范围内，需要更换相关零部件，调至规定值范围内后；再检查车轮外倾角和左右轮的差值，如果不在规定范围内，需要更换相关零部件，调整至规定值，最后检查和调整前束。

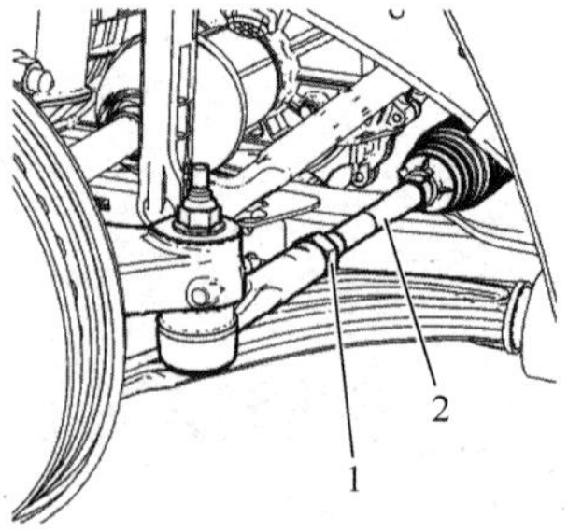

1—横拉杆防松螺母；2—内横拉杆

图 3–47　前束的调整

二、车轮定位不正确的故障诊断

故障现象：车轮定位不正确引起的故障现象较多，一般表现为车辆行驶跑偏；车轮一侧磨损严重；车子发飘，侧滑、转向不稳、转向盘过沉或过轻、悬架系统零部件异常磨损等。

故障原因：车轮定位不正确。

故障诊断：按车轮定位与调整的步骤进行。

任务实施与评价

<table>
<tr><td>学习任务</td><td colspan="3">车轮定位</td><td>学时</td><td colspan="2">4 学时</td></tr>
<tr><td>姓名</td><td></td><td>实训车型</td><td></td><td colspan="3">年　月　日</td></tr>
<tr><td>标准时间</td><td></td><td>开始时间</td><td></td><td>完成时间</td><td colspan="2"></td></tr>
<tr><td>序号</td><td colspan="2">操作步骤</td><td>操作标准</td><td>操作记录</td><td>分值</td><td>自评得分</td></tr>
<tr><td rowspan="4">1</td><td rowspan="4">检测前的基础检查</td><td>检查作业现场环境</td><td rowspan="4">检查清洁彻底、记录清晰、准确</td><td rowspan="4"></td><td>2</td><td></td></tr>
<tr><td>记录整车基本信息</td><td>3</td><td></td></tr>
<tr><td>作业前工具检查</td><td>2</td><td></td></tr>
<tr><td>作业前实施车辆防护</td><td>3</td><td></td></tr>
<tr><td rowspan="4">2</td><td rowspan="4">检测前的检查</td><td>车辆开上平台，使汽车停在转盘上，并停正汽车。汽车开上平台前，应把转盘穿好锁销</td><td rowspan="4">工具选择、使用正确；按维修手册的工艺要求完成检查</td><td rowspan="4"></td><td>5</td><td></td></tr>
<tr><td>检测汽车轮胎气压是否正常</td><td>5</td><td></td></tr>
<tr><td>检测汽车悬架是否正常</td><td>5</td><td></td></tr>
<tr><td>检查转向系统、制动系统是否正常</td><td>5</td><td></td></tr>
<tr><td rowspan="10">3</td><td rowspan="10">检测操作步骤</td><td>将 4 个检测机头挂架分别悬挂在 4 个轮辋上，将检测机头固定在挂架上，调整机头水平</td><td rowspan="10">工具选择、使用正确；按维修工艺要求进行检测</td><td rowspan="10"></td><td>5</td><td></td></tr>
<tr><td>启动电脑，打开四轮定位应用程序，依照程序的指引完成各步操作</td><td>10</td><td></td></tr>
<tr><td>输入客户信息，便于测试结果记录</td><td>5</td><td></td></tr>
<tr><td>选择所测汽车的生产厂家、车型、时间，查出标准参数以供比较</td><td>5</td><td></td></tr>
<tr><td>根据所测项目和电脑指引完成轮辋补偿</td><td>10</td><td></td></tr>
<tr><td>检测汽车车轮定位参数。屏幕上显示各个定位参数，箭头指在表示数值的图上的绿区内时，是合格的</td><td>5</td><td></td></tr>
<tr><td>若有参数在绿区之外，则需调整。举升平台，进入车下进行调整，直到符合要求</td><td>10</td><td></td></tr>
<tr><td>全部角度调整好之后，存储检测结果。可选择打印报告单</td><td>5</td><td></td></tr>
<tr><td>拆下机头和挂架，关闭程序</td><td>5</td><td></td></tr>
<tr><td>落下平台，汽车倒车开下平台</td><td>5</td><td></td></tr>
</table>

续表

序号	操作步骤	操作标准	操作记录	分值	自评得分
4	场地恢复及现场 5S 管理	正确使用及摆放工具、量具，清洁整理工作台、地面及工具、量具		5	
学生自评					
小组评价					
指导教师（师傅）评价					
综合评价	□优秀　□良好　□合格　□不合格				

任务测试

一、单项选择题

1．车轮定位参数中，具有车辆转向操纵轻便作用的参数是（　　）。

A．主销后倾角与主销内倾角　B．主销内倾角与车轮外倾角

C．车轮外倾角与车轮前束　D．主销后倾角与车轮外倾角

2．具有转向轮自动回正作用的车轮定位参数是（　　）。

A．主销后倾角和主销内倾角　B．主销后倾角和车轮外倾角

C．主销后倾角和车轮前束　D．车轮外倾角和车轮前束

3．一般主销内倾角不大于（　　）。

A．5°　B．8°　C．10°　D．12°

4．为避免汽车转向沉重，主销后倾角一般不超过（　　）。

A．2°　B．4°　C．5°　D．3°

5．四轮定位的作用是使汽车保持稳定的（　　）。

A．直线行驶　B．曲线行驶　C．转弯性能　D．制动性能

二、填空题

1．主销后倾的功用是__________，保证汽车直线行驶的__________，并使汽车转向后回正__________。

2．主销内倾具有使转向轮__________的作用。

三、判断题

1．前束不当，会出现高速摆振和明显的单侧磨损。（　　）

2．桑塔纳 2000 轿车的主销后倾角是不能调整的。（　　）

3．桑塔纳 2000 轿车总前束值分为两半，分别在左、右转向横拉杆上调整。（　　）

4．前束值可以通过改变转向横拉杆的长度来调整，一般前束值为0～12mm。（　　）

项目测试

1．如图3-48所示为汽车转向轮（前轮）定位示意图，完成下列问题。

（1）图中的α、β分别表示什么参数？

（2）从作用上看，α、β所表示的两个定位的共同点是什么？

（3）在图示两个转向轮定位中，能够实现转向轮自动回正的是哪一个？如果调整角度过大，会造成轮胎偏磨加剧的是哪一个？

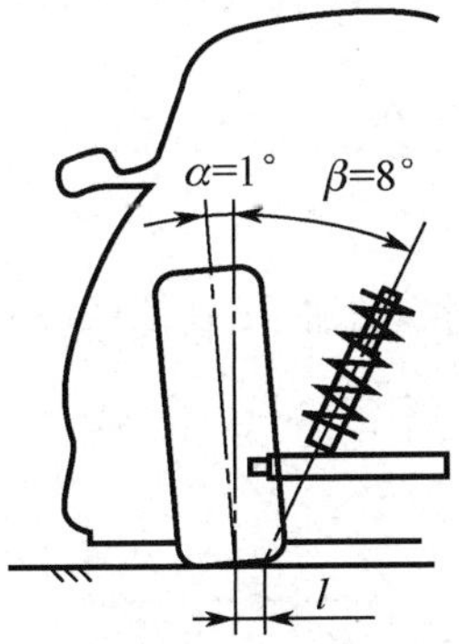

图3-48　汽车转向轮定位示意图

2．根据图3-49所示的悬架示意图，完成下列问题。

（1）写出图中元件1、2的名称。

（2）该结构是独立悬架还是非独立悬架？

（3）该悬架适用于整体式车桥还是断开式车桥？

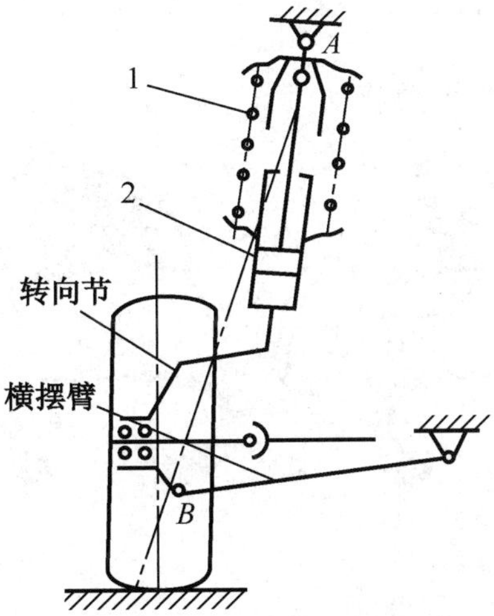

图3-49　悬架示意图

3．如图3-50所示为车辆转向桥结构示意图，完成下列问题。

（1）图中A与B的差值称为什么？通过调整哪个元件改变该参数？

（2）除了上述参数，前轮的定位参数主要还有哪 3 个？

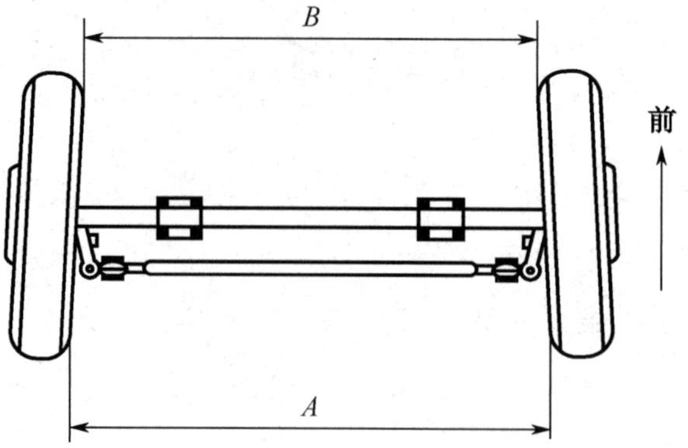

图 3-50　车辆转向桥结构示意图

4．如图 3-51 所示为某车辆行驶系统结构示意图，该车辆采用了非独立悬架，完成下列问题。

（1）图中 1、2 分别代表行驶系统的哪个组成部分？

（2）当车辆受到路面冲击而产生振动时，比较减振器在伸张行程和压缩行程中阻尼力的大小。

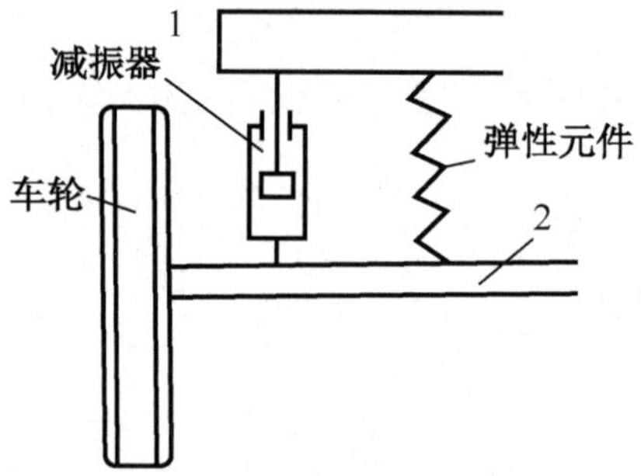

图 3-51　行驶系统结构示意图

5．如图 3-52 所示为轮胎截面示意图，完成下列问题。

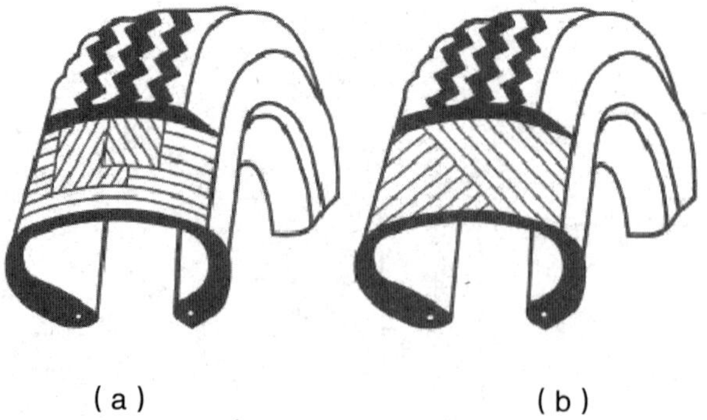

图 3-52　轮胎截面示意图

（1）按胎体帘布层结构形式分，图 3-52（a）、（b）分别为哪种类型的轮胎？

（2）按轮胎花纹类型分析，图中所示轮胎是否适用于高速行驶？

项目小结

- 行驶系统
  - 功用
    - 支撑汽车总质量，承受力和力矩；缓冲振动
  - 组成
    - 车架、车桥、车轮和悬架
  - 车架
    - 功用：装配基体，安装总成，承受载荷
    - 类型：边梁式、中梁式、综合式和无梁式车架
  - 车桥
    - 功用：传递车架与车轮之间的各种载荷
    - 类型：转向桥、驱动桥、转向驱动桥、支持桥
  - 悬架
    - 功用：传递作用力和力矩，缓冲冲击力，减少振动
    - 组成：弹性元件、减振器、导向机构
    - 类型：非独立悬架和独立悬架
    - 减振器
      - 功用：衰减路面冲击产生的振动
      - 组成：流通阀、补偿阀、压缩阀、储油缸、伸张阀、活塞、工作缸、活塞杆
    - 弹性元件：钢板弹簧、螺旋弹簧、扭杆弹簧和气体弹簧
    - 独立悬架
      - 横臂式、纵臂式和车轮沿主销移动式（烛式独立悬架和麦弗逊式独立悬架）
    - 非独立悬架：钢板弹簧式、螺旋弹簧式非独立悬架
  - 车轮总成
    - 功用：支撑整车质量；缓和冲击；提供驱动力和制动力
    - 组成：车轮、轮胎
    - 车轮
      - 功用：安装轮胎，承受各种载荷
      - 组成：轮毂、轮辋和轮辐
    - 轮胎
      - 功用：支撑质量，承受载荷；衰减振动
      - 类型：高压胎、低压胎和超低压胎
      - 组成：外胎、内胎和垫带
  - 车轮定位
    - 定义：车轮、转向节和前轴三者与车架的安装保持相对位置
    - 组成：车轮外倾、主销后倾、主销内倾及前束
    - 主销后倾
      - 定义：主销安装后，其上端略向后倾斜
      - 功用：自动回正，保证直线行驶稳定性
    - 主销内倾
      - 定义：主销安装后，其上端略向内倾斜
      - 功用：自动回正，转向操纵轻便
    - 车轮外倾
      - 定义：车轮安装后，旋转平面上端向外倾斜
      - 功用：减少车轮磨损，转向操纵的轻便性
    - 前束
      - 定义：车轮安装后，其前端略向内侧收束
      - 功用：消除车轮外倾的不良后果，减少磨损

项目四

汽车转向系统检修

项目描述

汽车转向系统是指为了让车辆按照驾驶员的意愿，用来保持或改变车辆行驶及倒退方向的一系列装置。一般是指从驾驶员操作转向盘开始到转向轮相对于车辆纵向轴线偏转之间所有动力传递装置的总称。汽车转向系统按照动力来源分为机械式转向系统和动力式转向系统。动力式转向系统根据动力来源又可分为气压式动力转向系统、液压式动力转向系统和电动助力转向系统。虽然形式有所不同，但其基础架构均由转向操纵机构、转向器和转向传动机构三部分组成，不同之处在于是否采用动力输入与控制装置以及转向器的结构形式。图 4-1 所示为常见的液压式动力转向系统的组成。

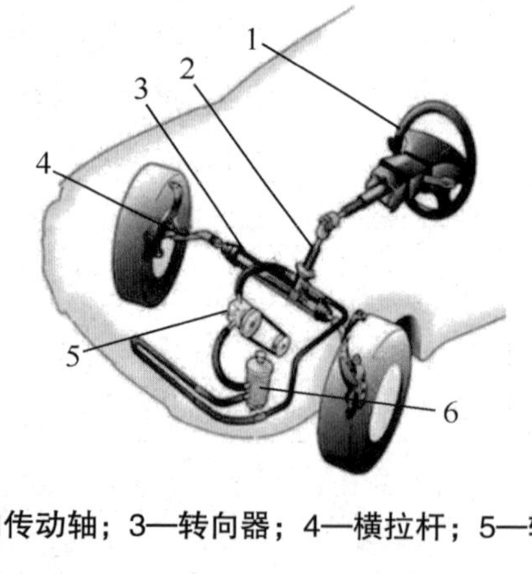

1—转向盘；2—转向传动轴；3—转向器；4—横拉杆；5—转向油泵；6—储油罐

图 4-1　液压式动力转向系统的组成

本项目主要包括：机械式转向系统检修和动力式转向系统检修 2 个任务。要求通过 2 个任务的学习，进一步掌握汽车转向系统结构和工作原理，掌握汽车转向系统的检修方法，并学会使用转向系统常用检修工具。

任务1 机械式转向系统检修

任务目标

素养目标：

1. 具有良好人际交流能力。
2. 具有良好团队合作精神。
3. 具有精益求精的工匠精神。

能力目标：

1. 能够正确选择并使用汽车底盘拆装工具。
2. 能够进行机械式转向系统部件拆装及检修。
3. 能够判断机械式转向系统常见故障及可能的故障部位。

知识目标：

1. 了解机械式转向系统功用、组成及特点。
2. 掌握机械式转向系统主要部件的构造。
3. 了解机械式转向系统类型及工作原理。

情境导入

一辆2016年生产的2015款五菱之光乘用车，转向沉重，并且在转向时有异响，到修理厂进行修理。驾驶员反映，该车最初仅表现为转向沉重，并无异响，随着转向越发沉重，异响声音越来越大。维修技术人员初步判断为转向系统故障，需要对转向系统进行检修。请你根据本任务所学机械式转向系统的相关知识，完成转向系统的检修。

任务准备

理论知识

一、机械式转向系统的组成

机械式转向系统是指以驾驶员的体力（手部力量）作为唯一转向动力源的转向系统，其所有的传力机构均为机械式的。机械式转向系统由转向操纵机构、转向器和转向传动机构三大部分组成。

机械式转向系统的结构组成、布置方式与传动系统、行驶系统的结构形式有很大关系，不同的行驶系统配备的转向系统组成差别较大，这里以常见的有代表性的EQ1091车型为例进行介绍，其基本组成如图4-2所示。

1．转向操纵机构

转向盘到转向器之间的所有零部件总称为转向操纵机构，包括转向盘、转向轴、转向柱等，在一些远距离操纵机构中还设有万向节和柔性联轴节。其功用是将驾驶员作用于转向盘上的转矩传递给转向器，驱动转向器动作，同时具有一定的调节和安全防护功能。

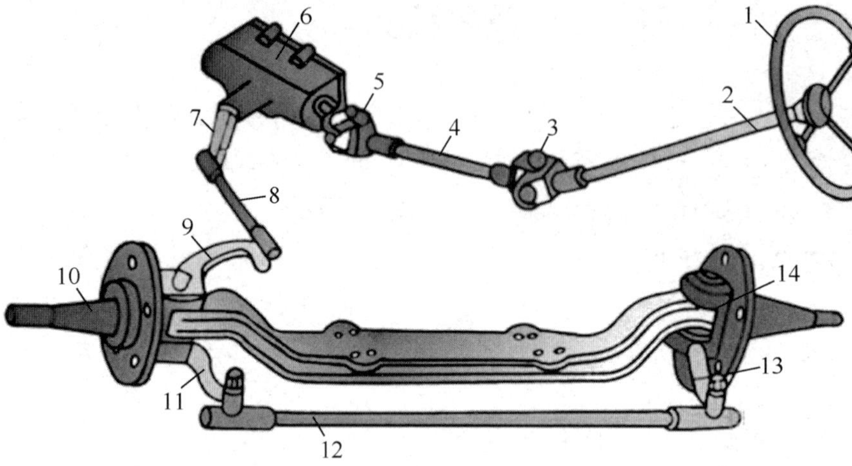

1—转向盘；2、4—转向轴；3、5—转向万向节；6—转向器；7—转向摇臂；8—转向直拉杆；

9—转向节臂；10—左转向节；11—左转向梯形臂；12—转向横拉杆；13—右转向梯形臂；14—右转向节

图 4–2　机械式转向系统示意图

（1）转向盘（又名方向盘）。

转向盘通过花键连接在转向轴上，供驾驶员操作转向系统使用，一般由轮缘、轮辐和轮毂组成，如图 4-3 所示。转向盘外部包裹有柔软的外表皮，可起缓冲作用，撞车时，骨架能产生变形，以吸收冲击能量。为进一步减轻交通事故中驾驶员的受伤程度，现代车辆一般将驾驶员侧的安全气囊安装于方向盘内，配合安全带使用，起缓冲作用。另外转向盘上还可以按照需要集成喇叭或音响等开关、按钮，方便驾驶员操作。

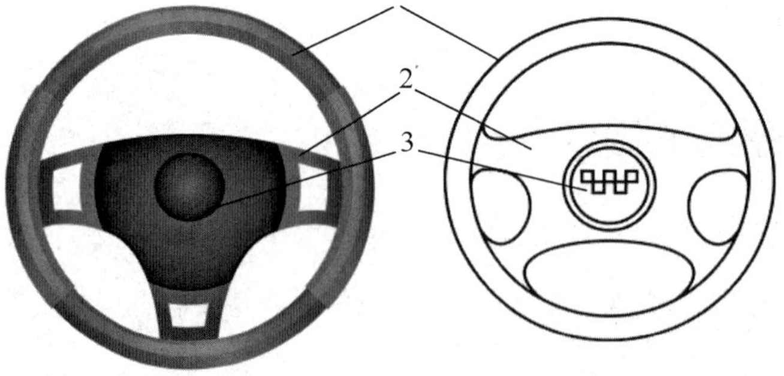

1—轮缘；2—轮辐；3—轮毂

图 4–3　转向盘的结构

（2）转向轴与转向柱。

转向轴是将驾驶员作用于转向盘的转向操纵力矩传给转向器的传力轴，它的上部与转向盘固定连接，下部通过转向万向节与转向器相连。转向轴从转向柱中穿过，支承在转向柱内的轴承和衬套上。为了提高车辆的防盗性能，一般在转向柱上安装有转向盘锁，当点火开关旋转至“LOCK”挡时，点火锁中会有一个锁舌插入转向轴的销孔内，转向盘随之锁死，车辆无法转向。

为了减轻出现事故时转向系统对驾驶员的伤害，提高车辆的安全性能，现代汽车广泛采用安全式转向柱。安全式转向柱有可分离式安全转向柱和可溃缩式安全转向柱两种。

①可分离式安全转向柱。

上海桑塔纳轿车的转向操纵机构采用了可分离式安全转向柱，图 4-4（a）所示为转向操纵机构的正常工作位置。此类转向操纵机构的转向轴分为上下两段，用安全联轴节连接，上转向轴下部弯曲并在端面上焊接有半月形凸缘盘，盘上装有两个驱动销，与下转向轴上端凸缘压装尼龙衬套和橡胶圈的孔相配合，形成安全联轴节。一旦发生撞车事故，驾驶员因惯性而以胸部扑向转向盘时，迫使转向柱管压缩位于转向柱上方的安全元件而向下移动，使两个销子迅速从下转向轴凸缘的孔中退出，从而形成缓冲而减轻对驾驶员的伤害。图 4-4（b）所示为转向盘受撞击时，可折叠安全元件被折叠、压缩及安全连轴节脱开使转向柱产生轴向移动的情形。

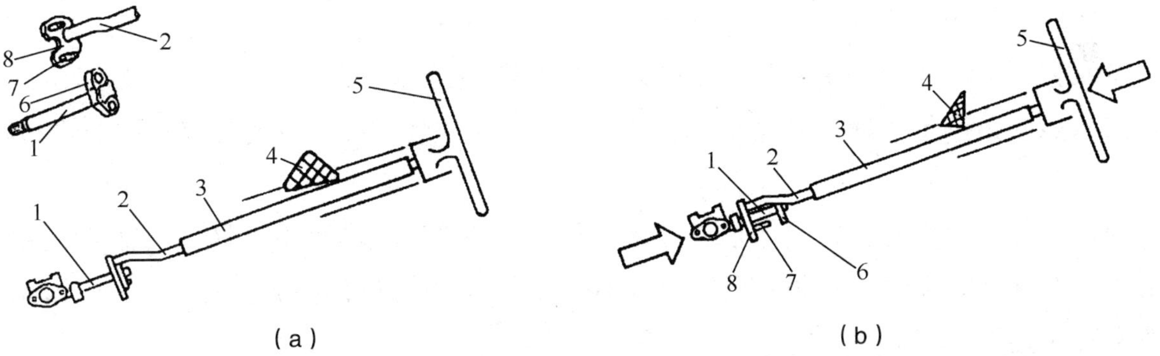

1—下转向轴；2—上转向轴；3—转向柱；4—可折叠安全元件；

5—转向盘；6—凸缘；7—驱动销；8—半月形凸缘盘

图 4-4　上海桑塔纳轿车的转向操纵机构

②可溃缩式安全转向柱。

现代汽车广泛采用的是可溃缩式安全转向柱，当转向轴受到巨大冲击力时，使得其吸能装置产生塑性变形，吸收冲击能量，保护驾驶员。按其吸能装置结构可分为波纹管式、网格状变形式和双层管式 3 种类型。

波纹管式安全转向柱。它能在撞车时，依靠波纹管被压缩而吸收撞击能量，同时减小转向柱和转向盘朝驾驶员侧的移动量，起到较好的保护效果，如图 4-5（a）所示。

网格状变形式安全转向柱。利用网格状管柱削弱局部强度，撞车时此处被压缩并能吸收冲击能量，使转向柱和转向盘后移量较小，从而对驾驶员起到缓冲保护作用，如图 4-5（b）所示。

双层管式安全转向柱。转向管柱分为上转向柱和下转向柱两部分，上、下管柱之间装有钢球，下转向柱的外径与上转向柱的内径之间的间隙比钢球直径稍小，为过盈配合并相互套装在一起。在撞车时，冲击力使内管和外管产生相对运动，依靠在两者之间具有较大过盈量的钢球，在相对运动中产生较大的摩擦力有效吸收撞击能量，起到缓冲保护的作用，如图 4-5（c）所示。

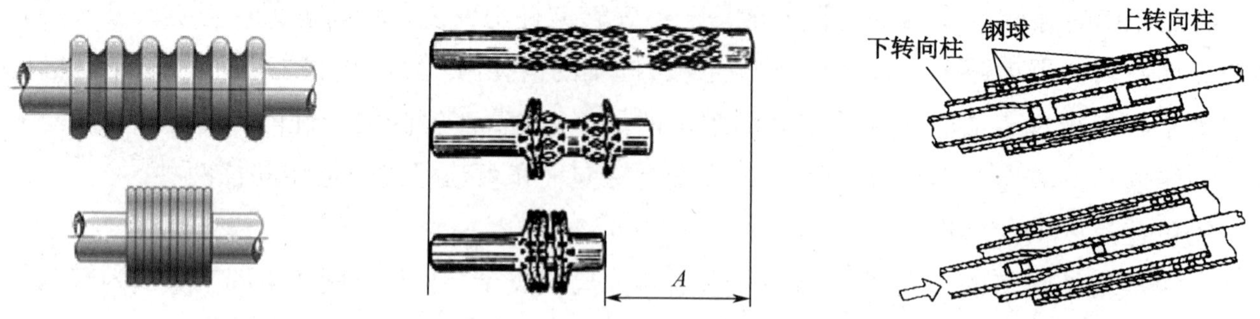

（a）波纹管式　（b）网格状变形式　（c）双层管式

图 4–5　转向柱的吸能装置

2．转向器

转向器的功用是承受由转向盘传到转向节的力和运动，增大并改变其传动方向，然后将其传给转向传动机构。

（1）转向器的类型。

①按照转向器的动力来源分类，转向器可分为机械式转向器和动力式转向器。

②按照转向器的传动效率分类，转向器可分为可逆式转向器、极限可逆式转向器和不可逆式转向器。

转向器的传动效率是指转向器输出功率与输入功率之比。当功率由转向盘输入，从转向摇臂输出时，所求得的传动效率称为正传动效率；反之，转向摇臂受到道路冲击而传到转向盘的传动效率则称为逆传动效率。

可逆式转向器是指正、逆传动效率都很高的转向器。这种转向器有利于汽车转向后转向轮的自动回正，转向盘“路感”很强，但在不良路面上行驶时易出现“打手”，所以主要应用于经常在良好路面行驶的车辆。

极限可逆式转向器是指正传动效率远大于逆传动效率的转向器。这种转向器能实现汽车转向后转向轮的自动回正，但“路感”较差，只有当路面冲击力很大时才能部分地传到转向盘，主要应用于中型以上的越野汽车、工矿用自卸汽车等。

不可逆式转向器是指逆传动效率很低的转向器，这种转向器使驾驶员不能得到路面的反馈信息，没有“路感”，而且转向轮也不能自动回正，所以很少采用。

③按照转向器的结构及工作原理分类，转向器可分为循环球式转向器、齿轮齿条式转向器、蜗杆曲柄指销式转向器等几种。

（2）循环球式机械转向器。

①循环球式机械转向器结构。

解放 CA1092 型汽车使用的是循环球式机械转向器，如图 4-6 所示，主要由转向螺杆、转向螺母、转向器壳体及许多小钢球等部件组成。它有两级传动副，第一级传动副是转向螺杆-

转向螺母；螺母的下平面加工成齿条，与齿扇轴内的齿扇相啮合，构成齿条-齿扇第二级传动副。显然，转向螺母既是第一级传动副的从动件，也是第二级传动副的主动件。经过两级传动副的传动，转向器就将由转向盘输入的力和力矩进行增大，同时改变了力的传动方向。

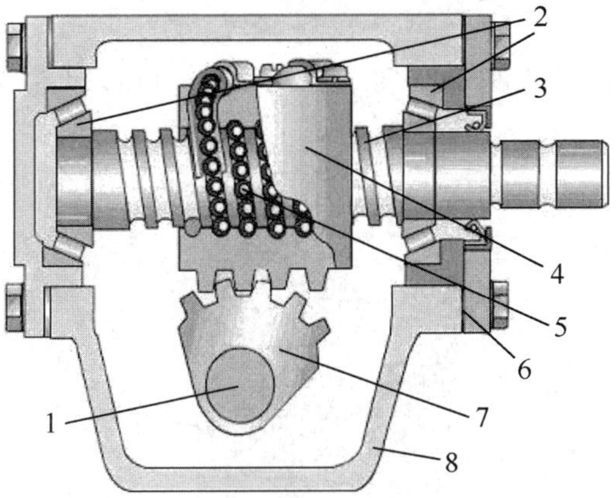

1—摇臂轴；2—推力轴承；3—转向螺杆；4—转向螺母；5—钢球；6—调整垫片；7—齿扇；8—转向器壳体

图 4-6　循环球式机械转向器

转向螺杆支承在两个推力球轴承上，轴承的预紧度可用调整垫片调整。在转向螺杆上松套着转向螺母。为了减少它们之间的摩擦，二者的螺纹并不直接接触，其间装有许多钢球，以实现滚动摩擦。所谓的循环球指的就是这些小钢球，转动转向螺杆时，那些小钢球就在密闭的管路内循环往复地滚动，所以这种转向器被称为循环球式转向器。

②循环球式机械转向器原理。

当转动转向螺杆时，通过钢球将力传给转向螺母，使螺母沿螺杆轴向移动。随着螺母沿螺杆做轴向移动，其齿条便带动齿扇绕着转向摇臂轴做圆弧运动，从而使转向摇臂轴连同摇臂产生摆动，通过转向传动机构使转向轮偏转，实现汽车转向。

转向螺母下平面上加工出的齿条是倾斜的，与之相啮合的是变齿厚齿扇。只要使齿扇轴相对于齿条做轴向移动，便可调整二者的啮合间隙。调整螺钉旋装在侧盖上。齿扇轴靠近齿扇的端部切有“T”形槽，螺钉的圆柱形端头嵌入此切槽中，端头与“T”形槽的间隙用调整垫圈来调整。旋入螺钉，则齿条与齿扇的啮合间隙减小；旋出螺钉则啮合间隙增大。调整好后用锁紧螺母锁紧。

③循环球式机械转向器特点。

循环球式机械转向器更多地依靠滚动摩擦，所以具有较高的传动效率，操纵起来比较轻便舒适，机械部件的磨损较小，使用寿命相对较长，主要应用在大型商用车辆上。

（3）齿轮齿条式机械转向器。

①齿轮齿条式机械转向器结构。

图 4-7 所示为齿轮齿条式机械转向器，它主要由转向器壳体、转向小齿轮、转向齿条等组成。转向器通过转向器壳体两端的安装孔用螺栓固定在车身（车架）上。小齿轮轴通过上、下两个轴承安装在壳体中，其上端通过花键与转向轴上的万向节（图中未画出）相连，其下部是

与轴制成一体的转向小齿轮。转向小齿轮是转向器的主动件，与它相啮合的从动件转向齿条水平布置。齿条背面装有齿条导向套，在压缩弹簧的作用下，压靠在转向小齿轮上，保证二者无间隙啮合。调整螺钉可用来调整压缩弹簧的预紧力。压缩弹簧不仅起消除啮合间隙的作用，而且是一个弹性支承，可以吸收部分振动能量，缓和冲击。

转向齿条的中部（有的是齿条两端，如图 4-7 所示）通过拉杆支架或球头与左、右转向横拉杆连接。

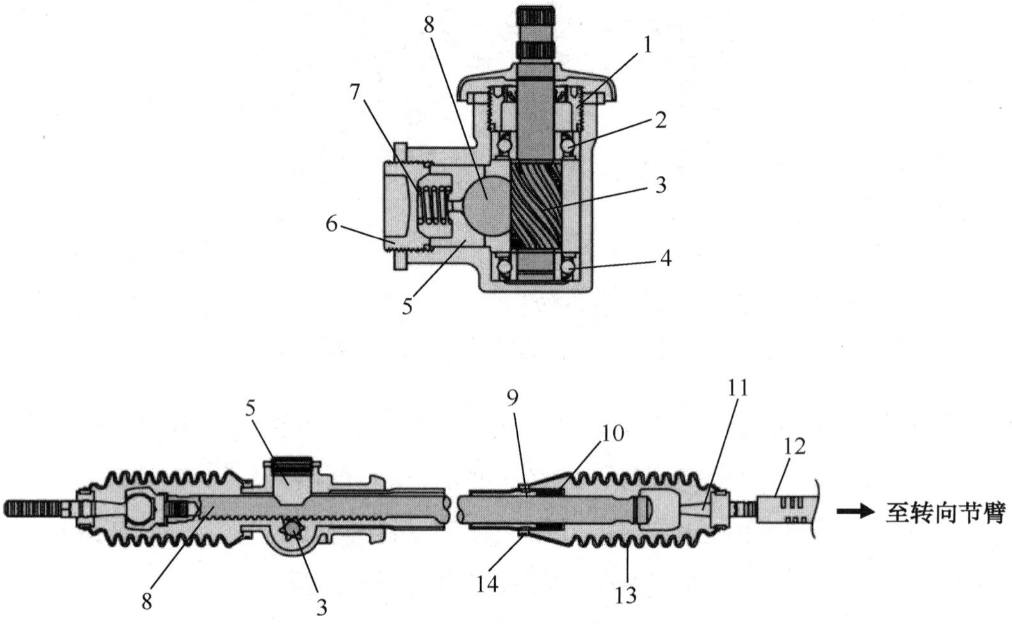

1—调整螺钉；2—上轴承；3—转向小齿轮；4—下轴承；5—齿条导向套；6—调整螺钉；7—压缩弹簧；

8—转向齿条；9—外壳；10—衬套；11—拉杆球头；12—横拉杆；13—齿条护套；14—扎带

图 4–7 齿轮齿条式机械转向器

②齿轮齿条式机械转向器原理。

转动转向盘时，转向小齿轮转动，与之相啮合的转向齿条沿轴向移动，从而使左、右转向横拉杆带动转向节转动，使转向轮偏转，实现汽车转向。

③齿轮齿条式机械转向器特点。

齿轮齿条式机械转向器结构简单，可靠性好，也便于独立悬架的布置；同时，由于齿轮齿条直接啮合，转向灵敏、轻便，因此在各类型汽车上的应用越来越多。

（4）蜗杆曲柄指销式机械转向器。

①蜗杆曲柄指销式机械转向器结构。

东风 EQ1090E 型汽车采用的是蜗杆曲柄指销式机械转向器，基本结构如图 4-8 所示。它主要由转向器壳体、转向蜗杆、转向摇臂轴和指销等组成。

转向器壳体固定在车架的转向器支架上。壳体内装有传动副，其主动件是转向蜗杆，从动件是装在摇臂轴曲柄端部的指销。具有梯形截面螺纹的转向蜗杆支承在转向器壳体两端的两个向心推力球轴承上。转向器下盖上装有调整螺塞，用以调整向心推力轴承的预紧度，调整后用螺母紧固。

蜗杆与锥形的指销相啮合，构成传动副。指销均用双列圆锥滚子轴承支承在曲柄上，并可绕自身轴线转动，以减轻蜗杆与指销啮合传动时的磨损，提高传动效率。

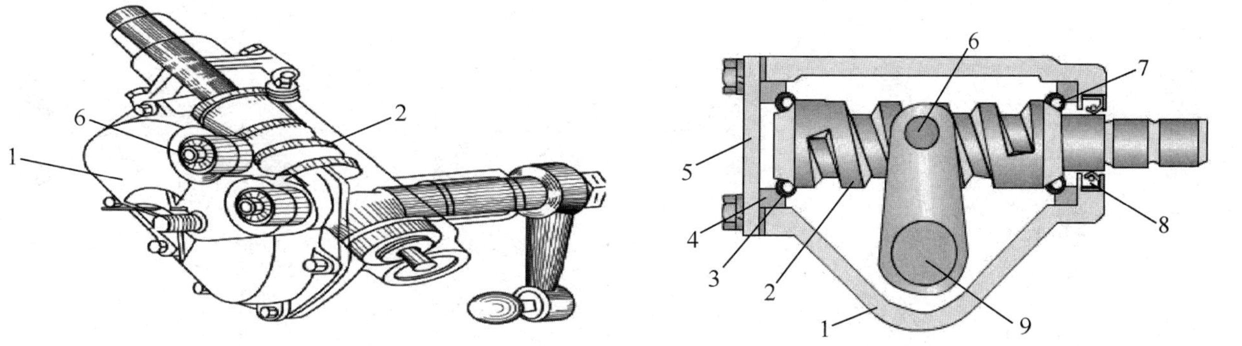

1—转向器壳体；2—转向蜗杆；3—蜗杆轴承；4—蜗杆轴承垫块；5—下盖；6—指销轴承总成；

7—蜗杆轴承；8—蜗杆油封；9—转向摇臂轴

图 4-8　蜗杆曲柄指销式机械转向器的基本结构

②蜗杆曲柄指销式机械转向器原理。

汽车转向时，驾驶员通过转向盘转动转向蜗杆（主动件），与其相啮合的指销（从动件）一边自转，一边以曲柄为半径绕转向摇臂轴轴线在蜗杆的螺纹槽内做圆弧运动，从而带动曲柄、转向摇臂摆动，实现汽车转向。

③蜗杆曲柄指销式机械转向器特点。

曲柄蜗杆指销式转向器中的指销是在全部滚动摩擦的情况下工作的，且结构简单，因而传动效率高，操纵轻便，主要应用于受力较大的场合。

3. 转向传动机构

转向传动机构为了匹配不同的悬架类型，衍生出与非独立悬架配用的转向传动机构和与独立悬架配用的转向传动机构。转向传动机构主要由转向摇臂、转向直拉杆、转向节臂、转向横拉杆等组成。其功用是将转向器输出的力和运动传给转向轮，使两侧转向轮偏转以实现汽车转向，并保证左、右转向轮的偏转角按一定关系变化。

（1）非独立悬架配用的转向传动机构。

①非独立悬架配用的转向传动机构结构特点及分类。

与非独立悬架配用的转向传动机构一般有 3 种布置方式，如图 4-9 所示。均由转向摇臂、转向直拉杆、转向节臂、两个转向梯形臂和转向横拉杆等组成。各杆件之间均采用球形铰链连接，并设有防止松动、缓冲吸振、自动消除磨损后的间隙等结构。

当前桥仅为转向桥时，由左、右梯形臂和转向横拉杆组成的转向梯形，一般布置在前桥之后，如图 4-9（a）所示，称为后置式，这种布置简单方便，且后置的横拉杆有前面的车桥作为保护，可避免直接与路面障碍物相碰撞而损坏。当发动机位置较低或前桥为转向驱动桥时，往往将转向梯形布置在前桥之前，如图 4-9（b）所示，称为前置式。若转向摇臂不是在汽车纵向平面内前后摆动而是在与路面平行的平面内左右摆动（如北京 BJ2020N 型汽车），则可将转向直拉杆横向布置，并借助球头销直接带动转向横拉杆，从而推动左、右转向梯形臂转动，如图 4-9（c）所示。

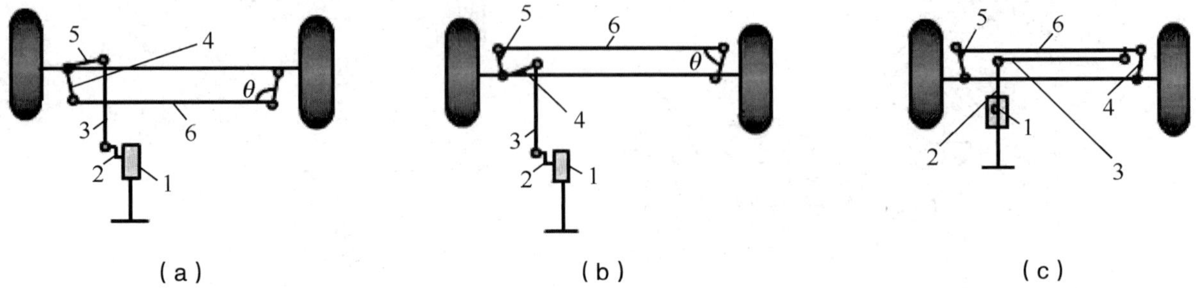

1—转向器；2—转向摇臂；3—转向直拉杆；4—转向节臂；5—转向梯形臂；6—转向横拉杆

图 4-9　与非独立悬架配用的转向传动机构示意图

②非独立悬架配用的转向传动机构结构组成及作用。

转向摇臂的作用是将转向器输出的力和运动传给转向直拉杆或转向横拉杆，进而推动转向轮偏转。典型结构如图 4-10 所示，其大端具有三角细花键锥形孔，用以与转向摇臂轴外端相连接，并用螺母固定；其小端带有球头销，以便与转向直拉杆做空间铰链连接。

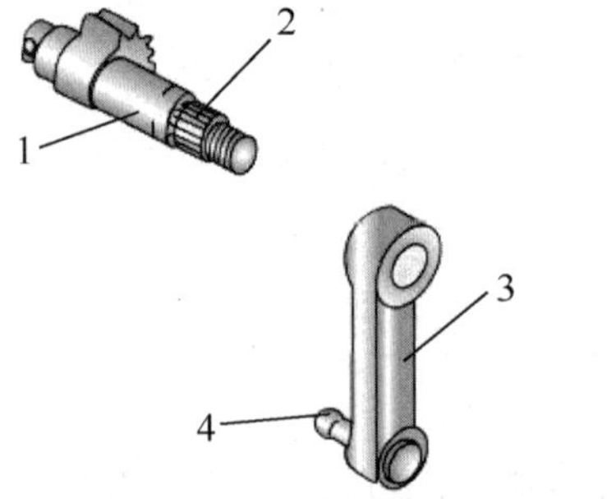

1—转向摇臂轴；2—带锥度的三角形齿形花键；3—转向摇臂；4—球头销

图 4-10　转向摇臂

转向摇臂安装后从中间位置向两边摆动的角度应大致相等，故在把转向摇臂安装到摇臂轴上时，二者相应的角度位置应正确。为此，常在摇臂大孔外端面上和摇臂轴的外端面上各刻有短线，或是在二者的花键部分都少铣一个齿作为装配标记，装配时应将标记对齐。

转向直拉杆的作用是将转向摇臂传来的力和运动传给转向梯形臂或转向节臂。图 4-11 所示为解放 CA1092 型汽车的转向直拉杆。直拉杆体由两端扩大的钢管制成，在扩大的端部里，装有由球头销、球头座、弹簧座、压缩弹簧和螺塞等组成的球铰链。球头销的锥形部分与转向摇臂连接，并用螺母固定；其球头部分的两侧与两个球头座配合，前球头座靠在端部螺塞上，后球头座在弹簧的作用下压靠在球头上。这样，两个球头座就将球头紧紧夹持住。

为保证球头与座的润滑，可从油嘴注入润滑脂。拆装时供球头出入的直拉杆体上的孔口用油封垫的护套盖住，以防止润滑脂流出和污物侵入。

压缩弹簧能自动消除因球头与座磨损而产生的间隙，弹簧座的小端与球头座之间留有不大的间隙，作为弹簧缓冲的余地，并可限制缓冲时弹簧的压缩量（防止弹簧过载）。此外，当弹簧折断时，此间隙可保证球头销不致从管孔中脱出。端部螺塞可以调整此间隙，调整间隙的同时调整了前弹簧的预紧度，调好后用开口销固定螺塞的位置，以防松动。

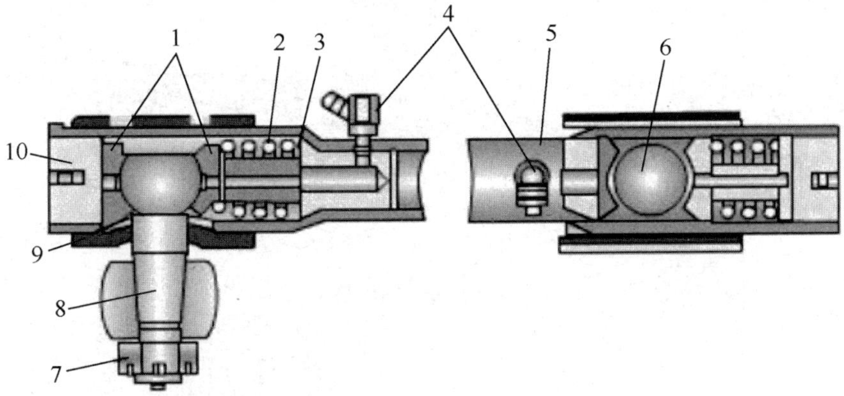

1—球头座；2—压缩弹簧；3—弹簧座；4—油嘴；5—直拉杆体；6—转向摇臂球头销；

7—螺母；8—球头销；9—橡胶防尘垫；10—螺塞

图 4–11 解放 CA1092 型汽车的转向直拉杆

转向横拉杆的作用是联系左、右转向梯形臂并使其协调工作。图 4-12（a）所示为解放 CA1092 型汽车的转向横拉杆，它在车辆正常行驶时频繁承受拉力和压力，因此用高强度钢管制成，其两端切有螺纹，一端为右旋，一端为左旋，与横拉杆接头旋装连接。两端接头结构相同，如图 4-12（b）所示。接头的螺纹孔壁上开有轴向切口，故具有弹性，旋装到杆体上后可用螺栓夹紧。旋松夹紧螺栓以后，转动横拉杆体，可改变转向横拉杆的总长度，从而调整转向轮前束。

在横拉杆两端的接头上都装有球头销等零件组成的球形铰链。球头销的球头部分被夹在上、下球头座内，球头座用聚甲醛制成，有较好的耐磨性，形状如图 4-12（c）所示。装配时上、下球头座凹凸部分互相嵌合。弹簧通过弹簧座压向球头座，以保证两球头座与球头的紧密接触，在球头和球头座磨损时能自动消除间隙，同时起缓冲作用。弹簧的预紧力由螺塞调整。球形铰链上部有防尘罩，以防止尘土侵入。球头销的尾部锥形柱与转向梯形臂连接，并用螺母固定、开口销锁紧。

转向节臂和梯形臂的作用是承受转向横拉杆传来的力和运动，促使转向轮绕主销旋转。解放 CA1092 型汽车的转向节臂和梯形臂如图 4-13 所示，转向直拉杆通过转向节臂与转向节相连。转向横拉杆两端经左、右梯形臂与转向节相连。转向节臂和梯形臂带锥形柱的一端与转向节锥形孔相配合，用键防止螺母松动。臂的另一端带有锥形孔，与相应的拉杆球头销锥形柱相配合，同样用螺母紧固后插入开口销锁住。

（2）独立悬架配用的转向传动机构。

①独立悬架配用的转向传动机构结构特点与类型。

当转向轮采用独立悬架时，由于每个转向轮都需要相对于车架（或车身）做独立运动，因此转向桥必须是断开式的。与此同时，转向传动机构中的转向梯形也必须分成两段或三段。图 4-14 所示为几种与独立悬架配用的转向传动机构示意图。其中图 4-14（a）、（b）所示的机构与循环球式转向器配用，图 4-14（c）、（d）所示的机构与齿轮齿条式转向器配用。

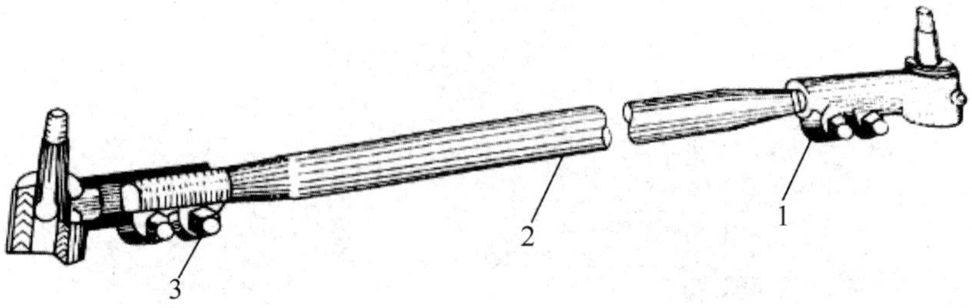

（a）转向横拉杆

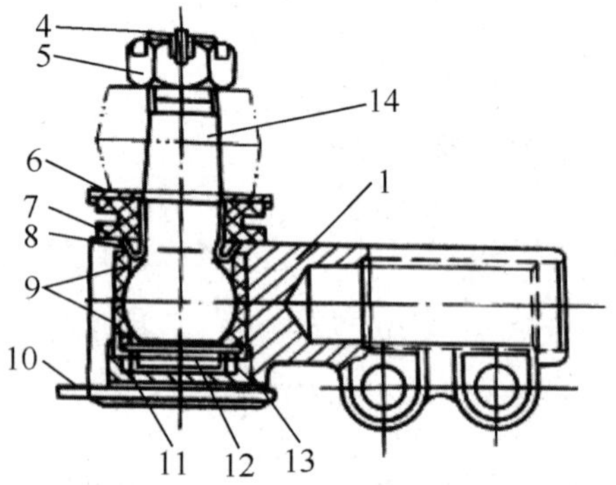

（b）接头

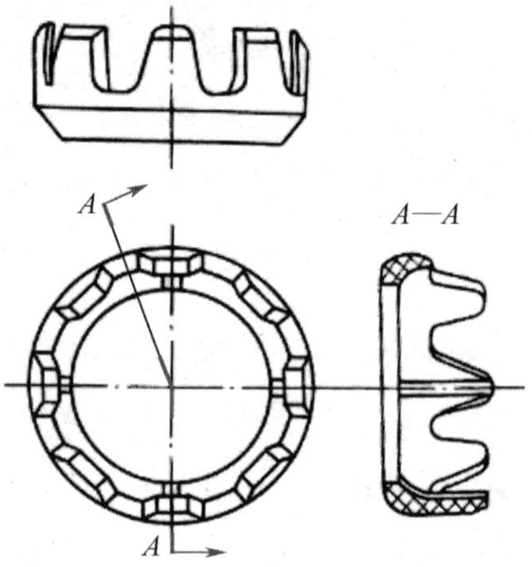

（c）球头座

1—限位销；2—球头座；3—防尘罩；4—防尘垫；5—螺母；6—开口销；7—夹紧螺栓；8—横拉杆体；9、11—横拉杆接头；10—球头销；12—弹簧座；13—弹簧；14—螺塞

图 4–12　解放 CA1092 型汽车的转向横拉杆

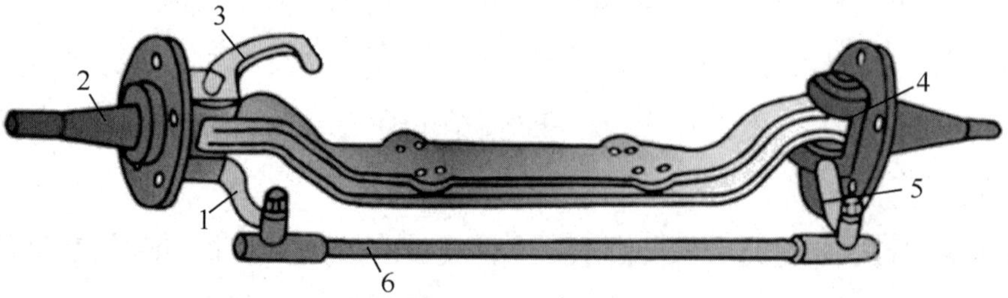

1—左转向梯形臂，2—左转向节，3—转向节臂，4—右转向节，5—右转向梯形臂，6—转向横拉杆

图 4–13　解放 CA1092 型汽车的转向节臂和梯形臂

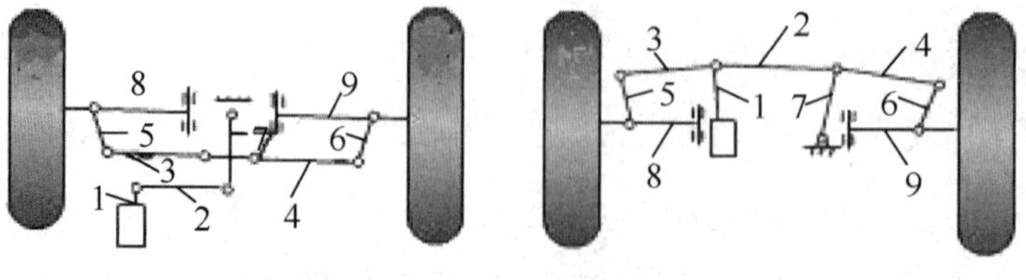

图 4–14　与独立悬架配用的转向传动机构示意图

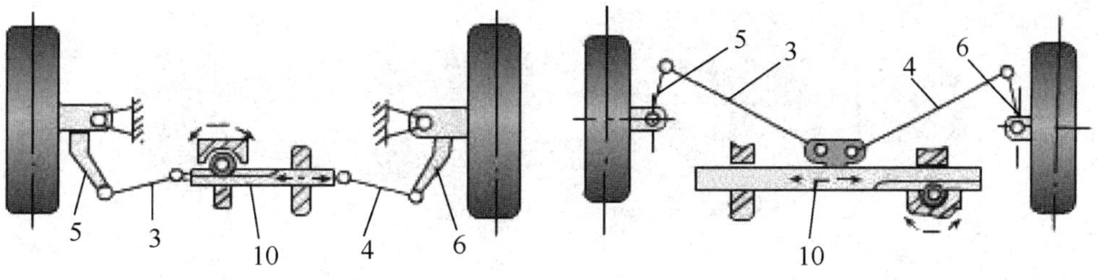

1—转向摇臂；2—转向直拉杆；3—左转向横拉杆；4—右转向横拉杆；5—左梯形臂；

6—右梯形臂；7—摇杆；8—悬架左摆臂；9—悬架右摆臂；10—齿轮齿条式转向器

图 4-14　与独立悬架配用的转向传动机构示意图（续）

②独立悬架配用的转向传动机构组成。

上海桑塔纳轿车的转向传动机构如图 4-15 所示。转向齿条一端输出动力，输出端铣有平面并钻孔，用两个螺栓与转向支架连接。支架下端的两个孔分别与左、右转向横拉杆总成的内端相连。横拉杆外端的球头销分别与左、右转向节臂连接。可以改变两根横拉杆总成的长度，以调整前束。

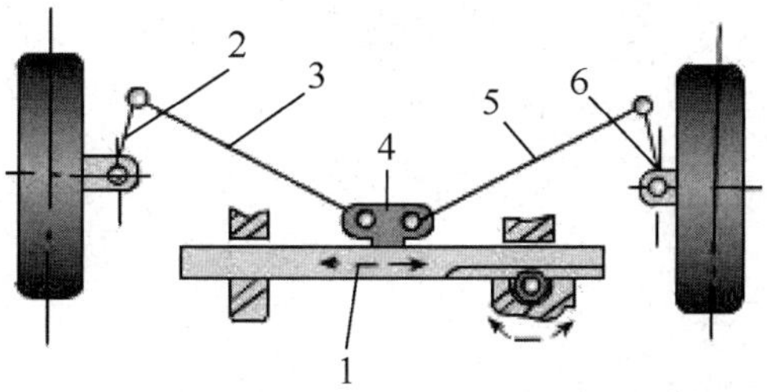

1—齿轮齿条式转向器；2—左转向节臂；3—左横拉杆；4—支架；5—右横拉杆；6—右转向节臂

图 4-15　上海桑塔纳轿车的转向传动机构

汽车转向时，转向器齿条横向移动，使左、右横拉杆一个受压，一个受拉，并随之移动。通过横拉杆外端的球头铰链带动左、右转向节臂和转向节绕主销转动，从而使转向轮偏转，完成转向。

为了避免转向轮的摆振、减缓传至转向盘上的冲击和振动，转向器上还装有转向减振器。一般情况下，减振器缸筒端固定在转向器壳体或车身上，其活塞杆端经减振支架与转向齿条连接。转向减振器的结构形式有多种，常见的是一种内部充满黏性液体的筒式减振器，其结构与悬架减振器结构类似，如图 4-16 所示，是防止汽车转向轮发生自激摆振或受迫摆振的主要措施，还可以提高汽车的稳定性、安全性和舒适性。

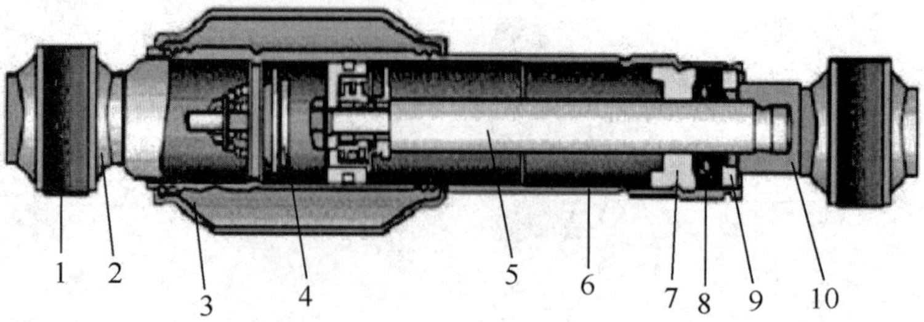

1—铰接环衬套；2—铰接环橡胶套；3—橡胶储油缸；4—压缩阀总成；

5—活塞及活塞杆总成；6—油缸；7—导向座；8—油封；9—挡圈；10—轴套及链接环总成

图 4-16　转向减振器

二、机械式转向系统的工作过程

汽车向左转向时，驾驶员逆时针转动转向盘，通过转向轴、转向节和转向传动轴，将转向力矩输入转向器，经减速增扭并改变其运动方向后，转向器输出的转矩经转向摇臂，再通过转向直拉杆传给固定在左转向节上的转向节臂并驱动其向前方运动，带动左转向节及装于其上的左转向轮绕主销逆时针偏转。与此同时，转向力经左转向梯形臂、转向横拉杆和右转向梯形臂的传递，推动右转向节及装于其上的右转向轮随之绕主销同向偏转一定的角度，实现车辆的转向。车辆向右转向时，各部件的运动规律相反。

左、右转向梯形臂和转向横拉杆构成转向梯形，其作用是在汽车转向时，使左、右转向轮按一定的规律进行偏转。

三、机械式转向系统的相关参数

1．转向时车轮的运动规律

（1）转向梯形。汽车转向时，内侧车轮和外侧车轮滚过的距离是不一样的。为了使汽车能顺利地转向，并保持转向时左、右两侧转向轮做纯滚动，就要求所有车轮的轴线都交于一点，车轮沿曲线的切线方向运动方能实现，如图 4-17 所示。此交点 O 称为汽车的转向中心。左、右侧转向轮的偏转角分别为 α 与 β。如果 α 与 β 相同，那么各个轴线不可能相交于一点，车轮就会发生边滚动边滑动的现象，使行驶阻力增大、转向困难并且加剧轮胎磨损。

因此，汽车转向时内侧转向轮的偏转角 β 应大于外侧转向轮的偏转角 α。α 与 β 的关系是

$$\cot\alpha = \cot\beta + \frac{B}{L}$$

式中，B 为两侧主销中心距（可近似认为是转向轮轮距）；L 为汽车轴距。这一关系是由转向梯形保证的。所有汽车转向梯形的设计实际上都只能保证在一定的车轮偏转角范围内，使两侧车轮偏转角大体上接近以上关系式。

（2）汽车转弯半径。从转向中心 O 到外侧转向轮与地面接触点的距离 R 称为汽车转弯半径。转弯半径 R 越小，则汽车转向所需场地就越小，汽车的机动性也越好。当外侧转向轮偏转

角达到最大值 α_{max} 时，转弯半径 R 最小，称为最小转弯半径。

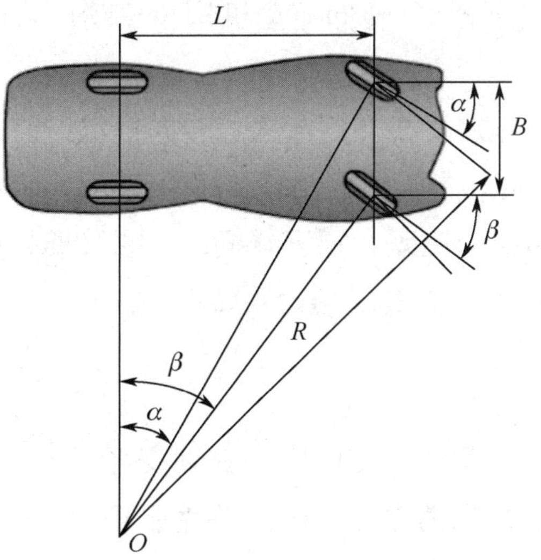

图 4-17 汽车转向示意图

（3）汽车的“轮差”。汽车转向时，由于前、后车轮距离转向中心的距离不一致，因此后轮与前轮的运行轨迹并不重合，会产生偏差，这个偏差就是“轮差”。车身越长，形成的“轮差”就越大。其中内轮差造成的危害最大，图 4-18 所示阴影部分就是该车转向时的内轮差。忽视内轮差的存在，很容易发生交通事故。

小贴士： 大型车辆因转向发生的交通事故非常多。首先是因为大型车辆车身高大，转向时产生的视觉盲区也比较大，使驾驶员无法及时发现；其次便是忽视了内轮差的存在，没有保持足够的安全距离。所以，当行人在路口等待红绿灯时，要提高自身的防范意识，与转向车辆保持足够的安全距离。

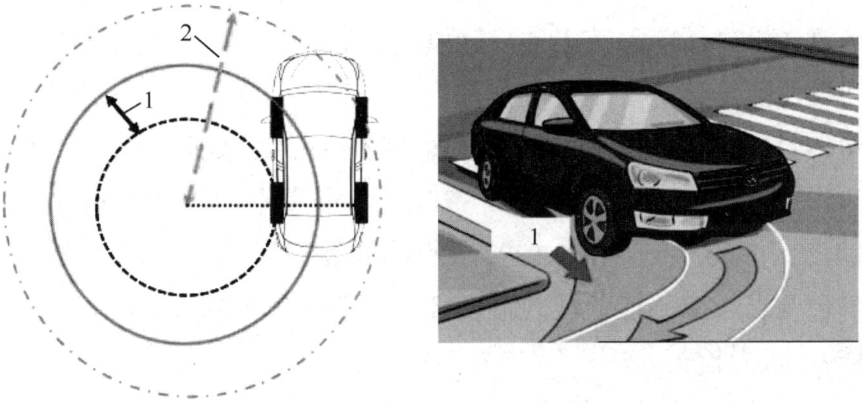

1—内轮差；2—转弯半径

图 4-18　内轮差

2. 转向系统角传动比

转向系统角传动比是指转向盘的转角与转向盘同侧的转向轮偏转角的比值，一般用 i_w 表示。转向系统角传动比是转向器角传动比 i_1 和转向传动机构角传动比 i_2 的乘积。转向器角传动比是转向盘转角和转向摇臂摆角之比。转向传动机构角传动比是转向摇臂摆角与同侧转向轮偏转角之比。

转向系统角传动比越大，减速增扭作用越大，转向操纵越轻便，但由于转向盘转的圈数过多，导致操纵灵敏性变差，因此转向系统角传动比不能过大。而转向系统角传动比太小又会导致转向沉重，所以转向系统角传动比既要保证转向轻便，又要保证转向灵敏。但机械转向系统很难做到这点，所以越来越多的车辆采用动力式转向系统。

3．转向盘的自由行程

由于转向系统各传动部件之间的装配间隙和弹性变形，在一定的范围内转动转向盘时，转向节并不会马上同步转动，而是在消除这些间隙并克服机件的弹性变形后，才做相应的转动，即转向盘有一空转过程。转向盘在空转阶段的角行程称为转向盘的自由行程。

转向盘自由行程对于缓和路面冲击及避免驾驶员过于紧张是有利的，但过大的自由行程会影响转向灵敏性。各传动部件之间的装配间隙因为磨损会逐渐变大，所以在汽车维护中应定期检查转向盘自由行程。汽车转向盘的自由行程一般应不超过 15°，否则应进行调整。

实践知识

一、机械式转向系统检查与维护

1．转向操纵机构的检查与维护

（1）转向盘自由行程的检查。

汽车每行驶 12000km 左右，应检查转向盘的自由行程，检查方法如下。

① 启动发动机（机械转向系统无须启动发动机）。

② 转动转向盘使前轮处于直线行驶位置。

③ 轻轻转动转向盘，在转向轮就要开始移动时（或感觉到阻力时），使用直尺测量转向盘外缘的移动量，如图 4-19 所示。一般为 15～20mm，最大不得超过 30mm。也可以用转向参数测量仪检测转向盘转动的角度，如 CA1092 转向盘自由行程为±15mm。

④ 如果不符合要求，应该检查转向器间隙、调整转向球头销等。

（2）转向盘转动阻力检查。

转向盘转动阻力可用弹簧秤拉动转向盘边缘进行测量，如图 4-20 所示。转动力 $F=M/r$，其中 M 为转动力矩，r 为转向盘半径。

（3）转向盘锁止功能的检查。

① 将点火开关转至“LOCK”位置，轻轻转动转向盘，此时转向盘应该锁止，不能转动。

② 将点火开关转至“ACC”位置，转向盘应能自由转动。

（4）用双手握住转向盘，在轴向和径向方向上用力摇动，观察此时转向盘是否移位，调整装置是否可靠。由此了解转向盘、转向轴与转向柱的安装情况，轴承是否松旷等。

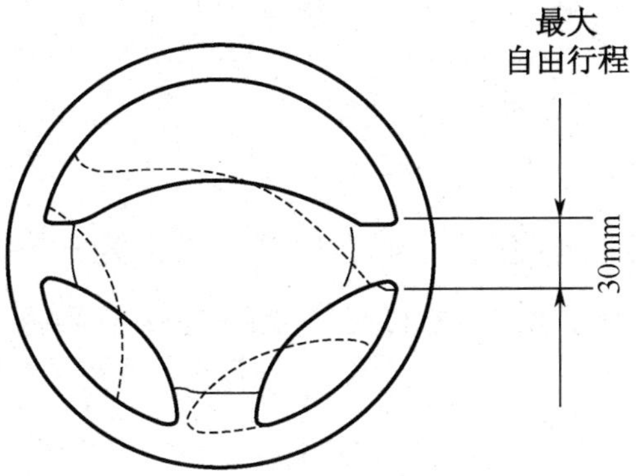

图 4–19　转向盘自由行程测量位置

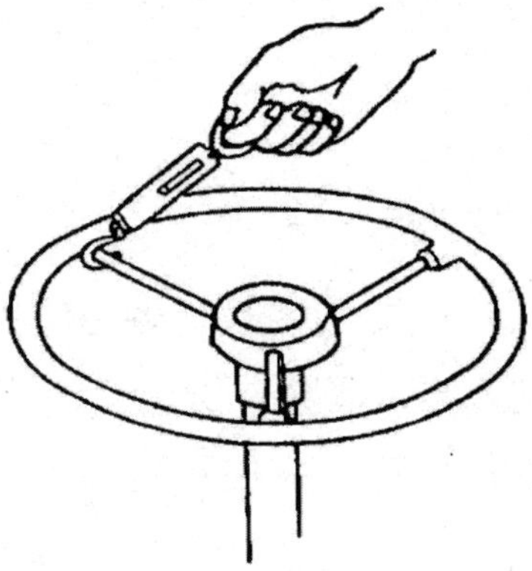
图 4–20　转向盘转动阻力检查

2. 转向传动机构的检查

（1）目视检查转向传动机构是否弯曲、损坏，防尘罩是否有裂纹或破损。

（2）目视检查各花键应无明显扭曲变形或金属剥落，各螺栓螺纹损伤不多于 2 牙。

（3）用手摇晃转向传动机构，检查是否松动或摆动。

二、机械式转向器的拆装与检修

机械式转向器种类很多，每一类转向器的拆装与检修方法也各不相同，这里将以常见的齿轮齿条式转向器的拆装与检修步骤进行讲解。

1. 机械式转向器的拆卸

（1）将车辆平稳停至举升设备上，保持车轮与转向盘处于车辆行驶正前方。

（2）拆下两个前轮。

（3）松开转向横拉杆球头销、螺母。

（4）用专用工具取下两侧的横拉杆球头。

（5）松开并拆下转向柱固定螺杆，做好标记并脱开转向柱与转向器连接处。

（6）松开转向器与车架固定螺栓。

（7）取下转向器总成。

（8）按维修工艺对转向器进行分解。

2. 机械式转向器检修

（1）转向器壳体应无裂纹及磨损，否则应更换。转向齿条在总成修理时应进行隐伤检验。

（2）转向小齿轮、齿条齿面上应无疲劳剥蚀及严重磨损，且运转灵活，无卡滞现象，若无法修复，则更换转向器总成。

（3）转向齿条的直线度误差不得大于 0.30mm。

（4）目视检查各花键应无明显扭曲变形或金属剥落。

（5）调整螺栓螺纹损伤应不多于 2 牙，补偿机构弹簧有效，防尘罩没有裂纹或破损，否则更换。

3．机械式转向器调整

齿轮齿条式转向器的调整是调整转向齿条与转向小齿轮的啮合间隙，也称为转向齿条的预紧力。因结构的差异，调整方法也有所不同。常用方法是用盖上的调整螺塞改变转向齿条导块与弹簧座之间的间隙值，完成预紧力的调整。

4．机械式转向器安装

（1）将转向器固定在车架（或车身）上。

（2）左、右旋转转向器至极限位置，然后找到转向器的中间位置。

（3）按照拆卸时所做的标记将转向轴连接至转向器，并按规定力矩拧紧。

（4）装复转向横拉杆球头和轮胎并紧固。

三、机械式转向系统的常见故障诊断

1．转向沉重

故障现象：汽车在行驶中，转动转向盘感到沉重费力，转弯后又不能及时回正方向。

故障原因：

（1）转向器方面的原因。转向器缺乏润滑油；转向轴弯曲或转向轴管凹陷碰擦，有时会发出“吱吱”的摩擦声；转向摇臂与衬套配合间隙过小或无间隙；转向器输入轴上下轴承调整过紧，或轴承损坏受阻；转向器啮合间隙调整过小。

（2）转向传动机构的原因。各处球头销缺乏润滑油；转向直拉杆和横拉杆上球头销调整过紧，压紧弹簧过硬或折断；转向直拉杆或横拉杆弯曲变形；转向节主销与衬套配合间隙过小，或衬套转动使油道堵塞，润滑油无法进入，使衬套与转向节主销烧蚀；转向节止推轴承调整过紧或缺少润滑油或损坏；转向节臂变形。

（3）前桥（转向桥）和车轮方面的原因。前轴变形、扭转，引起前轮定位失准；轮胎气压不足；前轮轮毂轴承调整过紧；转向桥或驱动桥超载。

（4）其他部位的原因。车架弯曲、扭转变形；前钢板弹簧或前悬架变形；前轮定位不正确。

故障诊断：应先排除汽车行驶系统、传动系统的原因，然后检查转向系统各部件连接处是否过紧而运动发卡，检查各拉杆及转向节有无变形及转向节主销轴向间隙是否过小，各运动连接处是否缺少润滑油。

2．行驶跑偏

故障现象：汽车在直线行驶时，车辆自动向一侧行驶，驾驶员需要不断向另一侧轻轻转动转向盘才能保持直线行驶。

故障原因：

（1）轮胎气压、花纹、型号规格或磨损情况不一致。

（2）前轮轴承一边紧一边松。

（3）两前轮的定位角度不合格。

（4）车架变形或悬架刚度不一致。

（5）转向摇臂在轴上装配不当，转向角限位装置调整不当。

故障诊断：针对上述原因，应先检查轮胎气压、规格及磨损状况，检查轮毂轴承紧度是否达标，全部排除后再检测前轮定位的有关数据，然后对有关部件进行更换或调整。

3．行驶摆头

故障现象：汽车行驶中出现转向盘发抖，车头在横向平面内左右摆动、行驶不稳等。

故障原因：

（1）转向器传动副啮合间隙过大。

（2）转向传动机构横、直拉杆各球头销磨损松旷、弹簧折断或调整过松。

（3）转向节主销与衬套的配合间隙过大或前轴主销孔与主销配合间隙过大。

（4）前轮轮毂轴承装配过松或紧固螺母松动。

（5）转向轮动不平衡或前轮定位不正确。

（6）车架、车桥变形或悬架装置出现故障：左右悬架刚度不等、弹簧折断、减振器失效、导向装置失效等。

故障诊断：应先检查车辆的车架、车桥及悬架、车轮等系统的工作情况，全部排除后再检查转向传动机构是否变形、松旷，然后再检查车轮定位并予以调整。

4．单边转向不足

故障现象：汽车转弯时，有时会出现转向盘左、右转动量或车轮转角不等。

故障原因：转向摇臂安装位置不对；转向角限位螺钉调整不当；前钢板弹簧、骑马螺栓松动，或中心螺栓松动；直拉杆弯曲变形；钢板弹簧安装时位置不正，或是中心不对称的前钢板弹簧装反。

故障诊断：若汽车转向原来良好，由于行驶中的碰撞而造成转向角不足或一边大一边小时，则应检查直拉杆、前轴、前钢板弹簧有无变形和中心螺栓是否折断等现象。若维修后出现转角不足，可架起前桥，先检查转向摇臂安装是否正确。将转向盘从左边极限位置转到右边极限位置，记住总圈数，再回转总圈数的一半，察看转向轮是否处于直线行驶位置，若不是，则应重新安装转向摇臂。

任务实施与评价

<table>
<tr><td>学习任务</td><td colspan="3">机械式转向系统检修</td><td>学时</td><td colspan="2">4 学时</td></tr>
<tr><td>姓名</td><td></td><td>实训车型</td><td></td><td colspan="3">年　月　日</td></tr>
<tr><td>标准时间</td><td></td><td>开始时间</td><td></td><td>完成时间</td><td colspan="2"></td></tr>
<tr><td>序号</td><td colspan="2">操作步骤</td><td>操作标准</td><td>操作记录</td><td>分值</td><td>自评得分</td></tr>
<tr><td rowspan="4">1</td><td rowspan="4">检测前的基础检查</td><td>检查作业现场环境</td><td rowspan="4">检查清洁彻底、记录清晰、准确</td><td rowspan="4"></td><td>2</td><td></td></tr>
<tr><td>记录整车基本信息</td><td>3</td><td></td></tr>
<tr><td>作业前工具检查</td><td>2</td><td></td></tr>
<tr><td>作业前实施车辆防护</td><td>3</td><td></td></tr>
<tr><td rowspan="6">2</td><td rowspan="6">转向器的拆卸</td><td>将车辆停放至举升设备，并确保转向盘处于正前方位置</td><td rowspan="6">工具选择、使用正确；按维修手册的工艺要求完成拆卸</td><td rowspan="6"></td><td>5</td><td></td></tr>
<tr><td>拆下两前轮，松开横拉杆球头螺栓，并用专用工具取下两侧的横拉杆球头</td><td>10</td><td></td></tr>
<tr><td>松开并拆下转向柱固定螺杆，做好标记并脱开转向柱与转向器连接处</td><td>10</td><td></td></tr>
<tr><td>松开转向器与车架固定螺栓</td><td>5</td><td></td></tr>
<tr><td>取下转向器总成</td><td>5</td><td></td></tr>
<tr><td>按照维修手册规程对转向器进行分解、检测</td><td>10</td><td></td></tr>
<tr><td rowspan="6">3</td><td rowspan="6">转向器的装复</td><td>对转向器进行彻底清洗、润滑后按照维修工艺要求装复。并将齿轮齿条间隙调整至合适范围</td><td rowspan="6">工具选择、使用正确；按维修工艺要求进行装复</td><td rowspan="6"></td><td>10</td><td></td></tr>
<tr><td>将转向器固定在车架（或车身）上并按规定力矩拧紧</td><td>5</td><td></td></tr>
<tr><td>左、右旋转转向器至极限位置，然后找到转向器的中间位置</td><td>10</td><td></td></tr>
<tr><td>按照拆卸时所做的标记将转向轴连接至转向器并按规定力矩拧紧</td><td>5</td><td></td></tr>
<tr><td>装复转向横拉杆球头并按规定力矩拧紧</td><td>5</td><td></td></tr>
<tr><td>安装轮胎并紧固</td><td>5</td><td></td></tr>
<tr><td>4</td><td colspan="2">场地恢复及现场 5S 管理</td><td>正确使用及摆放工具、量具，清洁整理工作台、地面及工具、量具</td><td></td><td>5</td><td></td></tr>
<tr><td colspan="2">学生自评</td><td colspan="4"></td><td></td></tr>
<tr><td colspan="2">小组评价</td><td colspan="4"></td><td></td></tr>
<tr><td colspan="2">指导教师（师傅）评价</td><td colspan="4"></td><td></td></tr>
<tr><td colspan="2">综合评价</td><td colspan="5">□优秀　□良好　□合格　□不合格</td></tr>
</table>

任务测试

一、单项选择题

1．下列选项中，属于转向操纵机构的是（　　）。

A．转向横拉杆 B．转向盘　C．转向器　D．转向节

2．下列选项中，属于转向传动机构的是（　　）。

A．转向传动轴 B．转向盘　C．转向器　D．转向横拉杆

3．汽车转向时，以下说法正确的是（　　）。

A．内侧车轮的偏转角度大于外侧车轮

B．内侧车轮的偏转角度小于外侧车轮

C．内侧车辆的偏转角度等于外侧车轮

D．以上说法都可能

4．循环球式转向器一般有二级传动副，分别是（　　）。

A．螺杆螺母和涡轮蜗杆　B．蜗杆曲柄和齿轮齿条

C．螺杆螺母和齿条齿扇　D．齿轮齿条和滑块曲柄

5．汽车机械式转向系统的三大组成部分是（　　）。

A．转向盘、转向器、转向传动机构

B．转向操纵机构、转向器、转向传动机构

C．转向盘、转向柱、转向器

D．转向操纵机构、转向柱、转向传动机构

6．采用齿轮、齿条式转向器时，不需要（　　），所以结构简单。

A．转向节臂　B．转向摇臂　C．转向直拉杆　D．转向横拉杆

7．转向梯形臂的作用是使（　　）。

A．转向　B．车轮滑动　C．车轮转动　D．车轮纯滚动

8．转向盘自由行程一般不超过（　　）。

A．15°　B．25°　C．30°　D．35°

二、填空题

1．汽车转向系统按照动力来源的不同分为__________转向系统和__________转向系统两大类。

2．汽车机械式转向系统由__________、__________和__________三大部分组成。

3．齿轮齿条式转向器传动副的主动件是__________，从动件是__________。

4．与非独立悬架配用的转向传动机构主要包括__________、__________、__________和

__________。

三、判断题

1．汽车转向时，内转向轮的偏转角 β 应当小于外转向轮的偏转角 α。（　　）
2．汽车的转弯半径越小，则汽车的转向机动性能越好。（　　）
3．汽车的轴距越小，则转向机动性能越好。（　　）
4．转向系统的角传动比越大，则转向越轻便，越灵敏。（　　）
5．可逆式转向器的自动回正能力稍差于极限可逆式转向器。（　　）
6．转向器中转向螺母是第一级传动副的主动件，是第二级传动副的从动件。（　　）
7．循环球式转向器中的螺杆-螺母传动副的螺纹是直接接触的。（　　）
8．汽车转向角越大，内轮差越小。（　　）
9．循环球式转向器拆装时左右滚道内循环球大小规格一致，可放置在一起。（　　）

任务 2　动力式转向系统检修

任务目标

素养目标：

1. 具有良好人际交流能力。
2. 具有团队荣誉感。
3. 具有精益求精的工匠精神。

能力目标：

1. 能够进行液压式动力转向系统部件的拆装及检修。
2. 能够判断液压式动力转向系统常见故障及可能的故障部位。

知识目标：

1. 了解动力式转向系统功用、类型、组成及特点。
2. 掌握液压式动力转向系统构造与工作原理。
3. 了解电动助力转向系统构造与工作原理。

情境导入

一辆 2014 年生产的 2013 款科鲁兹轿车，累计行驶 120000km，发动机在怠速运转时，转向助力泵发出“嗡嗡”的响声，并且左、右转动转向盘时异响加重。维修技术人员初步判断为转向系统故障，需要对转向系统进行检修。请你根据本任务所学动力式转向系统的相关知识，完成动力式转向系统的检修。

任务准备

理论知识

动力式转向系统又称动力助力转向系统，是利用发动机的动力来辅助驾驶员进行转向操作的装置，它能把发动机的能量转换为电能或压力能（液压能或气压能），然后再通过一定的动力助力方式，把电能或压力能转换为机械能，对转向轮施加一定的辅助作用力以减少驾驶员转动转向盘的操纵力，减轻驾驶劳动强度，提高驾驶操控轻便性。动力式转向系统按辅助动力介质的不同分为气压式、液压式和电动式三类。

正常情况下，驾驶员在动力助力系统的帮助下能轻松地控制转向，当动力装置失效时，回到机械转向系统状态，确保驾驶员能独立承担汽车的转向任务，保障行车安全。动力式转向系统实际上可以看作是在机械式转向系统的基础上增加了一套动力助力辅助模块。

一、气压式动力转向系统

气压式动力转向系统主要应用于采用气压制动系统的货车和客车。因为气压式动力系统的工作压力较低，使得部件结构复杂，尺寸过于庞大，消耗功率多，易发生泄漏，而且转向力也不易有效控制，所以除了少量重型车上使用，其他各类汽车上很少选用。本书不做介绍。

二、液压式动力转向系统

液压式动力转向系统主要由机械转向部分和液压动力装置两部分组成。采用液压作为动力，利用液压泵加压油液，再经过控制阀来调节液压油的流量和压力，根据汽车的行驶状态，对转向系统提供相应的转向动力。车辆在转向时，转向动作仍由驾驶员操纵机械部分来完成，但作用在转向机构上的力则由动力装置提供，因此能使操纵转向盘轻便省力，应用非常广泛。

液压式动力转向系统形式众多，按照系统压力状态分为常压式和常流式两种。常压式液压式动力转向系统内总是保持高压状态，而常流式液压转向系统只有在转向时，系统才有压力，结构相对简单且寿命长，故障率低，因此在汽车上被广泛采用。未特别说明，我们说的液压式动力转向系统为常流式。按其动力转向装置结构的不同，可分为整体式和分开式两种。按控制方式可分为机械式液压式动力转向系统和电子控制式液压式动力转向系统。

1. 机械式液压式动力转向系统

机械式液压式动力转向系统就是在机械式转向系统的基础上增加了一套液压动力辅助系统，以达到省力的目的。如图 4-21 所示，系统主要由动力转向泵、转向油管、储液罐以及位于整体式转向器内部的转向控制阀及转向动力缸等组成。

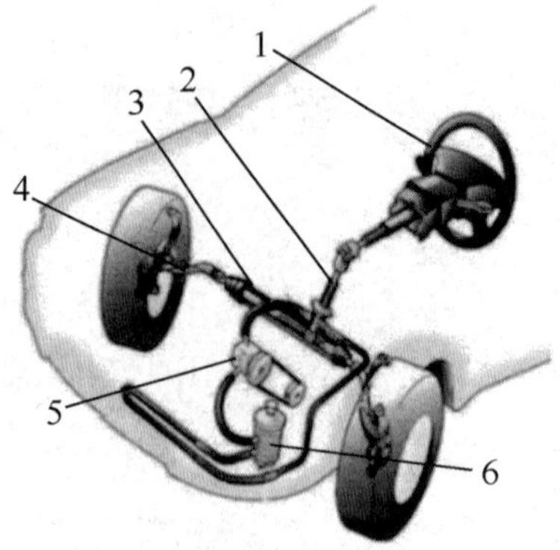

1—转向盘；2—转向传动轴；3—转向器；4—横拉杆；5—转向油泵；6—储液罐

图 4-21　机械式液压式动力转向系统

当驾驶员转动转向盘时，通过机械转向器使转向横拉杆移动，并带动转向节臂，使转向轮偏转，从而改变汽车的行驶方向。与此同时，转向器输入轴还带动转向器内部的转向控制阀转动，使转向动力缸产生液压作用力，帮助驾驶员操作。由于有转向加力装置的作用，驾驶员只需施加比采用机械转向系统时小得多的转向力矩，就能使转向轮偏转。

（1）储液罐。

储液罐的功用是储存、滤清、冷却液压动力转向系统的工作油液。其表面有不同方式标记的液面高度要求。如果液面高度太低，将使动力转向系统渗入空气，造成汽车转向操作不稳，忽轻忽重或有噪声。

（2）动力转向泵。

动力转向泵是动力转向装置的动力源，一般安装在发动机前部，通过带传动或齿轮传动装置由发动机驱动。其功用有：将发动机的机械能转变为驱动转向动力缸工作的液压能；可以通过内部安装的压力控制阀保护液压系统的安全；通过流量控制阀控制转向系统流量，保证车辆在高速行驶时的稳定性。

动力转向泵有多种类型，按其结构类型划分，常见的有叶片式、滑块式和滚柱式，如图 4-22 所示。虽然结构有所区别，但是它们的工作原理相同。这里以最常见的双作用叶片式动力转向泵为例进行介绍。

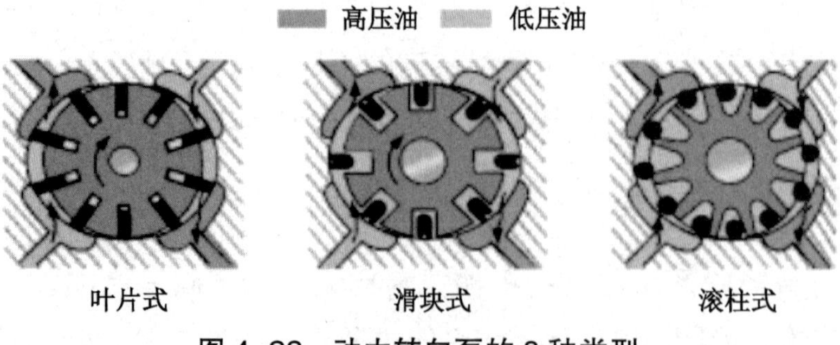

图 4-22　动力转向泵的 3 种类型

双作用叶片式动力转向泵常见的外形及结构如图 4-23 所示。其主要由普通双作用叶片泵、流量控制阀和压力安全阀组成。双作用叶片泵提供高压油，流量控制阀保证转向泵输出适合整车需求的流量，压力安全阀控制转向泵的最高输出压力。

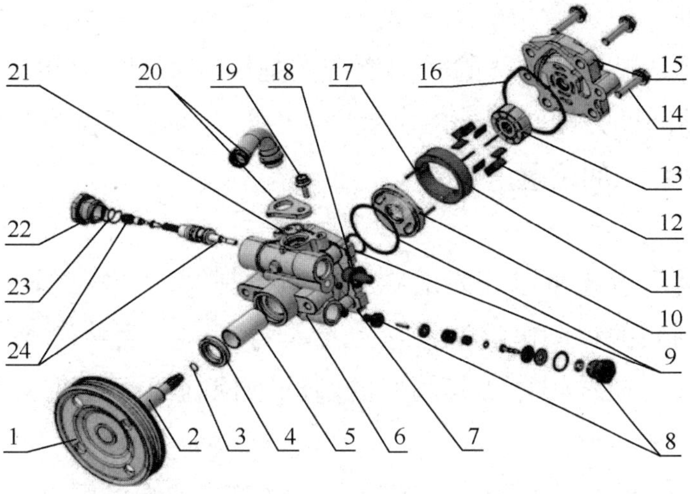

1—驱动轮；2—驱动轴；3—卡簧；4—油封；5—轴承；6—泵体；7—钢球；8—压力开关组件；

9、21—“O”形密封圈；10—压力板；11—定子；12—叶片；13—转子；14—螺栓；15—泵盖；

16—密封圈；17—定位销；18—保护堵；19—螺栓；20—进油管；22—阀堵；23—弹簧；24—滑阀组件

图 4-23　双作用叶片式转向油泵

双作用叶片式动力转向泵工作原理，如图 4-24 所示。动力转向泵转子上开有均布槽，叶片安装在转子槽内，并可在槽内滑动。定子内表面由两段大半径的圆弧、两段小半径的圆弧和过渡圆弧组成腰形结构，转子和定子同圆心。转子在传动轴的带动下旋转，叶片在离心力和动压作用下紧贴定子表面，并在槽内作往复运动。相邻的叶片之间形成密封腔，其容积随转子由小到大、由大到小周期变化，当容积由小变大时形成一定真空度吸油；当容积由大变小时，压缩油液，由压油口向外供油。转子每旋转一周，每个工作腔各自吸、压油两次，称双作用。双作用式叶片泵两个吸油区、两个排油区对称布置，所以作用在转子上的油压作用力互相平衡。因此，这种油泵也称为卸荷式油泵。

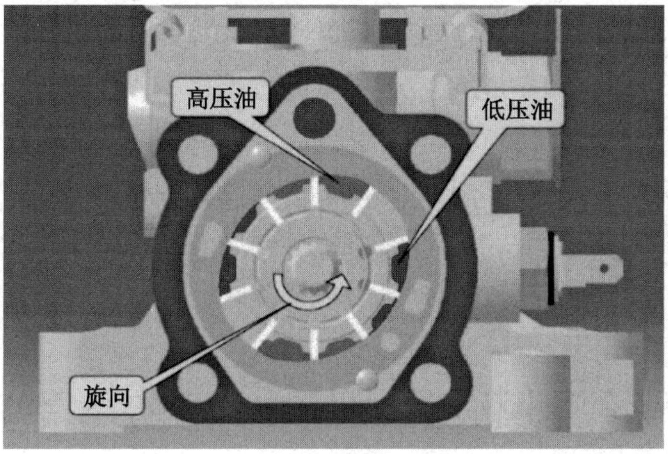

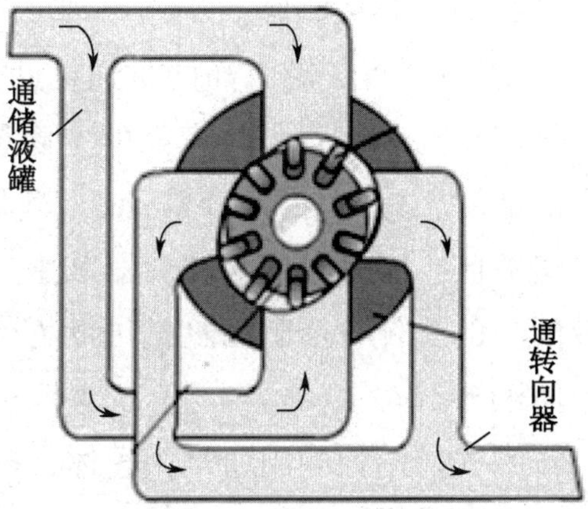

图 4-24　双作用式叶片泵工作原理示意图

（3）转向控制阀。

①转向控制阀功用。

转向控制阀的功用是根据驾驶员的转向意图控制转向助力油液的油流方向，将转向助力泵输出的工作油液引入转向助力油缸的相应腔室中，由助力油缸活塞产生的推力使车轮转向。通常安装于转向器输入轴靠上的位置。

②转向控制阀类型。

按转向控制阀的运动方式可以分为滑阀式转向控制阀和转阀式转向控制阀。滑阀式转向控制阀是通过阀体沿轴向的移动来控制油液流量及方向的，简称滑阀，常见于货车等大型车辆。转阀式转向控制阀是通过阀体绕其圆心的转动来控制油液流量及方向的，简称转阀，常见于轿车。

滑阀式转向控制阀结构通常由阀体、阀套和壳体组成，阀体可以在阀套内左右移动，如图4-25所示。

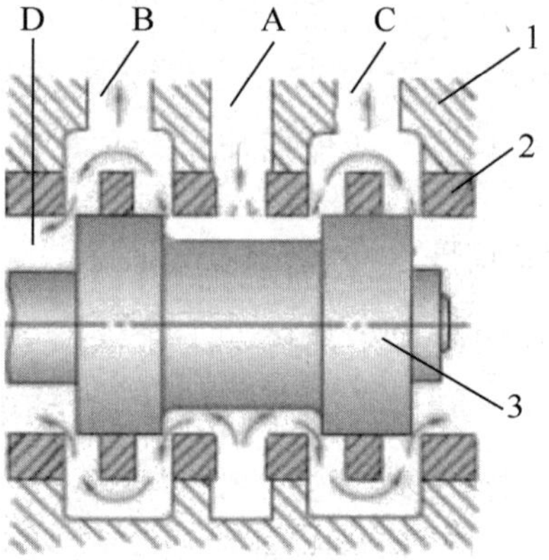

1—壳体；2—阀套；3—阀体；

A—通转向助力泵；B—通转向助力缸左腔；C—通转向助力缸右腔；D—接储液罐

图 4–25　滑阀结构

滑阀式转向控制阀的工作原理较为复杂。汽车直线行驶时，阀体处于阀套中间位置，如图4-25所示位置。液压油同时通往助力缸左、右两个腔室，左、右助力油缸油压相等，不起助力作用。此时阀体与阀套间的空隙使得转向油泵的高压油路与回油管路相通，液压油直接返回储液罐，汽车保持直线行驶。汽车转向时，如阀体向左移动到转向位置，阀体左侧的回油管路关闭，同时与动力转向器其中一端的通道打开，液压油由A通道进入，经B通道进入助力油缸的一侧，推动油缸提供助力作用，油缸另一腔室的液压油由C通道返回，经D通道流回储液罐。

转阀式转向控制阀通常由阀体、扭杆和壳体等组成，如图 4-26 所示。阀体可以在壳体内转动。

滑阀式转向控制阀的工作原理与滑阀式转向控制阀有较大区别。汽车直线行驶时，阀芯处于阀体对中位置，与滑阀的工作过程一致，如图 4-26（a）所示。汽车右转弯时，阀芯发生顺时针偏转，液压油由左侧进入助力油缸，推动油缸提供助力作用，然后经右侧阀芯通道返回储液罐，如图 4-26（b）所示。左转向时，如图 4-26（c）所示。

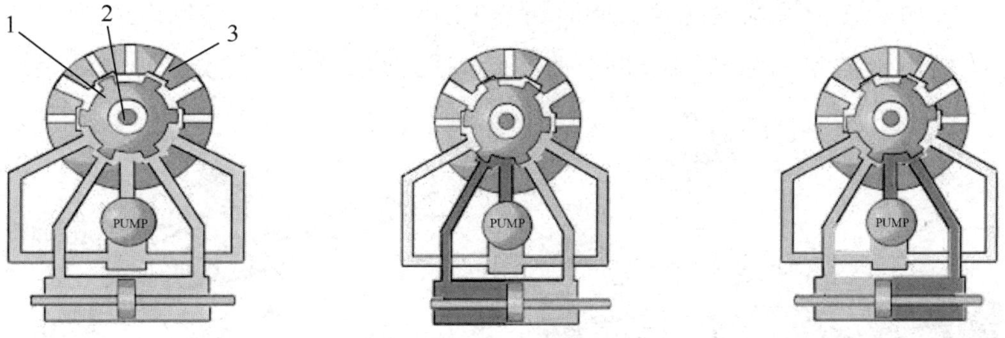

（a）汽车直线行驶时转阀工作情况　（b）汽车右转弯时转阀工作情况　（c）汽车左转弯时转阀工作情况

1—阀体；2—扭杆（轴）；3—壳体

图 4-26　转阀的结构、原理

（4）动力式转向器。

①动力式转向器功用。

动力转向器是动力转向系统的最终执行元件，一般是将机械式转向器与转向加力装置组合到一起形成的。

②动力式转向器类型。

液压式动力转向器根据机械式转向器、转向动力缸和转向控制阀三者在转向装置中的布置和连接关系的不同，又可以分为整体式（机械式转向器、转向动力缸和转向控制阀三者设计为一体）、半整体式（把机械式转向器和转向控制阀设计在一起，转向动力缸独立）和分离式（机械式转向器独立，把转向控制阀和转向动力缸设计为一体）3 种结构形式。一般汽车上广泛采用整体式动力转向器。

③与转阀组合在一起的齿轮齿条式动力转向器。

图 4-27 所示为一个完整的齿轮齿条式动力转向器及相关部件的工作示意图。在机械式齿轮齿条转向器的基础之上，将转向控制阀和助力油缸集于一身。其中转向动力缸和活塞总成与齿条安装在一起，活塞和齿条可以同步左右移动；转向控制阀与转向齿轮装在一起，并受到转向盘操控。

转向助力泵产生压力油，这些油液被油管输送到齿轮齿条式转向器上的转向控制阀。驾驶员转动转向盘时，转向控制阀改变油液的流动方向和压力大小。再经油管输送至转向动力缸活塞的两侧，压力油推动活塞帮助齿条运动，使得转向轻便。

2. 电子控制式液压式动力转向系统

电子控制式液压式动力转向系统的结构原理与机械式液压式动力系统大体相同，最大的区别在于动力转向泵的驱动方式不同。机械式液压式动力转向系统的动力转向泵直接是由发动机通过带传动驱动的，而电子控制式液压式动力转向系统采用的是由电力驱动的电动油泵，不直接消耗发动机本身的动力，而且电子油泵是由电控系统控制的，如图 4-28 所示。不需要助力时，电子油泵关闭，进一步减少能耗。同时可以利用车速传感器、转向助力传感器等传感器的信息，通过改变电子油泵的流量和压力来改变转向助力系统的力度大小，助力更为精准。

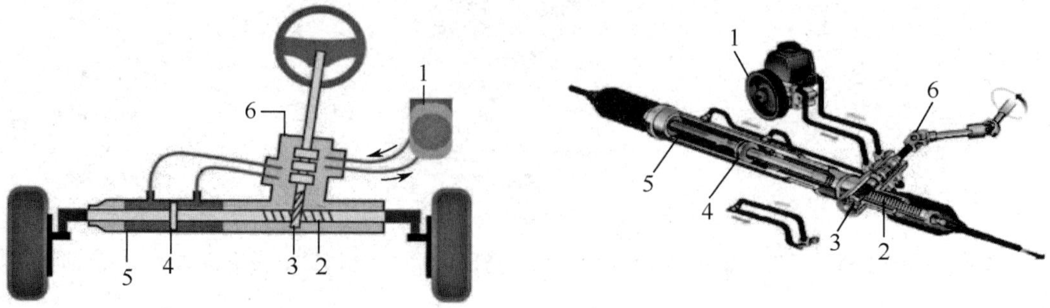

1—转向助力泵；2—齿条；3—齿轮；4—活塞；5—助力油缸；6—转向控制阀

图 4-27　齿轮齿条式动力转向系统示意图

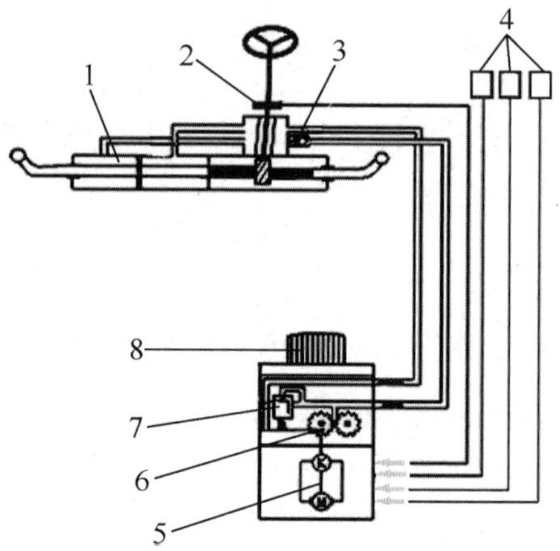

1—动力转向器；2—转向助力传感器；3—单向阀；4—车速、发动机等相关传感器；

5—动力转向控制单元（ECU）；6—电动液压泵；7—限压阀；8—储液罐

图 4-28　电子控制式液压式动力转向系统

电子控制式液压式动力转向系统较传统的液压动力转向系统先进一些，引入了电控装置，可随速度调节助力力度，不过它的结构复杂，开发成本高，并且依旧靠发动机驱动，因此，作为一种过渡产品逐步被电动助力转向系统给取代了。

三. 电动助力转向系统（EPS）

电动助力转向系统是利用电动机作为动力源，根据车速和转向参数等因素，由电子控制单元经运算后输出控制指令，控制电动机将电能转换为机械能，完成助力控制。电动助力转向具有节能、环保（可相应降低排放）、高安全性等特点，并且可根据车速自动控制转向助力力度，能兼顾低速转向的轻便性和高速增强路感的要求，提高了行驶安全性，因此，在小型汽车上应用越来越广泛。

1. 电动助力转向系统组成

电动助力转向系统主要由传感器、电子控制单元（ECU）、电动机和相关机械传动装置组成，如图 4-29 所示。

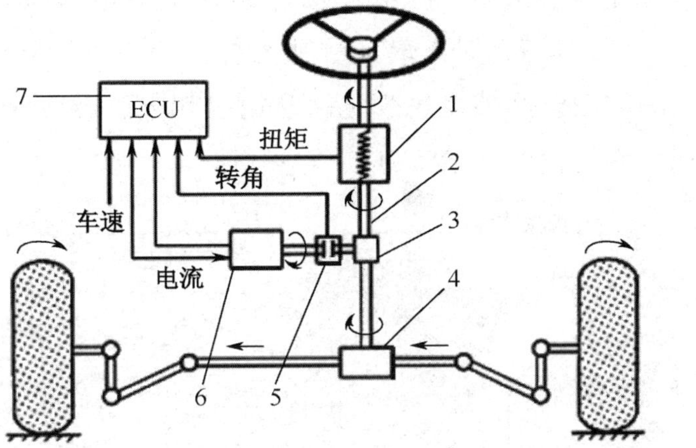

1—扭矩传感器；2—转向轴；3—减速机构；4—齿轮齿条式转向器；

5—离合器；6—电动机；7—电子控制单元（ECU）

图 4–29 电动助力转向系统结构示意图

（1）扭矩传感器。

扭矩传感器的作用是检测作用在转向盘上的扭矩大小和方向，转换为电信号并把信号传送给电子控制单元。当前汽车上广泛采用非接触式扭矩传感器，其特点是采用非接触的工作方式，因而寿命长、可靠性高，不易受到磨损，有更小的延时，受轴的偏转和轴向偏移的影响小。

非接触式扭矩传感器的输入轴和输出轴由扭杆连接起来，输入轴上有花键，输出轴上有键槽。当扭杆受转向盘的转动力矩作用发生扭转时，输入轴上的花键和输出轴上的键槽之间的相对位置就被改变了。花键和键槽的相对位移改变量等于扭转杆的扭转量，通过检测两者的位移量，就可以计算出扭矩大小。多采用光电式或磁电式两种结构。

① 光电式扭矩传感器，其结构如图 4-30 所示。

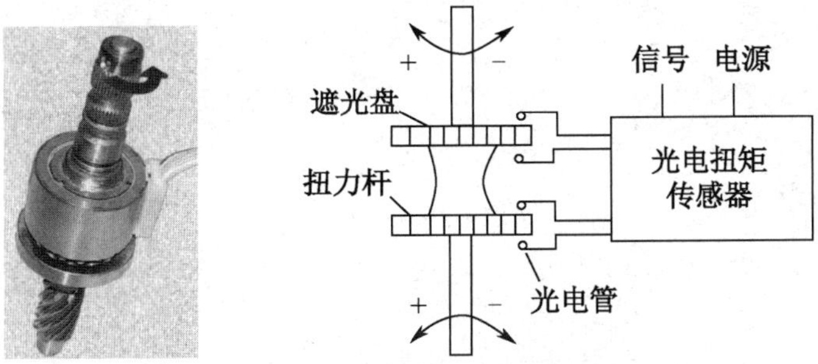

图 4–30 光电式扭矩传感器

光电式扭矩传感器由两个带孔的遮光圆盘、光电耦合器和一个弹性扭力杆组成。圆盘随、转向轴一起转动，光电耦合器由一个发光二极管 LED 和一个光敏晶体管组成，彼此面对面相对安装，中间有扭力杆弹性连接。当转向盘转动时，因转向阻力的存在，扭力杆变形，两个光电元件之间的光电信号值即出现差值，此差值为转向动力的度量值。转向力矩越大，扭杆变形越大，差值角度就越大。

② 磁电式扭矩传感器。磁电式扭矩传感器的结构如图 4-31 所示，它有两对磁极环，彼此相对安装，分别连接输入端和输出端。磁电式扭矩传感器体积小，但输出的信号值精度高。

当驾驶员向右或向左转动转向盘时，转向柱扭力杆上的转矩使检测环 2 和检测环 3 之间产生相对位移。磁极环之间的空气间隙发生变化，从而引起电磁感应线圈中磁感应量发生变化，产生感应电压信号，把转向的信号送给 ECU。

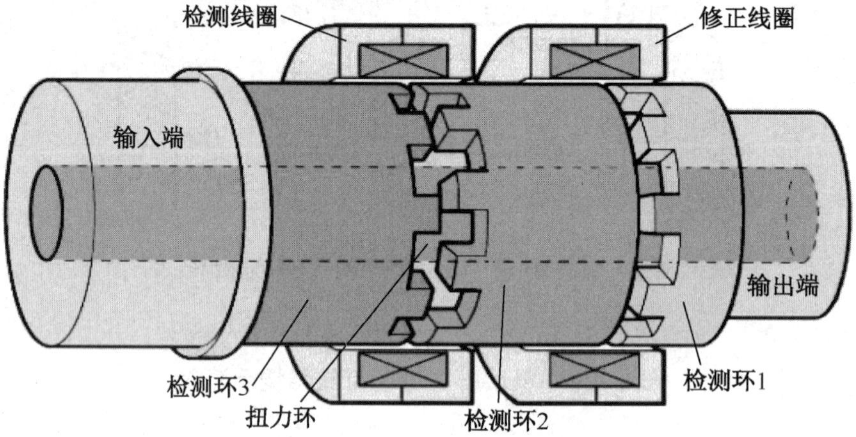

图 4-31　磁电式扭矩传感器

（2）电动机及减速装置。

电动机的功用是将电能转换为机械能，在适当的时候提供转向动力转矩。电动机分直流有刷永磁电动机和直流无刷永磁电动机，前者可靠性差，但控制程序简单；后者可靠性高，但其控制程序复杂。

减速机构起减速、增扭作用，通常为涡轮蜗杆式（图 4-32）或行星齿轮式。

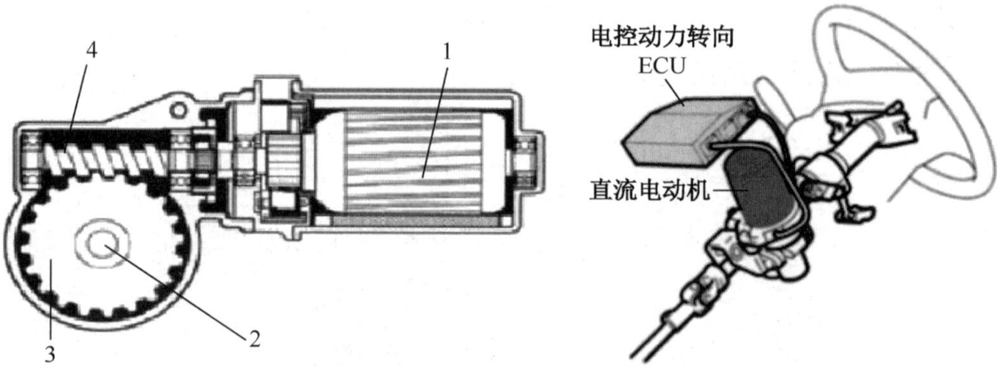

1—电动机；2—转向柱；3—涡轮；4—蜗杆

图 4-32　电动机与减速装置

（3）电磁离合器。

电磁离合器的功用是当电动助力转向系统（EPS）发生故障或不需要助力时，离合器分离，转向系统变为普通机械式转向模式。

电磁离合器的结构如图 4-33 所示，其工作电压为 12V（DC），当电流经滑环通过主动轮电磁线圈时，产生电磁吸力吸动从动轴上的压板压紧在主动轮上，靠摩擦力传递扭矩。

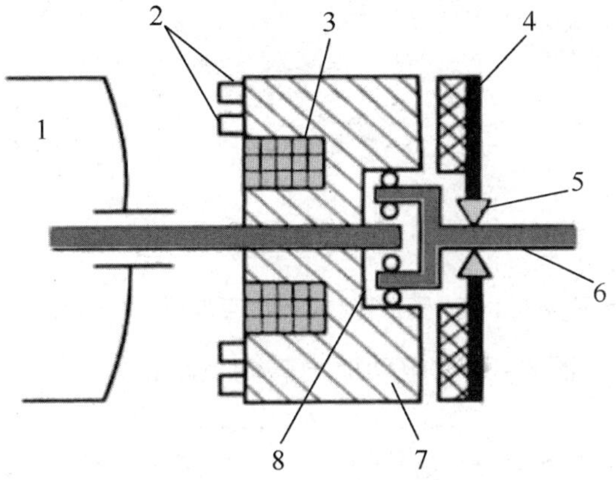

1—电动机；2—滑环；3—线圈；4—压板；5—花键；6—从动轴；7—主动轮；8—轴承

图 4-33　电磁离合器的结构

（4）电子控制单元（ECU）。

电动助力转向系统控制单元的功用是接收扭矩传感器的信号，并通过接口电路接收车速传感器信号、发动机转速信号等参数，经过分析编程处理，确定电动机和电磁离合器的控制指令并输出。

2．电动助力转向系统工作原理

其工作过程可概括为：当操纵转向盘时，装在转向轴上的转矩、转角传感器不断地测出转向轴上的转矩与转向信号，该信号与车速信号同时输入到电子控制单元。电子控制单元根据这些输入信号，确定助力转矩的大小和方向，即确定电动机的电流大小和转动方向，调整转向辅助动力的大小并输出适当的转矩。电动机的转矩由电磁离合器通过减速机构减速增扭后，加持在汽车的转向机构上，使之得到一个与汽车工况相适应的转向作用力。

3．电动助力转向系统的分类

电动助力转向系统根据电动机安装位置不同，主要有以下 3 种结构，如图 4-34 所示。

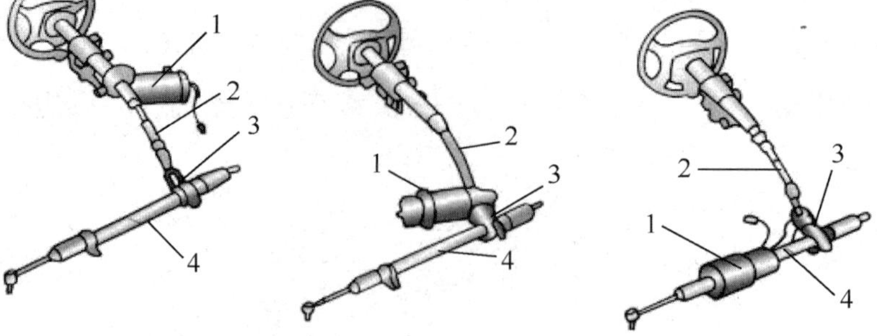

（a）转向轴助力式　（b）齿轮助力式　（c）齿条助力式

1—电动机；2—转向轴；3—转向齿轮；4—转向齿条

图 4–34　电动助力转向系统结构类型

小贴士： 当前，多数汽车在转向盘上安装有安全气囊，在维修装有安全气囊的转向柱之前，务必严格按照维修手册的相关要求，完成气囊组件的拆装，以免发生危险。

实践知识

一、转向助力油的检查与更换

1．转向助力油液面的检查

（1）将车辆停在平坦的地面上，使前轮处于直行位置。

（2）启动发动机，并使其达到正常的工作温度。

（3）使发动机怠速运转约 2min，左、右转动几次转向盘，使油温达到 40~80℃，关闭发动机。

（4）观察储液罐的液面，此时液面应处于“MAX”（上限）与“MIN”（下限）之间，液面低于“MIN”时，应加至“MAX”，如图 4-35 所示。

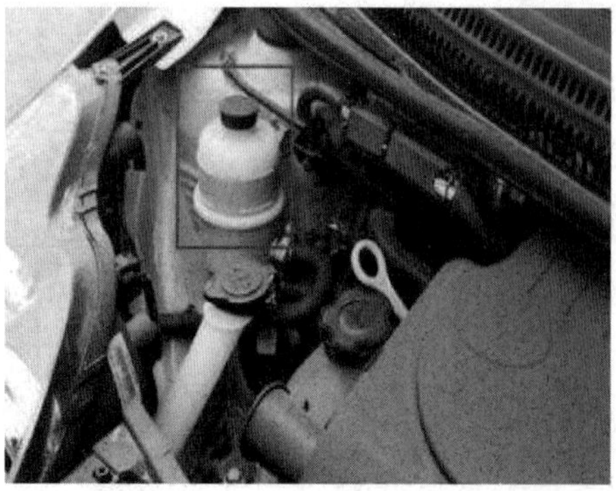

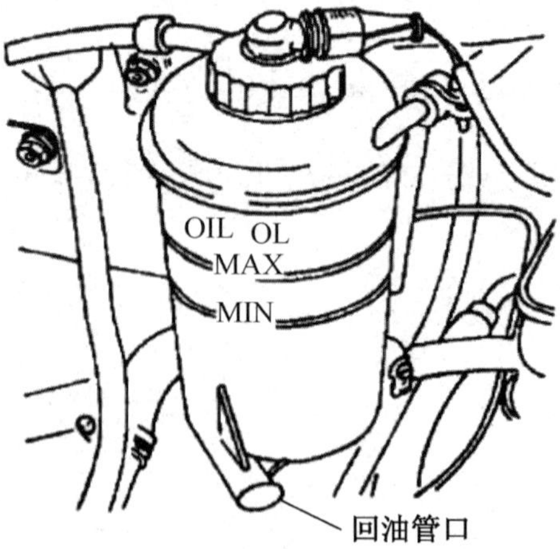

图 4–35　转向助力油液面的检查

（5）对于用油尺检查的汽车，首先拧下带油尺的封盖，用布将油位标尺擦净，然后将带油尺的封盖插入储液罐内并拧好，再次拧出，观察油尺上的标记，应处于“MAX”与“MIN”之间，必要时将转向助力油加至“MAX”处。

2. 转向助力油的更换

正常情况下，汽车的转向助力油 40000km 就需要更换一次。如果时间过长，或者公里数过久就会导致转向助力油变质，使得管路中铁屑杂质变多，转向沉重，甚至还会毁坏转向系统。

（1）转向助力油的回收。

① 支起汽车前部，使两前轮离开地面。

② 拧下储液罐盖，拆下转向油泵回油管，并将其接入相应的容器中。

③ 启动发动机并保持怠速运转，在回收转向助力油的同时，左右转动转向盘，直到排放干净。

（2）加注新油与排气。

① 将回油管连接至储液罐上。

② 向储液罐内加注符合规定的转向助力油至“MAX”标记处。

③ 支起汽车前部，并用支架支撑，连续从左到右转动转向盘若干次，将转向系统中的多余空气排出。在此过程中，留意储液罐中的油面高度，视需要加至“MAX”标记处。

④ 将车辆停至地面，启动发动机并怠速运转，连续转动转向盘，注意油面高度的变化，当油面下降时就应不断加注转向助力油，直到油面停留在“MAX”处，储液罐中不再出现气泡为止。

⑤ 检查液压式动力转向系统各组成及管路有无漏油情况。

二、动力转向泵皮带张紧力的检查与调整

1. 皮带张紧力的检查

方法一：汽车停在干燥路面上，运转发动机使油液上升到正常工作温度，左右转动转向盘，此时驱动皮带负荷最大，若皮带打滑，则说明皮带张紧度不够或油泵内有机械损伤。

方法二：关闭发动机，用手以约 100N 的力从皮带的中间位置按下，皮带应有约 10mm 挠度为合适，否则必须调整。

方法三：可使用如图 4-36 所示的皮带张紧度测量仪进行测量。测量时，将测量仪安装在驱动皮带上，然后测量皮带产生标准变形量时所需力的大小。各种尺寸的皮带的张紧度要求如表 4-1 所示。

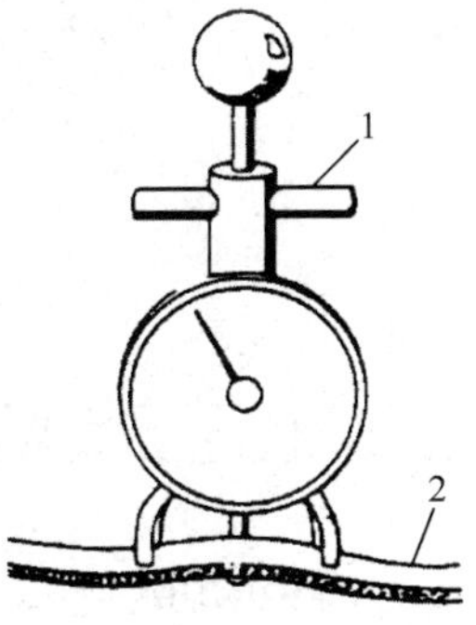

1—测量仪 2—皮带

图 4-36 皮带张紧度测量仪

表 4-1　各种尺寸的皮带的张紧度

	皮带宽度（mm）		
	8.0	9.5	12.0
新皮带	最大 350N	最大 620N	最大 750N
旧皮带	最大 200N	最大 300N	最大 400N
带齿皮带	最大 250N		

2．皮带张紧力的调整

由于车型不同，每种车型的皮带张紧力的调整方法也略有不同，这里将以最为常见的调整方法进行介绍。

（1）松开转向油泵支架上的后部固定螺栓，如图 4-37 所示。

（2）松开张紧螺栓的螺母，如图 4-38 所示。

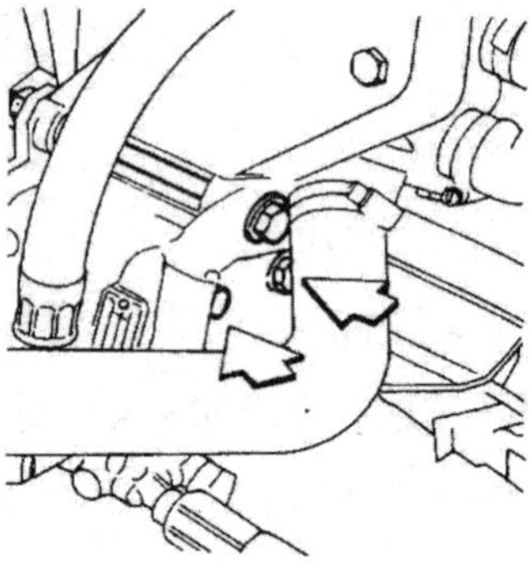

图 4–37　松开后固定螺栓

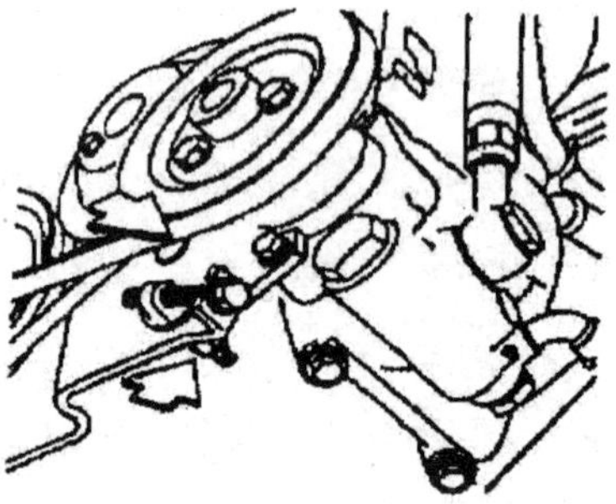

图 4–38　松开张紧螺栓的螺母

（3）通过张紧螺栓把皮带绷紧，如图 4-39 所示。当用手以约 100N 的力从皮带的中间位置按下，皮带约有 10mm 挠度为合适。

（4）拧紧张紧螺栓的螺母。拧紧转向油泵支架上的固定螺栓。

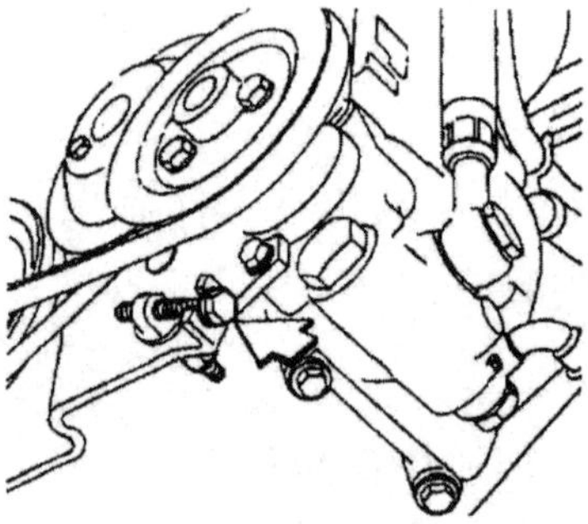

图 4–39　张紧皮带

三、液压式动力转向系统故障诊断

1．转向沉重

故障现象：装有液压式动力转向系统的汽车在行驶中突然感到转向沉重。

故障原因：一般是液压转向动力系统失效或助力不足所造成的，其根本原因在于液压不足，引起转向系统油压不足的主要原因如下。

（1）转向储液罐缺油或油液高度低于规定要求。

（2）油泵驱动皮带过松或打滑。

（3）各油管接头处密封不良，有泄漏现象；油路堵塞或滤清器污物太多；液压回路中渗入了空气。

（4）油泵磨损、内部泄漏严重；油泵安全阀、溢流阀泄漏、弹簧弹力减弱或调整不当。

（5）动力缸或转向控制阀密封损坏。

故障诊断：针对上述原因，应先检查转向储液罐内的油液质量和液面高度，然后检查动力转向泵驱动部分的情况和油液循环情况，再对动力转向泵进行输出油压检查。

2. 异响

故障现象：汽车转向时，转向系统有过大的异响，并影响汽车的转向性能。

故障原因：

（1）转向储液罐中液面太低，滤网堵塞，液压系统中渗入空气。液压回路中有过多的沉积物。

（2）油管接头松动或油管破裂。

（3）油泵严重磨损或损坏；油泵在工作时容易渗入空气。

（4）转向控制阀性能不良。

故障诊断：如果转向盘处于极限位置或原地慢慢转动转向盘时转向器发出“嘶嘶”声，有可能是转向控制阀性能不良，应更换转向控制阀。如果动力转向泵发出“嘶嘶”声或尖叫声，应先检查助力油液的油量和质量，然后检查动力转向泵驱动皮带和动力转向泵的工作情况。

3. 左右转向轻重不同

故障现象：汽车行驶时，向左和向右转向时的操纵力不相等。

故障原因：

（1）转向控制阀阀体（或滑阀）偏离中间位置，或者虽然在中间位置，但是与阀套槽肩的缝隙大小不一致；控制阀内有污物阻滞，使左右转动阻力不同。

（2）油路破损泄漏。

（3）液压系统中动力缸的某一油腔渗入空气。

故障诊断：这种故障多是油液脏污所致，应按规定更换新油后再进行检查；若油质良好或更换新油后故障没有消除，则检查液压系统有无泄漏或混入空气；若仍不能排除，则可能是由于控制阀定中不良造成的，需要对其进行分解检查或更换。

4．直线行驶时转向盘发飘或跑偏

故障现象：汽车直线行驶时，难以保持正前方向而总向一边跑偏。

故障原因：

（1）油液脏污、转向控制阀回位弹簧折断或变软，使转向控制阀不能及时回位。

（2）转向控制阀阀体（或滑阀）偏离中间位置，或者虽然在中间位置，但是与阀套槽肩的缝隙大小不一致。

（3）流量控制阀卡滞使油泵输出流量过大或油压管路布置不合理，造成油压系统管路节流损失过大，使动力缸左、右腔压力差过大。

故障诊断：首先检查油液是否脏污，然后检查、判断转向控制阀是否开启运动自如，若有怀疑应拆卸检查，最后检查转向油泵流量控制阀。

任务实施与评价

<table>
<tr><td colspan="2">学习任务</td><td colspan="3">动力式转向系统检修</td><td colspan="2">学时</td><td>4 学时</td></tr>
<tr><td colspan="2">姓名</td><td></td><td>实训车型</td><td></td><td colspan="3">年　月　日</td></tr>
<tr><td colspan="2">标准时间</td><td></td><td>开始时间</td><td></td><td>完成时间</td><td colspan="2"></td></tr>
<tr><td>序号</td><td colspan="3">操作步骤</td><td>操作标准</td><td>操作记录</td><td>分值</td><td>自评得分</td></tr>
<tr><td rowspan="4">1</td><td rowspan="4">检测前的基础检查</td><td colspan="2">检查作业现场环境</td><td rowspan="4">检查清洁彻底、记录清晰、准确</td><td rowspan="4"></td><td>2</td><td></td></tr>
<tr><td colspan="2">记录整车基本信息</td><td>3</td><td></td></tr>
<tr><td colspan="2">作业前工具检查</td><td>2</td><td></td></tr>
<tr><td colspan="2">作业前实施车辆防护</td><td>3</td><td></td></tr>
<tr><td rowspan="4">2</td><td rowspan="4">转向助力液液面的检查</td><td colspan="2">将车辆停在平坦的地面上，使前轮处于直行位置</td><td rowspan="4">工具选择、使用正确；按维修手册的工艺要求完成检查</td><td rowspan="4"></td><td>5</td><td></td></tr>
<tr><td colspan="2">启动发动机，使其达到正常工作温度</td><td>5</td><td></td></tr>
<tr><td colspan="2">使发动机怠速运转约 2min，左、右转动几次转向盘，使油温达到 40～80℃，关闭发动机</td><td>10</td><td></td></tr>
<tr><td colspan="2">观察储液罐的液面，此时液面应处于“MAX”与“MIN”之间，液面低于“MIN”时，应加至“MAX”</td><td>10</td><td></td></tr>
<tr><td rowspan="3">3</td><td rowspan="3">转向助力油液的更换</td><td rowspan="3">助力油回收</td><td>支起汽车前部，两前轮离开地面</td><td rowspan="3">工具选择、使用正确；按维修工艺要求进行更换</td><td rowspan="3"></td><td>10</td><td></td></tr>
<tr><td>拧下储液罐盖，拆下转向油泵回油管，并将其接入相应的容器中</td><td>5</td><td></td></tr>
<tr><td>启动发动机并保持怠速运转，在回收转向助力油的同时，左右转动转向盘，直到排放干净</td><td>10</td><td></td></tr>
</table>

续表

<table>
<tr><th>序号</th><th colspan="3">操作步骤</th><th>操作标准</th><th>操作记录</th><th>分值</th><th>自评得分</th></tr>
<tr><td rowspan="5">3</td><td rowspan="5">转向助力油液的更换</td><td rowspan="5">加注新油与排气</td><td>将回油管连接至储液罐上</td><td rowspan="5"></td><td rowspan="5"></td><td>5</td><td></td></tr>
<tr><td>向储液罐内加注符合规定的转向助力油至“MAX”标记处</td><td>5</td><td></td></tr>
<tr><td>支起汽车前部，连续从左到右转动转向盘若干次，排出多余空气</td><td>10</td><td></td></tr>
<tr><td>将车辆停至地面，启动发动机怠速运转，连续转动转向盘，直到储液罐中不再出现气泡为止</td><td>5</td><td></td></tr>
<tr><td>检查液压转向系统各组成及管路有无漏油情况</td><td>5</td><td></td></tr>
<tr><td>4</td><td colspan="3">场地恢复及现场 5S 管理</td><td>正确使用工具、量具，清洁整理工作台、地面及工具、量具</td><td></td><td>5</td><td></td></tr>
<tr><td colspan="2">学生自评</td><td colspan="5"></td><td></td></tr>
<tr><td colspan="2">小组评价</td><td colspan="5"></td><td></td></tr>
<tr><td colspan="2">指导教师（师傅）评价</td><td colspan="5"></td><td></td></tr>
<tr><td colspan="2">综合评价</td><td colspan="6">□优秀 □良好 □合格 □不合格</td></tr>
</table>

任务测试

一、单项选择题

1．在动力转向系统中，转向所需的能源来源于（　　）。

A．驾驶员的体能　　B．发动机动力

C．A、B 项均有　　D．A、B 项均没有

2．目前动力转向系统采用最广泛的是（　　）。

A．液压式　　B．电动式　　C．气压式　　D．电磁式

3．转向盘自由行程一般不超过（　　）。

A．15°　　B．25°　　C．30°　　D．35°

4．关于 EPS 电动助力转向系统的特点，甲称使车辆低速时转向更轻便，乙称使车辆高速时转向更轻便，则（　　）。

A．甲正确　　B．乙正确　　C．两人均正确　　D．两人均不正确

5．关于液压式动力转向系统的叙述，正确的是（　　）。

A．操作费力、维护简单

B．在机械式转向系统的基础上加装一套液压助力装置

C．常以发电机作为转向助力能源

D．只能用于前轴负荷较小的乘用车上

6．下列选项中，驱动液压动力转向泵的动力源是（　　）。

A．发动机　　B．发电机　　C．水泵　　D．空调压缩机

7．电动助力转向与液压式动力转向相比（　　）。

A．节能　　B．能耗更高　　C．没有变化　　D．视情况而定

二、填空题

1．按传能介质的不同，转向传力装置分为__________和__________两种。

2．根据电动机安装位置的不同，电动助力转向系统分为__________式、__________式和__________式。

3．动力转向器由__________、__________和__________等三部分组成。

4．液压式动力转向系统按液流形式可以分为__________和__________，按转向控制阀运动方式又可以分为__________和__________。

5．转向油泵的结构类型有多种，常见的有__________、__________和__________，其中__________转向油泵应用最广泛。

6．电控式动力转向系统主要由________、________、________、转向齿轮机构和________等组成。

三、判断题

1．动力转向系统是在机械转向系统的基础上加设一套转向加力装置而形成的。（　　）

2．一旦液压动力转向装置失效，动力转向器将完全失去转向性能。（　　）

3．双作用式叶片泵上的溢流阀用以限定转向油泵的最大输出流量，安全阀用以限定转向油泵输出油液的最高压力。（　　）

4．装有液压式动力转向系统的汽车，在行驶中突然感到转向沉重，一般是液压转向动力系统失效或助力不足所造成的，其根本原因在于液压不足。（　　）

5．液压动力转向系统具有“快转快助，大转大助，不转不助”的随动作用。（　　）

6．当汽车直线行驶时，液压常流转阀式动力转向装置的转阀处于中间位置。（　　）

7．液压式动力转向系统在更换助力液后不需要排空。（　　）

项目测试

1．图 4-40 所示为某轿车液压式动力转向系统示意图。请完成下列问题。

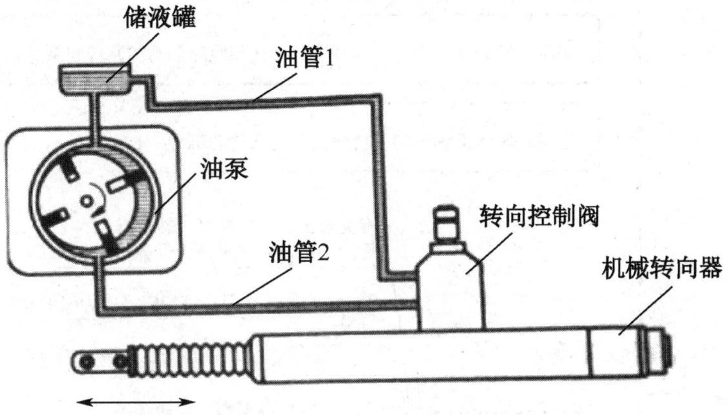

图 4–40　液压式动力转向系统示意图

（1）油管 1、油管 2 哪根是转向控制阀的进油管，哪根是回油管？

（2）按结构分类，图中油泵属于哪种类型？

（3）根据外观判断，图中的机械转向器属于哪种类型？

2．如图 4-41 所示为某汽车转向系统示意图。请完成下列问题。

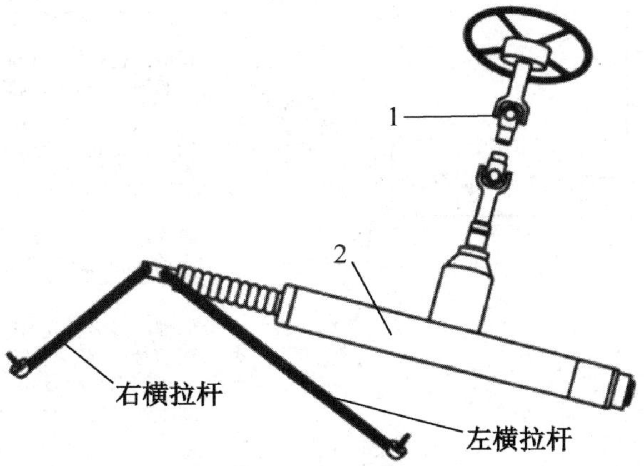

图 4–41　转向系统示意图

（1）写出图中 1、2 所示元件的名称。

（2）从图中分析，该转向系统是机械式转向系统还是动力式转向系统？

项目小结

- 转向系统
  - 功用：让车辆按照驾驶员的意愿，用来保持或改变车辆行驶方向
  - 类型：机械式、动力式（液压助力式和电动助力式）转向系统
  - 组成：转向操纵机构、转向器和转向传动机构
  - 机械式转向系统
    - 相关参数：转向梯形、转弯半径、角传动比、转向盘自由行程
    - 操纵机构
      - 功用：将转向盘的力传给转向器
      - 组成：转向盘、转向轴与转向管柱
    - 转向器
      - 类型：齿轮齿条式、循环球式、蜗杆曲柄指销式
      - 功用：承受力和运动，增大并改变其传动方向
    - 传动机构
      - 功用：将转向器的力和运动传给转向轮
      - 组成：转向摇臂、转向直拉杆、转向节臂、转向横拉杆
  - 动力式转向系统
    - 类型：气压式、液压式和电动式
    - 液压式转向系统
      - 组成：在机械式转向系统的基础上，加装转向泵、控制阀及动力缸
      - 原理：转向器带动控制阀转动，动力缸产生液压力，使转向轻便
    - 电动式转向系统
      - 组成：传感器、电子控制单元、电动机和机械传动装置
      - 原理：操纵转向盘时，各传感器将信号送到ECU。ECU输出助力转矩的大小和方向

项目五

汽车制动系统检修

项目描述

汽车制动系统是保证安全行车最重要的系统之一，其主要功用是使行驶中的汽车安全、可靠地减速甚至停车，还能使下坡行驶的汽车速度保持稳定，使已停驶的汽车保持不动。一般在汽车上设有保障行驶中的车辆减速或停车，由驾驶员用脚操纵的行车制动系统；由驾驶员用手或脚操纵，用于使停驶的车辆驻留原地、防止溜坡的驻车制动系统和用于特殊情况下的应急制动、安全制动及辅助制动装置。除此之外，制动系统还具有辅助坡道起步、驱动防滑转系统等功能。按照制动力传输介质的不同，行车制动系统主要有机械式、液压式和气压式三类，机械式由于制动效果较差已被淘汰。随着人们对车辆安全性的要求越来越高，ABS、EBD、ASR 和 ESP 等电子控制系统已经在制动系统中广泛应用。

本项目主要包括：液压行车制动系统检修、气压行车制动系统检修、驻车制动系统检修和电子控制系统检修 4 个任务。要求通过 4 个任务的学习，进一步掌握汽车制动系统结构和工作原理，掌握汽车制动系统的检修方法，并学会使用制动系统常用检修工具。

任务 1　液压式行车制动系统检修

任务目标

素养目标：

1. 具有良好人际交流能力。
2. 具有良好团队合作精神。
3. 具有良好环保意识。

能力目标：

1. 能够进行车轮制动器拆装及零件检修。
2. 能够判断液压式行车制动系统常见故障及可能的故障部位。

知识目标：

1. 了解液压式行车制动系功用、类型及组成。

2. 掌握车轮制动器类型、特点、构造与工作原理。

3. 了解液压制动传动装置功用与组成。

情境导入

一辆2015年生产的2014款科鲁兹轿车，在行驶里程66000km后，驾驶员反映，制动时需要将制动踏板踩到很低的位置才会有制动力。维修技术人员初步判断为制动系统故障，需要对制动系统进行检修。请你根据本任务所学液压式行车制动系统的相关知识，完成液压式行车制动系统的检修。

任务准备

理论知识

一、液压式行车制动系统的功用

液压式行车制动系统的功用是以特制油液（制动液）为传力介质，将驾驶员施加在制动踏板上的力传至车轮制动器，产生制动作用，使行驶中的车辆减速或停车。

二、液压式行车制动系统的特点

液压式行车制动系统采用液压传动装置，其特点是：制动管路中的油压和制动器产生的制动力与踏板力呈线性关系，制动柔和灵敏；液压元件尺寸较小且结构简单，使用方便，不消耗发动机功率。但操纵较费力，制动力不是很大，制动液流动性差，高温易产生气阻，如有空气侵入或漏油会降低制动效能甚至失效。一般用在乘用车和越野车上。

三、液压式行车制动系统的组成

典型液压式行车制动系统一般由伺服与操纵机构、液压传动装置和车轮制动器等部分组成，图5-1所示为典型液压式行车制动系统简图。

1. 伺服与操纵机构

现代汽车通常在单纯的人力操纵机构的基础上增加一套真空助力式的伺服机构，利用真空（负压）来增加驾驶员施加于踏板上的力。由驾驶员用脚操纵，产生制动动作，为减轻驾驶员的劳动强度，增强制动效果，现代车辆广泛采用带真空助力器的伺服系统。由制动踏板机构和真空助力器等组成。

（1）基本结构。

真空助力式伺服机构主要包括由发动机进气管、管路、真空单向阀等组成的供能装置和真空助力器。其中，真空助力器是真空助力式伺服机构的核心部件，一般安装于制动踏板与制动主缸之间，主缸的一部分深入到真空助力器壳体内，主要由真空伺服气室和控制阀等组成，如图 5-2 所示。它通过真空管路连接至发动机进气歧管的真空源，利用发动机进气管的真空和大气之间的压力差起助力作用。真空伺服气室由前、后壳体组成，两者之间夹装有伺服气室膜片，将伺服气室分成前、后两腔。

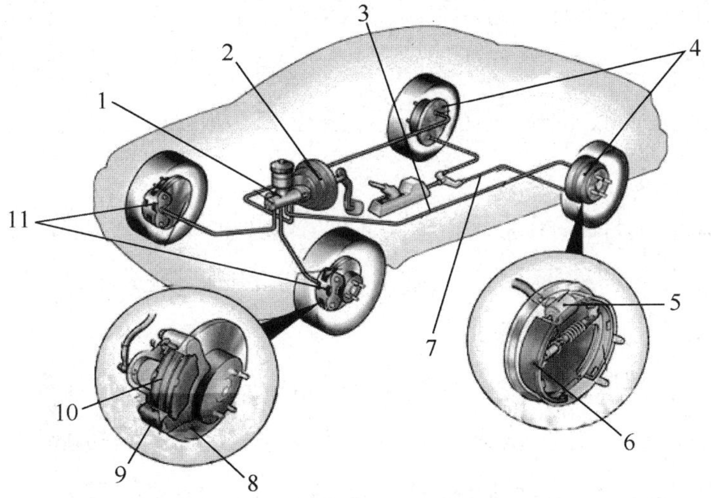

1—制动主缸；2—真空助力器；3—制动管路；4—后轮鼓式制动器；5—制动轮缸（后轮）；
6—后制动片；7—手刹线；8—制动盘；9—制动轮缸（前轮）；10—前制动片；11—前轮盘式制动器

图 5–1　典型液压式行车制动系统简图

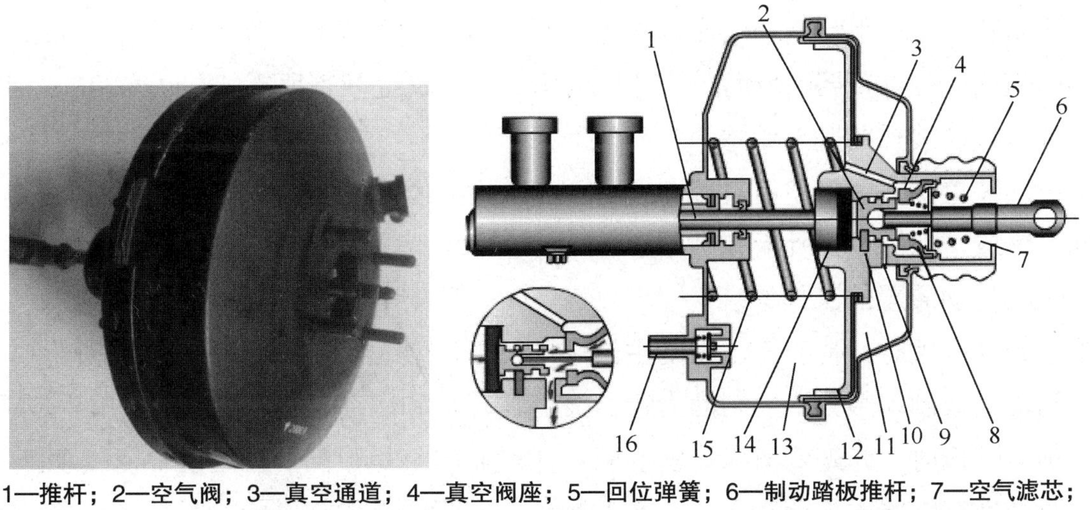

1—推杆；2—空气阀；3—真空通道；4—真空阀座；5—回位弹簧；6—制动踏板推杆；7—空气滤芯；
8—橡胶阀门；9—空气阀座；10—通气道；11—加力气室后腔；12—膜片座；13—加力气室前腔；
14—橡胶反作用盘；15—膜片回位弹簧；16—真空口和单向阀

图 5–2　真空助力器结构

（2）工作原理。

不制动时，未踩下制动踏板，控制阀处于非工作状态。回位弹簧将制动踏板推杆连同空气阀推至右极限位置，空气阀紧压空气阀座而关闭；橡胶阀门被压缩离开真空阀座而开启。真空通道开启，伺服气室前、后两腔相通，并与大气隔绝。发动机运转后，真空单向阀被吸开，前、后两腔内均具有一定的真空度。

制动时，制动踏板推杆连同空气阀向左移动，消除了与橡胶反作用盘的间隙后，压缩橡胶反作用中心部分产生压凹变形，并推动推杆向左移动，使制动主缸油压上升。与此同时，制动踏板推杆通过弹簧先将橡胶阀门压向真空阀座而关闭，使前腔与后腔隔绝。进而空气阀与空气阀座分离而开启，外界空气经空气滤芯、空气阀的开口和通气道进入伺服气室后腔。随着空气的进入，在加力气室膜片的两侧出现压力差而产生推力，此推力通过膜片座、橡胶反作用盘推动推杆左移。此时，推杆上的作用力为踏板力和伺服气室推力之和，但伺服气室推力较踏板力大得多，从而使制动主缸输出的液压力成倍地增高。总之，制动时，真空阀关闭，空气阀开启。

维持制动时，踏板踩下停止在某一位置，制动踏板推杆和空气阀推压橡胶反作用盘的推力不再增加，膜片两边压力差使橡胶反作用盘中心部分的凹下变形恢复平衡，空气阀重新落座而关闭，出现“双阀关闭”的平衡状态。

放松制动时，回位弹簧使制动踏板推杆和空气阀右移，橡胶阀门被压缩离开真空阀座，伺服气室前、后两腔相通，成为真空状态。膜片和膜片座在膜片回位弹簧的作用下回位，主缸即解除制动。真空助力器失效时，制动踏板推杆将通过空气阀直接带动膜片座和推杆移动，使主缸降低制动液压，但踏板力要大得多。

2. 液压传动装置

液压传动装置是利用特制油液作为传力介质，将驾驶员或其他动力源的作用力转换为液压能，并通过液压传动装置传到制动器，控制制动器动作，从而获得所需的制动力矩的一系列装置。

（1）液压传动装置的基本组成。

液压传动装置主要包括将制动能量传输到制动器的各个部件，一般由制动主缸、制动管路、制动轮缸等组成，如图 5-3 所示。

（2）液压传动装置的工作原理。

当踩下制动踏板时，制动液由制动主缸中的活塞推动，经制动管路压入制动轮缸中，将制动蹄压向制动盘或制动鼓，产生制动力矩。由于制动蹄和制动鼓间存在一定的间隙，因此在刚开始踩下制动踏板时，首先要消除这些间隙，管路油压不是很高，仅足以平衡制动蹄回位弹簧的拉力以及油液在管路中的流动阻力。产生制动力矩后，液压与踏板力呈线性关系增长。松开制动踏板后，制动蹄和制动轮缸活塞在回位弹簧的作用下，将制动液压回制动主缸。

（3）液压传动装置的常见类型。

液压传动装置常见的布置形式有单管路和双管路两种。但由于单管路传动系统的可靠性较低，因此现代汽车都采用了双管路液压传动装置。它利用彼此独立的双腔制动主缸，通过两套独立管路，分别控制两桥或三桥的车轮制动器。当其中一套管路发生故障而失效时，另一套管路仍能继续起制动作用，从而提高了汽车制动的可靠性和行车的安全性。双管路传动装置的布置方案如图 5-4 所示，可以看出共有 5 种布置形式。

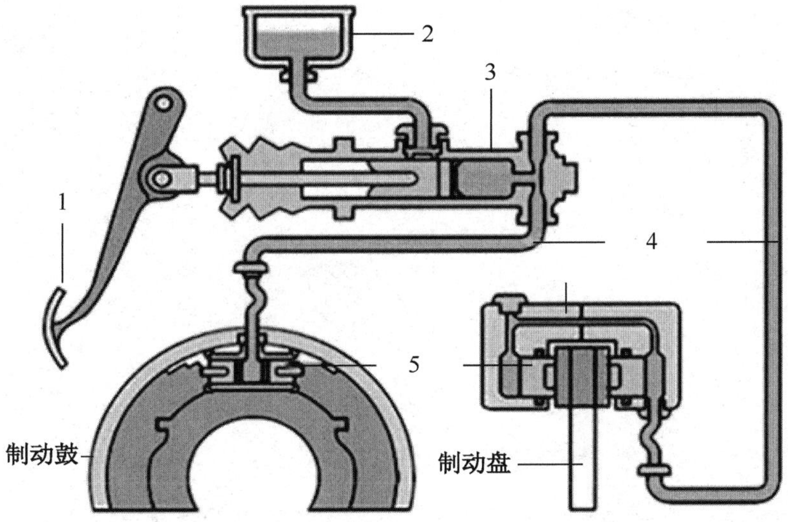

1—制动踏板；2—储液罐；3—制动主缸；4—制动管路；5—制动轮缸

图 5–3　液压传动装置组成示意图

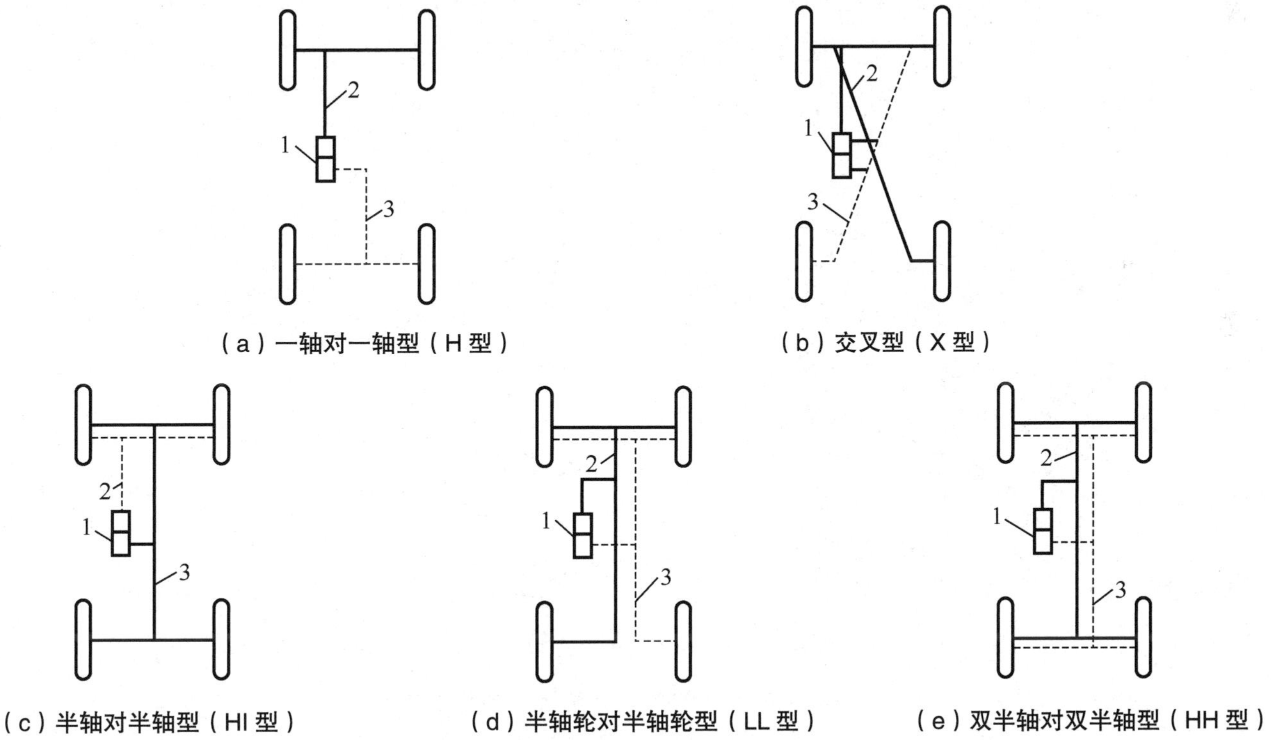

1—制动主缸；2—制动回路 1；3—制动回路 2

图 5–4　双管路传动装置的布置形式

在上述 5 种布置形式中，一轴对一轴型（也称为前后独立式）和交叉型（也称为交叉式）两种形式结构简单，所以应用最为广泛，下面以这两种形式为例进行介绍。

①前后独立式。

如图 5-5 所示，前后独立式双管路液压传动装置由双腔制动主缸通过两套独立的管路分别控制前桥和后桥的车轮制动器。这种布置方式结构简单，如果其中一套管路损坏漏油，另一套仍能起作用，但会破坏前后桥制动力分配的比例，主要用于发动机前置后轮驱动的汽车。

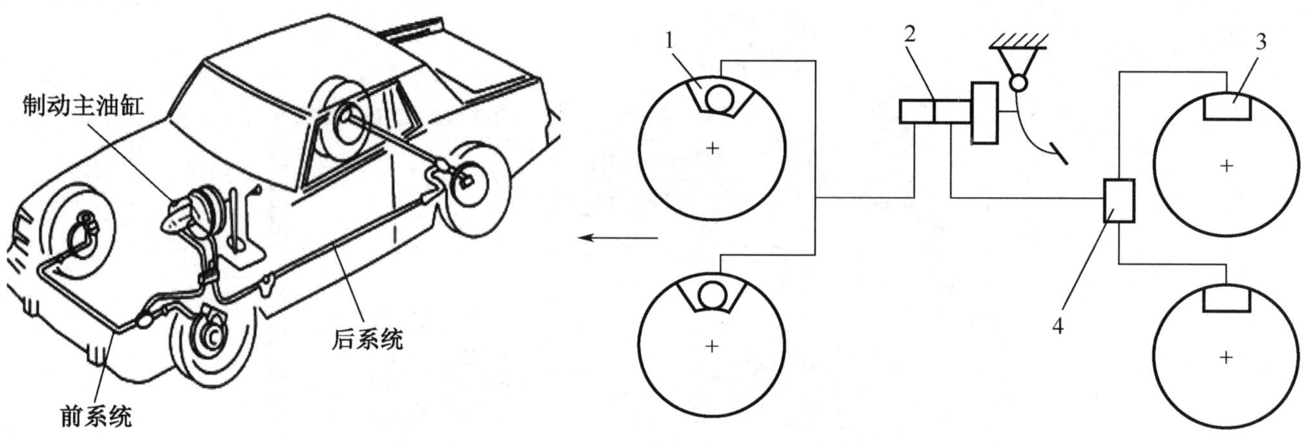

1—盘式制动器；2—双腔制动主缸；3—鼓式制动器；4—制动力调节器

图 5–5　前后独立式双管路液压传动装置

②交叉式。

如图 5-6 所示，交叉式双管路液压传动装置由双腔制动主缸通过两套独立的管路分别控制前后桥对角线方向的两个车轮制动器。这种布置方式在任意管路失效时，仍能保持一半的制动力，且前后桥制动力分配比例保持不变，有利于提高制动方向稳定性，主要用于发动机前置前轮驱动的轿车上。

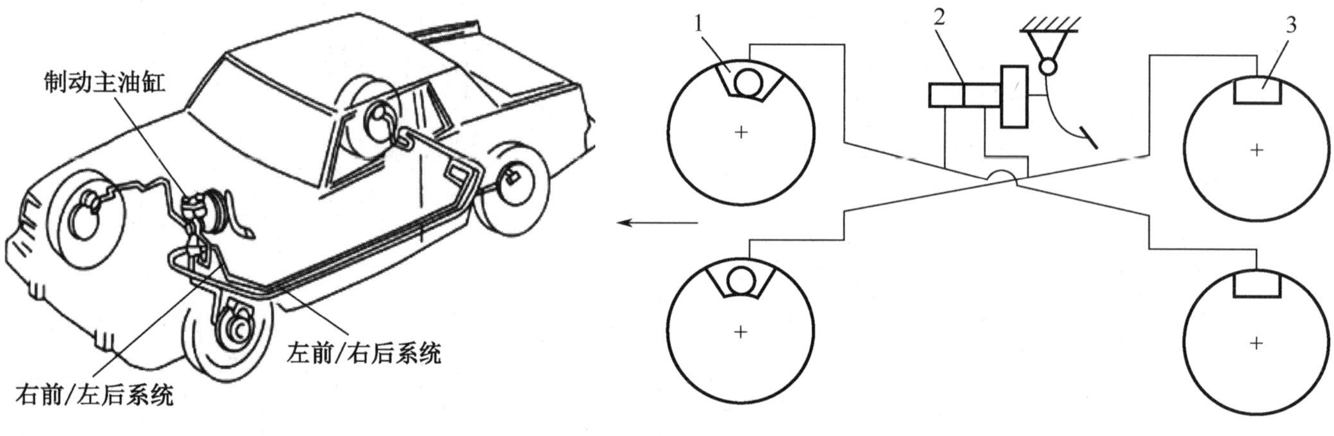

1—盘式制动器；2—双腔制动主缸；3—鼓式制动器

图 5–6　交叉式双管路液压传动装置

（4）液压传动装置的主要部件。

①制动主缸。

制动主缸又称为制动总泵，它处于制动踏板与管路之间，其功用是将制动踏板输入的机械力转换成液压力。一般采用串联双腔式或并联双腔式制动主缸。

串联双腔式制动主缸主要由储液罐、制动主缸外壳、前活塞、后活塞及前后活塞弹簧、推杆、皮碗等组成，如图 5-7 所示。主缸的壳体内装有前活塞、后活塞及回位弹簧，前后活塞分别用皮碗密封，前活塞用限位螺钉保证其正确位置。储液罐分别与主缸的前、后腔相通，前出油口、后出油口分别与轮缸相通，前活塞靠后活塞的液力推动，而后活塞直接由推杆推动。

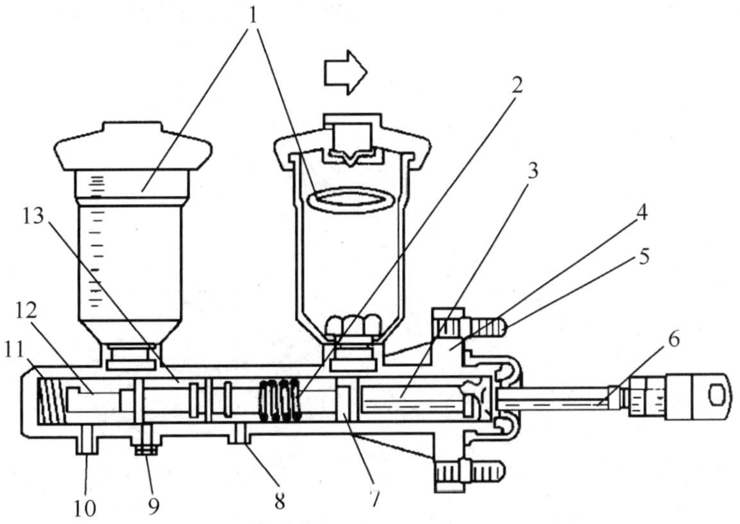

1—储液罐；2—后活塞弹簧；3—后活塞；4—壳体；5—固定螺栓；6—推杆；7—皮碗；
8—后出油口；9—限位螺钉；10—前出油口；11—前活塞弹簧；12—前活塞；13—皮碗

图 5-7　串联双腔式制动主缸结构示意图

串联双腔式制动主缸工作原理。不制动时，两活塞前部皮碗均遮盖不住其旁通孔，制动液由储液罐进入主缸。前、后活塞在弹簧的作用下处于最右端位置，没有制动压力。正常状态下制动时，操纵制动踏板，经推杆推动后活塞左移，在其皮碗遮盖住旁通孔之后，后腔制动液压力升高，制动液一方面经出油阀流入制动管路，一方面推动前活塞左移。在后腔液压和弹簧弹力的作用下，前活塞向左移动，前腔制动液压力也随之升高，制动液推开出油阀流入管路。于是两制动管路在等压下对汽车实施制动。解除制动时，抬起制动踏板，活塞在弹簧作用下复位，高压制动液自制动管路流回制动主缸。如果活塞复位过快，工作腔容积迅速增大，而制动管路中的制动液由于管路阻力的影响，来不及充分流回工作腔，使工作腔内油压快速下降，便形成一定的真空度，于是储液罐中的油液便经补偿孔和活塞上的轴向小孔推开垫片及皮碗进入工作腔。当活塞完全复位时，旁通孔开放，制动管路中流回工作腔的多余油液经补偿孔流回储液罐。

若与前腔连接的制动管路损坏漏油，则在踩下制动踏板时只有后腔中能建立液压，前腔中无压力。此时，在压力差的作用下，前活塞迅速移到其前端顶到主缸缸体上。此后，后腔中液压方能升高到制动所需的值。若与后腔连接的制动管路损坏漏油，则在踩下制动踏板时，最先只是后活塞左移，而不能推动前活塞，因而后腔制动液压不能建立。但在后活塞直接顶触前活塞时，前活塞便左移，使前腔建立必要的制动液压而制动。

②制动轮缸。

制动轮缸的功用是将制动主缸传来的液压力转变为使制动蹄张开的机械推力，使制动蹄压在制动鼓上产生制动作用。常见的制动轮缸类型有双活塞式、单活塞式、阶梯式等。单活塞式制动轮缸多用于单向助势平衡式车轮制动器，目前趋于淘汰；阶梯式轮缸用于简单非平衡式车轮制动器，它的大端推动后制动蹄，小端推动前制动蹄，其目的是使前后蹄摩擦片均匀地磨损。双活塞式制动轮缸应用最为广泛，下面以它为例进行讲解。

双活塞式制动轮缸的结构如图 5-8 所示，主要由缸体、皮碗、活塞、顶块、弹簧和放气螺钉等组成。

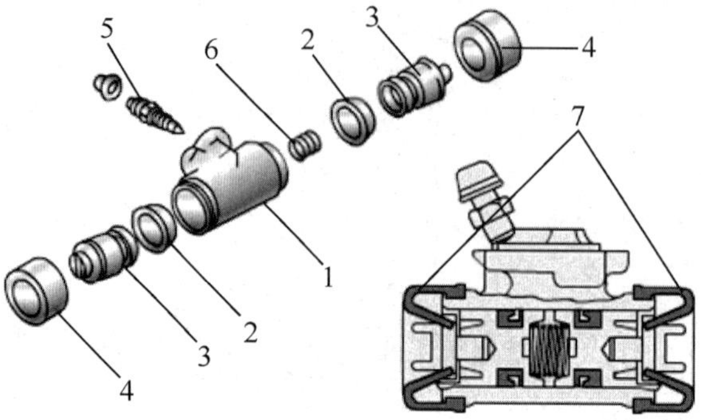

1—缸体；2—皮碗；3—活塞；4—顶块；5—放气螺钉；6—弹簧；7—防护套

图 5-8　双活塞式制动轮缸的结构

制动轮缸的缸体通常用螺钉固装在制动底板上，位于两制动蹄之间。内装铝合金活塞，密封皮碗的刃口方向朝内，并由弹簧压靠在活塞上与其同步运动。活塞外端压有顶块并与制动蹄的上端相抵紧。最外端装有防护套，可防止尘土及泥土的侵入。缸体上方装有放气螺钉，以便排出液压系统中的空气。

③制动管路。

制动管路的功用是将制动主缸压出的制动液传递到各个制动轮缸，并能承受一定的压力和温度。分为金属管路和橡胶软管两种。

④制动液。

制动液作为液压传动系统中传力的介质，要求具有低凝固点、低温流动性好、沸点高、高温下不易老化、性能稳定、对金属及橡胶腐蚀性小等特点。根据原料的不同，汽车制动液一共有 3 种类型，分别为醇型、合成型和矿油型。

3．车轮制动器

车轮制动器是使行驶中的车辆减速或停车的装置，有的也兼起驻车制动作用，当前汽车上广泛采用摩擦式制动器。根据制动器摩擦副中旋转元件的结构，汽车上采用的车轮制动器可分为鼓式制动器和盘式制动器。

（1）鼓式制动器。

①鼓式制动器的结构。

鼓式制动器是通过制动蹄片挤压随车轮同步旋转的制动鼓的内侧而获得制动力的，所以又称为内张式双蹄鼓式制动器，常见结构如图 5-9 所示。一般可分为旋转部分、固定部分、促动装置和定位调整装置。

制动鼓作为旋转部分，通过螺栓与车轴连接并一同旋转。通常为浇铸件，对于受力小的制动鼓也可用钢板冲压而成。

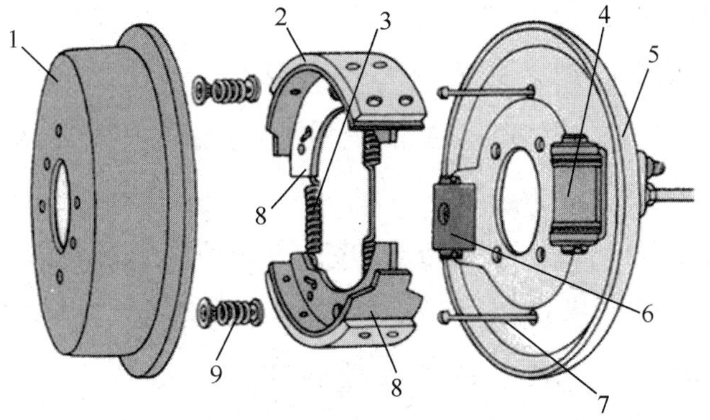

1—制动鼓；2—摩擦片；3—回位弹簧；4—制动轮缸；5—制动底板；

6—调整装置；7—定位销；8—制动蹄；9—定位销弹簧

图 5–9　鼓式制动器的结构

固定部分包括制动底板和制动蹄等。制动底板固装在车桥的凸缘盘上，通过支承销与制动蹄相连。制动蹄常用钢板冲压后焊接而成或由铸铁或轻合金烧铸，采用“T”形截面，以增大刚度，摩擦片采用黏接或铆接的方式固定于制动蹄上。

制动蹄的支承方式分为固定式和浮动式两种。固定式制动蹄用支承销固定，制动蹄工作时围绕支承销转动，如图 5-10（a）、（b）所示。浮动式制动蹄的支承端呈弧形，支靠在制动底板的支承块上，用两个回位弹簧拉紧定位，如图 5-10（c）所示。它既可使整个制动蹄向制动鼓的方向张开，也可以沿支承块的支承平面垂直方向移动。

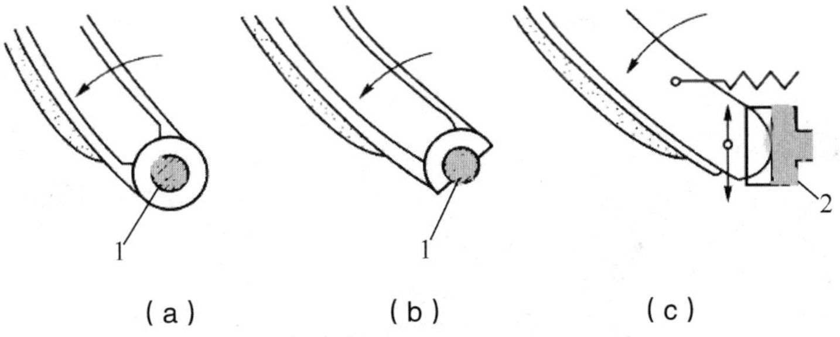

1—支承销；2—支承块

图 5–10　制动蹄的支承方式

促动装置的作用是对制动蹄施加力使其向外张开。液压制动系统的促动装置是制动轮缸，如图 5-9 所示。

定位调整装置。定位调整装置的功用是保持和调整制动蹄与制动鼓间正确的相对位置。制动蹄在不工作时，其摩擦片与制动鼓之间应留有合适的间隙，此间隙一般为 0.25～0.5mm。间隙过小易造成制动解除不彻底；但间隙过大又将使制动踏板行程过大，以致驾驶员操作不便，同时会推迟制动器起作用的时刻，并且随着摩擦片的不断磨损必将导致此间隙逐渐增大，因此，各种形式的制动器均设有检查、调整此间隙的装置。现代液压制动的车辆，其间隙一般采用自动调整装置。

②鼓式制动器的工作原理。

汽车行驶中不需要制动时，制动踏板处于自由状态，制动主缸无制动液输出，制动蹄在复位弹簧的作用下压靠在轮缸活塞上，制动鼓的内圆柱面与摩擦片之间保留一定间隙，制动鼓可以随车轮一起旋转，如图 5-11 所示。

制动时，驾驶员踩下制动踏板，主缸推杆便推动制动主缸内的活塞前移，迫使制动液经管路进入制动轮缸，推动轮缸的活塞向外移动，使制动蹄克服复位弹簧的拉力绕支承销转动而张开，消除制动蹄与制动鼓之间的间隙后压紧在制动鼓上。此时，不旋转的制动蹄摩擦片对旋转的制动鼓就产生一个摩擦力矩，其方向与车轮的旋转方向相反。

放松制动踏板，制动轮缸的制动液回流至制动主缸，制动液压力消失。在复位弹簧的作用下，制动蹄与制动鼓的间隙又得以恢复，从而解除制动。

③鼓式制动器的分类。

根据制动时两制动蹄对制动鼓的径向力的平衡状况，鼓式制动器分为领从蹄式（非平衡式）制动器、平衡式（单向助势、双向助势）制动器和自增力式制动器 3 种。

领从蹄式制动器的结构如图 5-12 所示，图中箭头所示为汽车前进时制动鼓的旋转方向，即制动鼓的正向旋转方向，制动轮缸施加给制动蹄 1 的促动力 F 使得该制动蹄绕支点 3 张开时的旋转方向与制动鼓的旋转方向相同。具有这种属性的制动蹄称为领蹄；与此相反，制动轮缸施加给制动蹄 2 的促动力 F 使得该制动蹄绕支点 4 张开时的旋转方向与制动鼓的旋转方向相反，具有这种属性的制动蹄称为从蹄。

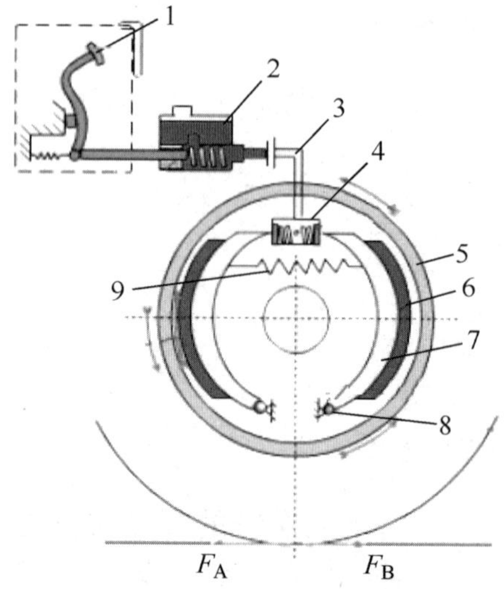

1—制动踏板；2—制动主缸；3—制动管路；

4—制动轮缸；5—制动鼓；6—制动片；7—制动蹄；

8—支承销；9—复位弹簧

图 5-11　鼓式制动器的工作原理示意图

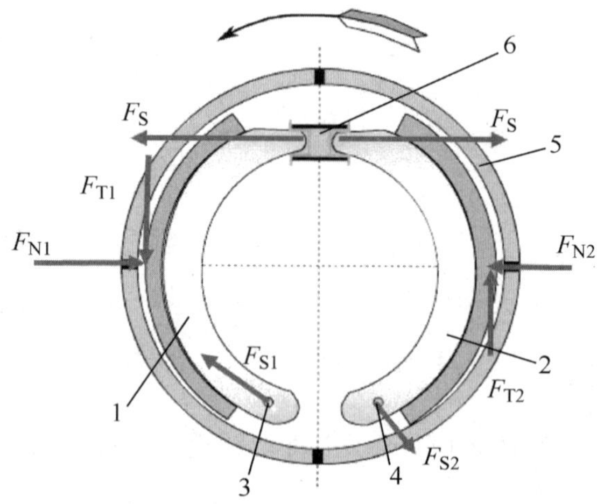

1—领蹄；2—从蹄；3、4—支点；

5—制动鼓；6—制动轮缸

图 5-12　非平衡式制动器的结构示意图

当汽车倒向行驶，即制动鼓反向旋转时，蹄 1 变成从蹄，蹄 2 则变成领蹄。这种在制动鼓正向旋转和反向旋转时，都有一个领蹄和一个从蹄的制动器称为领从蹄式制动器。

制动时，在相等的促动力 F_S 的作用下，领蹄和从蹄分别绕各自的支点 3 和 4 旋转并紧压在制动鼓上。旋转着的制动鼓即对两制动蹄分别作用法向反力 F_{N1} 和 F_{N2}，以及相应的切向反力 F_{T1} 和 F_{T2}，这里的法向反力 F_N 和切向反力 F_T 均为分布力的合力。两蹄受到的这些力分别被各自的支点 3 和 4 的支反力 F_{S1} 和 F_{S2} 所平衡。由图可知，领蹄上的切向力使得领蹄在制动鼓上压得更紧，这表明领蹄具有“增势”作用。与此相反，从蹄上的切向力则使从蹄有放松制动鼓的趋势，即具有“减势”作用。因此，领蹄与从蹄在制动时提供的制动力矩并不一致，一般来说，领蹄的制动力矩是从蹄的 2～2.5 倍。此外，领从蹄式制动器的制动鼓所受到的来自两蹄的法向力 F_{N1} 和 F_{N2} 不平衡，则两蹄法向力之和只能由车轮轮毂轴承的反力来平衡，这就对轮毂轴承造成了附加径向载荷，使其寿命缩短。凡制动鼓所受来自两蹄的法向力不能互相平衡的制动器称为非平衡式制动器。

领从蹄式制动器制动效能比较稳定，结构简单可靠，便于安装，广泛用作货车的前、后轮制动器和轿车的后轮制动器。

单向双领蹄式制动器：在制动鼓正向旋转时，两蹄均为领蹄的制动器称为单向双领蹄式制动器，如图 5-13 所示。

单向双领蹄式制动器的特点是两制动蹄各用一个单活塞式制动轮缸促动，且两套制动蹄、制动轮缸、支撑销和调整凸轮等在制动底板上的布置是中心对称的，以代替领从蹄式制动器中的轴对称布置。等直径的两个制动轮缸可借油管连通，使其中油压相等。这样，在汽车前进时，两制动蹄均为领蹄；但在倒车时，两制动蹄均变为从蹄。由此可见，这种双领蹄式制动器具有单向作用，在前进时制动效能好，倒车时制动效能大大下降，且不便安装驻车制动器，故一般不用作后轮制动器；但两制动蹄片受力相同，磨损均匀，且制动蹄片作用于制动鼓的力量是平衡的，即单向作用双领蹄制动器属于平衡式制动器。如果制动轮缸与制动蹄的支撑位置交换，即将双领蹄式制动器呈对称的方式布置，就变为双从蹄式制动器。其工作特性与双领蹄式制动器恰好相反。

双向双领蹄式制动器：制动鼓在正向和反向旋转时，两蹄均为领蹄的制动器称为双向双领蹄式制动器，如图 5-14 所示。

双向双领蹄式制动器采用了两个双活塞式制动轮缸，且制动蹄两端均为浮动式支撑方式固定，内部结构既呈中心对称，又呈轴对称布置。

自增力式制动器可分为单向自增力式和双向自增力式两种，在结构上只是制动轮缸中的活塞数目不同而已。单向自增力式制动器只在汽车前进时起自增力作用，使用单活塞制动轮缸，如图 5-15（a）所示；双向自增力式制动器在汽车前进或倒车制动时都能起自增力作用，使用双活塞制动轮缸，如图 5-15（b）所示。

自增力式制动器的增力原理是，利用可调顶杆浮动铰接的制动蹄来代替固定的偏心销式制动蹄，利用前蹄的助势推动后蹄，使总的摩擦力矩得以增大，起到自动增力的作用。

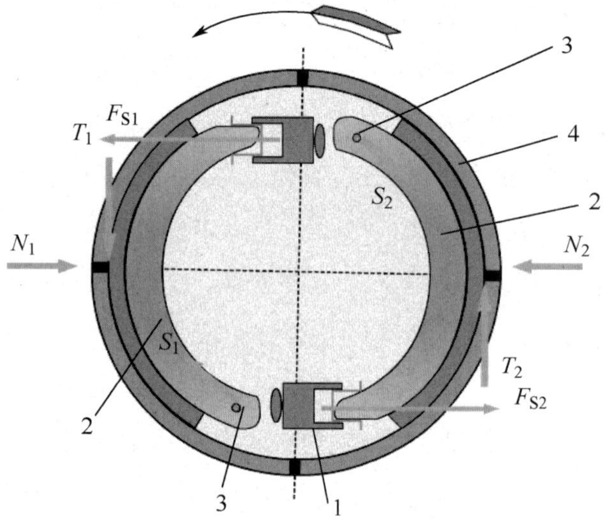

1—制动轮缸；2—制动蹄；3—支承销；4—制动鼓

图 5-13　单向双领蹄式制动器示意图

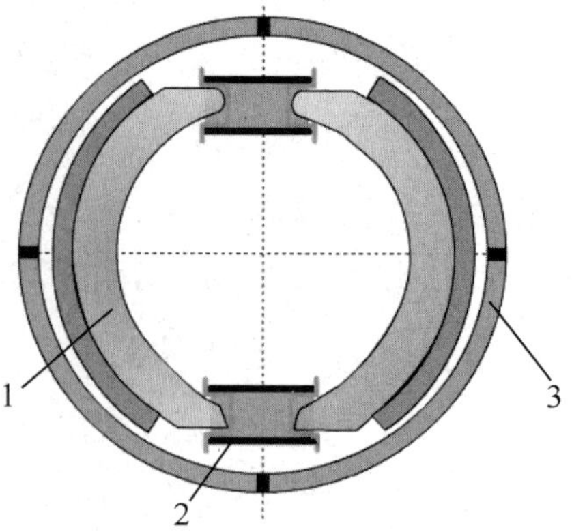

1—制动蹄；2—制动轮缸；3—制动鼓

图 5-14　双向双领蹄式制动器示意图

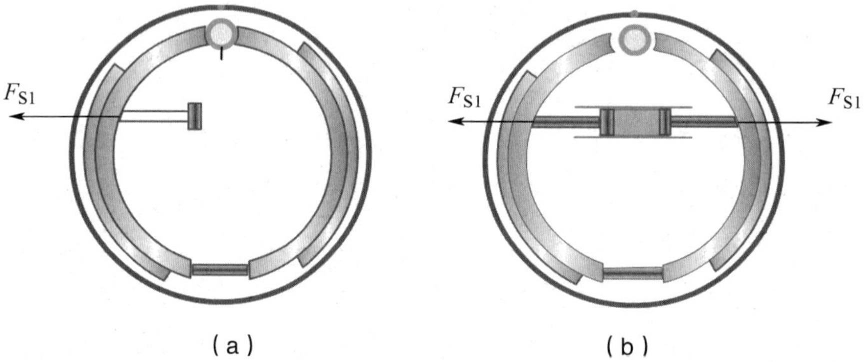

图 5-15　自增力式车轮制动器示意图

在基本结构参数和制动轮缸工作压力相同的条件下，自增力式制动器由于对摩擦助势作用的利用，制动效能最好，但其制动效能对摩擦因数的依赖性最大，因而其稳定性最差。此外，在制动过程中自增力式制动器制动力矩的增长在某些情况下显得过于急速。因此，单向自增力式制动器只用于中、轻型汽车的前轮，而双向自增力式制动器由于可兼作驻车制动器而广泛用于轿车后轮。

综上所述，各种形式的制动器各有利弊，单从制动效能看，在基本结构相同的条件下，自增力式制动器效果最好，其次分别是双领蹄式制动器和领从蹄式制动器，双从蹄式制动效果最差。

④鼓式制动器的特点。

鼓式制动器的摩擦接触区域位于制动器的周围，因此鼓式制动器比同等直径的盘式制动器可提供更大的制动力，并且可兼作驻车制动，价格便宜，寿命长，因此轿车生产厂家为了节省成本，就采用前盘后鼓的制动方式。但是，鼓式制动器的制动力稳定性差，在不同路面上制动力变化很大，不易于掌控，而且由于散热性能差，在制动过程中会聚集大量的热量，制动蹄和制动鼓在高温影响下较易发生极为复杂的变形，容易产生制动衰退和振抖现象，引起制动效率下降。

（2）盘式制动器。

与鼓式制动器不同，盘式制动器是由制动片从两侧夹紧与车轮共同旋转的制动盘而产生制动作用的。

①盘式制动器的结构。

盘式制动器主要由制动片、制动钳体及活塞等组成，如图 5-16 所示。各组成部分可分为旋转部分、固定部分、促动装置和定位调整装置。

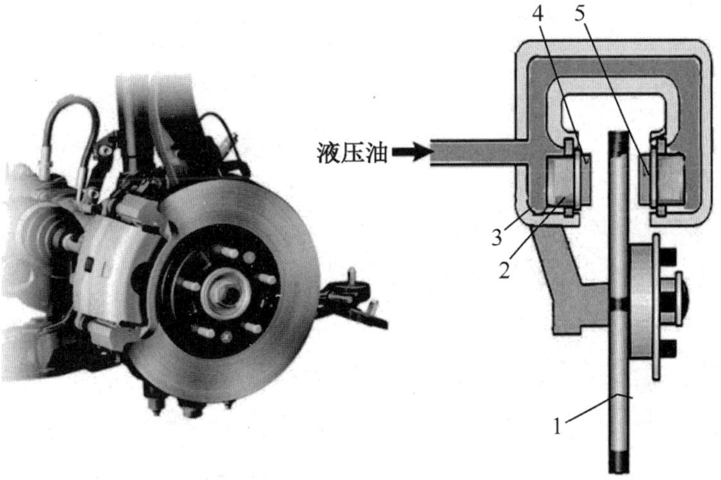

1—制动盘；2—活塞；3—制动钳；4—内制动片；5—外制动片

图 5-16　盘式制动器的结构

固定元件是制动片、制动钳体及活塞等。旋转元件是以端面为工作面的金属圆盘，一般称为制动盘，和车轮固定在一起并旋转。制动钳体用螺栓与转向节或桥壳上的凸缘连接固定，并用调整垫片来调整制动钳与制动盘之间的相对位置。

②盘式制动器的类型。

盘式制动器根据其固定元件的结构形式可分为全盘式制动器和钳盘式制动器。作为全盘式制动器固定元件的金属背板和摩擦片都做成圆盘形，因而其制动盘的全部工作面可同时与摩擦片接触。由于制动钳的横向尺寸较大，主要应用在重型车上。

钳盘式制动器的固定元件为制动钳，制动钳中的制动片由工作面积不大的摩擦片与其金属背板组成，每个制动器中有 2～4 块。钳盘式制动器按制动钳固定在支架上的结构形式可分为定钳盘式和浮动钳盘式两种。

图 5-17 所示为定钳盘式制动器的结构。其制动钳体固定在车桥上，位置是固定的，轮缸分别布置在制动钳的两侧并通过油道相连。除活塞和制动片外无滑动元件。制动时，制动液分别进入左、右两轮缸内，活塞在制动液的压力下，将制动片紧紧地压在制动盘上，产生摩擦转矩。解除制动后，活塞和制动片在回位弹簧的作用下回到原始位置。

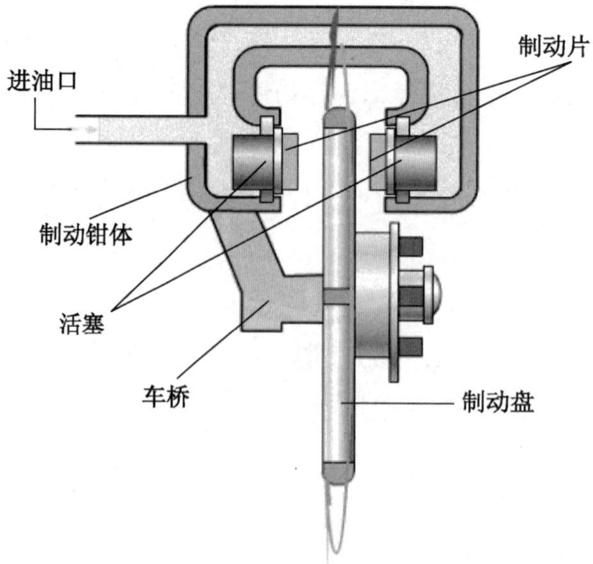

图 5–17　定钳盘式制动器的结构

图 5-18 所示为浮动钳盘式制动器的结构。它由制动盘、内外制动片、制动钳体、制动钳支架、制动轮缸等组成。制动盘固定在轮毂上，夹在内外制动片中间，与前轮一起转动。制动钳通过螺栓（兼作导向销）与制动钳支架相连（支架固定于转向节凸缘上），钳体可沿螺栓相对于制动盘做轴向移动。轮缸布置在制动钳的内侧。固定支架上有导轨，通过两根特制弹簧安装内、外制动片，内、外制动片可沿导轨做轴向移动。

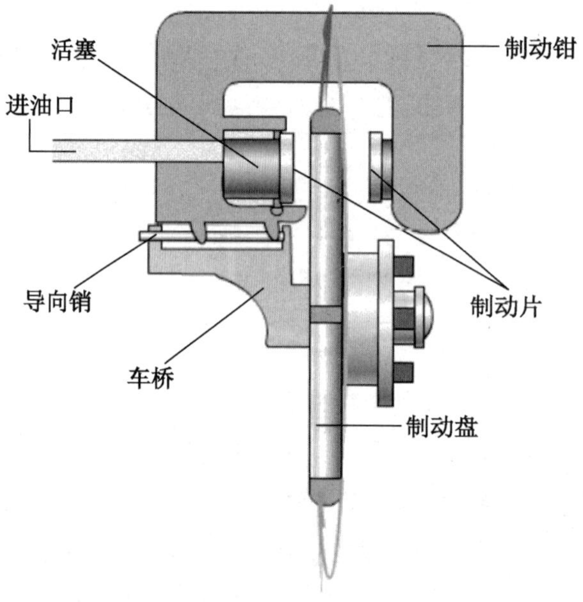

图 5–18　浮动钳盘式制动器的结构

制动时，活动制动片在制动液的推动下，由活塞推靠至制动盘，用制动盘上的反作用力将制动钳体右移而将固定制动片推靠到制动盘上，产生制动。制动解除后，活塞和制动片复位。

③盘式制动器的特点。

盘式制动器结构简单，散热性能好，较容易实现间隙自动调整，保养较简单，并且热稳定性能和水稳定性能良好，所以目前轿车、小型客车的前轮或四轮均采用盘式制动器。

实践知识

一、盘式制动器的拆装与检修

1．盘式制动器的拆卸

（1）检查制动主缸储液罐中的液位。若制动液液位高于最满标记和最低允许液位之间的中间位置，则在开始前应将制动液排出至中间位置。

（2）将车辆举升至合适高度，取下轮胎总成，并将轮胎置于轮胎架上。

（3）拆下制动钳导向销螺栓，在不断开液压制动器挠性软管的情况下，向上转动制动钳，并用铁丝钩固定。取下制动片和制动片固定弹簧。

2．盘式制动器的检修

（1）制动盘的目视检查。

检查制动盘时，首先目视检查制动盘摩擦面的情况，如果有明显的点蚀、沟槽或烧蓝等情况，则应进行修复或更换。

（2）制动盘厚度的检查。

制动盘的厚度可用千分尺直接测量，如图 5-19 所示，测量时一般在距外边缘 13mm 处的圆环上均匀选取 3～4 个测量点。桑塔纳轿车前制动盘标准厚度为 10mm，使用极限为 8mm，低于极限尺寸时应予更换。

（3）制动盘端面圆跳动量的检查。

制动盘端面圆跳动量的检查可用百分表配合磁性表座进行，如图 5-20 所示。轴向跳动量应不大于 0.06mm。不符合要求可进行机加工修复（加工后的厚度不得小于 8 mm）或更换。

（4）制动片厚度的检查。

若制动片已拆下，可直接用游标卡尺测量。制动片的厚度为 14mm（不包括底板），使用极限为 7mm。若车轮未拆下，对外侧的制动片可通过轮辐上的检视孔，用手电筒目测检查；内侧制动片利用反光镜进行目测。

图 5–19　制动盘厚度的检查

图 5-20　制动盘端面圆跳动量的检查

（5）检查制动钳和制动轮缸，应无漏油、裂纹等现象，并且浮动销滑动正常，无明显卡滞现象，各防尘密封罩无开裂、破损、老化和安装不到位等。否则应进行调整或更换。

3．盘式制动器的安装

（1）清理制动钳托架上的制动片构件接合面处的所有碎屑和腐蚀物。

（2）如图 5-21 所示，使用专用安装工具将盘式制动器制动钳活塞压入制动钳孔中。

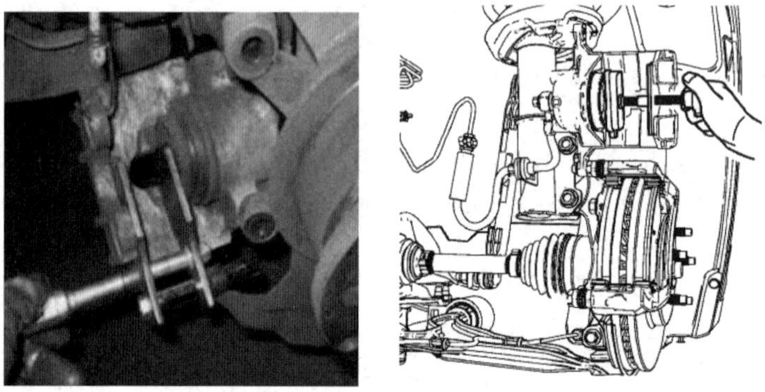

图 5-21　制动钳活塞的压入

（3）确保制动片构件接合面处清洁。

（4）将制动片固定弹簧安装至制动钳托架上。在制动片固定件上涂抹一薄层高温硅润滑剂。

小贴士： 装有盘式制动片的磨损传感器必须安装至制动盘的内侧，且前轮转动时，传感器的前边缘面向制动盘。

（5）将制动片安装至制动钳托架。

（6）将制动钳转动到位，越过盘式制动片至制动钳安装托架。安装制动钳导向销螺栓并按规定力矩拧紧。安装轮胎和车轮总成。

（7）降下车辆，紧固轮胎螺栓。

（8）启动发动机，逐渐踩下制动踏板至其行程约 2/3 处，缓慢地松开制动踏板。然后连续进行多次直到制动踏板坚实。这将使制动钳活塞和制动片正确就位。

（9）加注制动液至适当液位。

二、鼓式制动器的拆装与检修

1．鼓式制动器的拆卸

（1）检查制动主缸储液罐中的液位。若制动液液位高于最满标记和最低允许液位之间的中间位置，则在开始前应将制动液排出至中间位置。

（2）将车辆举升至合适高度，取下轮胎总成，并将轮胎置于轮胎架上。

（3）制动鼓的拆卸。拆卸方法如图 5-22 所示，先撬下轮毂盖，取下开口销和锁止环，旋下螺母，取下止推垫圈和外圆锥滚子轴承内圈。用螺丝刀插入制动鼓上的小孔，向上压楔形调节板，使制动蹄外径缩小后，再取下制动鼓。

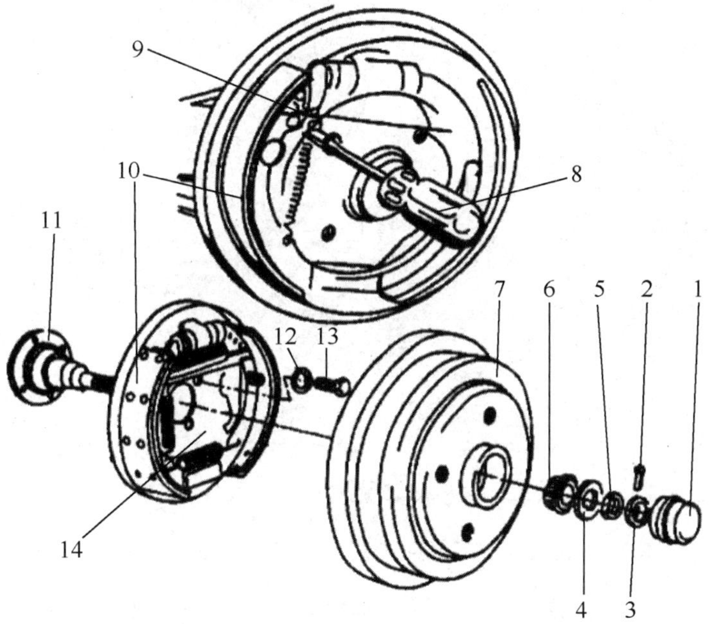

1—轮毂盖；2—开口销；3—锁止环；4—止推垫圈；5—螺母；6—外圆锥滚子轴承内圈；7—制动鼓；8—螺丝刀；9—楔形调节板；10—制动蹄；11—短轴；12—碟形垫圈；13—螺栓；14—制动底板总成

图 5-22 桑塔纳后车轮制动器的拆卸

（4）取下制动蹄片总成。制动器的结构如图 5-23 所示。

先从驻车制动器拉杆上摘下驻车制动器钢索，再用钳子压下弹簧座，并转动 90° 后，取下定位销钉、弹簧座和弹簧。从制动底板上取下制动片总成，并将其夹紧在虎钳上。依次拆下复位弹簧、楔形调整板的拉簧，从前制动蹄上摘下定位弹簧，取下推杆和楔形调整板。

2．鼓式制动器的检修

（1）制动蹄摩擦片的检修。

制动蹄摩擦片厚度的检查：如图 5-24 所示，用游标卡尺测量制动蹄摩擦片的厚度，标准值为 5mm，使用极限为 2.5mm。其铆钉与摩擦片的表面深度不得小于 1mm，以免铆钉头刮伤制动鼓内表面。在未拆下车轮时，制动蹄摩擦片的厚度可从制动底板的观察孔中检查。

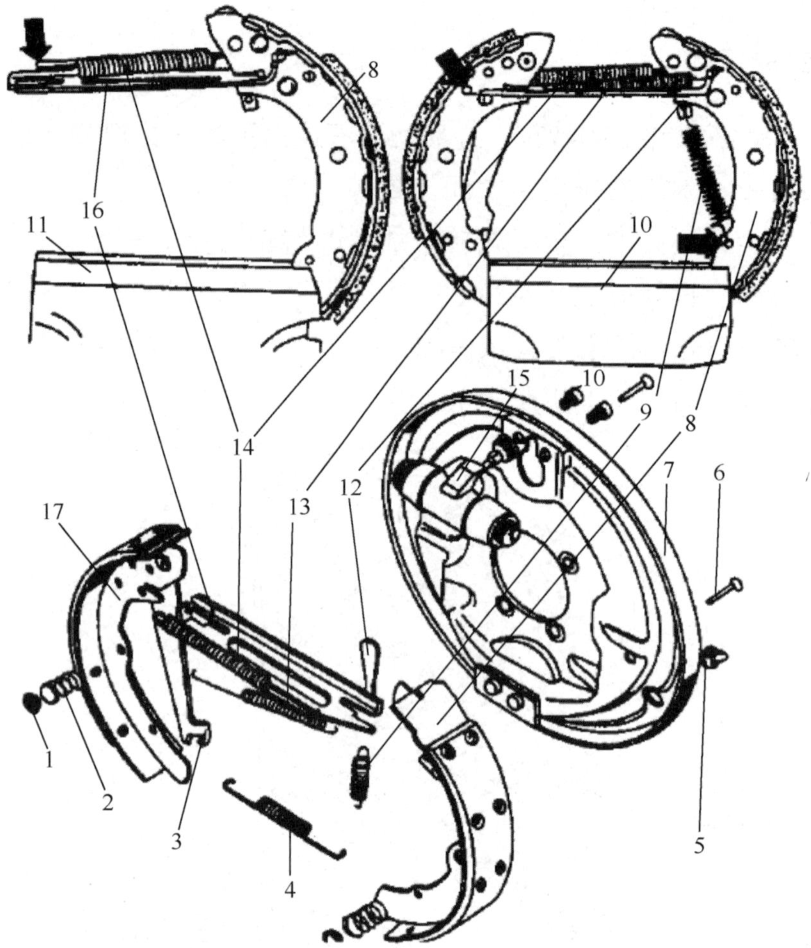

1—弹簧座；2—弹簧；3—驻车制动拉杆；4—下复位弹簧；5—检查孔盖；6—销钉；7—制动底板；8—前制动蹄；9—楔形调整板拉簧；10—螺栓；11—虎钳；12—楔形调整板；13—上复位弹簧；14—定位弹簧；15—后制动分泵；16—推杆；17—后制动蹄

图 5-23 桑塔纳后车轮制动器的结构

图 5-24 制动蹄摩擦片厚度的检查

（2）制动鼓内孔磨损及尺寸的检查。

检查制动鼓内孔有无烧损、刮痕和凹陷，若不能修磨应更换新件；检查制动鼓内孔尺寸及圆度误差时，用游标卡尺检查内孔尺寸，标准值为ϕ180mm，使用极限为ϕ181mm。

（3）后制动蹄摩擦片与后制动鼓接触面积的检查。

如图 5-25 所示，将后制动蹄摩擦片表面打磨干净后，靠在后制动鼓上，检查二者的接触面积，应不小于 60%，否则应继续打磨摩擦片的表面。

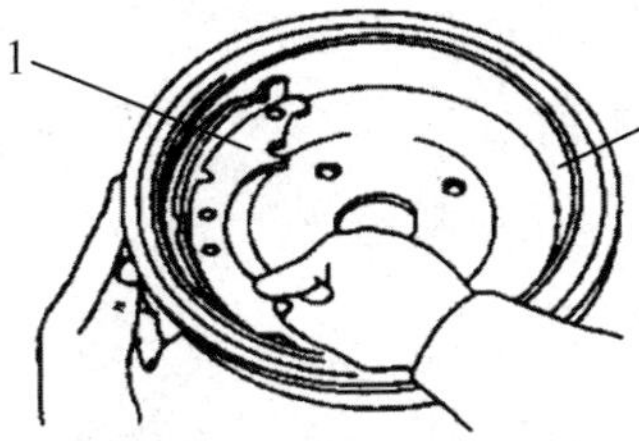

1—后制动蹄摩擦片；2—后制动鼓

图 5-25 后制动蹄摩擦片与后制动鼓接触面积的检查

（4）制动轮缸的工作情况检查。

制动轮缸无漏油现象，在受到液压作用后，能顶出活塞，使制动蹄扩张。松开制动踏板，液压力消失，靠制动蹄回位弹簧的力，使活塞回位。

3．鼓式制动器的安装

（1）按照相反的顺序安装制动蹄总成。

（2）检查：上部回位弹簧正常；下部回位弹簧正常；手刹线安装正常；楔块弹簧正常；定位销安装正常。

（3）清理制动蹄摩擦片和制动鼓，第一次安装制动鼓并检查制动间隙。

（4）调整制动间隙，再次安装制动鼓，然后调整后轮轴承紧度并锁止。

（5）安装轮胎和车轮总成。

（6）降下车辆，紧固轮胎螺栓。

（7）启动发动机，逐渐踩下制动踏板直到制动踏板坚实。

（8）加注制动液至适当液位。

三、液压传动装置的排气

液压制动系统中渗入空气，制动时系统中的空气被压缩，造成踏板行程增加，踏板发软，影响制动效果。在维修过程中，由于拆检液压制动系统、接头松动或制动液不足等原因，造成空气进入管路时，应及时将系统中的空气排出。排气方法主要有下面两种。

1．压力法

压力法需要使用专用的制动液更换工具，通常用高压空气作为动力源，对液压制动系统实现加油、放气和制动液的回收。

操作时先将制动液更换工具连接在储液罐上，然后按规定顺序打开放气螺钉，排出制动钳及后轮制动轮缸中的气体，同时用抽取瓶抽取废制动液。

放气顺序一般为：右后轮制动轮缸（分泵）/制动钳；左后轮制动轮缸（分泵）/制动钳；右前轮制动钳；左前轮制动钳。

2. 人工法

若没有专用设备，也可采用人工方法进行排气。操作时最好三人配合操作，一人检查并及时添加制动液；一人踩制动踏板；一人按照顺序进行排气操作。

（1）启动发动机，使其处于怠速运转。

（2）将软管一头接在排气螺塞上，另一头插在一个盛有部分制动液的容器中，如图 5-26 所示。

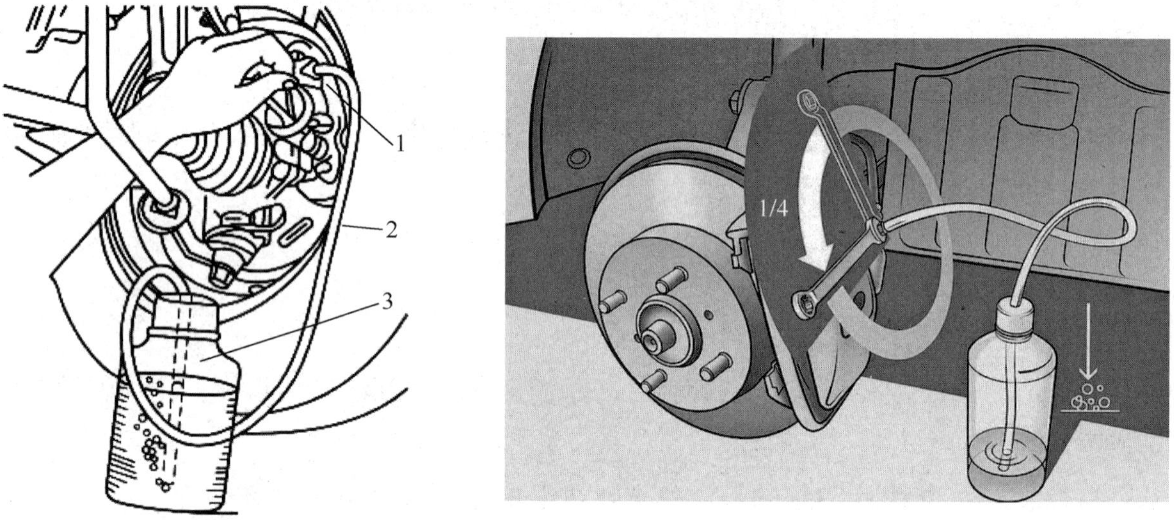

1—排气螺塞；2—排气软管；3—容器

图 5-26　人工排气法

（3）一人坐于驾驶室内，连续踩下制动踏板，直到踩不下去为止，并且保持不动。

（4）另一人将排气螺塞先拧松一下，此时，制动液连同空气一起从排气软管喷入瓶中，然后尽快将排气螺塞拧紧。

（5）在排出制动液的同时，踏板高度会逐渐降低，在未拧紧排气螺塞之前，切不可将踏板抬起，以免空气再次侵入。

（6）每个轮缸应反复排气几次，直至将空气完全排出（制动液中无气泡）为止，按照右后轮—左后轮—右前轮—左前轮的顺序逐个排气完毕。

（7）在排气过程中，应及时向储液罐内添加制动液，保持液面的规定高度。

小贴士： 制动液的品质对安全行车起着很重要的作用，所以要严格按照维修手册相关要求对其进行检查、更换。制动液对生态环境污染十分严重，在工作中应严格按处理规程对制动液进行回收处理。

四、液压式行车制动系统常见故障

制动系统如果发生故障务必要及时处理，否则后果非常严重。液压式行车制动系统常见的故障有制动失效、制动不良、制动拖滞和制动跑偏等。

1. 制动失效

故障现象：汽车在行驶中，迅速将制动踏板踩到底时，无制动作用。这类情况虽然较少发生，但却是最危险的。

故障原因：制动液不足或没有制动液；制动主缸或轮缸密封圈磨损严重或破损；制动管路破裂或接头松脱、系统中有空气。

故障诊断：出现这种情况一般说明整个液压传动装置失效了，可以先检查制动液的液面，然后检查液压传动装置的完好性，最后检查制动主缸的工作情况。

2. 制动不良

故障现象：车辆行驶中，踩下制动踏板时，不能产生足够的制动力，致使车辆制动距离过长，效果不佳。

故障原因：制动踏板自由行程过大、系统堵塞、漏油或有空气；制动蹄与制动鼓或摩擦片与制动盘贴合不良，制动间隙过大；摩擦片沾有油污、磨损严重、铆钉外露等；制动液变质、真空助力器工作不良或失效；制动踏板沉重时，表明真空助力器失效，应对助力器总成及真空管路进行检修。

故障诊断：出现这种情况，说明系统制动系统工作不良，可以先检查制动液的液面和质量，再对真空助力器的工作效果进行检查，然后检查液压传动装置的工作效果，再检查车轮制动器的工作情况。

3. 制动拖滞

故障现象：车辆在行驶中，制动完成后抬起制动踏板时，车辆行驶无力，起步困难，制动鼓或制动钳发热。

故障原因：制动踏板自由行程、制动间隙、主缸活塞与推杆间隙过小，踏板回位不良等；制动主缸或轮缸活塞卡滞、主缸补偿孔或管路堵塞、活塞回位弹簧弹力减弱；制动蹄回位弹簧弹力减弱、制动钳支架或制动底板松动、制动盘翘曲变形；真空助力器内部卡滞；驻车制动装置调整不当或拉索卡滞。

故障诊断：这种情况说明当解除制动后，相关运动部件未回复至初始位置。可以先检查制动液的质量，然后检查真空助力器和制动主缸的工作情况，再检查判断相关车轮制动器的状况。

4. 制动跑偏

故障现象：车辆在制动时，左、右轮制动效能不同，致使车辆向一侧偏斜。

故障原因：

（1）两侧轮胎气压不同、磨损程度不一致。

（2）一侧制动轮缸工作不良、一侧管路漏油或存在空气。

（3）一侧制动蹄或制动钳摩擦片沾有油污、制动鼓或制动盘变形、制动底板或制动钳松动。

（4）两侧车轮制动器制动间隙、摩擦片磨损程度不一致；两侧轮毂轴承预紧度调整不一致。

（5）压力调节器调整不当或制动压力分配阀失效。

（6）前轮定位失准，两侧主销内倾、主销后倾、车轮外倾角不一致，前束不正确，悬架固定件松动等。

故障诊断：针对上述情况，一般先考虑行驶系统的相关部件，排除后再对车轮制动器进行制动效能检测。

5. 制动器异响

故障现象：车辆行驶或制动时，制动器发出不正常的响声。制动器异响故障非常常见，并且异响的声音各有不同。

故障原因：摩擦片磨损严重、硬化或破裂、铆钉外露；制动鼓或制动盘变形或磨损起槽；制动底板或制动钳支架松动，造成制动鼓与制动底板或制动钳与制动盘相碰擦。

故障诊断：针对异响的情况，一般要先确认异响的时机和部位，然后再对其进行仔细检查排除。

任务实施与评价

<table>
<tr><td colspan="2">学习任务</td><td colspan="2">液压式行车制动系统检修</td><td colspan="2">学时</td><td>4 学时</td></tr>
<tr><td colspan="2">姓名</td><td></td><td>实训车型</td><td></td><td colspan="2">年　月　日</td></tr>
<tr><td colspan="2">标准时间</td><td></td><td>开始时间</td><td></td><td>完成时间</td><td></td></tr>
<tr><td>序号</td><td colspan="2">操作步骤</td><td>操作标准</td><td>操作记录</td><td>分值</td><td>自评得分</td></tr>
<tr><td rowspan="4">1</td><td rowspan="4">检修前的基本检查</td><td>检查作业现场环境</td><td rowspan="4">检查清洁彻底、记录清晰、准确</td><td rowspan="4"></td><td>2</td><td></td></tr>
<tr><td>记录整车基本信息</td><td>3</td><td></td></tr>
<tr><td>作业前工具检查</td><td>2</td><td></td></tr>
<tr><td>作业前实施车辆防护</td><td>3</td><td></td></tr>
<tr><td rowspan="4">2</td><td rowspan="4">盘式制动器的拆卸</td><td>检查制动主缸储液罐中的液位</td><td rowspan="4">工具选择、使用正确；按维修手册的工艺要求完成拆卸工作</td><td rowspan="4"></td><td>2</td><td></td></tr>
<tr><td>将车辆举升至合适高度，取下轮胎总成，将轮胎置于轮胎架上</td><td>3</td><td></td></tr>
<tr><td>拆下制动钳导向销螺栓，向上转动制动钳，并用铁丝钩固定</td><td>2</td><td></td></tr>
<tr><td>取下制动片和制动片固定弹簧</td><td>3</td><td></td></tr>
</table>

续表

序号	操作步骤		操作标准	操作记录	分值	自评得分
3	盘式制动器的检修	目视检查制动盘摩擦面的工作情况，有明显的点蚀、沟槽或烧蓝等情况，应进行修复或更换	工具选择、使用正确；按维修手册的工艺要求完成检修		2	
		用千分尺直接测量制动盘的厚度，测量时在距外边缘 10～13mm 处的圆环上均匀选取 3～4 个测量点			3	
		用百分表配合磁性表座检查制动盘端面圆跳动量，轴向跳动量应不大于 0.06mm			3	
		用游标卡尺测量制动片，使用极限为 7mm			2	
4	盘式制动器的安装	清洁制动钳、托架、制动片等	工具选择、使用正确；按维修工艺要求装复		3	
		使用专用安装工具，将盘式制动器制动钳活塞推入制动钳孔中			2	
		将制动片固定弹簧安装至托架上			3	
		将制动片安装至制动钳托架			2	
		安装制动钳导向销螺栓并按规定力矩拧紧。安装轮胎和车轮总成			3	
		降下车辆，紧固轮胎螺栓			2	
		连续多次踩下制动踏板，使制动钳活塞和制动片正确就位			3	
		加注制动液至适当液位			2	
5	鼓式制动器的拆卸	检查制动主缸储液罐中的液位	工具选择、使用正确；按维修工艺要求进行拆卸		3	
		将车辆举升至合适高度，取下轮胎总成，将轮胎置于轮胎架上			2	
		拆卸制动鼓			5	
		取下制动蹄片总成			2	
6	鼓式制动器的检修	用游标卡尺测量制动蹄摩擦片的厚度，标准值为 5mm，使用极限为 2.5mm，其铆钉与摩擦片的表面深度不得小于 1mm	工具选择、使用正确；按维修手册的工艺要求完成检修		3	
		用游标卡尺检查内孔尺寸			5	
		检查制动蹄摩擦片与制动鼓的接触面积，应不小于 60%			3	
		检查制动轮缸的工作情况			2	
7	鼓式制动器的安装	按照相反的顺序安装制动片总成	工具选择、使用正确；按维修工艺要求装复		2	
		检查回位弹簧、手刹线、楔块弹簧、定位销等			2	
		清理制动蹄衬片和制动鼓，第一次安装制动鼓并检查制动间隙			3	

续表

序号	操作步骤		操作标准	操作记录	分值	自评得分
7	鼓式制动器的安装	调整制动间隙，再次安装制动鼓，然后调整后轮轴承紧度并锁止			3	
		安装轮胎和车轮总成			2	
		降下车辆，紧固轮胎螺栓			3	
		启动发动机，多次踩下制动踏板			3	
		加注制动液至适当液位			2	
8	场地恢复及现场 5S 管理		正确使用及摆放工具、量具，清洁整理工作台、地面及工具、量具		5	
学生自评						
小组评价						
指导教师（师傅）评价						
综合评价	□优秀　□良好　□合格　□不合格					

任务测试

一、单项选择题

1．车辆行驶时，鼓式制动器中旋转的元件是（　　）。

A．制动轮缸　B．制动鼓　C．制动盘　D．制动底板

2．在汽车液压制动系统中将机械能转换成液压能的元件是（　　）。

A．制动轮缸　B．制动蹄片　C．制动主缸　D．制动油管

3．在液压制动系统中，制动器的张开机构是（　　）。

A．制动主缸　B．制动轮缸　C．调整凸轮　D．制动蹄片

4．如果液压制动系统中进入空气会使车辆制动失灵，用于排放空气的部件位于（　　）。

A．制动踏板　B．制动器　C．制动储液罐　D．真空助力器

5．通过真空管与真空助力器室相连接的是（　　）。

A．发动机进气管　B．发动机排气管

C．散热水箱　D．空气滤清器

6．下列盘式制动器的元件中，能自动调整制动间隙的是（　　）。

A．轮缸活塞密封圈　B．制动钳

C．制动钳支架　D．制动盘

二、填空题

1．制动系统一般有 4 个组成部分，即________、________、________和________。

2．桑塔纳、奥迪轿车的后轮制动器既是________制动器，又是________制动器 。

3．鼓式车轮制动器由________、________、__________和________组成。

4．按制动管路的套数可分为________和________传动装置。按照交通法规的要求，现代汽车的行车制动系统必须采用__________传动装置。

5．钳盘式车轮制动器分_________和__________两类，桑塔纳轿车前轮是___________制动器。

6．真空助力系统由__________和_________等组成。

三、判断题

1．更换制动蹄摩擦片时，同一车桥上左右轮摩擦片材料和厚度必须相同。（ ）

2．单向自增力式车轮制动器前进时制动效果好，倒车时制动效果较差。（ ）

3．真空助力系统失效后，制动主缸也随之失效。（ ）

4．双管路传动装置中若一个管路失败，则全车制动失败。（ ）

5．汽车上的钳盘式制动器，其蹄盘间隙一般自动调整。（ ）

6．由于温度过高，当制动液发生变化而产生气阻时，产生制动不良。（ ）

任务2 气压式行车制动系统检修

任务目标

素养目标：

1．具有良好人际交流能力。

2．具有良好团队合作精神。

3．具有精益求精的工匠精神。

能力目标：

1．能够进行气压传动装置与车轮制动器拆装及零件检修。

2．能够判断气压式行车制动系统常见故障及原因。

知识目标：

1．了解气压式行车制动系统功用、类型及组成。

2．了解气压制动传动装置功用与组成。

3．掌握气压制动传动装置主要零部件构造与工作原理。

情境导入

一辆CA1092货车，制动时，车辆严重跑偏，经多次调整和检查后仍无法调出正常的制动效果，入厂进行全面维护。维修技术人员初步判断为气压制动系统故障，需要对气压制动系统进行检修。请你根据本任务所学气压式行车制动系统的相关知识，完成气压式行车制动系统的检修。

任务准备

理论知识

一、气压式行车制动系统功用

气压式行车制动系统用压缩空气的压力能作为制动能量的来源，当驾驶员按不同的制动要求控制踏板行程的时候，释放出不同数量的压缩空气，然后再将气体的压力能转变为机械推力，使车轮产生制动。

二、气压式行车制动系统特点

气压式行车制动系统的特点是踏板行程较短，操纵轻便，制动力较大，工作可靠，不易出故障，维修保养方便。此外，其气源除供制动用外，还可以供其他装置使用，但是需要消耗发动机的动力，结构复杂，制动不如液压式制动柔和。一般用于中、重型汽车。

三、气压式行车制动系统组成

气压式行车制动系统主要由车轮制动器和气压传动装置组成。车轮制动器的结构形式和工作原理与液压式车轮制动器相似，分为鼓式制动器和盘式制动器。主要的区别在于促动装置，液压式车轮制动器依靠制动轮缸或制动钳的压力直接作用在制动蹄上；气压式车轮制动器的促动装置主要是制动凸轮，通过凸轮的旋转，促使制动蹄动作，实现制动。

与液压传动装置相同，气压传动装置也采用双回路的布置形式，主要由气源和控制装置两部分组成。气源部分包括空气压缩机、调压阀、双针气压表、储气筒、气压过低报警装置、防水阀和取气阀、安全阀、气压管路、制动气室等部件；控制装置包括制动踏板、拉杆、制动控制阀等。图 5-27 所示为东风 EQ1092 型汽车双回路气压传动装置。比较高档的气压式行车制动系统还配有干燥器、四回路保护阀、快放阀、继动阀等，但其工作原理大致相同。本书仅对主要零部件进行讲述。

1．空气压缩机

空气压缩机是气压式行车制动系统的动力源，一般安装于发动机一侧，通过皮带或齿轮传动由曲轴驱动，产生压缩空气，向储气筒充气。

空气压缩机最常见的结构形式是往复活塞式，与往复活塞式发动机结构相似，一般采用风冷或水冷系统冷却。空气压缩机按气缸的数量分为单缸和双缸两种。

（1）风冷式单缸空气压缩机。

① 结构（图 5-28）。此类空气压缩机具有与发动机类似的曲柄连杆机构。铸铁制造的气缸

体下端用螺栓与曲轴箱连接，缸体外铸造有散热片，内部安装有曲轴、活塞、连杆等部件。铝制气缸盖通过螺栓固定在气缸体上，其间有密封垫防止漏气。气缸盖上有进、出气室，内装有进气阀和出气阀，两个气阀方向相反并通过弹簧压紧在阀座上。进气阀经气管通向空气滤清器；出气阀经排气口、管路和单向阀通向湿储气筒。

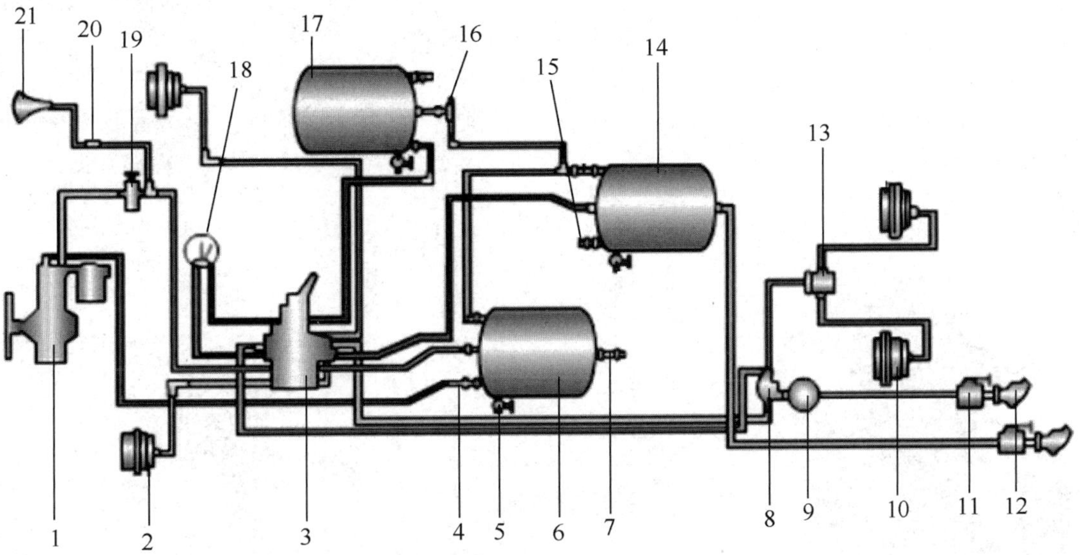

1—空气压缩机；2—前制动气室；3—制动控制阀；4—单向阀；5—防水阀；6—湿储气筒；7—安全阀；8—梭阀；9—挂车制动阀；10—后制动气室；11—挂车分离开关；12—接头；13—快放阀；14—前桥储气筒；15—低压报警开关；16—取气阀；17—后桥储气筒；18—双针气压表；19—调压阀；20 喇叭开关；21—气喇叭

图 5-27　东风 EQ1092 型汽车双回路气压传动装置

进气阀上方装有卸荷装置，卸荷装置壳体内镶嵌着套筒，其中有卸荷柱塞和柱塞弹簧。当储气筒内气压达到规定值后，压缩空气由调压阀进入卸荷室，使卸荷柱塞下移，压开进气阀使空气压缩机卸荷空转。

② 工作原理。发动机运转时，空气压缩机即随之运转。当活塞下行时，气缸内形成一定真空度，迫使进气阀克服弹簧的张力离开阀座，外界的空气即经空气滤清器、进气道、进气阀被吸入气缸；活塞上行时，进气阀在弹簧作用下关闭，气缸内空气被压缩，当压力升高至足以克服出气口阀门弹簧的弹力时，顶开出气阀门，压缩空气经出气口和气管送到湿储气筒。

（2）风冷式双缸空气压缩机。

解放 CA1092 型汽车采用的就是风冷式双缸空气压缩机，它与单缸式空气压缩机基本相同，不同之处主要是采用了两个气缸交替不断地向储气筒充气，供气压力更加稳定且泵气效率较高，应用更为广泛。

（3）水冷式空气压缩机。

采用水冷方式的空气压缩机，基本组成与风冷式类似，不同之处在于在其气缸盖和曲轴箱体内部开有供冷却液循环流动的水套，其工作原理类似于发动机的冷却系统。水冷式空气压缩机冷却效果较风冷式更好、更稳定，但是其结构复杂，技术要求高，一般应用于中、大型空气压缩机上。

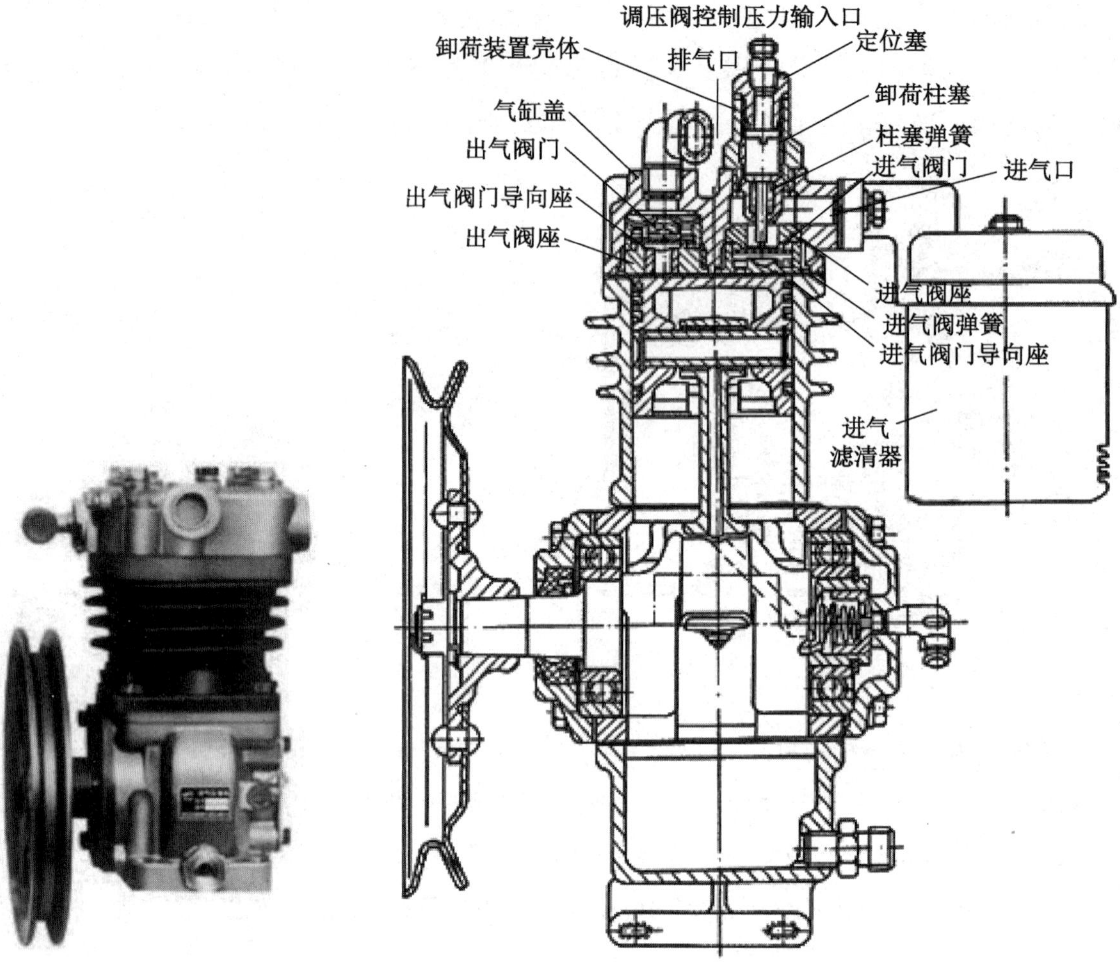

图 5-28　风冷式单缸空气压缩机及其结构

2．压力调节阀（调压阀）

（1）调压阀的功用。

调压阀的功用是使储气筒内的气压能控制在规定的范围内，当整个系统压力高于设定压力值时，使空气压缩机能卸荷空转，以减少发动机的功率损失。

调压阀的连接方式通常有串联和并联两种。串联指的是将调压阀安装在空气压缩机和储气筒之间；并联指的是把调压阀与空气压缩机和储气筒并联。

（2）调压阀的构造。

如图 5-29 所示，调压阀壳体上装有两个带滤芯的管，接头分别与卸荷室和储气筒相连。壳体和盖之间装有膜片和调压弹簧，膜片中央用螺纹固连着空芯管。空芯管可以在壳体中央孔中滑动，其间有密封圈，上部的侧面有径向孔与轴向孔相通。调压阀下部装有与大气相通的阀门。

（3）调压阀的工作过程。

如图 5-29 所示，调压阀进气口连接储气筒，出气口连接空气压缩机卸荷气室，排气阀通大气。当储气筒内气压低于规定值时，膜片下腔气压较低，不能克服调压弹簧的预紧力，膜片连同空芯管被调压弹簧压到下端极限位置，空芯管下端面紧压着阀门并将其推离阀座。此时，由储气筒至卸荷阀的通路被隔断，卸荷室与大气相通，卸荷阀在最高位置，进气阀处于密封状态，空气压缩机对储气筒正常充气。

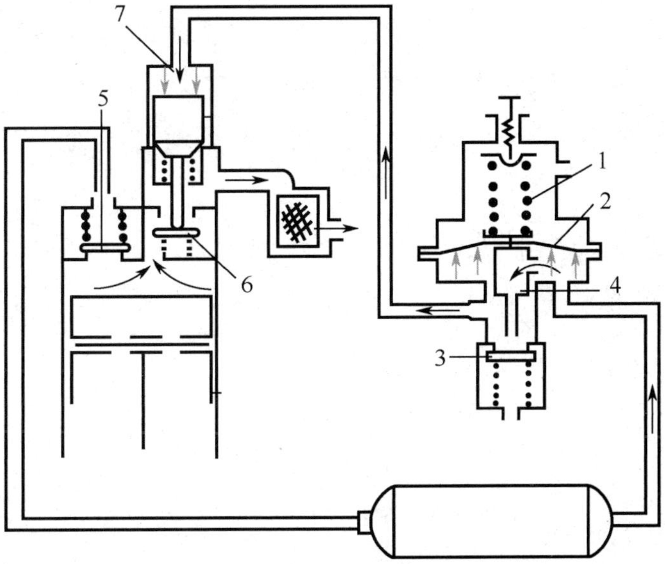

1—调压弹簧；2—膜片；3—排气阀；4—空芯管；5—排气阀；6—进气阀；7—卸荷阀

图 5-29　调压阀与卸荷装置工作原理图

当储气筒气压达到规定值时（解放 CA1092 型汽车为 800～830kPa，东风 EQ1092 型汽车为 700～740kPa），膜片下方气压便克服了调压弹簧的预紧力而推动膜片上拱，空芯管和阀门也随之上移，直到阀门压靠阀座，切断与大气的通路，并且空芯管下端面也离开阀座，而出现一相应的间隙。此时，卸荷室与储气筒相通，压缩空气便经气管进入卸荷阀的卸荷室，高压空气同时压下卸荷柱塞和进气阀，使两气缸相通（东风 EQ1092 型汽车是与大气相通），失去了密封作用，空气压缩机空转卸荷。

随着储气筒内压缩空气的消耗，膜片下方的气压降低，膜片和空芯管在调压弹簧的作用下向下移动。气压降到关闭气压时，空芯管下端将阀门压开，卸荷室与储气筒的通路被切断，而与大气相通，卸荷室内的压缩空气即排入大气，卸荷阀在其压缩弹簧的作用下升高，进气阀恢复正常，空气压缩机再次对储气筒充气。

3．储气筒

（1）储气筒的功用。

储气筒的主要功用是储存空气压缩机产生的高压气体，在制动时提供足够的压缩空气。除此之外，储气筒还具有过滤高压空气中的水分、杂质和稳压与降温的功能。

（2）储气筒的结构。

储气筒通常用钢材或铝材制作成密封的腔体，在其外壳上，一般开有不少于 3 个开口，在其位置最低的地方安装有排水阀，以便定期排除储气筒中的水分。

4．制动控制阀

（1）制动控制阀的功用。

制动控制阀用来控制从储气筒进入制动气室和挂车制动阀的压缩空气，即控制制动气室的工作气压。同时它在制动过程中具有渐进随动的功用，从而保证制动气室的工作气压与制动踏板的行程成一定的比例关系，确保制动的稳定、可靠、安全。

气压式制动控制阀结构复杂，种类较多。目前，单列双腔膜片式制动控制阀和并列双腔膜片式制动控制阀应用较多。

（2）并列双腔膜片式制动控制阀的结构与工作原理。

制动控制阀的组成如图 5-30 所示，主要由上壳体、下壳体、平衡臂、膜片及阀门等部件组成。

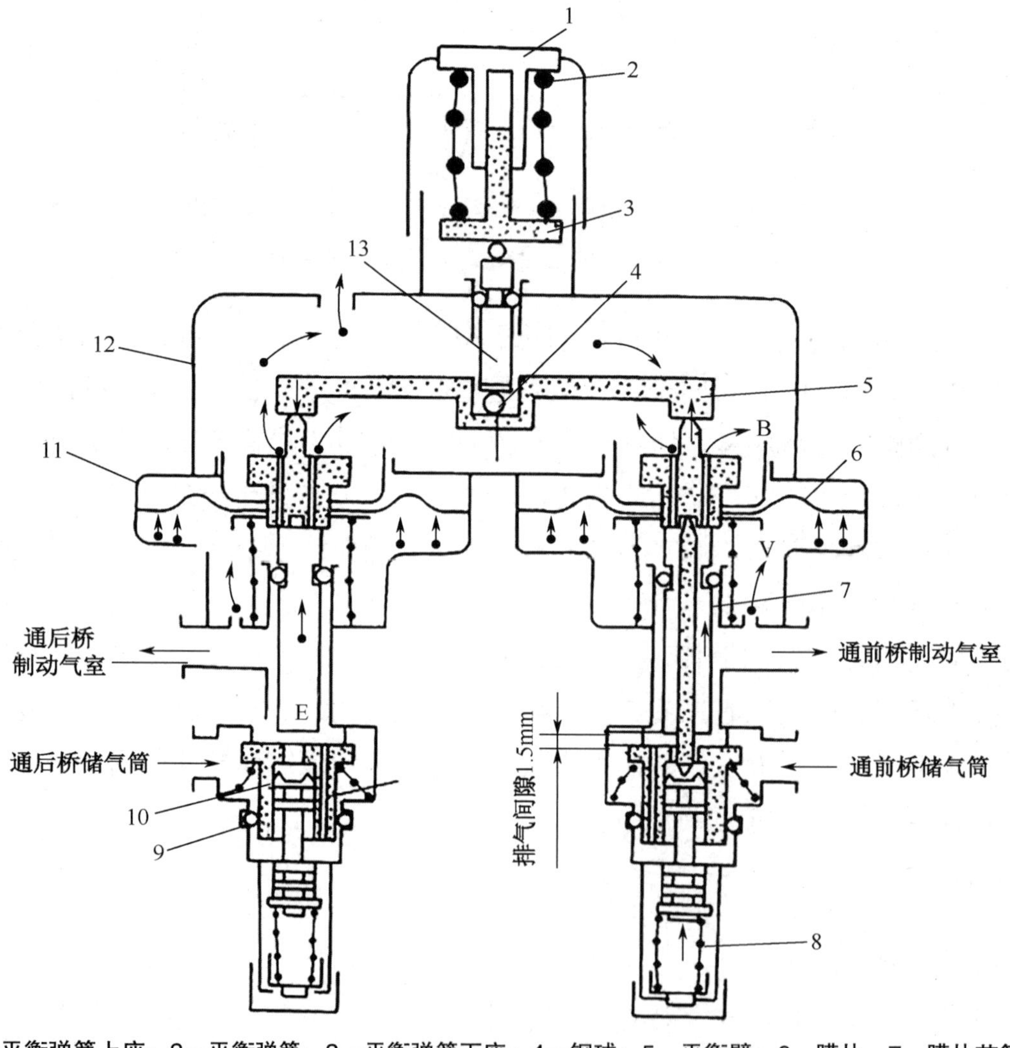

1—平衡弹簧上座；2—平衡弹簧；3—平衡弹簧下座；4—钢球；5—平衡臂；6—膜片；7—膜片芯管；8—滞后弹簧；9—密封圈；10—两用阀总成；11—下壳体；12—上壳体；13—推杆；B—排气口；E—排气阀口；V—平衡腔

图 5-30　并列双腔膜片式制动控制阀的结构

踩下制动踏板时，拉动制动阀拉臂，将平衡弹簧上座下压，经平衡弹簧和下座、钢球并通过推杆及钢球将平衡臂压下，从而推动两腔膜片总成下移。消除间隙后，先关闭排气阀口，再打开进气阀口，储气筒中的压缩空气经制动控制阀进入各制动气室，推杆推动调整臂使凸轮转动，制动蹄压向制动鼓，产生制动作用。

踩下踏板并保持不动时，由于压缩空气不断输送到前、后制动气室，同时压缩空气经节流孔进入平衡腔内的气压也随之增大，当膜片下方的总压力和回位弹簧的弹力之和大于平衡弹簧的弹力时，膜片总成上移，通过平衡臂，顶动平衡弹簧下座上移。这时，平衡弹簧被压缩，阀门将进气阀和排气阀同时关闭。储气筒停止对制动气室输送压缩空气，处于一种平衡状态。同样，各制动气室的压缩空气便保留在制动气室中，车轮保持一定的制动强度，此时称为平衡过程。

当松开制动踏板时，拉臂在回位弹簧的作用下复位，平衡弹簧座上端面的压力消除。这时，推杆、平衡臂、膜片总成均在回位弹簧及平衡腔内压缩空气的作用下上移，排气阀口打开。制动气室及管路中的压缩空气经排气口，穿过芯管内孔通道，从上体排气口排入大气。同时制动蹄在回位弹簧的作用下复位，解除制动。

（3）单列双腔膜片式制动控制阀的结构与工作原理。

单列双腔膜片式制动控制阀分上下两腔室，结构如图 5-31 所示。制动时，制动踏板通过一套连接杠杆使主制动控制阀推杆向下移动，再通过平衡弹簧迫使上腔活塞克服复位弹簧弹力向下移动。当上腔活塞与阀杆接触时，关闭排气口；继续下移，进气口打开，使后轮制动。在进气口打开向制动管路充气时，制动管路气压同时作用在上腔活塞上，当气压向上顶活塞的力与橡胶弹簧预压力相等时，活塞开始向上回升到进气口关闭的平衡状态。

在上腔动作的同时，制动管路气压经小孔 F 作用在下腔大活塞上，迫使活塞下移，首先将关闭排气口，进而打开进气阀门。来自前桥储气筒的压缩气体经前桥储气筒接口和进气阀门通过出气口接前桥制动气室，使前轮制动。当气压上升到与 E 腔气压相等时，下腔小活塞又回升关闭进气口使制动管路气压不再升高，产生下一个与中、后桥制动同步的气压。下腔输出气压与上腔输出气压按一定的比例关系同步增减，只是上腔输出气压总比下腔输出气压高出一个数值。

当双制动解除时，作用在推杆上的力消除，橡胶弹簧压力消失，上腔活塞在回位弹簧和管路气压的作用下上行，首先关闭进气阀门，进而打开排气口 G，E 腔气压排空。与此同时，下腔在管路气压作用下使活塞上行，关闭进气口，打开排气口，前制动气室气压排空。

5．制动气室

（1）制动气室的功用。

制动气室的功用是将输入的空气压力转变为制动凸轮的机械力，使车轮制动器产生摩擦力矩。制动气室一般分为膜片式、活塞式和复合式制动气室 3 种。

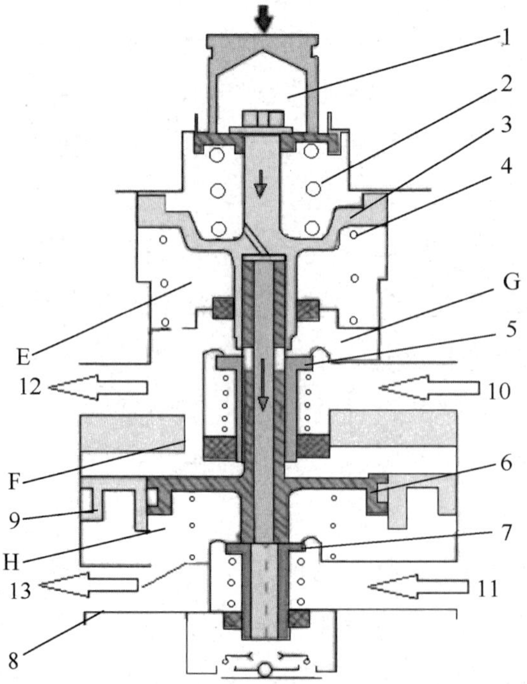

1—推杆；2—平衡弹簧；3—上腔活塞；4—上腔活塞复位弹簧；5—上腔阀门；
6—下腔小活塞；7—下腔阀门；8—下腔小活塞复位弹簧；9—下腔大活塞；
10—后桥储气筒接口；11—前桥储气筒接口；12—接后桥制动气室；13—接前桥制动气室

图 5-31　单列双腔膜片式制动控制阀的结构

（2）膜片式制动气室。

① 解放 CA1092 型汽车所采用的是膜片式制动气室（图 5-32）。制动气室为卡箍夹紧膜片式。前、后制动气室大小不同，但其结构基本相同。它由通气孔、盖、膜片、支撑盖、回位弹簧、壳体、推杆、连接叉、卡箍和螺栓等组成。

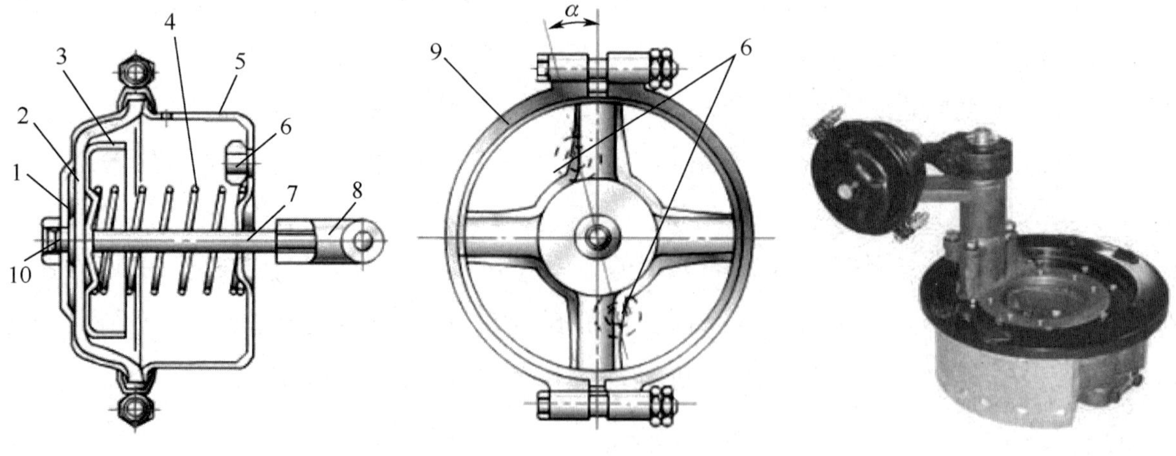

1—盖；2—膜片；3—支撑盖；4—回位弹簧；5—壳体；6—固定螺栓；7—推杆；8—连接叉；9—卡箍；10—通气孔

图 5-32　膜片式制动气室及其结构

制动气室壳体和盖是用钢板冲压制成的，用卡箍、螺栓连接在一起，形成整个外壳，它们之间装有夹布橡胶膜片，膜片将整个外壳分隔成两个相互完全隔离的气室。膜片和盖之间的气室通双腔制动阀，膜片和壳体之间的气室常通大气。当自由状态时，膜片与盖板紧贴，而另一面与推杆上的圆盘相接触，圆盘与壳体内端面之间装有回位弹簧，推杆另一端装有连接叉，用以连接制动调整臂。整个制动气室用螺栓固定在专门支架上。

② 工作过程。当汽车制动时，空气从通气孔进入制动气室，在空气压力作用下使膜片产生变形，推动推杆，并带动制动调整臂，转动制动凸轮，将制动蹄摩擦片压向制动鼓而产生制动。解除制动时，制动气室中的压缩空气经双腔制动阀或快放阀排入大气，膜片和推杆在回位弹簧的作用下恢复原始状态，制动凸轮反向旋转，制动蹄摩擦片与制动鼓分离。

（3）活塞式制动气室。

活塞式制动气室的推杆行程较大，其工作寿命也比膜片式制动气室长，但是结构复杂、成本高，一般用于重型货车，其结构如图 5-33 所示，特点是利用活塞体和皮碗等将制动气室分为前、后两部分，通过连接叉与制动调整臂连接，通过通气口接制动控制阀。

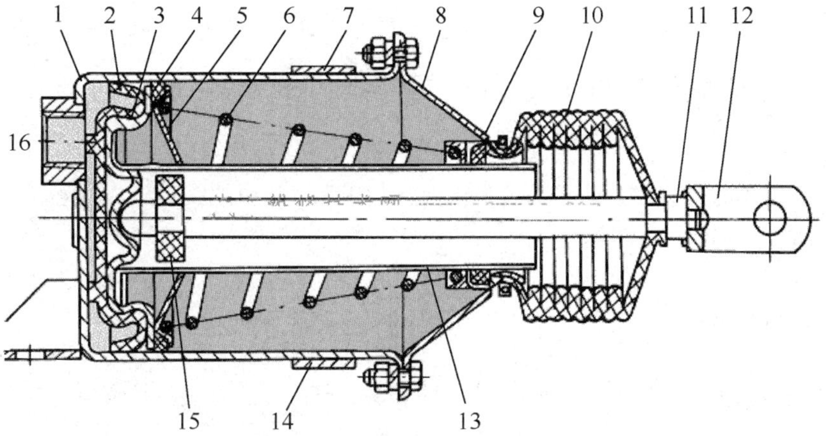

1—壳体；2—皮碗；3—活塞体；4—密封圈；5—弹簧座；6—弹簧；7—卡箍；8—盖；9—毡垫；10—防护套；

11—推杆；12—连接叉；13—导向套筒；14—气室固定板；15—密封垫；16—通气口

图 5-33　活塞式制动气室的结构

当汽车制动时，空气从通气口进入制动气室，在空气压力作用下推动推杆向外伸出，通过连接叉带动制动调整臂，转动制动凸轮，对制动器实施制动。

（4）复合式制动气室。

复合式制动气室的特点：能兼起行车制动和驻车制动的作用；主要由两部分组成：膜片制动部分用于行车制动，弹簧制动部分用于驻车制动和应急制动，两部分完全独立。一般用于后轮制动或挂车制动，其结构如图 5-34 所示。

行车制动时，经制动阀过来的压缩空气经 I 口进入 A 腔，作用在膜片上，并压缩复位弹簧将行车制动推杆推出，作用在膜片上的力通过推杆和连接叉作用于制动调整臂，转动制动凸轮，实施制动。

驻车制动时，驻车制动气室 B 腔的压缩空气经 II 口完全或部分的经手控阀释放，驻车制动活塞在储能弹簧的作用下推动驻车制动推杆右移，推动膜片和行车制动推杆对制动器施加制动。

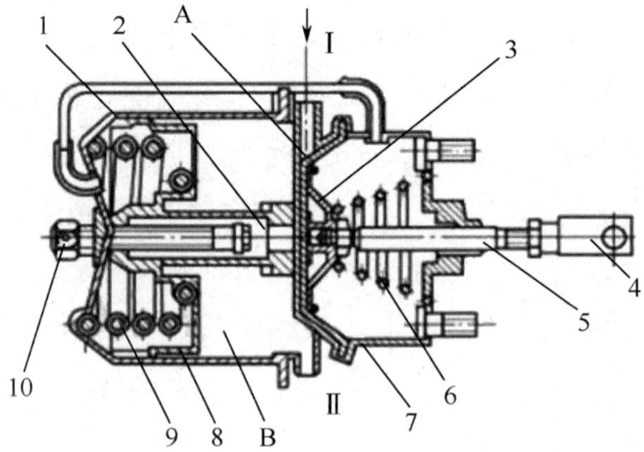

1—驻车制动气室壳体；2—驻车制动推杆；3—行车制动气室膜片；4—连接叉；5—行车制动推杆；
6—膜片复位弹簧；7—行车制动气室壳体；8—驻车制动活塞；9—储能弹簧；10—放松螺栓

图 5-34　复合式制动气室及其结构简图

解除驻车制动时，压缩空气在手控阀的控制下经Ⅱ口进入 B 腔，推动驻车制动活塞压缩储能弹簧而左移，驻车制动推杆也随之解除对行车制动推杆的压力，各部件恢复初始位置，制动解除。

如果车辆的驻车制动系统出现故障而无法解除时，可以通过手动调整放松螺栓，利用螺栓的力量压缩储能弹簧，解除对车轮的制动。

6. 气压式车轮制动器

在所有国产汽车及部分国外汽车的气压制动系统中，都采用凸轮促动的车轮制动器，而且大多设计成领从蹄式。

（1）气压式车轮制动器的结构。

气压式车轮制动器除用制动凸轮作为张开装置外，其余结构与液压式车轮制动器相同，如图 5-35 所示。

前、后两制动蹄用可锻铸铁制成，均以下端支承孔与支承销的偏心轴颈间隙配合，并用挡板及锁销轴向限位。不制动时由复位弹簧把制动蹄上端支承面拉靠到制动凸轮轴的凸轮上，凸轮与轴制成一体，多为中碳钢，其表面经高频淬火处理，以提高其耐磨性。制动凸轮轴通过支座固定在制动底板上，其尾部花键轴插入制动调整臂的花键孔中。为了减少凸轮轴与支座之间的摩擦，在支座的两端装有青铜衬套，有润滑油嘴可定期进行润滑。调整臂通过连接叉与制动气室的推杆相连。

调整臂的功用是对制动器制动间隙进行调整。汽车在使用过程中，频繁的制动会导致制动元件的不断磨损，致使制动鼓与蹄片之间的间隙不同程度的增大，导致踏板行程加长、制动气室推力下降、制动滞后和制动力降低等。为保证车辆行驶安全，维持踏板行程的相对稳定和各制动器之间工作均衡，需要对制动间隙进行调整。按调整的方式分为手动调整臂和自动调整臂。

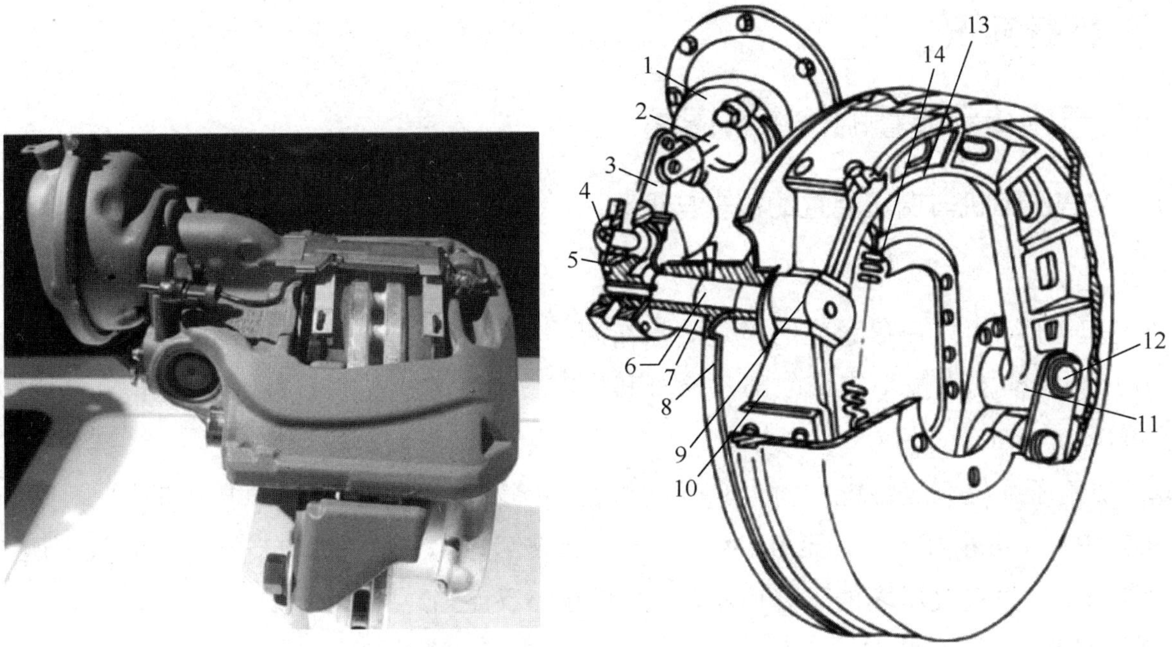

1—制动气室；2—连接叉；3—制动调整臂；4—蜗杆；5—蜗轮；6—制动凸轮轴；7—支架；8—制动底板；9—制动凸轮；10、13—制动蹄；11—制动蹄轴；12—支承销；14—回位弹簧

图 5-35　气压式车轮制动器及其结构

（2）气压式车轮制动器工作原理。

制动时，制动调整臂在制动气室的推杆推动下，带动凸轮轴转动，使得两制动蹄张开并压靠到制动鼓上而产生制动效果。解除制动时，调整臂的推力消失，制动凸轮反向旋转，制动蹄在回位弹簧的作用下回到初始位置。

四、气压式行车制动系统工作原理

首先，空气压缩机在发动机的带动下工作，产生的压缩空气经单向阀先进入湿储气筒进行清洁、干燥，然后分别进入相互独立的前、后桥储气筒。前储气筒与并列双腔式制动阀的右腔室相连以控制前轮制动；后桥储气筒与控制阀的左腔室相连以控制后轮制动。为确保后桥制动器迅速解除制动，在后桥制动回路中装有快放阀。为确保整个气压制动系统的安全，空气压缩机通过管路与调压阀相连，以限制或调整其最高气压。同时在仪表盘上装有双针气压表，经管路分别连接至前、后桥储气筒，随时指示储气筒内的气压。一般白色针指示前桥储气筒气压，红色针指示后桥储气筒中的气压。

当踩下制动踏板时，经机械连接装置带动制动控制阀使之工作。前、后桥储气筒内的压缩空气便通过制动控制阀的右腔和左腔分别进入前、后轮制动气室。制动气室内的高压空气推动推杆使制动器动作，完成制动。与此同时，通过前、后制动回路之间并联的双通单向阀接挂车制动阀，将前桥储气筒与通向挂车的通路切断，使挂车进行放气制动。

当松开制动踏板后，制动控制阀复位，切断高压空气的通道，同时制动阀上的排气阀打开，将管路及制动气室和挂车制动阀内的高压空气排入大气，解除制动。

实践知识

一、气压传动装置的检查与调整

1．空气压缩机与调压装置的检查与调整

（1）检查。

① 空气压缩机皮带松紧度的检查。汽车每行驶 3000km 时，应检查空气压缩机皮带松紧度，以 30～50N 的力按下皮带中部，检查其挠度。EQ1092 型汽车为 15～20mm；CA1092 型汽车为 10～15mm。

② 空气压缩机充气性能的检查。发动机在中等转速下，4min 内气压表的指示气压应从 0 升至 0.4MPa，6min 内从 0 升至 0.8MPa；停止运转后，当压力为 686kPa 时，储气筒压力开始下降，在 1min 内其气压表的下降应不超过 19.6kPa 为正常。

（2）调整。

① 空气压缩机皮带松紧度的调整。先松开空气压缩机底座支架上的固定螺栓，然后将调整螺栓顺时针拧动，则皮带张紧，反之则松弛。调整合适后，将固定螺栓拧紧。

② 调压阀的调整。先松开锁紧螺母，如图 5-36 所示，然后拧动调整螺钉，拧进则最高气压升高，拧出则最高气压降低。调整合适后，拧紧锁紧螺母。

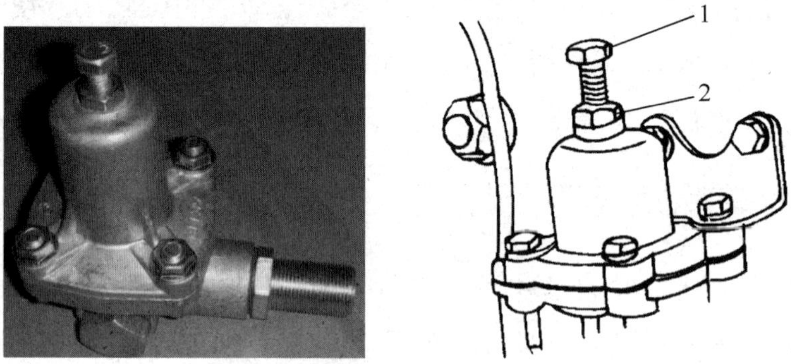

1—调整螺钉；2—锁紧螺母

图 5-36　调压阀的调整

小贴士： 安全责任重于泰山。气压制动系统在正常工作时，其管路内部充满着高压的压缩空气，在进行维修作业前，要做好个人的安全防护，以免发生危险。如果需要进行拆装作业，则必须对管路系统进行泄压，确认安全无危险后，再进行操作。

2．制动踏板自由行程的检查与调整

（1）检查。

用脚轻踩制动踏板至刚有阻力时为止，踏板下端所移动的距离为自由行程，如图 5-37 所示。制动踏板自由行程：EQ1092 型汽车为 18～25mm；CA1092 型汽车为 10～15mm。

（2）调整。

EQ1092 型汽车制动踏板自由行程的调整如图 5-38 所示。

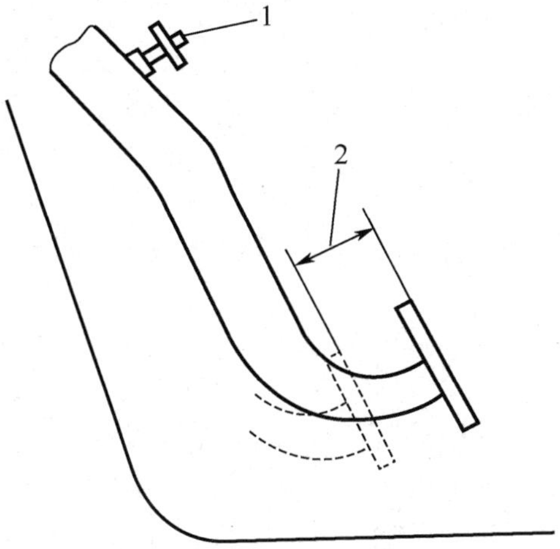

1—自由行程；2—限位螺钉

图 5-37　制动踏板的自由行程

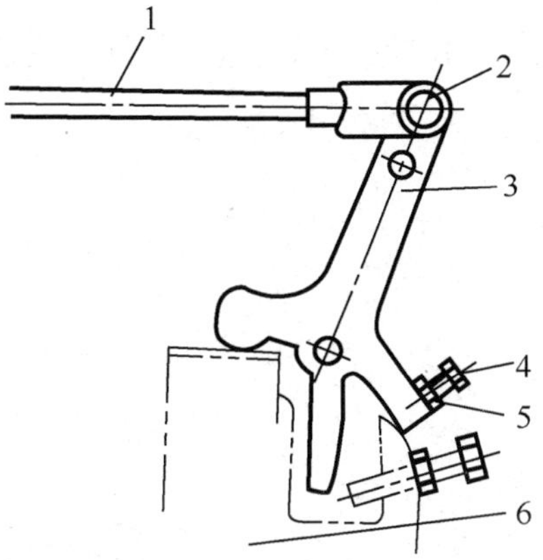

1—制动踏板拉杆；2—连接销；3—制动阀；4—调整螺钉；5—锁紧螺母；6—阀体

图 5-38　自由行程的调整

① 拆下制动阀前、后腔柱塞座总成及制动阀拉臂与制动踏板拉杆的连接销。

② 拧松调整螺钉锁紧螺母，拧动调整螺钉，消除制动阀拉臂与平衡弹簧上座之间的间隙后，两腔的排气间隙达到 1.50～1.80mm。旋入调整螺钉，排气间隙减小，则制动踏板自由行程缩小，反之则增大。

③ 调整合适后，拧紧调整螺钉锁紧螺母。

二、气压式车轮制动器的检查与调整

1．车轮制动器的检查

（1）用游标卡尺检查制动鼓的内径磨损尺寸，要求在直径（420mm）方向上磨损量不超过 4mm，且无裂纹；同一车桥两制动鼓直径差不大于 1mm。

（2）用弓形内径规测量制动鼓的圆度和圆柱度，要求其内圆工作面的沟槽深度应不大于 0.2mm；圆度和圆柱度均不大于 0.2mm。

（3）检查制动蹄摩擦片应无裂纹及老化，铆钉不应松动，摩擦片不应小于最小厚度。

（4）检查制动蹄应无裂纹、变形，制动蹄轴座孔与制动蹄轴的配合间隙应为 0.30mm，且转动灵活无卡滞。

（5）检查制动蹄摩擦片与制动鼓的接触情况，其接触面积应在 75%以上，并保证两端首先接触。

（6）用弹簧拉压试验仪检查制动蹄回位弹簧的弹力。

（7）检查制动凸轮轴与支撑座的配合间隙，其间隙应不大于 0.80mm，而且转动灵活。

2．车轮制动器的局部调整

（1）支起需要调整的车轮。

（2）拆下制动鼓上的检视孔盖。

（3）取下调整臂上的防尘套，拧动调整臂蜗杆轴上的六方头，如图 5-39 所示，使制动气室推杆往外推，直至拧不动为止。

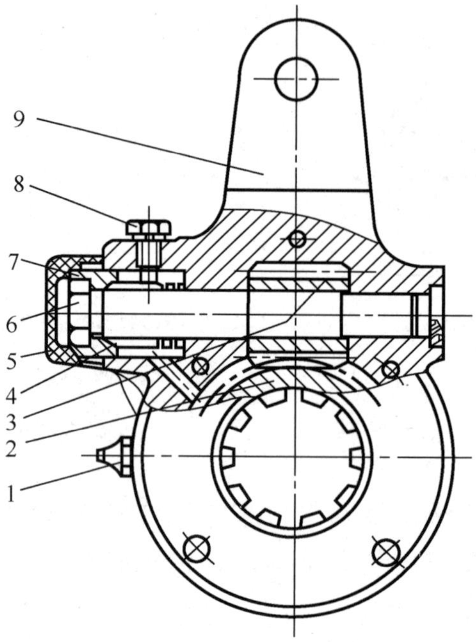

1—黄油嘴；2—涡轮；3—蜗杆；4—弹簧；5—防尘罩；6—蜗杆轴；7—锁止套；8—锁紧螺钉；9—制动臂

图 5-39　调整臂的调整

（4）再往回退 3～4 响（1/2～1/3 转），车轮转动应灵活无摩擦声。

小贴士： 对前轮顺时针拧动蜗杆，制动器间隙减小，反之则增大；而对后轮逆时针拧动蜗杆，制动器间隙减小，反之则增大。

三、气压制动系统常见故障诊断

1．制动不良

故障现象：制动时不能迅速地减速或停车。连续踩下制动踏板，情况有所改善，但变化不大。

故障原因：空气压缩机故障导致制动气压偏低；储气筒上安全阀失效导致气压过低；制动阀的进排气阀关闭不严，膜片破裂，活塞的密封圈密封性不好，排气间隙过大；快放阀膜片破裂；制动气室膜片破裂；车轮制动器故障；制动气室推杆行程过小；制动踏板自由行程太大；制动管路凹瘪、内壁积垢严重或软管内孔不畅通，或制动管路漏气。

故障诊断：针对此类故障，首先应该检查气源的压力和泄漏情况，然后检查车轮制动器的工作情况，最后检查制动控制阀。

2. 制动失效

故障现象：在汽车行驶中，将制动踏板踩到底，制动装置不起作用，或在使用一次或几次制动后，制动装置突然不起作用，都属于制动失效故障。

故障原因：

（1）储气筒无气或充气量不足。

（2）制动控制阀的进气阀被卡住或关闭不严造成进气阀不能打开，压缩空气从排气口排出；制动踏板传动机构折断。

（3）制动管路折断，接头松脱或管路堵塞。

（4）制动气室膜片破裂；壳体破损，接合面松动；推杆在壳体孔中卡死而不能移动；调整臂调整不当导致制动气室推杆行程过小。

（5）车轮制动器故障。

故障诊断：出现此类情况，多数故障点出现在气源端，可以先检查储气筒的压力，对压缩机、管路等进行排除；然后检查制动控制阀的工作状况；最后检查车轮制动器。

3. 制动跑偏故障的诊断与排除

故障现象：汽车在行驶的过程中，制动时转向盘自动向一侧偏转。

故障原因：

（1）车轮制动器故障。例如：各车轮制动促动凸轮轴转角相差过大，或制动促动凸轮轴与支架配合、磨损程度不一致，又或者某制动促动凸轮轴转动不灵活；各车轮制动器的制动间隙、制动蹄衬片的质量及制动蹄衬片与制动鼓的接触贴合情况相差过大；各车轮制动鼓的直径、圆度、圆柱度等技术指标及各制动鼓工作表面状况相差过大；车轮制动器的蹄片回位弹簧弹力相差过大，或者各制动蹄轴与衬套配合、磨损程度不一致。

（2）制动气室故障。例如：某车轮制动器的制动气室进气管被压扁、锈蚀或堵塞，或进气软管老化膨胀，进气管接头松动漏气；某车轮制动气室壳体连接螺栓松动漏气；或制动气室的膜片老化、破裂；各车轮制动器的制动气室推杆行程不一致，或某制动气室推杆有卡滞现象。

（3）其他故障。例如：车辆严重偏载，使车身倾斜；车辆左右轮胎气压不一致；车辆左右轮胎规格不一致，各轮胎花纹磨损程度相差过大；车辆两侧悬架弹簧弹力不一致；车架变形、车桥发生位移；前轮定位失准或转向系松旷；路面两侧附着系数相差大，路面向一侧倾斜，致使车身倾斜。

4. 制动拖滞故障的诊断与排除

故障现象：抬起制动踏板，制动阀排气缓慢或不排气，不能迅速解除制动，致使车辆出现起步困难，行驶无力等现象。

故障原因：

（1）制动控制阀故障。例如：制动控制阀排气间隙小；制动控制阀排气阀座橡胶发胀，堵塞排气口；排气阀导向座锈蚀、发卡。

（2）传动机构故障。例如：踏板传动机构卡住不回位；制动踏板无自由行程；制动踏板自由行程过小。

（3）车轮制动器故障。例如：制动气室推杆卡住不回位；制动凸轮轴支架固定螺栓松动，使凸轮轴不同心而导致转动不灵活；制动蹄摩擦片与制动鼓间隙过小；制动蹄摩擦片与制动鼓烧结、粘住、脱落，回位弹簧脱落、折断或弹力过小；制动蹄轴因锈蚀、润滑不良或与衬套配合间隙过小而导致转动困难。

（4）其他故障。例如：半轴套管与轮毂轴承配合松旷导致制动鼓偏斜；轮毂轴承外圈与轮毂配合松旷导致制动鼓倾斜；制动气室膜片老化、膨胀、变形，制动软管老化、发胀、堵塞；制动踏板轴发卡，踏板回位弹簧脱落、折断引起踏板不回位。

任务实施与评价

<table>
<tr><td colspan="2">学习任务</td><td colspan="2">气压式行车制动系统认知</td><td>学时</td><td colspan="2">4 学时</td></tr>
<tr><td colspan="2">姓名</td><td>实训车型</td><td></td><td colspan="3">年　月　日</td></tr>
<tr><td colspan="2">标准时间</td><td>开始时间</td><td></td><td>完成时间</td><td colspan="2"></td></tr>
<tr><td>序号</td><td colspan="2">操作步骤</td><td>操作标准</td><td>操作记录</td><td>分值</td><td>自评得分</td></tr>
<tr><td rowspan="4">1</td><td rowspan="4">检修前的基本检查</td><td>检查作业现场环境</td><td rowspan="4">检查清洁彻底、记录清晰、准确</td><td rowspan="4"></td><td>2</td><td></td></tr>
<tr><td>记录整车基本信息</td><td>3</td><td></td></tr>
<tr><td>作业前工具检查</td><td>2</td><td></td></tr>
<tr><td>作业前实施车辆防护</td><td>3</td><td></td></tr>
<tr><td rowspan="2">2</td><td rowspan="2">空气压缩机的检查</td><td>检查空气压缩机皮带松紧度；以 30～50N 的力按下皮带中部，检查其挠度</td><td rowspan="2">工具选择、使用正确；按维修手册的工艺要求完成检查</td><td rowspan="2"></td><td>5</td><td></td></tr>
<tr><td>检查空气压缩机充气性能</td><td>5</td><td></td></tr>
<tr><td rowspan="2">3</td><td rowspan="2">空气压缩机、调压阀的调整</td><td>调整空气压缩机皮带松紧度，松开空气压缩机底座支架上的固定螺栓，将调整螺栓顺时针拧动，则皮带张紧，反之则松弛。调整合适后，将固定螺栓拧紧</td><td rowspan="2">工具选择、使用正确；按维修手册的工艺要求完成调整</td><td rowspan="2"></td><td>5</td><td></td></tr>
<tr><td>调整调压阀，松开锁紧螺母，拧动调整螺钉，拧进则最高气压升高，拧出则最高气压降低。调整合适后，拧紧锁紧螺母</td><td>5</td><td></td></tr>
<tr><td rowspan="3">4</td><td rowspan="3">自由行程的调整</td><td>拆下制动阀前、后腔柱塞座总成及制动阀拉臂与制动踏板拉杆的连接销</td><td rowspan="3">工具选择、使用正确；按维修工艺要求调整</td><td rowspan="3"></td><td>5</td><td></td></tr>
<tr><td>拧松调整螺钉锁紧螺母，拧动调整螺钉，旋入调整螺钉，排气间隙减小，则制动踏板自由行程缩小，反之则增大</td><td>10</td><td></td></tr>
<tr><td>调整合适后，拧紧调整螺钉锁紧螺母</td><td>5</td><td></td></tr>
</table>

续表

序号	操作步骤		操作标准	操作记录	分值	自评得分
5	车轮制动器的检查	用游标卡尺检查制动鼓的内径磨损尺寸	工具选择、使用正确；按维修工艺要求进行检查		3	
		用弓形内径规测量制动鼓的圆度和圆柱度			2	
		检查制动蹄衬片			5	
		检查制动蹄			2	
		检查制动蹄衬片与制动鼓的接触情况，其接触面积应在75%以上			3	
		用弹簧拉压试验仪检查制动蹄回位弹簧的弹力			5	
		检查凸轮轴与支撑座的配合间隙			5	
6	位置认知	空气压缩机安装位置及相关检查	正确认知相关零部件的安装位置及类型		5	
		储气筒安装位置及相关检查			5	
		制动控制阀安装位置及相关检查			5	
		制动气室个数及安装位置及相关检查			5	
7	场地恢复及现场5S管理		正确使用及摆放工具、量具，清洁整理工作台、地面及工具、量具		5	
学生自评						
小组评价						
指导教师（师傅）评价						
综合评价	□优秀　□良好　□合格　□不合格					

任务测试

一、单项选择题

1．在气压制动系统中，车轮解除制动时，制动气室内压缩空气经快放阀进入（　　）。

A．轮缸　B．大气　C．空气压缩机　D．制动控制阀

2．关于气压制动传动装置的叙述，正确的是（　　）。

A．踏板行程较长　B．制动力小

C．装置结构简单　D．多用于中、重型汽车

3．气压制动系统中，制动器的张开机构是（　　）。

A．制动主缸　B．制动轮缸　C．调整凸轮　D．制动蹄片

4．CA1092型汽车制动控制阀，上腔是控制（　　）制动器。

A．前轮　B．前后轮　C．后轮　D．挂车

5．CA1092型汽车双回路气压制动传动装置采用的控制阀是（　　）。

A．并联双腔膜片式制动控制阀　B．串联双腔活塞式制动控制阀

C．复合制动阀　　　　D．单腔控制阀

6．EQ1092 型汽车空气压缩机皮带松紧度的检查。汽车每行驶 3000km 时，应检查空气压缩机的皮带松紧度，以 30～50N 的力按下皮带中间，检查其挠度应为（　　）。

A．15～20mm　　　　B．10～15mm

C．20～30 mm　　　　D．30～40mm

7．气压式行车制动系统中制动控制阀间隙调整过小，会造成（　　）。

A．制动粗暴　B．制动拖滞　C．制动不良　D．制动跑偏

二、填空题

1．双回路气压传动装置，由_______和______两部分组成。

2．气压式行车制动系统的控制装置包括制动__________、拉杆、__________等。

3．气压式行车制动系统是利用_________作为动力源的，使车轮产生制动。

4．气压式行车制动系统中调压阀的作用是使_______内的气压控制在规定范围内，有___和_______两种连接方式。

三、判断题

1．制动气室推杆调整过长，易导致制动不良。（　　）

2．空气压缩机皮带过松失效或打滑，容易导致气压过低，制动不良。（　　）

3．挂车与主车脱钩后，正常情况下靠惯性继续行驶，不能停车。（　　）

任务 3　驻车制动系统检修

任务目标

素养目标：

1. 具有精益求精的工匠精神。
2. 具有良好团队合作意识。

能力目标：

1. 能够进行驻车制动器拆装及零件检修。
2. 能够判断驻车制动系统常见故障及可能的故障部位。

知识目标：

1. 了解驻车制动系统功用及组成。
2. 掌握驻车制动器类型、特点与工作原理。
3. 了解驻车制动系统常见故障及分析方法。

情境导入

一辆 2014 年生产的 2013 款科鲁兹轿车，行驶 120000km。驻车手柄完全提起后，车辆仍然有移动的倾向，有几次险些酿成交通事故，来厂进行检修。维修技术人员初步判断为驻车制动系统故障，需要对驻车制动系统进行检修。请你根据本任务所学驻车制动系统的相关知识，完成驻车制动系统的检修。

任务准备

理论知识

一、驻车制动系统功用

驻车制动系统又称手制动系统（简称手刹），其功用是使车辆停驶后停放可靠，防止滑溜，在行车制动系统失效后应急制动或配合行车制动器进行紧急制动，并且方便车辆在坡道上顺利起步。

二、驻车制动系统类型

1. 按制动器安装位置分

按驻车制动器的安装位置可分为中央制动式驻车制动系统和车轮制动式驻车制动系统两种。多数中央制动式驻车制动器安装在变速器或分动器之后，万向传动系统之前；也有少数汽车驻车制动系统装在后驱动桥输入轴前端，它们的制动力矩作用在传动轴上。

车轮制动式驻车制动器通常与行车制动器共用一个制动器总成，一般指的是后轮，只是传动机构是相互独立的。

2. 按制动器的结构形式分

按制动器的结构形式驻车制动系统可分为蹄盘式、蹄鼓式和自动增力式 3 种。

4. 按制动力的操纵方式分

按制动力的操纵方式可分为用手或用脚操作的机械式驻车制动系统和用电子开关控制的电子式驻车制动系统（俗称电子手刹）。

三、典型机械式驻车制动系统

机械式驻车制动系统一般由驻车制动手柄或脚踏板、驻车制动器、连接二者的杠杆或拉索等组成。

1. 蹄盘式驻车制动系统

（1）蹄盘式驻车制动系统结构特点。

如图 5-40 所示为解放 CA1092 型汽车蹄盘式驻车制动系统组成示意图，该制动系统由驻车制动器、驻车制动杆和中间的传动拉杆等组成。

制动器为中央制动、盘式驻车制动器。制动盘与变速器二轴的花键凸缘连接，制动蹄支架用螺钉固定于变速器壳体的后壁上，传动拉杆用销轴与固定于变速器壳上的齿扇铰接，下端有棘爪，利用棘爪拉杆和手柄上的弹簧，能将制动器锁止在某一位置。

（2）蹄盘式驻车制动系统工作过程。

制动时，将驻车制动杆上端向后拉动，传动拉杆带动拉杆臂逆时针摆动，推动前制动蹄臂和制动蹄后移。同时，通过拉杆拉动后制动蹄臂，压缩定位弹簧，后制动蹄前移，两制动蹄即夹紧制动盘，产生制动作用。这时，棘爪将手制动杆锁止在制动位置。

解除制动时，按下制动杆上端的拉杆按钮，使下端棘爪脱出，然后将制动杆推向前端位置，前、后制动蹄在定位弹簧的作用下回位，制动解除。

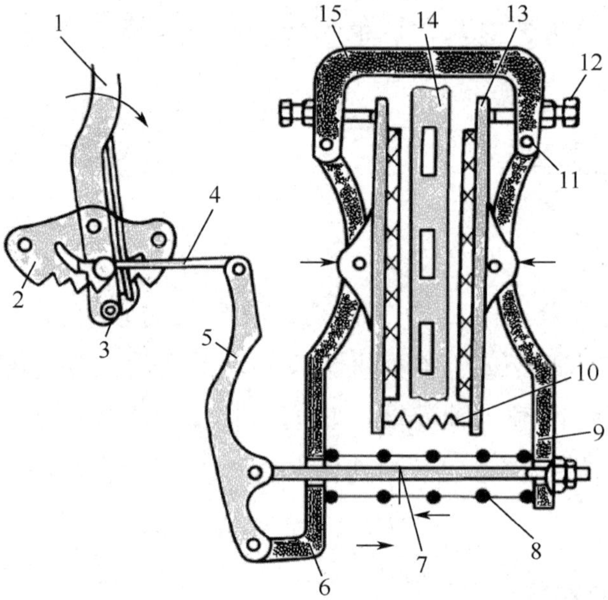

1—驻车制动杆；2—齿扇；3—棘爪；4—传动拉杆；5—拉杆臂；6—前制动蹄臂；7—蹄臂拉杆；8—定位弹簧；9—后制动蹄臂；10—拉簧；11—销；12—调整螺钉；13—制动蹄；14—制动盘；15—支架

图 5–40　解放 CA1092 型汽车蹄盘式驻车制动系统组成示意图

2. 蹄鼓式驻车制动系统

蹄鼓式驻车制动系统的组成与蹄盘式类似，只是将盘式制动器换成了鼓式制动器，与鼓式车轮制动器基本相同。常用的有凸轮张开式和自增力式两种。

（1）蹄鼓式驻车制动系统结构特点。

如图 5-41 所示为东风 EQ1090E 型汽车驻车制动系统示意图。它采用了凸轮张开式的蹄鼓式制动器和机械传动机构。

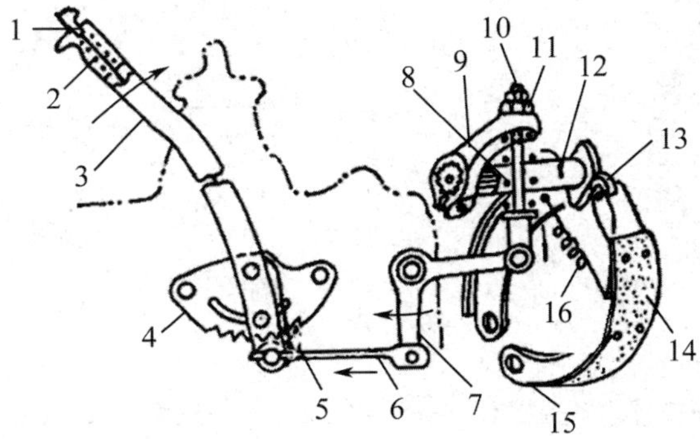

1—按钮；2—拉杆弹簧；3—驻车制动杆；4—齿扇；5—锁止棘爪；6—传动杆；7—摇臂；8—压紧弹簧；9—摆臂；10—拉杆；11—调整螺母；12—凸轮轴；13—滚轮；14—制动蹄；15 偏心支承销孔；16—复位弹簧

图 5-41　东风 EQ1090E 型汽车驻车制动系统示意图

制动鼓通过螺栓与变速器输出轴的凸缘盘紧固在一起，制动底板固定在变速器输出轴轴承盖上，两制动蹄通过偏心支承销支承在制动底板上，其上端装有滚轮，在回位弹簧的作用下滚轮紧靠在凸轮的两侧，凸轮轴支承在制动底板的上部，轴外端与摆臂连接，摆臂的另一端与穿过压紧弹簧的拉杆相连，拉杆再通过摇臂、传动杆与驻车制动杆相连。驻车制动杆上连有棘爪，驻车制动器工作时，棘爪嵌入齿扇上的棘齿内，起锁止作用。解除制动时，需按下驻车制动杆上的按钮使棘爪脱离棘齿才能扳动驻车制动杆。

（2）蹄鼓式驻车制动系统工作过程。

驻车制动时，将驻车制动杆上端向后拉动，则制动杆的下端向前摆动，传动杆带动摇臂顺时针转动，拉杆则带动摆臂顺时针转动，凸轮轴也顺时针转动，凸轮则使两制动蹄以支承销为支点向外张开，压靠到制动鼓上，产生制动作用。当制动杆拉到制动位置时，棘爪嵌入齿扇上的棘齿内，起锁止作用。

解除制动时，按下驻车制动杆上的按钮使棘爪脱离棘齿，向前推动制动杆，则传动杆、拉杆、凸轮轴按逆时针方向转动，制动蹄在回位弹簧的作用下回位，制动蹄与制动鼓间恢复制动间隙，制动解除。

3．车轮制动式驻车制动系统

如图 5-42 所示为桑塔纳轿车驻车制动系统基本组成示意图，主要由车轮制动器、驻车制动杆和拉索等组成。

（1）车轮制动式驻车制动系统结构特点。

桑塔纳轿车驻车制动器是利用两后轮兼作驻车制动器，其形式为蹄鼓式驻车制动器，内装有与驻车制动拉索相连的促动装置。

在后轮制动器内部装有一个拉杆，下端与拉索相连。上端通过铰链与其中的一片制动蹄片相连，同时通过推杆与另一制动蹄相连，将两制动蹄连为一体。

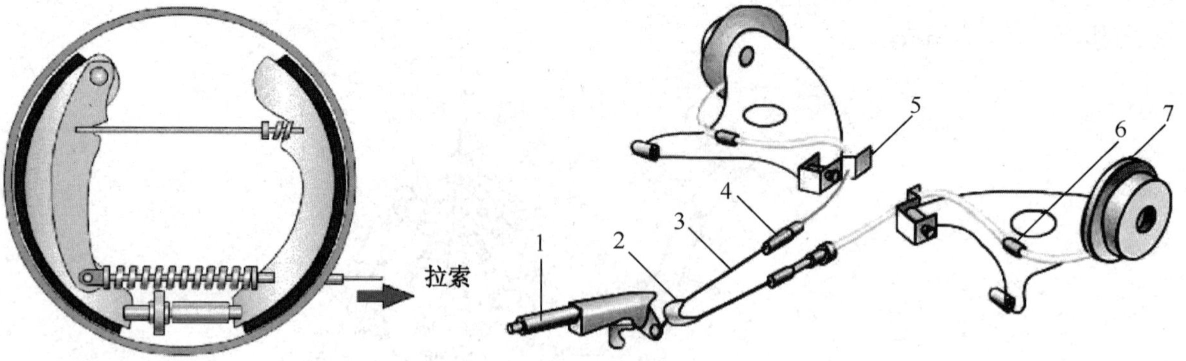

1—驻车制动杆；2—平衡杠杆；3—拉索；4—调整接头；5—拉索支架；6—拉索固定夹；7—制动器

图 5-42　桑塔纳轿车驻车制动系统基本组成示意图

为保证两后轮制动力平衡，在拉索上装备有拉索平衡拉臂，通过杠杆原理自动调整两后轮的制动力。同时由于制动器的磨损和拉索的弹性变形，驻车制动系统的性能使用一段时间后会发生变化，可以通过调整接头进行必要的调整。

（2）车轮制动式驻车制动系统工作过程。

制动时，驻车制动杆向上拉起，操纵力便通过调整拉杆、拉索传到车轮制动器内的驻车制动杠杆下端，使之绕上端支点逆时针转动，制动拉杆转动过程中，其中间支点推动驻车制动推杆右移，推动前侧制动蹄右移顶在制动鼓上，推杆停止运动，然后驻车制动杠杆的中间支点变成其继续转动的新支点。于是，后侧制动蹄左移，压在制动鼓上，产生制动作用。这时，棘爪将驻车制动杆锁止在制动位置，如图 5-43 所示。

解除制动时，按下驻车制动杆上端的按钮，使下端棘爪脱出，然后将制动杆向下复位，左、右制动蹄在复位弹簧的作用下回位，制动解除。

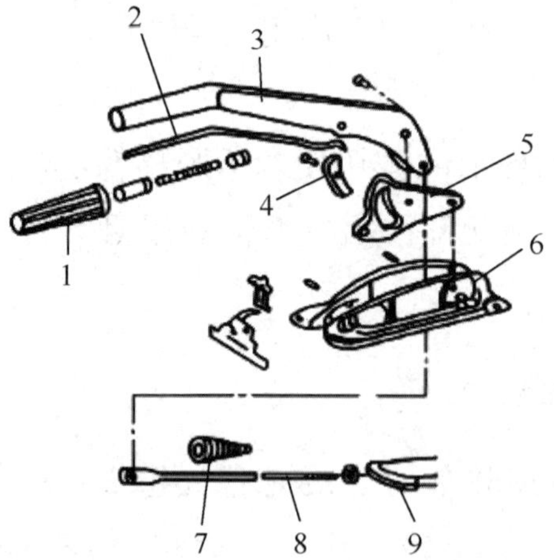

1—手柄；3—棘爪拉杆；3—驻车制动杆；4—棘爪；5—齿扇；6—支架；7—防尘套；8—拉杆；9—平衡杠杆

图 5-43　桑塔纳轿车驻车制动操纵机构

四、典型的电子式驻车制动系统

随着电子控制技术在汽车上的应用，电子式驻车制动系统（EPB），在汽车上的应用也越来越多。它比传统的机械式驻车制动更安全，不会因驾驶员的力度而改变制动效果，并且可以与其他电控系统的功能协同工作，实现一些更加人性化、自动化的功能。

电子式驻车制动系统一般由驻车操纵开关、驻车制动执行器和电子控制系统及相关的传感器等组成。按其结构分为钢索牵引式和整合卡钳式两种类型。

1．钢索牵引式电子驻车制动系统

钢索牵引式电子驻车制动系统的执行机构与传统驻车制动器基本相同，都为制动蹄式，只是把驻车制动杆变为驻车制动开关，把手驱动拉索改为电动形式。通过电子驻车开关控制电动机运转，经减速后，产生拉力带动拉索，从而驱动制动器产生制动力，如图 5-44 所示。

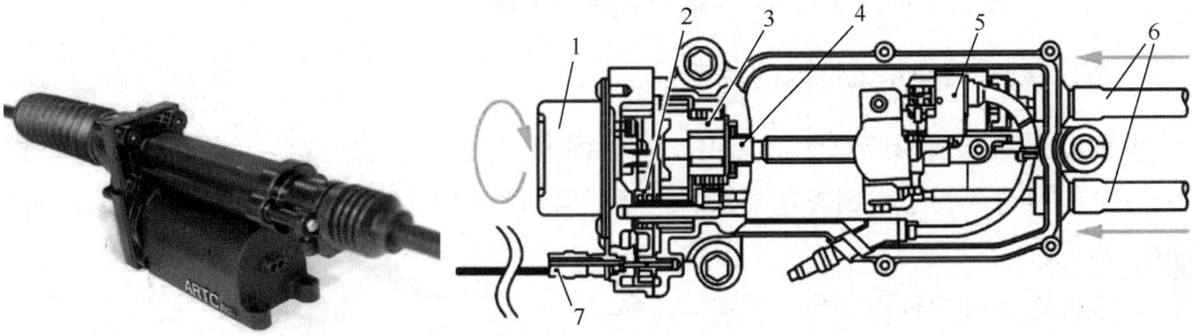

1—电动机；2—减速齿轮；3—离合器；4—螺栓；5—平衡器；6—拉索；7—紧急解锁拉索

图 5–44　钢索牵引式电子驻车制动系统

2．整合卡钳式电子驻车制动系统

整合卡钳式电子驻车制动系统选用的整合卡钳式电子驻车制动器，在盘式行车制动器的基础上增加了一套由电动机驱动的驻车执行机构，因而有利于车辆组装及系统简化。整合卡钳式电子驻车制动系统摒弃了牵引式驻车的钢索，采用导线进行信号传递，主要由电动机、减速机构、驱动心轴及制动活塞等部件组成，如图 5-45 所示。

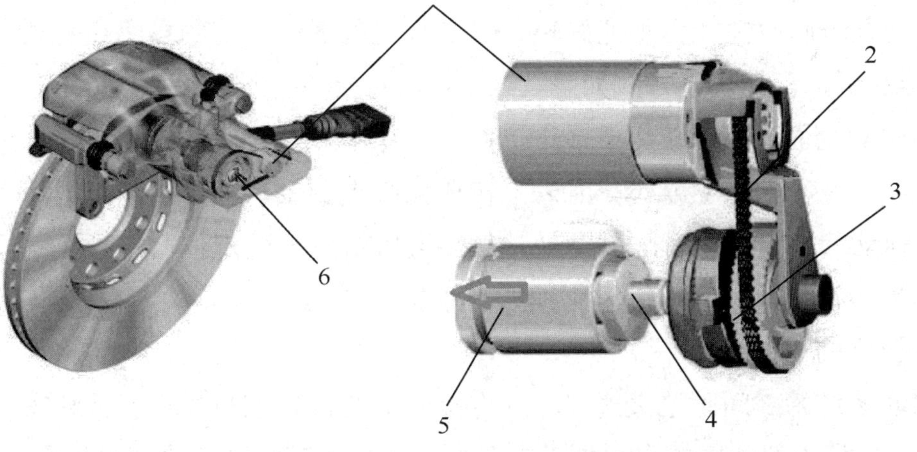

1—电动机；2—传动皮带；3—斜盘；4—驱动心轴；5—制动活塞；6—减速机构

图 5–45　整合卡钳式电子驻车制动系统

当驾驶员向上方掀起电子驻车开关时，电子控制单元接收到来自按键的请求信号，若汽车当前的行驶状态符合控制系统预设的条件，则向执行机构（电动机）给予 12V 电压，让其转动。电动机产生的转矩通过传动带和减速机构传递到驱动心轴，心轴螺杆通过螺栓螺母机构推动制动活塞作轴向运动，从而产生对车轮的制动力。解除制动时，驾驶员按压电子驻车开关，控制单元接收到来自按键的信号，控制电动机反向旋转，带动驱动心轴放松对制动器的轴向力，制动解除。

实践知识

一、中央制动式驻车制动系统的检查与调整

1. 中央制动式制动系统性能的检查

驻车制动系统严重影响车辆的使用安全，国家相关法规明确规定了机动车的驻车制动性能，如果驻车制动性能达不到规定要求时，要对其进行检查、调整。检查驻车制动系统性能常见的步骤如下。

（1）检查连接机构有无变形、松旷。

（2）在空载状态下，驻车制动装置应能保证车辆在坡度为 20%，轮胎与路面间的附着系数不小于 0.7 的坡道上正、反两个方向保持固定不动的时间不小于 5min。

（3）拉紧驻车制动系统制动杆，空车平地用 2 挡应不能起步。

（4）检查驻车制动杆的行程，其工作行程不能超过全行程的 3/4。

（5）放松驻车制动杆，变速器处于空挡，支起一个驱动轮，制动鼓应能用手转动且无摩擦声。

2. 中央制动式驻车制动系统的调整

驻车制动系统的调整分为制动器的调整和操作机构的调整两部分。首先应对制动器进行调整，若驻车制动系统制动性能仍不能好转，则应对驻车制动系统的操纵机构进行调整。制动器的调整如图 5-46 所示，其调整方法如下。

（1）制动器的全面调整。

先拧松偏心支承轴的锁紧螺母，用扳手转动偏心支承轴。当在摆臂末端用力转动摆臂张开凸轮时，两个制动蹄的中部同时与制动鼓接触。然后用扳手固定偏心支承轴，同时拧紧偏心支承轴的锁紧螺母。在拧紧锁紧螺母时，偏心支承销不得转动。

（2）拉杆长度的调整。

当驻车制动系统蹄鼓间隙过大时，可以将拉杆上的锁紧螺母松开，将驻车制动杆放松到最前端，然后拧动拉杆上的调整螺母，即可实现制动间隙调整。将调整螺母拧紧，蹄鼓间隙减小；反之，则蹄鼓间隙增大。调整完毕，将锁紧螺母锁紧。

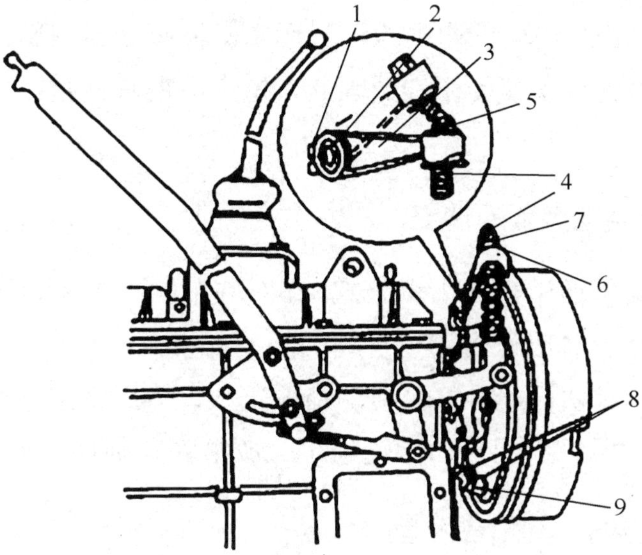

1—夹紧螺栓；2—凸轮轴；3—摇臂；4—拉杆；5—调整垫；6—调整螺母；
7—锁紧螺母；8—驻车制动蹄支承；9—锁紧螺母

图 5–46　鼓式驻车制动器的调整

（3）摇臂与凸轮相互位置的调整。

拉杆长度调整后，若驻车制动杆自由行程仍然偏大，则应调整摇臂与凸轮的相互位置。将驻车制动杆向前放松至极限位置；将摇臂从凸轮轴上取下，逆时针方向错开一个或数个齿后，再将摇臂装于凸轮轴上，并将夹紧螺栓紧固；重新调整拉杆上的调整螺母，直到有合适的驻车制动拉杆行程为止。调好后，制动间隙应为 0.2～0.4mm。

驻车制动器调好后，向后拉驻车制动杆时，应有两“响”的自由行程，从第三“响”时应开始产生制动，第五“响”时汽车应能在规定的坡道上停住。调整后的驻车制动系统，当制动解除时，必须保证蹄片与制动鼓之间不发生摩擦。

二、车轮制动式驻车制动系统的检查与调整

1. 车轮制动式驻车制动装置的检查

（1）检查驻车制动杆行程：检查锁止机构中的棘爪和扇形齿不得有磨损和断齿，并确保驻车制动杆拉动时，制动杆行程在预定的槽数内（拉动时可以听到“咔嗒”声）。如果不符合标准，应当调整驻车制动杆的行程。

小贴士： 当驻车制动杆行程超出规定值时，应先调整后制动蹄片或驻车制动蹄片的间隙，然后重复检查。

（2）检查驻车指示灯的工作情况：在点火开关位于 ON 时，检查驻车指示灯的工作情况，确保当驻车制动杆操作时，在拉动制动杆到达第一个槽口前，仪表上的指示灯就已经点亮，放松制动后随即熄灭。

（3）驻车操纵机构检修：传动机构中的拉索通常是涂有塑料材料的钢丝索。拉紧或松开驻车制动时，拉索既不能松弛也不能受阻滞。因此，拉索不得有磨损或腐蚀，不得有扭结或卡滞现象。

2. 车轮制动式驻车制动装置的调整

后轮制动器的蹄鼓间隙通常为自由调整式。在对驻车制动系统调整前应先确保驻车制动蹄片间隙处于正常工作状态，然后只需调整拉绳的长度即可。

调整时，先松开驻车制动杆，用力踩制动踏板一次，然后将驻车制动杆拉紧 2 个齿，转动拉杆上的调整螺母，直至用手不能转动后轮为止。放松驻车制动杆后，两后轮应能自由转动。

三、驻车制动系统常见故障诊断

驻车制动系统作为车辆安全行车的重要系统之一，使用颇为频繁。但其结构相对简单，常见的故障有制动不良和制动拖滞。

1. 驻车制动不良

故障现象：将汽车停在坡路上时，因驻车不良而自行滑移；或是在上坡路段起步行驶时需要辅助制动时，后溜严重。

故障原因：

（1）驻车制动自由行程过大。

（2）制动鼓工作表面磨损、起槽、裂纹，摩擦片与制动鼓贴合不良或摩擦片与制动鼓配合间隙过大。

（3）摩擦片表面有油污、泥水，磨损过薄或焦化；制动蹄衬片在支承底板中卡住，或支承底板变形致使制动蹄轴歪斜。

（4）汽车起步时，操作失误，未放松驻车制动杆导致摩擦片烧蚀。

故障诊断：针对上述情况，可以先根据驻车制动杆的行程和操作力度判断是不是操纵机构问题，然后再进行相关部件的检查、调整。

2. 驻车制动拖滞

故障现象：变速器挂低速挡，松开离合器踏板，放松驻车制动杆，汽车难以起步，或虽然能起步，但是稍减供油，汽车急速降速、滑行距离短，或行驶一段路程后，制动器发热。

故障原因：制动蹄衬片与制动鼓间隙过小，局部有粘连接触，制动蹄回位弹簧弹力小、过软或折断；制动蹄与制动蹄轴装配过紧，转动困难或锈蚀，导致制动蹄回位缓慢或不回位；由于齿板上限位片丢失或未装，当制动杆向前放松时，造成制动凸轮反向转动，将蹄片张开与制动鼓接触。

故障诊断：针对上述情况，应先对制动器进行检查与调整，然后再检查操纵机构。

任务实施与评价

<table>
<tr><td colspan="2">学习任务</td><td colspan="2">驻车制动系统检修</td><td>学时</td><td colspan="2">4 学时</td></tr>
<tr><td colspan="2">姓名</td><td></td><td>实训车型</td><td colspan="3">年　月　日</td></tr>
<tr><td colspan="2">标准时间</td><td></td><td>开始时间</td><td>完成时间</td><td colspan="2"></td></tr>
<tr><td>序号</td><td colspan="2">操作步骤</td><td>操作标准</td><td>操作记录</td><td>分值</td><td>自评得分</td></tr>
<tr><td rowspan="4">1</td><td rowspan="4">检修前的基本检查</td><td>检查作业现场环境</td><td rowspan="4">检查清洁彻底、记录清晰、准确</td><td rowspan="4"></td><td>2</td><td></td></tr>
<tr><td>记录整车基本信息</td><td>3</td><td></td></tr>
<tr><td>作业前工具检查</td><td>2</td><td></td></tr>
<tr><td>作业前实施车辆防护</td><td>3</td><td></td></tr>
<tr><td rowspan="4">2</td><td rowspan="4">制动器性能的检查</td><td>检查连接机构有无变形、松旷</td><td rowspan="4">工具选择、使用正确；按维修手册的工艺要求完成检查</td><td rowspan="4"></td><td>5</td><td></td></tr>
<tr><td>拉紧驻车制动杆，空车平地用 2 挡应不能起步</td><td>5</td><td></td></tr>
<tr><td>检查驻车制动杆的行程，工作行程不能超过全行程的 3/4</td><td>5</td><td></td></tr>
<tr><td>放松驻车制动杆，变速器处于空挡，支起一个驱动轮，制动鼓应能用手转动且无摩擦声</td><td>10</td><td></td></tr>
<tr><td rowspan="3">3</td><td rowspan="3">制动器的全面调整</td><td>先拧松偏心支承轴的锁紧螺母，用扳手转动偏心支承轴</td><td rowspan="3">工具选择、使用正确；按维修手册的工艺要求完成调整</td><td rowspan="3"></td><td>5</td><td></td></tr>
<tr><td>当制动蹄的中部与制动鼓接触时，用扳手固定偏心支承轴</td><td>10</td><td></td></tr>
<tr><td>拧紧偏心支承轴的锁紧螺母</td><td>5</td><td></td></tr>
<tr><td rowspan="4">4</td><td rowspan="4">拉杆长度调整</td><td>松开拉杆上的锁紧螺母</td><td rowspan="4">工具选择、使用正确；按维修工艺要求调整</td><td rowspan="4"></td><td>5</td><td></td></tr>
<tr><td>驻车制动杆放松到最前端</td><td>5</td><td></td></tr>
<tr><td>拧动拉杆上的调整螺母，调整制动间隙</td><td>10</td><td></td></tr>
<tr><td>调整完毕，将锁紧螺母锁紧</td><td>5</td><td></td></tr>
<tr><td rowspan="3">5</td><td rowspan="3">摇臂与凸轮相互位置的调整</td><td>将驻车制动杆向前放松至极限位置</td><td rowspan="3">工具选择、使用正确；按维修工艺要求进行调整</td><td rowspan="3"></td><td>5</td><td></td></tr>
<tr><td>将摇臂从凸轮轴上取下，逆时针方向错开一个或数个齿后，再将摇臂装于凸轮轴上，并将夹紧螺栓紧固</td><td>5</td><td></td></tr>
<tr><td>重新调整拉杆上的调整螺母，直到有合适的驻车制动行程为止</td><td>5</td><td></td></tr>
</table>

续表

序号	操作步骤	操作标准	操作记录	分值	自评得分
6	场地恢复及现场 5S 管理	正确使用及摆放工具、量具，清洁整理工作台、地面及工具、量具		5	
学生自评					
小组评价					
指导教师（师傅）评价					
综合评价	□优秀　□良好　□合格　□不合格				

任务测试

一、单项选择题

1．下列几种形式的制动传动机构当中，（　　）仅用在手制动上。

A．机械式　B．液压式　C．气动式　D．以上均不是

2．小型汽车驻车制动系统通常采用（　　）。

A．液压式　B．气压式　C．机械式　D．发动机制动

3．拉紧驻车制动系统制动杆，空车平地用（　　）挡应不能起步。

A．1　B．2　C．3　D．4

4．电子驻车制动器的制动驱动力来自（　　）。

A．制动踏板　B．制动主缸　C．手制动开关　D．电动机

5．对于机械式驻车制动系统，施加制动后，保持制动效能的装置是（　　）。

A．制动踏板　B．驻车制动手柄

C．制动器　D．制动拉杆

二、填空题

1．常见的驻车制动器有__________、__________和____________3 种。

2．驻车制动器一般安装在________与________之后，也有少数汽车安装在____驱动桥前端。

3．机械式驻车制动系统一般由__________、驻车制动器等组成。

4．鼓式驻车制动器的基本结构与________相同，常用的有_________和__________两种。

5．整合卡钳式电子驻车制动系统主要由_______、_______、_________及制动活塞等部件组成。

三、判断题

1. 驻车制动系统仅在停车后使用。 ( )

2. 所有汽车都装备有驻车制动系统。 ( )

任务 4 制动系统的电子控制系统检修

任务目标

素养目标：

1.具有良好人际交流能力。

2.具有良好团队合作意识。

能力目标：

1.能够正确选择并使用汽车制动系电子控制系统检修工具。

2.能够进行制动系统电子控制系统检修。

3.能够判断制动系统电子控制系统常见故障及可能故障部位。

知识目标：

1.了解 ABS、EBD、ASR、ESP 系统的功用。

2.了解 ABS、EBD、ASR、ESP 系统基本组成与工作原理。

3.了解 ABS、EBD、ASR、ESP 系统常见故障分析。

情境导入

一辆行驶了 120000km 的 2012 款科鲁兹轿车，ABS 工作指示灯常亮，而且车辆在行驶过程中，如果紧急制动，后轮就有抱死现象，制动踏板也没有脉动感。维修技术人员初步判断为 ABS 故障，需要对 ABS 系统进行检修。请你根据本任务所学制动系统 ABS、EBD、ASR、ESP 的相关知识，完成对车辆 ABS 的检修。

任务准备

理论知识

一、ABS

1. ABS 的功用

ABS 是英文 Antilock Brake System 的缩写，意为制动防抱死系统，其功用就是保证汽车在任何路面情况下紧急制动时，自动控制和调节制动器制动力的大小，使车轮不被完全抱死，获得最佳的制动效果，从而防止在制动过程中出现侧滑、跑偏和丧失转向操纵能力的情况，提高车辆的稳定性和安全性，是现代汽车必备的主动安全系统之一。

2. ABS 的理论基础

（1）地面制动力 F_b、制动器制动力 F_μ 和附着力 F_φ 的关系（图 5-47）。地面制动力 F_b 是指由制动力矩引起的地面作用在车轮上的切向力。制动器制动力 F_μ 是在轮胎周缘克服制动器摩擦力矩所需的切向力。附着力 F_φ 指的是轮胎与路面接触部分间的相互吸引力，其大小是车重与路面附着系数的乘积。

如图 5-47 所示，由于制动系统自由行程的关系，踏板力较小时，制动器制动力为 0；建立液压后，制动器制动力 F_μ 与驾驶员踩制动踏板的力呈线性增长。

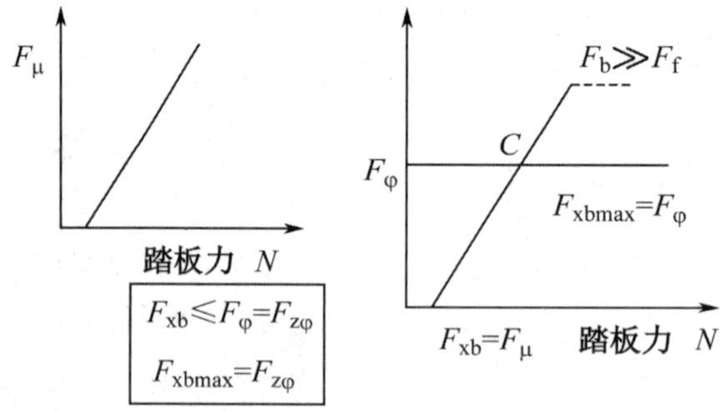

图 5–47　地面制动力、制动器制动力和附着力的关系图

当驾驶员踩制动踏板的力较小时，制动摩擦力矩较小，车轮只做减速滚动。随着摩擦力矩的增加，制动器制动力和地面制动力也随之增长，且在车轮未抱死前地面制动力始终等于制动器的制动力，图中 C 点左侧位置。此时，制动器的制动力可全部转化为地面制动力，但地面制动力不可能超过附着力。

地面附着力根据轮胎与路面的接触情况基本是固定不变的，大小是车重与路面附着系数的乘积，图中所示为一直线。当超过 C 点后，车轮即开始抱死不转而出现滑移的现象。即使再加大制动系统液压力，制动器制动力随着制动器摩擦力矩的增长仍按直线关系继续上升，但是地面制动力已不再随制动器制动力的增加而增加。

所以，要想获得好的制动效果，必须同时具备两个条件，即汽车具有足够的制动器制动力，同时要有附着系数较高的路面提供足够的地面制动力。

（2）附着系数与滑移率的关系。滑移率是指车轮在制动过程中滑移成分在车轮纵向运动中所占的比例，一般用“S”表示。车轮为纯滚动时滑移率为 0；当汽车制动时，逐渐踩下制动踏板，车轮开始边滚动边滑动，滑移率在 0～100%变化；当车轮处于抱死状态，而车身又具有一定的速度时，车轮滚动圆周的速度为零，则滑移率为 100%。

大量的实验证明，汽车在制动过程中，附着系数的大小随着滑移率的变化而变化。图 5-48 所示为在干路面上附着系数与滑移率的关系。对于纵向附着系数，随着滑移率迅速增加，并在 S=20%左右时，纵向附着系数最大；然后随着滑移率的进一步增加，纵向附着系数有所下降，制动距离会增加，制动效能下降。对于横向附着系数，S=0 时，横向附着系数达到最大；然后随着滑移率的增加，横向附着系数逐渐下降，并在 S=100%，即车轮抱死时横向附着系数下降为零左右，此时车轮将完全丧失抵抗外界侧向力作用的能力。

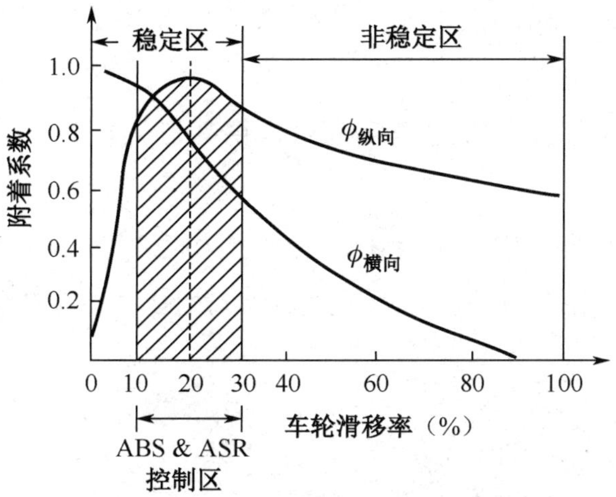

图 5-48　附着系数与滑移率的关系曲线

在汽车的制动过程中，若能将滑移率控制在最大附着系数所对应的滑移率范围，汽车将处于最佳制动状态。所以，汽车的 ABS 一般就是以将滑移率控制在 10%～20%为基本目的而设计的。

3. 典型 ABS 的组成

现行的 ABS 的类型较多，其组成基本相同。这里以常见的液压 ABS 为例进行介绍，主要由传感器、电子控制单元和制动压力调节装置等组成，如图 5-49 所示。

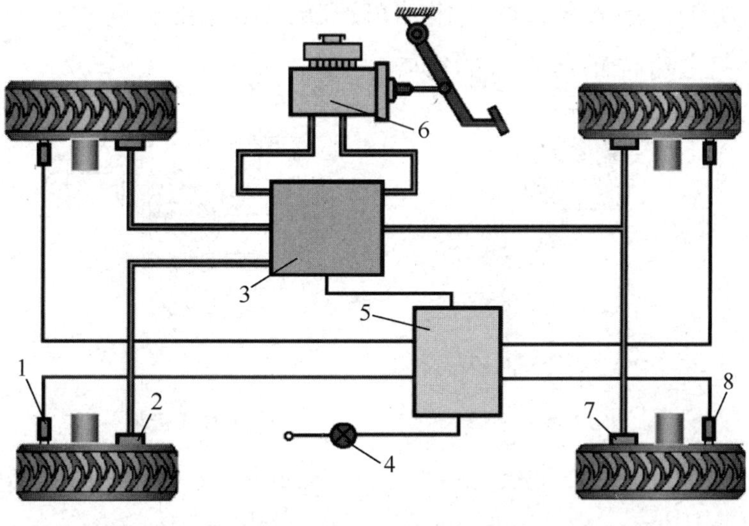

1—前轮转速传感器；2—前轮制动轮缸；3—制动压力调节装置；4—ABS 警告灯；

5—ABS 电控单元；6—制动主缸；7—后轮制动轮缸；8—后轮转速传感器

图 5-49　ABS 组成示意图

在制动过程中，电子控制单元接收各个车轮转速传感器输入的车轮转速信号，参考汽车车速、各车轮的速度和减速度，确定各车轮滑移率。当对 4 个车轮的判定有车轮趋于抱死时，

ABS 就进入防抱死制动压力调节过程，它可以控制制动轮缸的制动液压力，使其减小、增大或保持。始终将车轮的滑移率控制在 20%左右，达到最佳制动效果。ABS 出现故障时，制动防抱死警告灯会点亮，系统自动停止工作。此时，常规制动系统照常工作，确保行驶安全。

（1）车轮速度传感器。

车轮速度传感器用来获取各车轮的速度信号，将其变为电信号，传给电控单元。车轮速度传感器多为磁电式。

磁电式车轮速度传感器的结构，主要由传感器头和信号盘等组成，如图 5-50 所示。传感器头是固定部件，安装在车轮的托架上，信号盘是一齿圈，安装在轮毂上，与车轮同步旋转。

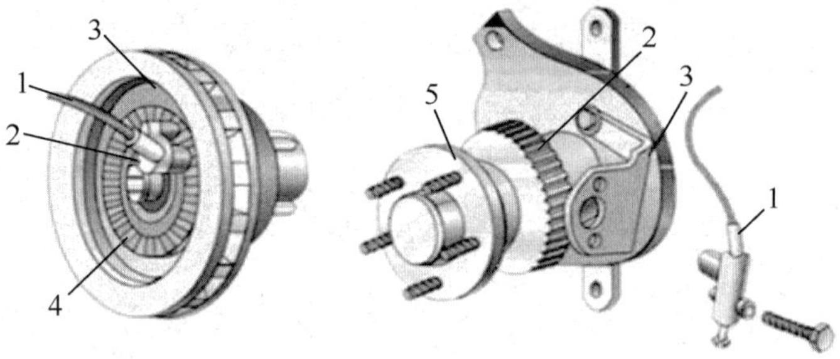

1—传感器头；2—信号盘圈；3—支架；4—制动盘；5—轮毂

图 5-50　车轮速度传感器

磁电式车轮速度传感器头的内部结构如图 5-51 所示，主要由外壳、永久磁铁、感应线圈、极轴等部件组成。极轴根据形状的不同分为凿式、柱式、菱形 3 种类型。不同形状的传感器相对于齿圈的安装方式也不同。菱形极轴车速传感器头部一般径向垂直于齿圈安装；凿式极轴车速传感器头部轴向相切于齿圈安装；柱式极轴车速传感器头部轴向垂直于齿圈安装。安装时应牢固，同时避免水、灰尘对传感器工作的影响。

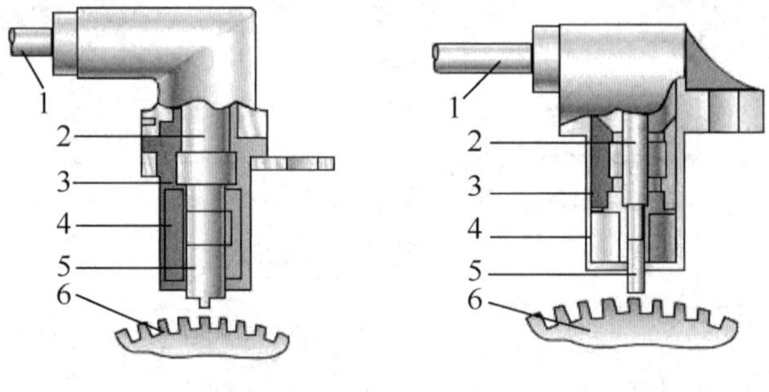

（a）凿式极轴　　（b）柱式极轴

1—电缆；2—永久磁铁；3—外壳；4—感应线圈；5—极轴；6—齿圈

图 5-51　磁电式车轮速度传感器头的内部结构

磁电式车轮速度传感器的工作原理，如图 5-52 所示。当车轮转动时，传感器齿圈随之同步旋转，当轮齿经过传感器头（靠近和离开）时，永久磁铁产生的磁场造成感应线圈中的磁通量发生变化，根据电磁感应原理，线圈中会感应出一个交流脉冲信号，此信号的电压频率与车速成正比，通过导线传给电子控制单元，然后电子控制单元通过识别交流脉冲信号的频率和电压来确定车轮转速。当低电位、低频率的量值出现时，作为车轮将要抱死的判断依据。

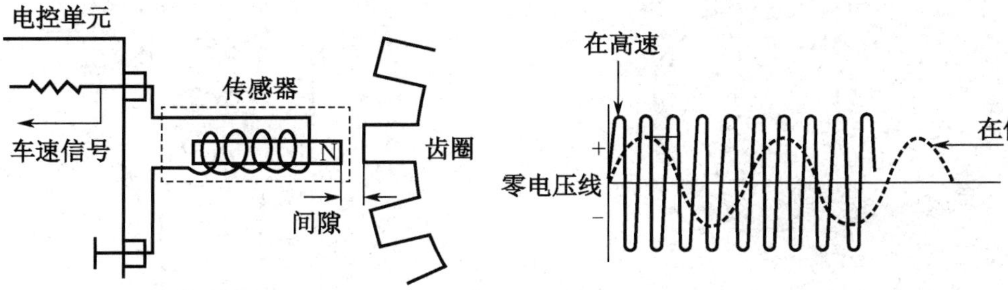

图 5-52　磁电式车轮速度传感器的工作原理

（2）电子控制单元（ECU）。

ECU 是 ABS 的控制中心，实际上是一个微型计算机，其功用是接收各车轮速度传感器的车速信号，结合相关的各种电信号并进行逻辑判断，调节油压，防止车轮抱死，并能进行报警和自诊断。相关电信号包括车速信号、驻车制动开关信号、行车制动开关信号、制动总泵液位信号等，用以判断 ABS 投入工作的时机。

（3）制动压力调节装置。

制动压力调节装置是 ABS 的执行机构，它的功用是接收电子控制单元的指令，调节各个制动轮缸的工作油压，主要由电动油泵、储压器、压力开关、调压阀等组成。

电动油泵主要由油泵电动机、偏心凸轮、柱塞、进出油阀等部件组成，如图 5-53 所示。其功用是给整个系统的制动液加压，或者将制动轮缸减压时的制动液泵回制动主缸。

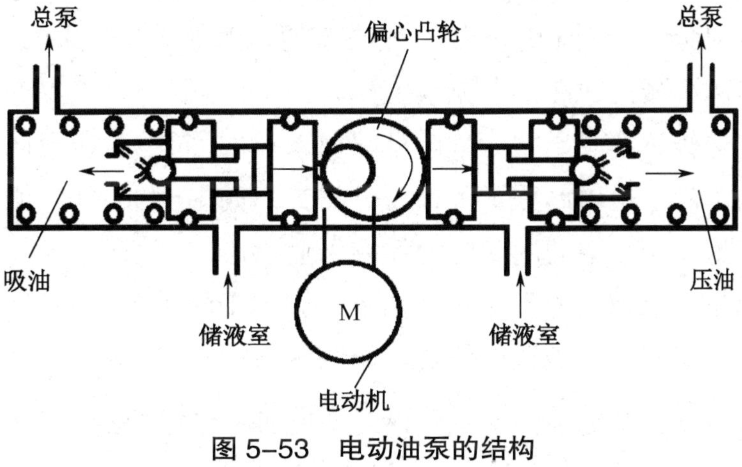

图 5-53　电动油泵的结构

电动油泵的偏心凸轮是一个偏心轴承，压装在电动机轴上。进出油阀为单向阀。当电动机转动时，电动机带动偏心凸轮旋转，驱动柱塞往复运动，实现泵油功能。

储压器的功用是保持制动系统高压，并向制动器提供高压制动液和减压时储存突然流回的制动液。一般采用囊状结构，内部用隔板分成上、下两个腔室，上腔充有高压氮气，下腔与电动油泵的出油腔相通，其结构如图 5-54 所示。

压力开关一般安装在储压器的下方，其功用是检测储压器中的制动液压力，控制电动油泵的电路，其结构如图 5-55 所示，主要由弹性管、微动开关、杠杆等部件组成。

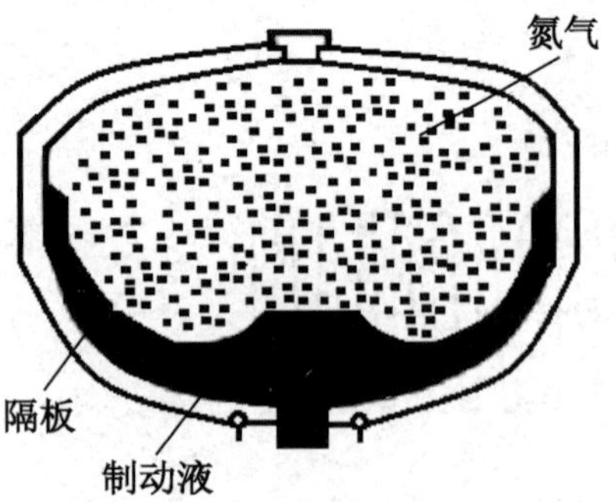

图 5-54　储压器结构

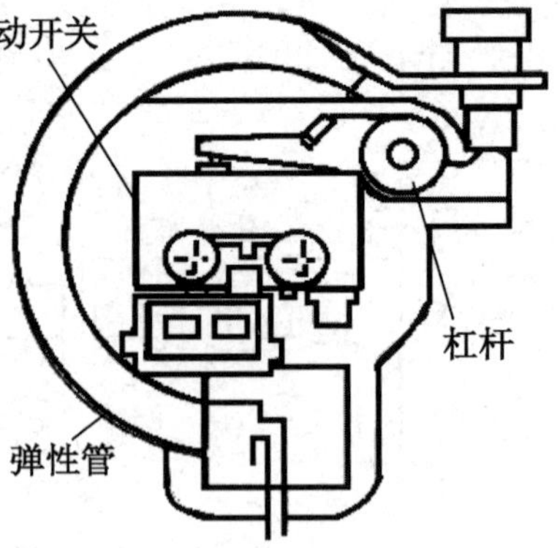

图 5-55　压力开关的结构

当储压器中的制动液压力达到一定值时（1800kPa），制动液压力促使弹性管伸张，带动杠杆使微动开关断开，此时，电动油泵停止工作。当制动液的压力降到一定值时（1400kPa），弹性管恢复原状，微动开关接通，电动油泵通电开始工作，使储压器内的压力升高。

液压调压器的功用是按照电子控制单元的指令，开闭制动防抱死系统的制动液通道，完成对各轮缸中制动液压力的调节。一般有两种制动压力调节方式：一为变容调节方式；二为循环调节方式，因车而异。

循环式制动压力调节器是在制动总缸与轮缸之间串联一电磁阀，直接控制轮缸的制动压力。这种压力调节系统的特点是制动压力油路和 ABS 控制压力油路相通。循环式制动压力调节器结构简单，动作灵敏，故障率低，逐渐成为防抱死制动系统的主流。其工作原理如下。

常规制动：常规制动过程中，ABS 不工作。电磁线圈中无电流通过，电磁阀处于“升压”位置，如图 5-56（a）所示。此时制动主缸与轮缸直通，由制动主缸来的制动液直接进入轮缸，轮缸压力随主缸压力而增减，回油泵也无须工作。

保压过程：当轮速传感器发出抱死危险信号时，ECU 向电磁线圈通入一个较小的保持电流（约为最大电流的 1/2），电磁阀处于“保压”位置，如图 5-56（b）所示，此时主缸、轮缸和回油孔相互隔离密封，轮缸中的制动压力保持不变。

减压过程：如果在“保持压力”命令发出后，仍有车轮抱死信号，ECU 即向电磁线圈通入一个最大电流，电磁阀处于“减压”位置，如图 5-56（c）所示。此时电磁阀将轮缸与回油通道或储液室接通，轮缸中制动液经电磁阀流入储液室，轮缸压力下降。

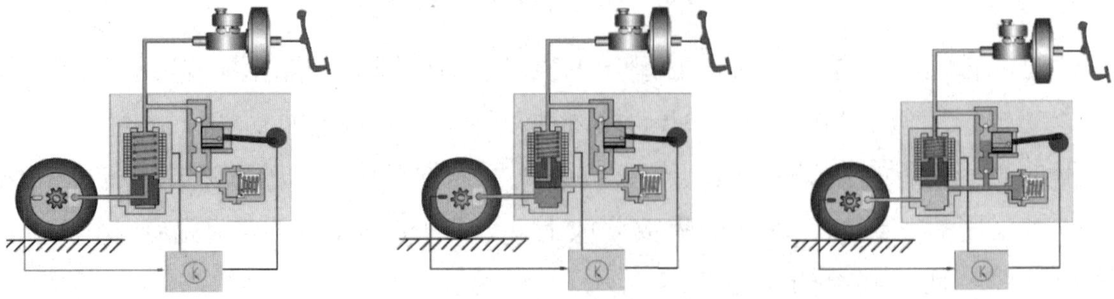
（a）　（b）　（c）

图 5-56　制动压力调节器工作过程

增压过程：当压力下降后车轮加速太快时，ECU 便切断通往电磁阀的电流，回油通道关闭，进油通道导通，主缸和轮缸再次相通，电动油泵运转，与主缸一起将高压制动液送入轮缸，使制动压力增加。

（4）ABS 报警灯。

报警灯一般位于汽车仪表内，为红色或黄色，显示有无故障和故障码。当点火开关导通，ABS 灯亮 4～6s 后熄灭为正常（自检完毕）；或启动后熄灭也为正常。如果故障灯常亮为有故障，应及时检修。它报警后能维持制动系统的正常制动，但 ABS 已断电保护，停止工作。

4．ABS 的类型

（1）按结构原理的不同分。

ABS 按结构原理的不同可分为液压制动、气压制动和气顶液制动 3 种类型。

①液压制动 ABS。广泛应用于轿车和轻型载货汽车上，按其液压调节系统可分为整体式和分置式。整体式是将制动主缸与液压调节系统集成另一体，其结构更为紧凑；分置式是将液压调节系统独立安装在制动主缸和轮缸之间。目前常用的是分置式。

②气压制动 ABS。主要用于中、重型载货汽车上，所装用的 ABS 按其结构原理主要分为两种类型：用于四轮后驱动气压制动汽车上的 ABS 和用于汽车挂车上的 ABS。

③气顶液制动 ABS。兼有气压和液压两种制动系统的特点，应用于部分中、重型汽车上。

（2）按控制参数不同分。

按其控制参数不同可分为以车轮减速度为控制参数的 ABS、以车轮滑移率为控制参数的 ABS、以车轮减速度和加速度为控制参数的 ABS 和车轮减速度、加速度和滑移率为控制参数的 ABS 4 种。滑移率、车轮的加速度、减速度都可以作为车轮的运动状态参数，

①以车轮减速度为控制参数的 ABS。这种形式的 ABS 通过车轮转速传感器检测轮速，并对其进行微分计算求得车轮减速度，然后与 ABS 计算机中预先设定的车轮减速度限定值进行比较，根据比较结果向执行机构发出指令，以增加或减小制动压力，对制动过程进行控制。

②以车轮滑移率为控制参数的 ABS。这种形式的 ABS 通过传感器检测的车速和轮速计算求得车轮滑移率，然后与 ABS 计算机中预先设定的滑移率限定值进行比较，根据比较结果向执行机构发出指令，以增加或减小制动压力，对制动过程进行控制。转速传感器可准确检测轮速，而准确检测车速比较困难，目前，ABS 中应用最多的检测车速的方法是根据车轮速度近似计算车速。

③以车轮减速度和加速度为控制参数的 ABS。这种形式的 ABS 在控制单元中预先设定有车轮减速度门限值和加速度门限值，通过车轮转速传感器检测轮速，并计算求得车轮减速度和加速度，然后对其进行比较，对制动过程进行控制。当车轮减速度超过其设定值时，ABS 计算机向执行机构发出指令减小制动压力，此后车轮将加速旋转；当车轮加速度超过其设定值时，ABS 计算机向执行机构发出指令增加制动压力，此后车轮将减速旋转，如此反复实现

ABS 控制。

④以车轮减速度、加速度和滑移率为控制参数的 ABS。这种控制方式的 ABS 采用多参数控制，综合了上述 3 种控制方式的优点，对制动过程的控制更准确，目前多数 ABS 均采用这种控制方式。

（3）按其控制通道分。

ABS 按其控制通道可分为四通道式、三通道式、二通道式和一通道式。控制通道是指在 ABS 中，能够独立进行制动压力调节的制动管路。当前常用的是四通道式和三通道式。

①四通道式 ABS。一般具有四个轮速传感器，在通往四个车轮制动轮缸的管路中，各设一个制动压力调节装置，进行独立控制，构成四通道控制形式，如图 5-57 所示。

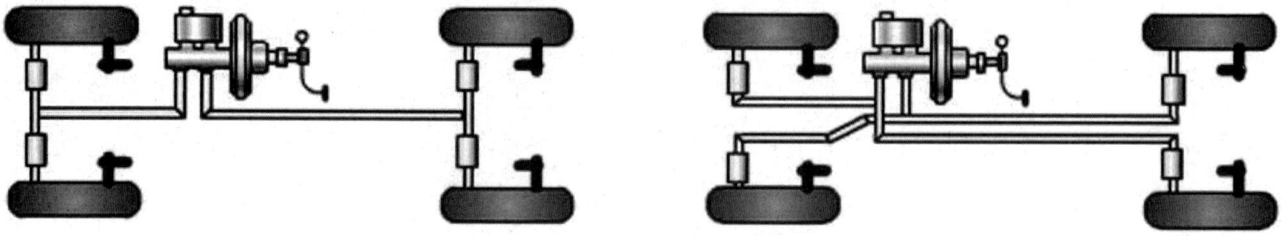

图 5–57　四通道式 ABS 示意图

这种控制方式的特点是制动时可最大限度地利用每个车轮的附着力，制动效能和操纵性好，特别适用于汽车左、右车轮附着系数接近的路面，但在左、右车轮所处的路面条件不同时，制动时的方向稳定性较差，易出现制动跑偏。

②三通道式 ABS。一般在前轮安装有各自的轮速传感器和压力调节装置，两后轮共用一个压力调节装置，传感器可以是一个，安装在后桥差速器上（一般用于后轮驱动车辆），如图 5-58 所示；也可以是两个车轮分别安装一个轮速传感器（用于前轮驱动车辆）。ABS 对两前轮进行独立控制，两后轮按低选原则进行一同控制（两个车轮由一个通道控制，以保证附着力较小的车轮不抱死为原则），也称混合控制。

两后轮按低选原则进行一同控制时，可以保证汽车在各种条件下左、右后轮的制动力相等，即使两侧车轮的附着系数相差较大，两个车轮的制动力都限制在附着力较小的水平，使两个后轮的制动力始终保持平衡，保证汽车在各种条件下制动时都具有良好的方向稳定性。

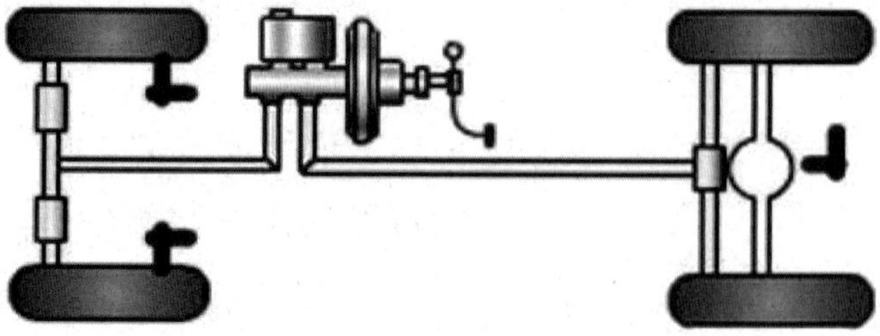

图 5–58　三通道式 ABS 示意图

对两前轮进行独立控制，主要考虑轿车，特别是前轮驱动的汽车，前轮的制动力在汽车总制动中所占的比例较大（可达 70%左右），可以充分利用两前轮的附着力。由于两前轮制动力不平衡对汽车行驶方向稳定性影响相对较小，而且可以通过驾驶员的转向操纵对由此产生的影响进行修正，因此三通道式 ABS 在轿车上被普遍采用。

二、EBD

1．EBD 的功用

EBD（Electronic Brake-force Distribution）系统，通常称为电子制动力分配系统，往往被看作是 ABS 的一种辅助功能，它能在制动的全过程中，根据 4 个车轮的附着情况，计算出不同的滑移率和摩擦力数值，及时地调节制动压力，以获得最佳的制动效果，提高制动的平稳性和安全性。

2．EBD 的组成与工作原理

EBD 和 ABS 的基本组成是完全一样的，从外表上看不出有任何差别，主要由传感器、电控单元和制动压力调节装置等组成。区别就在于对 ABS 控制单元软件的升级。所以常被称为“ABS+EBD”。

汽车在制动时，四个轮胎附着的地面条件往往不一样，地面对车轮提供的附着力不同，紧急制动时，ABS 才会发生作用。但是多数情况下的制动为常规制动，ABS 不会参与工作， 而此时 EBD 电子控制单元会自动侦测各个车轮与地面间的附着力状况，将制动系统所产生的力量，适当地分配至各个车轮，使每个车轮的制动装置根据不同的情况用不同的方式和力量制动，并在运动中不断保持调整，缩短制动距离并保持车辆的平稳。具体工作过程如下。

（1）驾驶员踩下制动踏板，此时 EBD 开始工作。

（2）整车质量传感器把整车质量计算出后提交给 ECU。

（3）车轮速度传感器把当前四轮转速、摩擦力等信息采集后传送至 ECU。

（4）ECU 在收到数据后，通过运算模块计算每个车轮应该分配多少制动压力。

（5）制动力分配器启动，通知 ABS 待命。

（6）必要时启动 ABS。

（7）制动开始。

三、ASR

1．ASR 的功用

ASR（Acceleration Slip Regulation）系统，即驱动防滑系统，有的车辆称为牵引力控制系统，是继 ABS 之后应用于汽车的又一主动安全系统。其功用是防止汽车在起步、加速和在湿滑路面行驶过程中驱动打滑，特别是防止汽车在非对称路面或在转向时驱动轮滑转，以保持汽车行驶方向的稳定性、操纵性和维持汽车的最佳驱动力。

2．ASR 的组成与工作原理

（1）基本组成。

ASR 主要由传感器、电子控制单元和执行系统组成。由于涉及驱动车轮的转矩控制，因此需要发动机管理系统、自动变速器管理系统和总线系统等的协同配合。

① 传感器。传感器提供发动机转速、车速、车轮转速及制动踏板、油门踏板等信息。另外，传感器还必须向 ASR 电控单元提供车轮是处于制动状态还是驱动状态的信息。

② 电子控制单元：ABS 和 ASR 可各自采用独立的 ECU，也可以采用集成式的控制系统，使两者共用一个 ECU，并通过总线系统实现与其他控制系统的信息交互。

③ 执行系统。执行系统可以分为 3 个部分，一是发动机转矩控制系统，通过对进气量进行控制，调节发动机的动力输出，防止驱动轮打滑。二是驱动轮控制执行系统，是在 ABS 的基础上在通往驱动车轮制动轮缸的制动管路中增设了一个 ASR 制动压力调节器，包括蓄压器、增压泵、压力调节电磁阀等装置，如图 5-59 所示。三是差速器控制系统，当驱动车轮单边滑转时，控制器输出控制信号，使差速机构动作，实现类似差速锁的功能。

（2）工作原理。

车轮速度传感器将汽车的驱动车轮及非驱动车轮的转速信号转变为电信号，传给 ECU。然后 ECU 根据各种信号参数计算驱动车轮的滑移率，若超过限值，控制器则综合考虑节气门开度、发动机转速、转向信号等因素，确定控制方式，输出指令，使相关执行系统动作，将驱动轮的滑移率控制在目标范围内。需要对驱动轮施加制动时，控制过程如下。

正常制动时 ASR 不起作用，3/3 电磁阀不通电，阀在左位，调压缸的活塞被回位弹簧推至右边极限位置。

起步或加速时，若电控单元检测到驱动轮出现滑转，需要实施制动时，ASR 使电磁阀通电，阀至右位，蓄压器中的制动液推动活塞左移，调压缸左侧压力升高，对打滑驱动轮实施制动。

压力保持过程：此时电磁阀半通电，阀在中位，调压缸与储液器和蓄压器都隔断，于是活塞保持原位不动，制动压力保持不变。

压力降低过程：此时电磁阀断电，阀回左位，使调压缸右腔与蓄压器隔断而与储液器接通，于是调压缸右腔压力下降，活塞右移，制动压力下降。

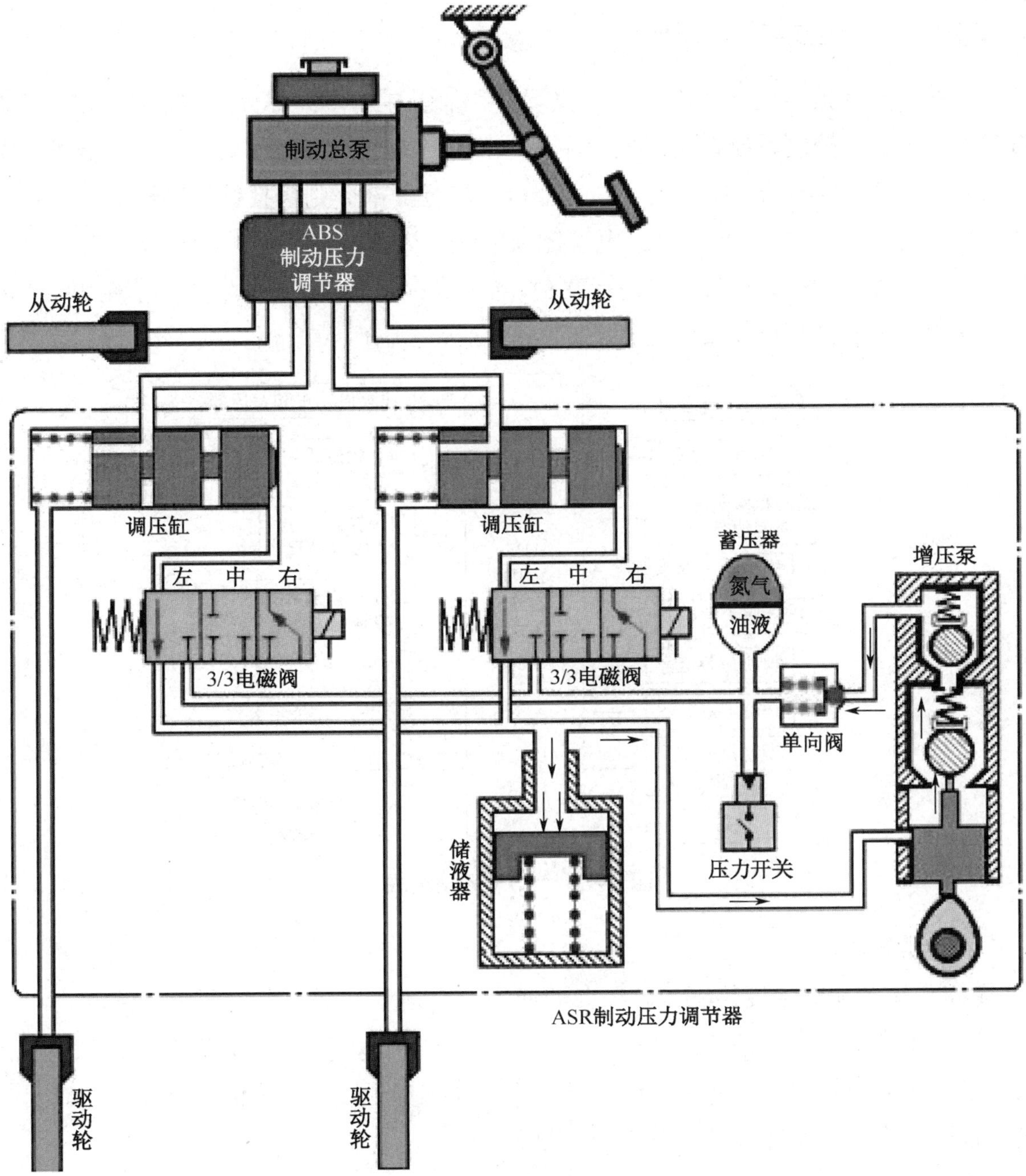

图 5-59 ASR 控制原理简图

四、ESP

1. ESP 的功用

ESP 系统，即汽车电子稳定控制系统，是汽车防抱死制动系统（ABS）和牵引力控制系统（TCS）功能的进一步扩展，并在此基础上，增加了车辆转向行驶时横摆率传感器、侧向加速度传感器和转向盘转角传感器，通过 ECU 控制前后、左右车轮的驱动力和制动力，确保车辆行驶的侧向稳定性。

2. ESP 系统的组成与工作原理

ESP 系统由传感器、电子控制单元、执行器和信息显示四大部分组成，如图 5-60 所示。典型的汽车电子稳定控制系统在传感器上主要包括 4 个轮速传感器、转向角度传感器、侧向加速度传感器、横摆率传感器、制动压力传感器等；执行器部分则包括传统制动系统（真空助力器、管路和制动器）、液压调节器等；电子控制单元更为复杂，集多种功能于一身，并与发动机管理系统、自动变速器管理系统等进行联动，对发动机及自动变速器的动力输出特性进行干预和调整。通过电子控制单元实时监控汽车的运行状态，确保车辆行驶状态安全、稳定。

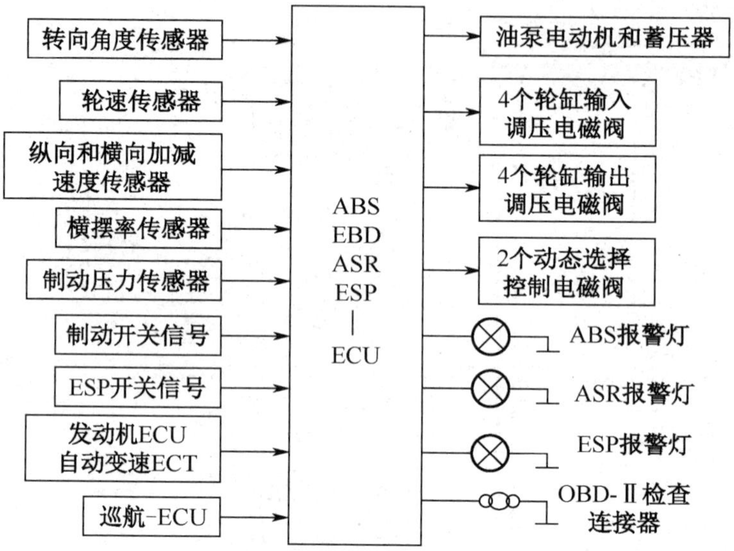

图 5-60 ESP 系统组成

（1）传感器。

① 纵向和横向加减速度传感器。纵向和横向加减速度传感器多为压电陶瓷片式，利用其挠曲变形而产生电信号，如图 5-61 所示。安装于汽车质心 C 附近底板下方的中间位置，用来测量汽车纵向、横向的加减速度值，判定汽车的运动状态。如果无此信号，汽车电脑无法得知汽车实际行驶状态，系统即无法正常工作而报警。

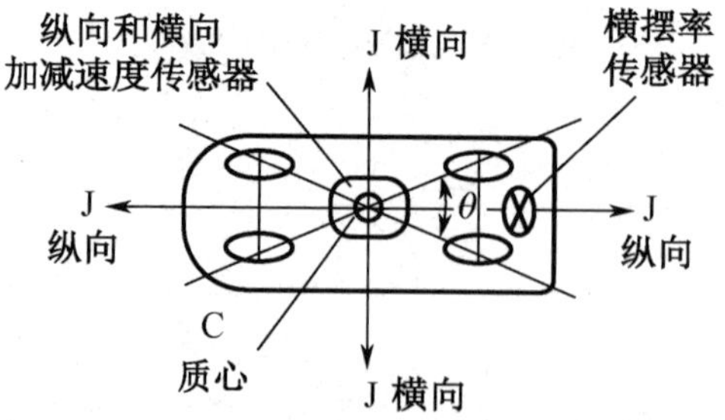

图 5-61 纵向和横向加减速度传感器示意图

② 横摆率传感器。横摆率传感器多安装于汽车行李舱的前部，与汽车的垂直轴线一致，用来检测汽车绕垂直线摆动的角度值（侧滑量）。横摆率传感器多为霍尔式，其结构如图 5-62 所示，主要由霍尔元件和永久磁铁组成，永久磁铁通过一弹簧片固定在支架上，灵敏度极高。

没有横摆时（侧滑），霍尔电压为常数；横摆发生时，永久磁铁左右运动，引起霍尔电压的变化，电压值与横摆率的大小成比例。如果无此信号，电脑无法了解汽车是否发生横向摆动，ESP系统即不工作而报警。

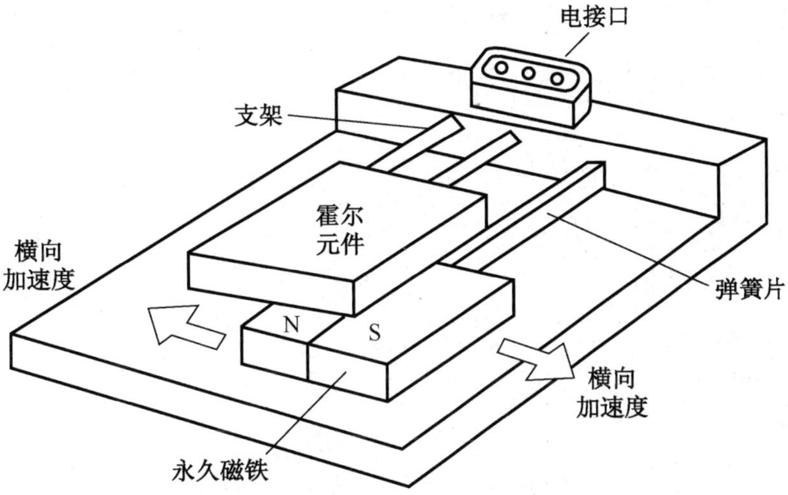

图 5-62　霍尔式横摆率传感器的结构

③ 制动压力传感器。制动压力传感器多为压电元件。安装于制动管路上，用来检测操控时制动油压的高低。汽车电脑据此计算出减速度制动力的大小，以便推算出克服侧向力的操控值，对汽车不正常行驶进行调节。如果无此信号，ESP 系统即不工作而报警。

④ ESP 开关信号。ESP 开关安装于仪表盘附近，按下此开关后，仪表显示 ESP/ON，ESP 系统投入工作；再按下此开关 ESP/OFF，ESP 系统即不工作。

除此之外，需要的传感器还有转向角度传感器、轮速传感器、节气门开度传感器、制动开关等。在相关任务中已经进行了介绍，在此不再重复。

（2）ESP 电子控制单元。

ESP 系统将传感器采集到的数据进行计算，算出车身状态，然后与存储器中预先设定的数据进行比对。当计算出的数据超出存储器预存的数值，即车身临近失控或者已经失控的时候，输出指令，驱动执行器工作，以保证车身行驶状态能够尽量满足驾驶员的意图。

（3）执行器。

ESP 系统的执行器主要是 4 个车轮的制动系统，其实 ESP 系统就是帮驾驶员踩刹车。和没有 ESP 系统的车不同的是，装备有 ESP 系统的车其制动系统具有蓄压功能。汽车电脑可以根据需要，在驾驶员没踩制动踏板的时候替驾驶员向某个车轮的制动油管加压，以便这个车轮产生制动力，是车辆主动安全的高级装备。

2. ESP 系统的组成与工作原理

汽车的不平稳行驶状态来源于两个方面：一为路面附着力变化异常，出现失稳状态；二为操控不当，出现失稳状态。两者皆可通过 ESP 系统进行调控，抑制汽车侧滑和失控，使汽车始终在惯性力和行驶方向一致的状态下高速安全行驶。具体工作过程如下。

（1）抑制后轮侧滑。

当汽车在弯道上或湿滑的路面上高速行驶时，因地面的原因，附着力变化无常，后轮会产生侧滑，使汽车横向甩尾。ESP 系统立即把制动力施加到转弯的外前轮上，使汽车产生相反的稳定力矩，恢复直线行驶，如图 5-63（a）所示。

（2）抑制前轮侧滑。

同理，前轮也会产生侧滑，使汽车横向漂出。ESP 系统立即把制动力施加到两个非驱动的后轮上，使汽车产生相反的稳定力矩，恢复直线行驶，如图 5-63（b）所示。

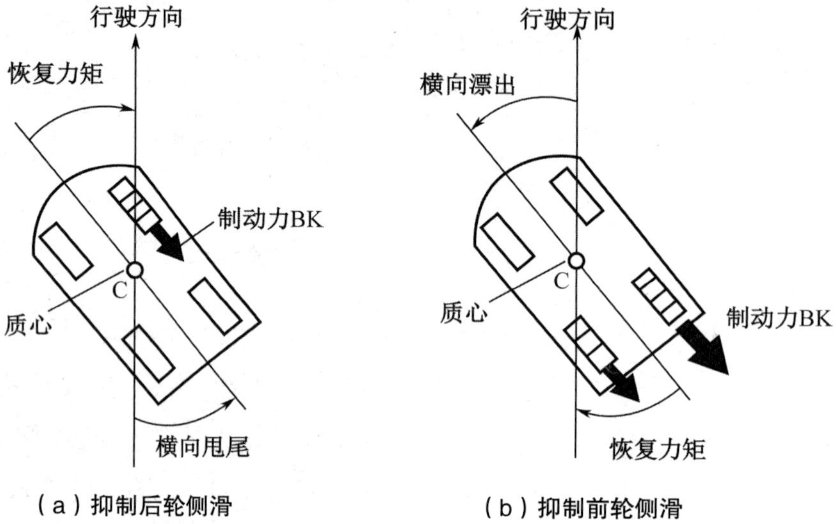

图 5–63　抑制后轮和前轮侧滑

（3）抑制转向不足。

汽车高速行驶，前方突然出现障碍物时，驾驶员向左急转向，但惯性力是向前的，与转向轮方向不一致，会出现转向不足状态，ESP 系统立即制动左后轮（内弧线后轮），产生向左的转矩，迅速向左转向，消除转向不足状态，如图 5-64（a）所示。

（4）抑制转向过度。

当汽车向左急转向绕过障碍物后，需急速向右转向恢复直线行驶，ESP 系统立即制动右前轮（内弧线前轮），恢复直行状态。当惯性分力较大时，惯性分力会使汽车产生转向过渡状态，严重时会造成向左甩尾现象。ESP 系统又立即制动左前轮（外弧线前轮），产生向左的转矩，消除转向过度，使汽车平稳地回到直线行驶状态，抑制了转向过度，如图 5-64（b）所示。

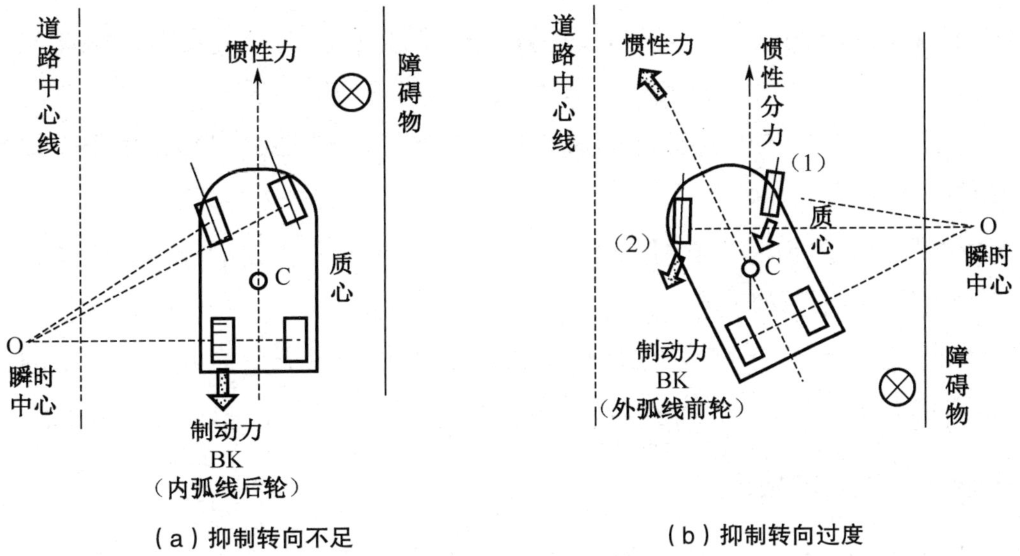

图 5-64 抑制转向不足和转向过度

小贴士： 随着汽车工业的发展，安全装置越来越多，尤其是电子技术几乎武装了整个汽车，安全系数大为提高。但是再好的安全措施也要以人为前提，人的安全意识才是重中之重。我们真正要做的是预防和避免危险的发生，所以在车辆的维修或使用过程中，应该严格遵守维修手册和使用手册的相关规定，防患于未然。

实践知识

一、ABS 部件的检修

1. 检修注意事项

大多数 ABS 都具有较高的工作可靠性，但在使用过程中仍免不了出现工作不良，对此应及时进行检修，以确保制动系统的正常工作。ABS 与常规制动系统相比，有其自身的特点，在检修过程中应在以下几个方面特别注意。

（1）在点火开关处于 ON 位置时，不要拆装系统中的电气元件和线束插头，以免损坏电子控制单元。

（2）在车上用外接电源给蓄电池充电时，要先断开蓄电池正（负）极柱上的电缆线，然后对蓄电池充电，以免损坏电子控制单元。

（3）电子控制单元对高温环境和静电都很敏感，为防止其损坏，在对汽车进行烤漆作业时，应将电子控制单元从车上拆下；在对车体进行电焊之前，应拔下电子控制单元的插接器，并戴好防静电器。

（4）在更换 ABS 制动管路或橡胶件时，应按规定使用标准件（高压耐腐蚀件），以免管路破损而引起制动突然失灵。

（5）维修带有储压器的制动系统时，应先泄压，防止检修时，高压制动液喷出伤人。同时不要接通点火开关，防止电动油泵工作，使得系统压力升高。

（6）为保证维修质量，应保持维修场地和拆卸后的零部件清洁干净，防止尘埃物进入压力调节器或制动管路中。

（7）制动液侵蚀油漆能力较强，因此在维修液压部件和加注制动液时，应防止制动液溅污油漆表面而使油漆失去光泽和变色。

（8）在维修轮速传感器时，应防止碰伤齿圈的轮齿和传感器头；也不可将齿圈作为支点撬动。否则，将造成轮齿变形，致使轮速传感器信号不正常，影响 ABS 的正常工作。

2．ABS 轮速传感器的检修

车轮速度传感器的检修主要有传感器的检测、转子齿圈的检查和传感器输出信号的检查。

（1）传感器的检测。

① 拆下车轮，检查轮速传感器的安装情况，并清洁传感器感应端子，必要时应进行调整安装，使其工作正常。

② 检查传感器头和齿圈之间的间隙，正常应为 0.3～1.1mm。

③ 拆下传感器线束插头，检查传感器电阻，应符合要求，否则应更换轮速传感器。

④ 检测传感器端子与车身的导通情况，应该不导通，否则应更换轮速传感器。

（2）转子齿圈的检查。

检查转子齿圈的轮齿，应无缺齿和断齿、无裂纹，并且齿隙间没有吸附铁屑等杂质。

（3）传感器输出信号的检查。

① 检查信号电压。举升车辆，使四轮悬空，拆下 ABS 传感器插头。以每秒转一圈的速度转动转子，检查输出信号电压，应在 0.25～1.2V（AC），否则应更换 ABS 轮速传感器。

② 检查信号波形。旋转车轮，用示波器检查传感器输出信号波形，如图 5-65 所示，若波形不符，则应更换传感器。

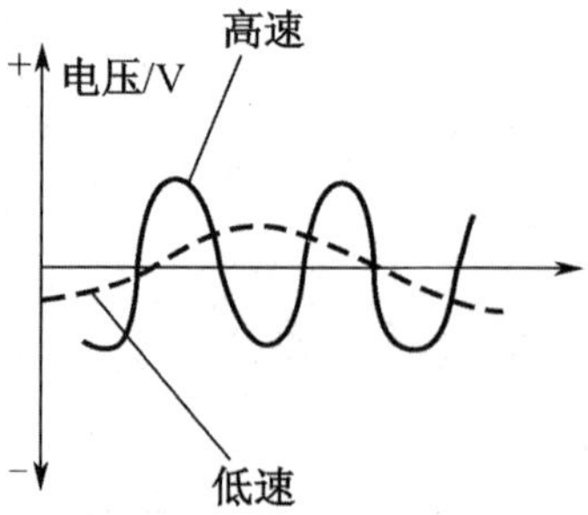

图 5–65 轮速传感器输出波形

二、ABS 常见故障诊断

装有 ABS 的汽车在仪表盘上设有制动警告灯（红色）和 ABS 系统故障警告灯（黄色）。正常情况下，点火开关打开，ABS 故障警告灯和制动警告灯应闪亮约 2s，一旦发动机运转起来，驻车制动杆在释放位置，两个警告灯应熄灭，否则说明 ABS 有故障。可利用两灯的闪亮规律，粗略地判断出系统发生的故障的部位。警告灯诊断如表 5-1 所示。

表 5-1 警告灯诊断表

警告灯	故障现象	可能原因
ABS 故障警告灯亮	ABS 不起作用	（1）轮速传感器不起作用； （2）液压调节装置不良； （3）ABS 电子控制单元不良
ABS 故障警告灯不亮	踩制动踏板时，踏板振动强烈	（1）制动开关失效或调整不当；线路或插接件脱落； （2）制动鼓（盘）变形； （3）车轮转速传感器信号不良； （4）液压调节装置不良
ABS 警告灯偶尔或间歇点亮	ABS 作用正常，只要点火开关关闭后再打开，ABS 故障警告灯就会熄灭	（1）ABS 电子控制单元插接器松动； （2）轮速传感器导线受干扰； （3）轮速传感器内部工作不良； （4）车轮轮毂轴承松旷； （5）制动管路中有空气； （6）制动轮缸工作不良；制动蹄衬片不良
制动警告灯亮	制动液缺乏或驻车制动拖滞	（1）驻车制动器调整不当； （2）制动油管或制动轮缸漏油； （3）制动警告灯搭铁
ABS 故障警告灯和制动警告灯亮	ABS 不起作用	（1）两个以上轮速传感器故障； （2）ABS 电子控制单元故障； （3）液压调节装置不良

任务实施与评价

学习任务		制动系统的电子控制系统认知		学时	2 学时
姓名		实训车型		年　月　日	
标准时间		开始时间		完成时间	

序号	操作步骤		操作标准	操作记录	分值	自评得分
1	检修前的基本检查	检查作业现场环境	检查清洁彻底、记录清晰、准确		2	
		记录整车基本信息			3	
		作业前工具检查			2	
		作业前实施车辆防护			3	
2	ABS 结构认知	找出轮速传感器安装位置	工具选择、使用正确；按维修手册的工艺要求完成认知和检查		5	
		找出轮速传感器和固定螺栓个数			10	
		指出轮速传感器的类型			5	
		检查轮速传感器外观和固定状况			10	
		指出 ABS 调节器的位置			5	

续表

<table>
<tr><th>序号</th><th colspan="2">操作步骤</th><th>操作标准</th><th>操作记录</th><th>分值</th><th>自评得分</th></tr>
<tr><td rowspan="2">2</td><td rowspan="2">ABS结构认知</td><td>指出 ABS 调节器固定螺栓个数</td><td rowspan="2"></td><td rowspan="2"></td><td>10</td><td></td></tr>
<tr><td>检查调节器外观和固定状况</td><td>5</td><td></td></tr>
<tr><td rowspan="5">3</td><td rowspan="5">ESP 的结构认知</td><td>找出角速度传感器安装位置</td><td rowspan="5">工具选择、使用正确；按维修手册的工艺要求完成结构认知</td><td rowspan="5"></td><td>5</td><td></td></tr>
<tr><td>指出转向盘角度传感器安装位置</td><td>10</td><td></td></tr>
<tr><td>找出 ESP 电子控制单元安装位置</td><td>5</td><td></td></tr>
<tr><td>指出 ESP 指示灯</td><td>5</td><td></td></tr>
<tr><td>检查角速度传感器、转向盘角度传感器、ESP 电子控制单元的外观和固定状况</td><td>10</td><td></td></tr>
<tr><td>4</td><td colspan="2">场地恢复及现场 5S 管理</td><td>正确使用及摆放工具、量具，清洁整理工作台、地面及工具、量具</td><td></td><td>5</td><td></td></tr>
<tr><td colspan="2">学生自评</td><td colspan="4"></td><td></td></tr>
<tr><td colspan="2">小组评价</td><td colspan="4"></td><td></td></tr>
<tr><td colspan="2">指导教师（师傅）评价</td><td colspan="4"></td><td></td></tr>
<tr><td colspan="2">综合评价</td><td colspan="5">□优秀　□良好　□合格　□不合格</td></tr>
</table>

任务测试

一、单项选择题

1．循环式制动压力调节器是在制动总缸与轮缸之间（　　）一个电磁阀。

A．串联　　B．并联

C．串联和并联都可以　　D．以上答案均不正确

2．ASR 的主要功能是（　　）。

A．防止汽车在起步或加速时驱动轮打滑

B．制动时控制转向系统、提升操纵稳定性

C．制动时控制制动力，提升制动稳定性

D．紧急制动时，防止车轮抱死滑移

3．ASR 控制模式出现故障时，ECU 能自动转为常规（　　）模式。

A．电子控制　B．人工控制　C．真空控制　D．机械控制

4．汽车后轮上的车轮速度传感器一般固定在后车轴支架上，转子安装于（　　）。

A．车架　B．轮毂　C．驱动轴　D．车轮转向架

5．要想制动效果最佳，则滑移率应控制在（　　）。

A．5%～10%　B．10%～15%　C．10%～20%　D．15%～25%

6．关于防抱死制动系统（ABS）功用的叙述，错误的是（　　）。

A．提高制动踏板操作轻便性　　B．缩短制动距离

C．制动时自动调节制动力大小　D．使汽车制动更加安全有效

7．下面关于 ABS 功用的叙述，正确的是（　　）。

A．提高制动踏板操作轻便性　　B．在轻踩制动踏板时才起作用

C．制动时使车轮完全抱死　　D．提高制动时的操纵轻便性

二、填空题

1．ABS 由__________、__________和__________组成。

2．车轮速度传感器主要由_________和________组成。

3．液压制动压力调节器主要由_________、_________和________等组成。

三、判断题

1．评价制动性能的指标主要有制动效能和制动稳定性。（　　）

2．制动效能主要取决于制动力的大小，而制动力仅与制动器的摩擦力矩有关。（　　）

3．纵向附着系数在滑移率为 50%左右时最大。（　　）

4．制动压力调节器的功用是接收 ECU 的指令，通过电磁阀的动作来实现车轮制动器制动压力的自动调节。（　　）

5．ABS 排气时间要比普通系统短，消耗的制动液也少。（　　）

6．汽车制动时产生侧滑及失去转向能力与车轮和地面间的横向附着力无关。（　　）

项目测试

1．如图 5-66 所示为某盘式制动器结构示意图。完成下列问题。

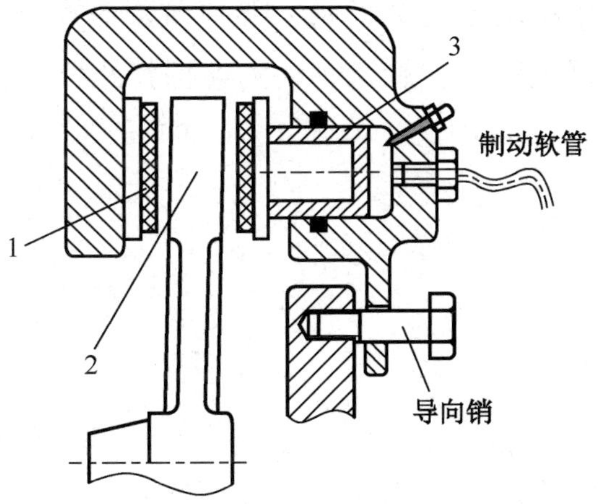

图 5-66　盘式制动器结构示意图

（1）写出图中 1、3 所示零部件的名称。

（2）写出图中 2 所示零部件的名称，测量其厚度时所用的量具是什么？

（3）从图中分析，该制动器属于浮钳盘式还是定钳盘式？

2．如图 5-67 所示为某车制动系统结构示意图。完成下列问题。

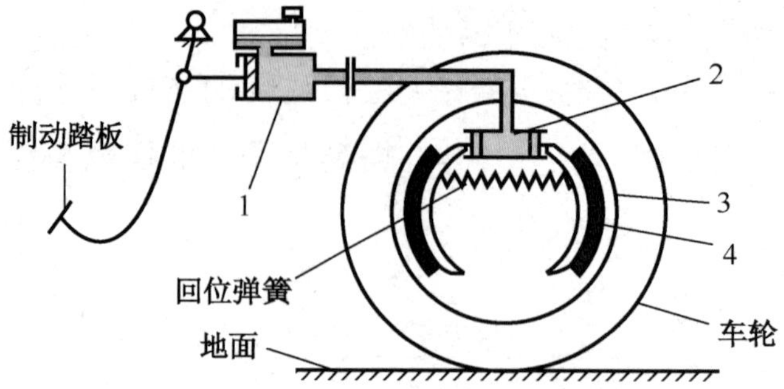

图 5–67　制动系统结构示意图

（1）写出图中 1、2、3、4 所示零部件的名称。

（2）按照制动传动装置中传力介质不同分，该制动系统属于何种类型？

3．如图 5-68 所示为某双管路液压制动系统示意图。完成下列问题。

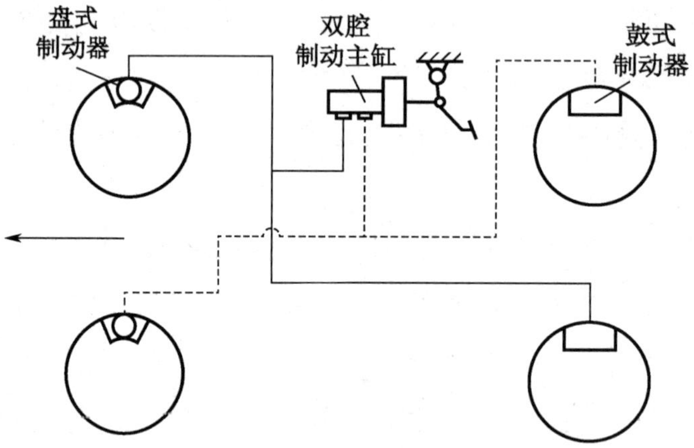

图 5–68　双管路液压制动系统示意图

（1）该系统的双管路液压制动传动装置属于哪种布置形式？

（2）该系统一套制动管路失效时，剩余制动力能保持正常制动力的百分之几？

项目小结

- 制动系统
  - 功用：行驶时减速、停车，下坡时稳定车速；停驶时可靠驻停
  - 类型：行车制动系统（机械式、液压式、气压式）、驻车制动系统
  - 液压式行车制动系统
    - 组成：伺服机构、液压传动装置、车轮制动器
    - 伺服机构：真空助力器、真空增压器
    - 传动装置
      - 组成：制动主缸、制动管路、制动轮缸
      - 类型：单管路、双管路（H型、X型、HI型、LL型、HH型）
    - 制动器
      - 功用：使车辆减速或停车，兼起驻车制动作用
      - 类型：鼓动制动器和盘式制动器
      - 鼓式
        - 组成：旋转部分、固定部分、促动装置
        - 类型：非平衡式（领从蹄式）、平衡式（单向、双向助势）和自增力式
      - 盘式
        - 组成：制动块、导向销、制动轮缸及活塞
        - 类型：全盘式和钳盘式（定钳盘式和浮动钳盘式）
  - 气压式行车制动系统
    - 组成：制动器和气压传动装置
    - 气压传动装置
      - 气源：空气压缩机、调压器、储气筒、报警装置、安全阀、管路、制动气室
      - 控制装置：制动踏板、制动控制阀
    - 空气压缩机：系统的动力源，由曲轴驱动，产生压缩空气
    - 制动气室：将输入的空气压力转变为制动凸轮的机械力
    - 制动控制阀：控制进入制动气室和挂车制动阀的压缩空气
  - 驻车制动系统
    - 功用：使车辆停驶后停放可靠
    - 类型
      - 按制动器安装位置：中央制动式、车轮制动式
      - 按制动力的操纵方式：机械式、电子式
    - 组成
      - 机械式：制动手柄或脚踏板、驻车制动器
      - 电子式：操纵开关、制动执行器和电子控制系统
  - 电子控制系统
    - ABS
      - 功用：保证紧急制动时，自动调节制动力的大小，获得最佳的制动效果
      - 组成：传感器、电子控制单元和液压调节装置
    - EBD
      - 功用：根据车轮的附着情况，计算滑移率和摩擦力，调节制动压力，获得最佳的制动效果
      - 组成：传感器、电子控制单元和液压调节装置
    - ASR
      - 功用：防止汽车在加速过程中打滑，保持行驶方向的稳定性、操纵性和维持最佳驱动力
      - 组成：ABS基础上增加压力调节器。包括蓄压器、增压泵、压力调节电磁阀
    - ESP
      - 功用：控制前后、左右车轮的驱动力和制动力，确保车辆行驶的侧向稳定性
      - 组成：传感器、电子控制单元和执行器

参 考 文 献

[1] 陈家瑞．汽车构造（下册）[M]．北京：机械工业出版社，2005．

[2] 王令忠．汽车底盘构造与维修[M]．北京：北京邮电大学出版社，2016．

[3] 李晓．汽车底盘构造与维修[M]．北京：人民邮电出版社，2014．

[4] 白红村．汽车底盘构造与维修[M]．北京：北京大学出版社，2011．

[5] 韩东．汽车底盘结构、原理与维修[M]．北京：机械工业出版社，2017．

[6] 彭德豹．汽车底盘构造与维修[M]．武汉：华中科技大学出版社，2013．

[7] 杜瑞丰，李忠凯．汽车底盘构造与维修[M]．北京：高等教育出版社，2007．

[8] 陈建军．汽车底盘构造与维修[M]．北京：中国劳动社会保障出版社，2015．

[9] 杨光明．汽车底盘构造与维修[M]．北京：化学工业出版社，2020．

[10]沈沉．汽车底盘构造与维修[M]．北京：人民交通出版社，2011．

[11]周林福．汽车底盘构造与维修[M]．北京：人民交通出版社，2015．

[12]王金涛，丁国强．汽车底盘构造与维修[M]．郑州：黄河水利出版社，2020．

[13]贺大松．汽车底盘构造与维修[M]．北京：机械工业出版社，2018．